高职高专“十三五”规划教材

快递管理实务

主　编　闫　靖　陈　丽
副主编　夏　阳　王思强　张秀芳　徐龙闪

北京航空航天大学出版社

内容简介

本教材以工作过程为导向介绍快递业务，内容分为认知篇、操作篇、管理篇三大篇。认知篇介绍快递的概念、历史及发展，快递的分类，快递企业业务流程与岗位，快递网络，快递设备等快递基础知识；操作篇介绍快递的揽件、处理、运输、派送及客户服务等基本作业内容；管理篇介绍快递企业的安全管理、成本管理、客户管理、人力资源管理、商务管理等内容。本教材力求业务技能知识全面、实用，满足企业快递人员的需求。

本教材配有辅助教师教学的教学资源包，包括电子课件、课后练习题答案以及其他相关教学资源，方便教师使用。

本教材可供高职高专院校物流管理专业、快递服务与管理及其他相关专业的教学使用，也可供物流、快递从业人员参考。

图书在版编目(CIP)数据

快递管理实务 / 闫靖，陈丽主编. -- 北京 ：北京航空航天大学出版社，2018.8

ISBN 978-7-5124-2714-3

Ⅰ. ①快… Ⅱ. ①闫… ②陈… Ⅲ. ①邮件投递—高等职业教育—教材 Ⅳ. ①F618.1

中国版本图书馆 CIP 数据核字(2018)第 103382 号

快递管理实务

主　编　闫　靖　陈　丽

副主编　夏　阳　王思强　张秀芳　徐龙闪

责任编辑　张　凌

*

北京航空航天大学出版社出版发行

北京市海淀区学院路 37 号(邮编 100191)　http://www.buaapress.com.cn

发行部电话：(010)82317024　传真：(010)82328026

读者信箱：goodtextbook@126.com　邮购电话：(010)82316936

北京宏伟双华印刷有限公司印装　各地书店经销

*

开本：787×1 092　1/16　印张：17.25　字数：464 千字

2018 年 8 月第 1 版　2020 年 1 月第 2 次印刷　印数：2 001～4 000册

ISBN 978-7-5124-2714-3　定价：42.00 元

前　言

随着电子商务的快速发展，网购成为人们主要的购物方式，与网购相关联的快递业飞速发展。快递业人才需求量日趋加大，快递业与传统物流行业的区别越来越明显，越来越多的高职院校将“快递管理实务”作为物流管理专业的一门课程。为更好地适应并促进快递行业的发展以及高等院校特别是高职院校的教学需要，我们编写了《快递管理实务》教材。

本教材以企业调研为基础，基于工作过程系统化地进行专业课程开发，教材的结构、内容、组织方法都基于企业工作流程而重构。本书在内容安排上注重使学生由远及近地认知快递基础知识：从介绍快递的概念、历史及发展，快递的分类等快递基础知识，到认知快递企业、快递网点及分拨中心、快递设备、快递业务基本流程、快递岗位，再到由浅入深地介绍快递业务内容，例如从快递的揽件、处理、运输、派送、客户服务等基本操作技能，最后到介绍快递企业的安全管理、成本管理、客户管理、人力资源管理、商务管理等内容。

本教材针对每个项目都提出了明确的学习目标，并配有导入案例，且根据需要添加知识链接和实训任务板块。本书中的案例新颖且贴合教学内容，可以扩展学生视野，让学生了解行业动态，并提高学习兴趣。知识链接板块对各部分知识点进行强化和扩展。实训任务板块让学生针对知识点进行相应的实践，提高学生的素质和技能。针对各项目的教学要点和技能要点而设计的复习思考图，便于学生掌握知识要点。教材内容注重联系实际，体现行业标准和操作规范，有利于学校教育与企业需求的衔接，有利于学生实践能力、创新能力和岗位迁移能力的培养，符合高职教育的人才培养目标，适应高职院校物流管理及相关专业的教学需要。

建议本教材教学课时数为72课时，实际教学课时可视教学具体情况适当安排。

本教材由四川华新现代职业学院的闫靖、陈丽主编，四川航天职业技术学院的夏阳、倪霓、王晶，四川华新现代职业学院的王思强、张秀芳、徐龙闪和四川天一学院的毛莉敏参与了编写工作。认知篇的项目1～4由闫靖、徐龙闪和毛莉敏编写，操作篇的项目5～9由陈丽和王思强编写，管理篇的项目10由夏阳编写，项目11由王晶编写，项目12、13由张秀芳编写，项目14由倪霓编写，最后全书由闫靖统稿。在编写过程中，我们参阅了大量同行专家的有关著作和教材，在此表示感谢。

由于编者自身水平有限，并且快递理论与方法、技术与设备，当前还在发展和不断创新之中，书中不完善之处敬请各位专家和读者批评指正，以使教材不断完善。

编　者

2018年4月

目　　录

第一篇　认知篇

第二篇　操作篇

第一篇　认知篇

项目1　快递概述

☞ 学习目标

掌握快递的概念、特点和种类，熟悉快递的产生和发展，了解快递与物流、电子商务、传统邮政业务的区别，了解国内外快递企业，了解国内外快递的发展历史。

☞ 重点和难点

快递的分类，快递与物流、电子商务、传统邮政业务的关系。

☞ 导入案例

【案例 1.1】

国务院印发《关于推进电子商务与快递物流协同发展的意见》

日前，国务院办公厅印发《关于推进电子商务与快递物流协同发展的意见》(以下简称《意见》)。《意见》指出，近年来，我国电子商务与快递物流协同发展不断加深，但仍面临政策法规体系不完善、发展不协调、衔接不顺畅等问题。要全面贯彻党的十九大精神，深入贯彻落实习近平新时代中国特色社会主义思想，落实新发展理念，深入实施“互联网＋流通”行动计划，提高电子商务与快递物流协同发展水平。《意见》提出了六个方面的政策措施。一是强化制度创新，优化协同发展政策法规环境。简化快递业务经营许可程序，创新产业支持政策，健全企业间数据共享制度，健全协同共治管理模式。二是强化规划引领，完善电子商务快递物流基础设施。统筹规划电子商务与快递物流发展，构建适应电子商务发展的快递物流服务体系，保障基础设施建设用地；完善优化快递物流网络布局，推动电子商务园区与快递物流园区发展。三是强化规范运营，优化电子商务配送通行管理。推动各地从规范城市配送车辆运营入手，完善通行管理政策，对快递服务车辆等城市配送车辆给予通行便利。四是强化服务创新，提升快递末端服务能力。鼓励将推广智能快件箱纳入便民服务、民生工程等项目，推广智能投递设施；促进快递末端配送、服务资源有效组织和统筹利用，鼓励集约化服务。五是强化标准化智能化，提高协同运行效率。加强大数据、云计算、机器人等现代信息技术和装备在电子商务与快递物流领域应用，提高科技应用水平；加强快递物流标准体系建设，鼓励信息互联互通；优化资源配置，提升供应链协同效率。六是强化绿色理念，发展绿色生态链。鼓励电子商务企业与快递物流企业开展供应链绿色流程再造，促进资源集约；制定实施电子商务绿色包装、减量包装标准；开展绿色包装试点示范，培育绿色发展典型企业；鼓励电子商务平台开展绿色消费活动。《意见》要求，各地区、各有关部门要充分认识推进电子商务与快递物流协同发展的重要意义，强化组织领导和统筹协调，在落实各项政策措施的同时，加强对新兴服务业态的研究和相关政策储备。

来源:《现代物流报》　2018 年 3 月 22 日

【案例 1.2】

2017 快递十大事件

全国很多地方均有因未严格执行收寄验视,寄递违禁物品被罚的情况。安全是一个行业健康发展的前提。快递寄递安全这个底线不容触碰。奉劝快递企业,尤其是基层网点侥幸心理要不得。

1. 最严厉——快递企业未执行实名制被重罚

吸睛事件:2016 年 6 月 1 日,快递实名制作为国家行业标准正式开始施行。然而仍有部分快递企业"顶风作案"。有媒体报道称,截至 2017 年 10 月 25 日,南通市邮政管理部门就立案查处涉及 81 家企业,其中,因揽收快件时不执行收寄验视制度责令停业整顿 29 个网点,因安全设施设备不符合标准罚款 55 个网点。

上榜理由:因未严格执行相关寄递政策而被处罚的,南通市的快递企业绝不是个案。从媒体报道来看,全国很多地方均有因未严格执行收寄验视,寄递违禁物品被罚的情况。安全是一个行业健康发展的前提。快递寄递安全这个底线不容触碰。奉劝快递企业,尤其是基层网点侥幸心理要不得。

2. 最揪心——多家快递末端网点经营异常

吸睛事件:这类事件贯穿了整个 2017 年,尤其是春节后的集中爆发引起了社会的高度关注。部分快递公司末端网点经营异常,导致大量快递派送延误和积压的情况发生。一些着急的消费者来到网点,在堆积如山的快件中"淘宝"。

上榜理由:如果说春节后的集中爆发是有特殊原因的偶发事件:一方面春节过后一线派送员到岗率不高,另一方面,快递企业也很难通过招聘在短时间弥补到岗率不足造成的空缺,那么 2017 年全年都有类似事件的发生,"用工荒"这个理由则无法服众。

其实,业内人士心知肚明,基层加盟网点和快递员位于金字塔的最底层,快递价格的逐年走低,加之业务量增速放缓,使得末端网点生存状况每况愈下。

而且,有些大型加盟商为了保障自身利益,以加强服务质量为名,巧立名目克扣下级加盟商和快递员,使他们的生存状况进一步恶化。或许有人会说,快递行业正处于洗牌和调整的阵痛期。但这种阵痛为何要基层网点和快递小哥来承受?

3. 最意外——北京西红门火灾殃及北京快递业

吸睛事件:2017 年 11 月 18 日,北京市西红门镇发生火灾事故,造成 19 人死亡,8 人受伤的惨剧。让人始料不及的是,这起火灾影响到了北京快递企业正常作业。北京在全市开展安全隐患大排查、大清理、大整治专项行动,快递企业的仓库和网点变成清理对象。

上榜理由:虽然不少快递公司在北京周边地区急寻仓储分拨场地,以应对由这次专项行动带来的仓库、网点清理整顿问题,但是远水解不了近渴。北京地区快件派送的时间均受到了影响。

不仅如此,不少快递企业在北京地区的业务量也出现锐减,有些快递公司的业务甚至一度出现停摆现象,而由此衍生的快递三轮充电问题也更加凸显出来。

4. 最八卦——天天快递投诉京东

吸睛事件:2017 年 7 月 20 日,天天快递发布公告称,在未与天天快递沟通的情况下,7 月 19 日,京东突然单方面向商家发出通告,宣布即将于 7 月 25 日关停天天快递的接口。之后,事件持续发酵,嘴仗打得昏天黑地;京东推荐的快递商目录,又将天天、百世和圆通排除在外。

上榜理由:2017 年,先有顺丰与菜鸟的接口之争,后接京东与天天快递的互怼,两起对撕事件，看得吃瓜群众肾上腺素飙升。就关闭天天快递接口，不把天天、百世和圆通列入推荐目录的原因，京东声称是出于服务质量的考虑，而其背后的考量则意味深长。

5. 最纠结——中通、韵达上调快递费

吸睛事件：2017 年 10 月 10 日，中通快递在官网发布公告称，从即日起调整快递价格。10 月 11 日韵达快递也发布了上调快递价格的公告。对于涨价的原因，两家公司称，一是为了应对成本上涨，二是提升快递服务质量。不过，顺丰和其他通达系快递公司未跟进。

上榜理由：两家公司上调快递价格在情理之中。快递公司运营成本与服务收费倒挂现象持续多年，且公众提升快递服务质量的呼声越来越高。值得玩味的是，这本是基层网点缓解经营压力的好机会，但是接到通告的基层网点，却抱以观望的态度，不敢轻言调价。

他们担心，一旦调价将面临客户流失的风险。或许因为同样的顾虑，其他排名靠前的快递公司并未跟进上调快递价格。要使基层网点不再纠结，仅快递公司单方面改变是不够的，还需要公众转变消费观念，高质量的服务需要相匹配的收费。

6. 最令人唏嘘——青旅物流收购全峰快递

吸睛事件：2017 年 4 月，2016 年获得青旅物流 12.5 亿元战略融资的全峰快递，被青旅物流正式收编，成为旗下的一个事业部。原全峰快递董事长和创始人陈加海将任职青旅集团副总裁，直管快递事业部。

上榜理由：2017 年底又有消息传出，2018 年春节后全峰快递将改名青旅快递。这条消息是否属实暂且不论，但全峰快递的经营状况的确不太乐观，这从国家邮政局公布的消费者投诉率中可见一斑。而据可靠消息，全峰快递多名高管已经离职。

从曾经快递行业的一匹“黑马”，到品牌的消逝（若更名消息属实），全峰快递以这样的方式谢幕，不免让人唏嘘。这就是残酷的市场竞争的结果。优胜劣汰的行业兼并重组桥段，在未来几年还会不断上演。

7. 最波折——德邦 IPO 终于成功过会

吸睛事件：2017 年 12 月，证监会下发新一批 IPO 批文，其中包括德邦。

上榜理由：这意味着德邦登陆资本市场只差最后的临门一脚。如今回头来看德邦的 IPO 之旅，可谓是一波 N 折。

2015 年 6 月，德邦首次提交招股说明书，然而由于股市震荡，在第二天就宣布暂停 IPO，上市进程被迫搁浅；2017 年 3 月，德邦重启上市申请；2017 年 8 月因“发行人主动要求中止审查”；2017 年 11 月才恢复审查的德邦，终于在 12 月 5 日通过了首发申请。

尽管如此，德邦在快运和快递两大主要业务板块仍然面临较大的竞争压力。德邦上市之后的发展之路，难言轻松。

8. 最风光——顺丰、韵达、百世成功上市

吸睛事件：继圆通、中通、申通之后，2017 年 1 月 18 日、2 月 24 日、9 月 20 日（北京时间），韵达、顺丰、百世集团又成功登陆资本市场。与韵达、顺丰借壳在国内上市不同，百世集团选择在美国纽交所敲钟。至此，国内 6 家主要品牌快递企业全部成功上市。

上榜理由：无论是借壳还是走正常的 IPO 之路，无论是在国内还是在国外，选择怎样的上市方式和上市地点，对于它们来说或许并不重要。

从企业发展来说，需要借助资本的力量，突破瓶颈、谋求更大的发展空间；从行业发展来说，需要企业不仅要做大更要做强，进而加快整个行业转变发展方式和转型升级的进程；从国民经济的角度来说，在提高经济运行质量、扩大内需、增加就业等方面，快递行业的作用也愈发凸显。

9. 最强势——中国邮政入主速递易

吸睛事件:2017年7月7晚,三泰控股发布公告称,审议通过了《关于公司重大资产重组方案的议案》。交易完成后,三泰控股将持有我来啦公司34%的股权,中邮资本将持有我来啦公司50%的股权,驿宝网络将持有我来啦公司10%的股权,亚东北辰将持有我来啦公司6%的股权。资产交割完成之后,“速递易”正式变为“中邮速递易”。

上榜理由:快递业“十三五”规划明确要求,智能快件箱投递快件占比,从2015年的2%增长到2020年的10%。让民营快递挤压得生存空间越来越小的中国邮政,或许是想借快递柜解决最后100米的服务痛点翻身。

不过,对于中邮速递易来说,最大的问题或许不是诸多对手的竞争,而是虽然快递柜行业潜力巨大,但还未找到一条可盈利的商业模式。

10. 最国际化——民营快递加快海外布局

吸睛事件:2017年5月26日,顺丰控股发布公告称,其全资子公司与联合包裹(UPS)的香港子公司联合包裹运送服务有限公司在香港成立一家股权各半的合资公司。无独有偶,2017年5月8日,圆通速递发布公告称,拟收购香港上市公司先达国际物流控股权。

上榜理由:不单是顺丰和圆通,中通快递上市之后就明确提出未来将以参股或者投资并购相关国际物流公司的方式加速海外拓展,申通也曾多次表示不排除在海外进行并购。跨境电商的迅猛发展使本土快递企业“集体出海”。

不过,以“上市”为分水岭,在“出海”的方式上,已经发生了一些微妙的变化。上市之前,无论是顺丰的直营模式,还是通达系的国际版“加盟模式”,都没有通过资本输入方式来得迅速。

这不仅能大大缩短其铺设全球网络的时间,而且若在海外市场率先打开局面,还可以尽快摆脱电商间的价格竞争(通达系快递企业),提速转型升级的进程。

来源:《现代物流报》　2018年1月9日

【案例思考】

1. 上述案例涉及了哪些快递公司?你还了解哪些快递公司?
2. 请思考我国快递行业现状及存在的问题。

任务1.1　快递的历史与发展

1.1.1　快递的历史

1. 国外快递的历史

古往今来,许多国家都曾有过悠久的快递历史。

公元前6世纪时,波斯帝国国王大流士以京城苏撒为中心,开辟了四通八达的驿道通信网。驿道宽敞,沿途设驿站,随时有信差备马以待,把国王的命令传达到帝国各省,各地的消息也通过这一通信网源源源不断地呈送到国王面前。驿道从苏撒到小亚细亚西端的萨迪斯,全程3000公里。通过驿站信差的日夜分段传递,信息7天到达,效率非常高。

人们常说“条条大路通罗马”。古罗马的首都有连接四方的宽阔大道。我国史书《后汉书·西域传》中,曾记载古罗马“列置邮亭”的情况——十里一亭,三十里一置(即驿)。各国使者进入其境,都可直接乘驿到达其首都。

公元前500年,古代波斯有过“小马快递”的邮政业务。这种投递书信的方式,类似于我国古代的“马递”——用一种良种快马,再选用最精干的邮差,以最快的速度传递军事文书和信件。

2. 我国快递的历史

快递活动在我国自古有之。我国古代快递又称“急传”,出现的时间相当早。

(1) 古代“快递员”

快递在中国周朝时便已出现。据《周礼·秋官》记载,当时周王朝的官职中,便设置了主管邮驿、物流的官员“行夫”,对其职责要求是,“虽道有难,而不时必达”。实际上,早在商朝就有近似于快递的驲传制度,并在殷墟甲骨文中得到证实。

古代快递,主要用于政令、军情的传递,民间使用远没有现代广泛。古代最原始最主要的快递方式之一是“步传”,即靠人工步行投递。这在周代叫“徒遽”,与用邮车投递的“传遽”正好相对。步传又叫“步递”。“遽”与“邮”“驿”“馆”“置”意思差不多,都是邮传、速递机构。如春秋时,齐桓公在齐国大路上,每 30 里设一个“遽”,汉代则 30 里设一个“置”。

“健步”是古人对快递员的最常用称呼之一,《资治通鉴》注称,“健步,能疾走者,今谓之急脚子,又谓之快行子”。健步其实就是邮差,不同时代叫法也不同,秦代叫“轻足”,汉代叫“邮人”“驿足”,宋代叫“递夫”,明清叫“驿夫”……。据《隋书》记载,陈末隋初有一位叫麦铁杖的“投递员”,“日行五百里,走及奔马”,曾由京城夜送诏书到徐州,“夜至旦还”。

(2) 古代邮件的保密措施

如何保密,也是古代快递业非常重视的问题。为了预防中途泄密,被人拆看或伪造,古代采取了不少特殊的手段。

以秦代为例,当时有严格的交接和登记制度。《行书律》中规定:“行传书,受书,必书其起及到日月夙暮,以辄相报也。书有亡者,亟告官。”同时对投递员的素质也提出了硬性要求:“隶臣妾老弱及不可诚仁者勿令”,即老弱和不诚信的人,不能担任投递员。防止泄密最重要的手段是密封。在秦代,文书都是写在竹简上的,所以传递之前都会将邮件捆扎妥当。在结绳处使用封泥,并盖上相关印玺,以防私拆;写在绢素上则要装入书袋中。

到了汉代,封装工具和手段更加丰富,外封套有函、箧、囊等,根据物件的形状、大小,分别装入不同的包装袋中。其中,“函”为一种小木盒,用来装简牍,上有木板盖,刻线三道,凿一小方孔,用绳子扎好后,方孔处要用封泥封好。

在唐代,公文邮件的封装通常要用囊封,尤其是密奏,更要囊封。封泥不仅有保密的作用,还有等级之区别。一般最高五封,最低三封。封泥越多,表明邮件越重要,所用的速递工具就要考虑缓急。

宋代,邮件保密制度和技术更为完善和进步,出现了“字验”“数递”“色递”“字递”“物递”等多种先进的保密手法。

清代邮件封发、保密和防损工作做得更好,有“重封入递”“木匣入递”“绢袋封发”“汇总封发”“长引隔眼”等多种装封手段。清代在速递奏折一类的重要邮件时,还有专用的封装程序,使用“封桶”“报匣”“夹板”等封套,外人是绝对看不到的。

(3) 唐代快递果品水产

魏晋时期,中国出现了第一部专门的邮政法规,即魏国由陈群等人制定的《邮驿令》,这在中国邮政史上具有里程碑意义。到了隋唐,快递业更为发达,由于大运河的开凿,水路快递更为突出。在唐玄宗时期,全国大约有 1639 个驿站,其中水驿 260 个,陆驿 1297 个,水陆相兼驿 86 个。唐代诗人岑参在《初过陇山途中,呈宇文判官》中写下了“一驿过一驿,驿骑如星流。平明发咸阳,暮及陇山头……”这说明唐时已开始流行用快递运送水产、水果。当时平原郡(今山东境内)进贡的螃蟹,便是使用快递。据唐段成式《酉阳杂俎》记载,这种蟹是在河间一带捕捉的,很贵重,在当时一只价值一百钱。为了保证是活的,每年进贡时都用毡子密封起来,捆在驿马上速递到京城。

中国快递史上最著名的一次快递业务是给杨贵妃送荔枝,诗人杜牧是这样写的:"长安北望绣成堆,山顶千门次第开;一骑红尘妃子笑,无人知是荔枝来。"

【知识链接】

古代"快递速度"

汉代继承了秦代的做法,"五里一邮,十里一亭"。在"五里一邮"基础上,又于交通要道上,隔30里建一"置",即所谓"改邮为置"。置,即"驿置",又叫"传置"。用于传递紧急文书,当时的邮驿机构已有专用车,这种专用车叫"传车"。当时,用车快递叫"传",用马速递称"驿"。马肯定比马拉着车跑要快多了。所以,东汉以后,车辆被逐渐淘汰,马成为快递的主要交通工具,这叫"马递",这时传递文书的机构多称"驿置"。在投递过程中,一般是"换马不换人",投递员一般跑完全程。

古代快递对里程、速度都有具体的规定,这叫"程限"。秦汉时期步递一般都是短途,平均每个时辰要走10里,这是对普通邮件的要求,当天送完。如果用传车,一般每天要行70里,最多每天可行二三百里。骑马的话,对速度的要求是"日行四百里",这是当时的速度极限了,即古人眼里所称的"至速"。隋唐时期规定:传马日走4驿,乘驿马日走6驿,按每30里一驿算,日走120里至180里。如果是急件,要求日驰10驿,相当于跑300里。更急的,如送赦书,则日行500里,日行约16驿。宋代的快递"急脚递",是在步递和马递基础上创立的,最早记载出现于宋真宗景德二年(1005年)。急脚递并非人力的步递,也是一种马递,要求日行四百里。元代的急递铺,更接近今天的快递公司,程限与宋代一样。

1.1.2 现代快递的发展

1. 国外快递的发展

20世纪50—60年代,国际贸易迅速发展,促进了运输业的发展,飞机运输广泛应用于货物运输。同时,新型海上运输船舶出现,航行速度加快。但是,普通的跨国邮政速度和服务质量已与经济发展不相适应。通过邮局送达的文件、单证、样品和小型行李不仅效率低、速度慢,安全性和准确性也显得不足。有时,国际运输船舶已抵达目的港,所需的单证、文件却未到达,从而增加船舶的港口使用费用和国际贸易的成本。

在这样的经济背景下,更快捷、更灵活、更安全的运输服务才能满足国际贸易快递发展的要求。于是,世界上第一家快递公司"中外运敦豪公司(DHL)"应运而生了。一开始,DHL专门从事银行票据、航运文件、单证的传递业务,后来又将业务扩大到货物样品等小包裹运送服务。由于这种运送方式可以快捷、准确、可靠地送到收货人手中,一出现就深受从事跨国经营的贸易、金融、运输各界人士的热烈欢迎。

20世纪70年代初,随着计算机的出现和发展,商贸、银行等系统进入信息社会,工作效率越来越高。由于快递业快捷、安全的特点满足了工商、贸易业务的要求,其很快在全世界范围内发展起来。特别是在美国、西欧等经济发达的国家和地区,快递业务发展更为迅速。

20世纪80年代,日本几家濒临倒闭的公司效仿西方,转型成为经营快递服务的公司,从而使日本的快递服务迅速增长。此外,亚洲四小龙的崛起,吸引了世界各大快递公司的进入,进而带动了韩国、新加坡和中国香港、中国台湾的快递服务发展。

21世纪以来,快递服务持续较快地发展,成为邮政业的重要核心业务,并对国民经济发展起到不可替代的作用。世界范围内主要快递市场的竞争格局基本形成：北美及南美主要国际市场被美国联合包裹 UPS 和联邦快递 FedEx 控制，欧洲市场及中东、北非市场由中外运快递和敦豪 DHL 占据，亚洲市场发展相对较晚，潜力最大，目前正处于激烈竞争中。

2. 我国快递的发展历程

（1）起步阶段

中国的快递服务是从国际快递业务开始起步的，源自于外向型经济的拉动。这一阶段，中国快递业从无到有，取得了一定的发展，其特点是中国邮政 EMS 发展迅速，外资企业逐步进入中国市场。

1978 年中国实行改革开放政策后，经济活力迅速激发，经济发展进入快速增长轨道并逐步融入世界市场。随着国际经济交往的不断增加和中国发展外向型经济的需要，国际快递业务应运而生。1980 年 6 月，日本海外新闻普及株式会社率先与中国对外贸易运输公司签订了中国第一个快件代理协议。中国对外贸易运输公司成为中国第一个经营快递服务的企业。随后其他国际跨国快递企业如 DHL、TNT、FedEx 及 UPS 等也纷纷进入中国市场，相继与中国对外贸易运输总公司达成快递服务代理协议，开展国际快递业务。1980 年 7 月 15 日，中国邮政与新加坡邮政部门合建全球邮政特快专递，开展国际快递业务。1984 年，中国邮政又开办过特快专递业务，并于 1985 年成立中国邮政速递服务公司，专门经营国际、国内速递业务。

（2）成长阶段

这一阶段的特点是民营快递企业开始发展，快递经营主体多元化格局逐步形成。

1992 年邓小平南方讲话后，中国改革开放进入新的发展阶段。港澳台地区的劳动密集型产业大量转移到内地的珠江三角洲，普遍的做法是来料加工或进料加工，香港成为中国内地与发达市场之间的贸易桥梁，大量的文件或货样在珠三角与香港之间传递，顺丰公司应运而生。与此同时，长江三角洲的乡镇企业如火如荼发展，开始成为国际供应链上的一个环节。在此背景下，申通快递和其他民营快递得以迅速建立。

同时，民航、中铁等其他非邮政国有企业，也开始成立自己的快递服务公司。民航快递借助民航系统的航线、机场和国际交往的优势，国内、国际快递业务齐头并进；中铁快运则利用中国铁路旅客列车行李车作为主要运输工具，辅以快捷方便的短途接运汽车，开辟了具有铁路特色的快递服务。

在此期间，国际快递企业在华发展迅速，利用与国内企业合作的机会，加大战略投资，快递铺设网络，建立信息系统，在国际快递市场占据越来越大的份额。

（3）快速发展阶段

进入 21 世纪后，中国以更快的速度和更大的规模融入世界经济，对外贸易年进出口额超过 1000 亿美元，国外直接投资每年达到 600 亿美元，有力地拉动了快递业的发展。特别是中国加入世贸组织后，加入世界市场的步伐进一步加快，快递业进入了快速发展的黄金期，业务量以每年 30％的速度递增，一些企业的业务增长速度甚至达到 60％以上。

这一阶段，国有快递企业发展力度加大。EMS 依托中国邮政航空公司，建立了以上海为集散中心的全夜航航空集散网；分别在北京、上海和广州建立了大型邮件处理中心并配备了先进的自动分拣设备；建立了以国内 300 多个城市为核心的信息处理平台，与万国邮政联盟查询系统链接，可实现 EMS 邮件的全球跟踪查询；建立了以网站、短信、客服电话三位一体的实时信息查询系统；亚洲地区规模最大、技术装备先进的中国邮政航空速递物流集散中心落户南京；民航快递有限责任公司也发展成为我国唯一具有全国民航快递网络和航空快递时效品牌的快递、物流专业公司。2000 年 12 月 28 日，中外运空运发展股份有限公司在上海证交所上市，成为国内航空货运代理行业第一家上市公司。目前其核心业务之一速递业务已形成高速发展的国内快递自有品牌——中外运速递。中铁快运在2005年成立后，通过重新整合优质资源，目前已形成了铁路快递运输网、快捷货运网、公路运输网、航空运输网、配送网、经营网、信息网“七网合一”的网络资源核心优势，公司经营网络遍及全国31个省、自治区和直辖市，门到门服务网络覆盖国内500多个大中城市，能同时提供70多个国家及地区的快递和国际航空、铁路货运代理服务。

经过十几年的发展，民营快递企业网络快速扩展，市场份额不断提升，经营逐步走向正规。其代表企业顺丰、申通、圆通、韵达、中通等已成为中国快递行业民族品牌的佼佼者。

3. 我国快递的发展现状

近年来中国快递企业牢牢抓住“互联网＋”重大机遇，快递业务快速增长。根据2017年邮政行业发展统计公报2017年全年快递服务企业业务量完成400.6亿件，连续4年稳居世界第一，同比增长28%；快递业务收入完成4957.1亿元，同比增长24.7%。自2017年5月以来，全国快递服务企业日均快递业务量超过1亿件，标志着我国已经常态化进入单日快递“亿件时代”，中国已牢牢锁定“第一快递大国”的地位。

（1）业务量主要集中在东部经济发达地区

2017年全年东部地区完成快递业务量325亿件，实现业务收入4011.9亿元。中部地区完成快递业务量46.3亿件，实现业务收入534.2亿元。西部地区完成快递业务量29.3亿件，实现业务收入411亿元。东、中、西部地区快递业务量比重分别为81.1%、11.6%和7.3%，快递业务收入比重分别为80.9%、10.8%和8.3%。

在东部地区，快递服务又集中于以沿海大城市群为中心的三大区域：一是以北京、天津、大连和青岛为中心的环渤海快递服务区域；二是以上海、苏州和宁波为中心的长江三角洲快递服务区域；三是以广州和深圳为中心的珠江三角洲快递服务区域。除这三大主要区域外还有以厦门和福州为中心的环台湾海峡快递服务区。近几年，在东部几大快递服务区域的辐射带动下，随着西部开发的加快和中部经济的崛起，中西部地区快递服务也获得了较快的发展。许多地区快递服务从无到有，快递服务网点建设从省会城市向地区中心城市，甚至县级城市发展。

（2）快递企业获得较大的发展

快递服务的从业门槛，不论从资本需求看，还是从从业人员数量和素质要求看都比较低，现实中几十人甚至十几个人就可以提供简单的快递服务。因此，快递企业成立以中小型企业为主。近几年随着快递业务量增长，快递企业获得了较大发展，中国成长起了许多优秀的企业，树立了企业品牌。少数企业还在由初规型向规范型阶段努力，多数快递企业进入规范型阶段，优秀企业已经在做精细化工作。2017年12月26日，德邦物流正式发布了首次公开发行A股意向书。这是继圆通速递、申通快递、韵达股份、顺丰控股、中通快递和百世集团上市之后又一快递公司将登陆资本市场，至此，上市快递企业数增至7家。

（3）三大业务均快速发展

不同企业各有优势。快递业务在国内异地、同城和国际及港澳台三大方面均有快速发展。同城快递业务稳定增长。2017年全年同城快递业务量完成92.7亿件，同比增长25%；实现业务收入732.3亿元，同比增长30%。异地快递业务持续增长。全年异地快递业务量完成299.6亿件，同比增长28.9%；实现业务收入2512.8亿元，同比增长19.7%。国际快递业务增速加快。全年国际快递业务量完成8.3亿件，同比增长33.8%；实现业务收入528.9亿元，同比增长23.3%。同城业务收入占比提升。同城、异地、国际快递业务量占全部比例分别为23.1%、74.8%和2.1%，业务收入占全部比例分别为14.8%、50.7%和10.7%。国有、民营和国际快递企业在三大业务结构中各具优势。国有快递企业凭借其国内网络及品牌等优势，把握着国内异地业务的主动权。而民营快递企业凭借相对低廉的成本和灵活、方便的服务，在同城和异地业务占有一定的优势，市场份额显著扩大。国际企业依靠其遍布全球的运抵网络、雄厚的资金与技术实力、良好的服务、在国际快递业务上优势明显。

4. 我国快递的发展趋势

(1) 机遇和挑战并存

受国际金融危机的后续影响，世界经济增长速度减缓，国际快递服务发展面临挑战。随着全球经济的逐步复苏和国际贸易往来的不断加强，我国仍将是全球重要的物品流通市场，对产品、服务、资本具有较强的吸引力，全球采购、生产和销售需要更多更快捷的物品寄递服务。

(2) 需求持续增长

随着我国全面建设小康社会，工业化、信息化、城镇化、市场化、国际化将进一步加速发展，人均国民收入稳步增加，经济结构转型加快，经济社会发展和综合国力再上新台阶。伴随经济规模不断扩大和国际经济贸易往来更加密切，信息交流、物品递送和资金流通等活动日趋频繁，对快递服务的需求将持续增长。

(3) 支撑作用突出

电子商务、网络购物快递服务等新型服务业态的迅猛发展，推动人们消费方式的转变，促进网购快递需求快速增长。快递服务成为电子商务、网络购物发展的重要支撑。

(4) 产业集中度提升

随着快递业务法律法规体系的逐步健全，快递市场运行机制将进一步完善。我国快递企业规模较小，业务模式单一，网络化、一体化服务能力不强的问题仍旧突出，生存与发展的压力依然较大；一些国内快递企业经过多年发展，积累了一定的经营实力和管理经验，具备做大做强的基本条件。遵循市场经济规则，依托市场机制开展快递企业兼并重组，成为做大行业做强企业的客观要求。快递业内以及跨行业、跨地区、跨所有制的兼并重组步伐加快，推动产业集中度进一步提升。

(5) 网络日益健全

随着国家“五纵五横”综合交通运输网络的基本建成和高速公路、民航、铁路的快速发展，快递服务网络的承载能力将大大提升，进一步扩大运输能力提高服务质量、加快发展。

(6) 服务能力增强

随着信息和物联网技术的发展及推广，科学技术在快递服务领域将得到更加广泛和深入的应用。先进的分拣传输设备和车辆定位系统的广泛使用将会大大提高快件处理效率。用户数据和各种信息的综合利用以及快件传递过程中信息采集点的逐步增加，将使快递处理信息更加完整，快件跟踪查询的响应速度不断提高。呼叫、营销、客户服务中心等工程的建设，使快递企业的客户关系管理能力显著增强。

任务 1.2　快递的概念与特点

1.2.1　快递的概念与特点

1. 快递的概念

按照《快递市场管理办法》的规定，快递是指在承诺的时限内快速完成的寄递活动。寄递，是指将信件、包裹、印刷品等物品按照封装上的名址递送给特定个人或者单位的活动，包括收寄、分拣、运输、投递等环节。

根据中华人民共和国邮政行业标准《快递服务》定义，快递服务（Express Service；Courier Service）：快速收寄、运输、投递单独封装的、有名址的快件或其他不需储存的物品，按承诺时限递送到收件人或指定地点并获得签收的寄递服务。

快递的对象是快件，根据中华人民共和国邮政行业标准《快递服务》定义快件（Express Items）是快递服务组织依法收寄并封装完好的信件和包裹等寄递物品的统称。根据快件内件的不同可将快件分为两大类：一类是文件，主要包括商务信函、银行票据、报关单据、合同、标书等；另一类是包裹，主要包括一般消费品、礼品、电子商务所创造的商品、企业产品、样品、零配件等。

2. 快递业务的特点

（1）递送物品的特定性

快递业务递送物品的特定性主要体现在以下几个方面。

① 封装的物品。快递业务是对封装物品的递送。封装的物品在快递业务中称为“件”，并以“件”为计量、计价以及物品流动的基础单位。一个或一个以上相同或不同的物品封装后只作为一件快件。物流业务中一般不特别要求物品封装，可以以运输工具如“车”或以物品重量或体积为计量和计价单位。快递业务对递送物品的封装要求则明显区别于物流业务。

② 署有名址的物品。快递业务是对有名址的物品的递送。由于快递业务以“件”为物品流动的基础单位，所以对封装后的物品（即“件”）署有名址是快递业务的基本要求。收件人名址明确了物品的目的地和接收者，寄件人名址明确了物品的收寄地和寄件人，这“件”物品的流向就得以确定。所以，名址信息是经营快递业务的基础。

③ 有重量、体积限制的物品。快递业务是对有重量、体积限制物品的递送。快递递送物品主要是信件、包裹、印制品。信件和印刷品统称为信函，以纸质物品为主。《邮政法》第五十六条“不得将信件打包后作为包裹寄递”，快递经营中很少有大重量、大体积的信函发生。包裹涉及面广，《邮政法》对包裹重量、体积有明确规定：“其重量不超过五十千克，任何一边的尺寸不超过一百五十厘米，长、宽、高合计不超过三百厘米。”这些规定了快件的重量、体积的范围。

（2）寄递方式的独特性

快递业务的寄递活动是邮政业独有的一种服务方式，特指邮政从业者递送信件、包裹、印刷品等物品。这种服务方式的一个特点是便利性，它要求无论是寄或递都要贴近客户，为客户提供最方便的服务。快递业务对递送物品的特定要求，也使快递的寄递活动具备了高度的渗透性。一件封装后署有名址且重量、体积在规定范围内的物品，可以根据需要“流”向任何地方，实现快递“门到门，桌到桌，手到手”的服务。寄递活动的独特性是运输、托运、交运等方式不具备的。

（3）寄递过程的时效性

《邮政法》在解释快递定义时强调了“快速完成”，足见时效性在快递业务中的作用。寄递过程的时效性体现了物品流动的速度，满足了客户对时间的需要。为此，《快递服务》邮政行业标准专列了一项“彻底延误时限”。达到“彻底延误时限”标准则视递送物品为丢失，物品丢失即可依法获得赔偿。快递业务对时效性的高度追求既是这项业务的价值所在，也是这项业务的重要特征。

（4）寄递组织的网络性

完成甲地收寄至乙地投递的一件快件一般需经历收寄（揽收）、处理（分拨）、运输、投递（派送）等环节。上述环节必须统一调度、上下衔接、协作配合，才能完成快件由收寄地到投递地的有序流动，最终到达收件人手中。快递业务各环节的有机组合、节点配置、合理分工、节律运作实际上是快递服务网络性的重要体现。快递服务组织的网络随着快件经营范围的扩大而同步扩大,不可或缺。快递业务的完成高度依赖快递网络,这是快递业务的重要特征。

快递业务上述四条特征中,递送物品即快件的特定性和寄递方式的独特性是核心特征,寄递过程的时效性和寄递组织的网络性则为一般特征。核心特征是判断快递业务的主要依据,一般特征是判断快递业务的参考依据(或称补充依据)。如果一个企业递送物品是封装的、署有名址的,且重量、体积在规定范围内,且采用寄递这种服务方式就可以基本认定这个企业涉足了快递业务。

1.2.2 快递与电子商务的关系

我国电子商务的发展始于20世纪90年代。随着生活水平的不断提高,电子商务逐渐融入现代生活并不断飞速发展。电子商务的快速发展史是依托快递业实现的,快递业是电子商务发展的基础。反过来,电子商务配送业务是快递业务的重要组成部分,极大地推动了快递业的发展。

1. 快递对电子商务的支撑作用

电子商务的网上信息传递、网上交易和网上结算等问题通过各种信息技术得以解决,但如果快递配送环节不能实现网上交易便利快捷的优势,就会成为制约电子商务发展的瓶颈。据《2000年DHL全球电子商务报告》对12个国家和地区的621家公司所做的调查表明,62%的网上消费者希望两天之内收到货物,而实际要等4天;20%的网上消费者不能按时收到他们所订购的货物。因此,没有强大的物流配送,电子商务给交易者带来的交易方便、快捷和高效的优势就难以实现。快递服务是实现电子商务便捷优势的可靠保证。

2. 电子商务对快递的影响

随着生活水平的提高,我国人均消费快递保持高速增长,特别是电子商务“网购”拉动快递业务异军突起。消费者通过网上浏览,轻轻点击鼠标就可以完成购物活动。2008年,全国个人网上购物销售额为1320亿元,由此带动的包裹快递量约为5亿件,全国快递服务1/3的业务量是由电子商务牵动的。2009年,全国个人网上购物销售额达到2483.5亿元,由此带动的包裹快递量约20亿件,其中约10亿件来自淘宝网。2010年,电子商务对快递服务的需求已经逐渐成为快递市场的主力,保守估计其业务量已经超过普通快递业务量的50%,尤其在一些民营快递企业,该比例可能更高。

为了适应市场的需求,越来越多的快递企业开始重视电子商务带来的快递市场。以圆通为代表的快递企业专门针对电子商务的特点推出相应的运单。顺丰开设了顺丰优选网站,开展电子商务经营活动。我国邮政和快递企业加快推进网络建设,加强与电子商务运营商的信息对接,提供了包括仓储、理货、代收货款、代客户保管等多种增值服务。

总体而言,电商企业和快递企业的合作还处于起步阶段,双方在信息接口、商品签收、安全管理、风险分担等方面还缺乏统一的规范,相关法律、标准、政策还缺乏必要的衔接。二者在发展中也存在一些衔接不畅、发展不协调的问题,如运营衔接、服务质量、互惠互利等。

1.2.3 快递与物流的关系

根据国家标准《物流术语》GB/T 18354—2006定义,物流(Logistics)是指物品从供应地向接收地的实体流动过程。根据实际需要,将运输、储存、装卸、搬运、包装、流通加工、配送、信息处理等基本功能实施有机结合。物流企业(Logistics Enterprise)是指至少从事运输(含运输代理、货运快递)或仓储一种经营业务,并能够按照客户物流需求对运输、储存、装卸、包装、流通加工、配送等基本组织和管理，具有与自身业务相适应的信息管理系统，实行独立核算、独立承担民事责任的经济组织，而非法人物流经济组织可比照适用。

1. 快递是物流的重要组成部分

1）快递业是物流业的一个分支。现代快递是现代物流的一个分支，是物流的一种重要形式。它以物流机制为基础，在运营水平和服务水准上要求更高，处于物流功能的金字塔顶端，被誉为“物流王冠上的明珠”。

2）快递业为提升现代物流的社会功能做出了贡献，现代物流的许多服务功能都是靠快递业来实现的。现代物流除了实现传统的物流服务功能外，更强调服务现代经济的增值性物流服务，最常见的依靠快递来实现现代物流的服务功能，例如，便利、快捷的“一条龙”门到门服务、代理通关和代理结算、陆海空联运等增值服务。

3）快递业的发展从整体上提高了现代物流的水平，快递业的发展提高了社会物流整体水平。快递发展到一定的阶段，必然要适应市场的新要求，逐步增加仓储和配送业务，这就是快递公司在发展中的创新。最先开展配送业务和第三方物流的正是快递公司。

快递公司最有条件从事现代物流。这主要有如下四个原因。

① 现代物流最重要的标准之一就是安全、周到和准时，这正是快递公司的强项。

② 在运输业和物流业中，只有快递公司最广泛地应用了最先进的通讯技术。

③ 国际快递公司是通关（报关、清关）最快的公司，具有“最能与海关默契合作”的丰富经验，这是从事第三方国际物流的先决条件。

④ 国际快递公司在全球各个国家和地区都拥有自己的网络，有统一的预报、查询、调度、分拨和转运等指挥系统，这是综合利用全球资源的最优越条件。

4）快递提供了物流外包的基础。

① 大型企业的物流作业需要外包，且基本上外包给快递公司。大型生产线企业虽然自身拥有一定的物流能力，但货物的快运（急货）基本上都是外包给快递公司，这便是第三方物流（3PL）产生的原因。

② 物流业内部的物流公司之间、快递公司之间也常互有物流业务外包关系。由于每个快速公司或物流公司所具备的优势不同，有些业务自身没有能力做，或者自己做不合算，客观上产生了业务相互外包的需求。快递公司之间通过结盟或协议，可相互提供外包业务。例如，UPS 和扬子江快运公司建立了合作关系，DHL 的快件也经常外包给宅急送来收递。

③ 利用第三方物流外包成功的关键是选择合格的快递公司。采用第三方物流的目的是利用物流代理商先进的网络和设施节省运输成本与包装成本，使产品增值。先进的快递公司成为外包的首选。

5）快递公司是物流企业的重要类别。按照我国《物流企业分类与评估指标》的规定，快递公司属于运输型的物流企业，而且是先进的物流企业。国内的顺丰快递公司，圆通、申通、中通、韵达等快递企业，不论它们是采用直营模式管理还是采用加盟式或者加盟与直营结合运作的模式管理，按标准都属于物流企业。

6）快递业务是现代物流活动的一部分。传统物流活动包括包装、运输、装卸和仓储。而现代物流提出了物流系统化和综合物流管理的概念，并付诸实施。现代物流包含了产品从生产到消费，包括包装、运输、仓储、装卸、加工，配送到达用户（消费者）手中以及回收的整个物理性的流通全过程。快递业务包括收寄、分拣、封发、运输、投递等基本环节，这些环节包含在现代物流活动中，构成现代物流活动的一部分。

7）快递服务是物流业务的拓展与延伸。物流一般是不负责送件的，发件要送到物流点，提货也要到相应的物流点提货，网络覆盖面积较小。快递则不仅网络覆盖面广，而且扩展了更多的业务品种。在快递业覆盖的派送范围内，提供收、送件上门服务，大部分件走空运，所以不仅速度快，而且更便捷。为满足经济和社会不断发展所出现的新需求，快递不断开发新的服务产品，拓展了现代物流业务的空间。

快。这是快递企业的主要特征之一。

多。这是指快递企业业务主要集中在门对门的 B2B、B2C 及 C2C 业务上，这种业务的特点就是票件重量小但数量多。

杂。这是指快递企业派送的物件品类繁杂。为满足客户个性化的需求，快递企业可以说承接除违禁用品外的任何东西。

繁。这是指快递运转流程比普通物流复杂。快递不比通常物流运送站到站服务那么简单，快递从客户处取件回来的第一次分拨，运送到一级分拨中心后再次被分拨，还可能再运送到二级，甚至三级分拨中心，最后达到目的站点时，已经被分拨和重新装运了好几次。

8）快件操作是物流技术的综合运用和集中体现。由于对快递严格的时效性、安全性和快捷性要求，快件操作从收件到送达收件人的各个环节都需要综合利用各种现代物流技术。快件操作离不开物流技术的支持，包括网络技术、通信技术和软、硬件技术支持。快递从一开始就是把操作建立在先进的物流技术基础上的，快递的发展是物流技术发展和应用的集中体现。

2. 快递与物流的区别

(1) 服务对象有所不同

快递的服务对象主要为需要快递各种单据和单证的公司、单位等组织以及需要快递私人物品的个人(包括网上购物)。比如你从京东上网购东西，都是通过快递(顺丰、申通、中通、圆通、韵达等)送到你手中，而不是一般的物流公司。

物流的服务对象主要为工厂、商贸企业等单位，比如某工厂有 10 吨货物需要从西安运到天津港海运出口，就需要找专业的物流公司(德邦物流、速尔物流、天地华宇、新邦物流、中铁快运等)，而不是一般的快递公司。也有一些个人物品发物流的，尤其是当数量较大时，但相对快递来说不是很多。

(2) 速度和时效有所不同

从速度和时效上看，物流总体上不如快递，但也不会比快递慢很多，尤其是物流专线运输的整车货物。快递一般是同城的上午发下午到，不同城的隔夜到或 2～4 天到。物流快的话，跟快递差不多，慢的话，需要四五天甚至一周才能到，尤其是零担物流。快递都是门到门，上门取件，直接派送到收件人手中；物流有的可以上门提货，送货到收件人手中，但是也有的物流需要发货人送到指定的物流网点或收货人自己到物流网点提货。

(3) 运输对象的大小不同

快递公司主要运送文件类、个人物品类以及 50 千克以下的小批量货物。比如各种单据、发票、账单、生活用品以及小批量的书籍、特产、水果、小吃等小物件。

物流公司主要运送大型物品、大批量货物。比如大批量的家具、家电、电子产品、原材料、数量大的零配件、大中型机械、大件设备等。

(4) 价格和费用有所不同

快递的单位价格较高，只适合运送文件类和小件、少量货物。

如果货量大，必须找物流公司，货量越大，找物流公司越划算。如果刚好够整车更好。一般来说，整车物流比零担物流经济性更好一些，尤其是单位成本。

1.2.4 快递与邮政的关系

快递产业总是和邮政业一起统称为“邮政快递业”。政府主管部门已经明确规定快递归属邮政业。从学术上讲,邮政和快递是两种具有相近之处但本质上略有不同的企业。二者具有一定的相似性:通过递送网络提供文件或物品,递送对象都是文件或物品,都含有信息传输或实务传递的部分。

但二者又截然不同:根据万国邮联规定,邮政普遍服务包括邮政对部分信函的专营是履行国家法定义务,以确保向所有公民提供基本通信需求的统一规范、低价普惠的普遍服务,具有公共产品性质(万国邮联同时规定,这种服务各国可委托“由公共或私营部门提供”)。而快递服务(含邮政EMS特快专递)均以市场为前提,是市场经济发展的产物,主要为社会有特殊需求和有支付能力的部分成员(多为工商用户)提供个性化、限时日送达的商业服务,具有私人产品性质,属于竞争性商务服务产品。所以,邮政业务的特点是普遍服务,即政府定价、财政补贴、全面覆盖、不苛求时效性,给所有人提供基本信息服务;而快递业务的特点是企业根据市场需求差别化定价,政府负责监管,投递网络根据市场需求决定,满足客户的个性化需求。

任务1.3 快递业务的分类

快递作为一种商业服务,业务种类的设置主要由客户的需求来决定。按照快递的物品性质、递送范围和业务形式等,可对快递业务进行如下分类。

1.3.1 按寄达范围划分

1. 国内快递

国内快递是从收寄到投递的全过程均发生在中华人民共和国境内的快递业务。国内快递又分为国内同城快递和国内异地快递两类,其中国内异地快递又可分为省、直辖市、自治区、特别行政区内异地快递和省、直辖市、自治区、特别行政区间的快递。

(1) 国内同城快递

国内同城快递是指寄件地和收件地在中华人民共和国境内同一城市的快递业务。比如,寄件地在北京市朝阳区,收件地在北京市海淀区,快件从北京市的朝阳区送往北京市的海淀区,这种在同一城市内传递的快件即同城快递。同城的概念原则上是指同一城市,但由于快递企业能力和网络结构的不同,各快递企业对同城地域范围的界定会有所不同。

国内同城快递服务是近年来快递业务中增长最快的业务,它是高度劳动密集型的业务,既不需要发达的交通工具,也不需要尖端的信息监控技术,网络运营和管理技术也不复杂,更多依赖的是一套能够充分调动业务员积极性的灵活的管理体制和分配体制。同城快递具有高度分散、高度竞争性的市场结构。国内同城快递业务,相对于国内异地快递业务而言,运营成本较低,易于管理,又具有取件和送件及时,能为客户解燃眉之急的特点。同城快递业务成了部分中小型民营快递企业的主导业务。

(2) 国内异地快递

国内异地快递业务主要是区域内的业务与区域间的业务。区域内的快递业务可以通过公路或铁路运输完成,区域间的业务一般要依赖航空运力。与同城快递相比,国内异地快递业管理成本较高,取件和送件因分别在不同省、直辖市、自治区、特别行政区而不确定因素增大。

省、直辖市、自治区、特别行政区内异地快递服务是指寄件地和收件地分别在中华人民共和国的同一省份、自治区、特别行政区中不同地区的快递服务。比如寄件地在广东省珠海市，收件地在广东省湛江市，快件从广东省珠海市送往广东省湛江市，这种在同一省份、自治区、特别行政区中不同地区的快递服务称为省内异地快递。

省、直辖市、自治区、特别行政区间的快递服务是指寄件地和收件地分别在中华人民共和国境内不同省、直辖市、自治区、特别行政区的快递服务。

2. 国际快递

国际快递服务是寄件地和收件地分别在中华人民共和国和其他国家及地区的快递服务，以及其他国家或地区间用户相互寄递但通过中国经转的快递服务。

国际快递服务是技术密集、资本密集和管理密集型业务，也是快递服务领域利润最高的业务，在业界一般称为高端业务。国际快递服务提供商必须具备足够的航空和地面运输能力、枢纽中心和遍布世界主要国家和城市的投递网络、先进的信息跟踪和控制技术。

到目前为止，经营国际业务的主要是国际快递公司、国际货物运输代理企业，以及中国邮政速递物流股份有限公司(简称 EMS)、中国民航快递有限公司和大通国际货运有限公司、中远国际航空货运代理有限公司等中国国内企业。在国际快递服务方面，中国的快递企业还没有形成自己的航空运力和国际投递网络，主要依赖民用航空公司的商业航班和各国邮政制定的邮路，国际快递的时效和能力受到限制，网络的效率也有待进一步提高。

1.3.2 根据快件的物品性质划分

根据快件的物品性质，可分为信件类和包裹类快递业务。信件类快递业务主要包括商务信函、银行票据、报关单据、合同、标书等的递送业务，此类业务寄递的物品重量轻，体积小，时间要求高，收费标准也较高，主要是面向商务客户。包裹类快递业务主要包括商品样品和零配件等递送业务，此类业务寄递的物品较重，体积大，对货物的时限要求不如信件类高，收费标准相对较低。

1.3.3 根据快递的传递时限划分

根据快递的传递时限可划分为标准服务时限快件业务、承诺服务时限快件业务和特殊要求时限快件业务。

① 标准服务时限快件业务指按一般规定时限传递的快件业务。承诺服务时限快件业务包括即日达(当日达)、次日达、次晨达、隔日达和三日达等业务。即日达(当日达)快件，即当日承运且当日送达的快件。

② 次日达快件，即在承运后第一个工作日送达的快件。次晨达快件是指在指定的开办范围内当天收寄，在次日上午 11:00 前完成投递的快件。隔日达快件是指在承运后第二个工作日内送达的快件。

③ 三日达快件，即在承运后第三个工作日内送达的快件，主要对应于交通不便的县级及以下城镇人群的快件服务。特殊要求时限快件业务指客户提出个性化时限要求的寄送快件业务。

1.3.4 根据赔偿责任划分

根据赔偿责任，可分为普通快件业务、保价快件业务和保险快件业务。

① 普通快件业务指未经客户保价或保险的快件业务。

② 保价快件业务指客户除交纳运费外，还要按声明的价值费率交纳保价费的快件业务。

③ 保险快件业务指客户在寄递时，除交纳运费外，还要按照快递公司指定的保险公司承诺的保险费率交纳保险费的快件业务。

1.3.5　根据快递客户的类型划分

根据快递客户的类型是群体还是个人，可分为集团快件业务和个人快件业务。

集团快件业务是指各类企业或团体的快递服务业务。这类业务所占的市场份额较大，需求比较稳定，所涉及的快件业务品种繁多，快件重量从十几克到五十千克不等，且单次交易量较大，交易时间较长。

集团快递业务可根据行业类别细分为政府机构快递业务、电子行业快递业务、医药业快递业务、金融机构快递业务、纺织业快递业务、汽车行业快递业务等。个人快递业务是指为个人提供的快递服务业务，该类业务所占的市场份额较小，但发展却非常迅速。

1.3.6　根据付费人划分

根据付费人的不同，可分为寄件人付费、收件人付费和第三方付费快件业务。

① 寄件人付费快件业务是指寄件人在寄递快件的同时自行支付快递资费的快件。通常情况下，这类快件是各类企业的普遍业务形式。

② 收件人付费快件业务也被称为到付快件，是指寄件人和收件人商定，由收件人在收到快件时支付快递资费的一种快件。

③ 第三方付费快件业务是指寄件人、收件人、快递企业商定，在收件人收到快递时，由寄件人、收件人之外的第三方支付快递资费的一种快件。这种快件的收件人通常是子公司，而付款的则是母公司。

1.3.7　根据结算方式划分

根据结算方式的不同，快件可分为现结快件业务和记账快件业务。现结快件业务是指快递业务员在收寄或派送现场向寄件人或收件人以现金或支票方式收取快递资费的快件业务。记账快件业务是指快递企业和客户协议约定，快递资费先行记账，由客户在约定的付款时间或周期内向快递公司拨付资费的一种快件业务。

任务1.4　著名快递公司介绍

1.4.1　国外著名快递公司

按照所有制形式划分，在我国快递市场提供服务的快递企业分为三大市场主体，即国有、民营和外资快递企业，这些企业规模不等，数量众多。国有、民营和外资快递企业齐头并进，全行业得到快速发展。

1. 荷兰TNT快递公司

TNT是荷兰邮政集团(TNT Post Group N. V.，TPG)的子公司。

TNT快递成立于1946年，是全球领先的商业快递服务商。为客户提供准点的门到门文件、包裹和货运服务。TNT的经营理念是提供超越客户期望的服务。TNT鼓励员工挑战自我，完善自我。在管理风格上TNT提倡关爱员工和团队合作。TNT把自己的企业文化归结为：培养员工的自豪感；为股东创造财富；为我们生活的世界肩负应尽的责任。

TNT是世界顶级的快递与物流公司，公司总部设在荷兰的阿姆斯特丹，其母公司荷兰邮政集团在纽约等证券交易市场上市。TNT在世界60多个国家雇有超过14.3万名员工，为超过200个国家及地区的客户提供邮运、快递和物流服务。业务网络连接着近1000个转运中心及站点，拥有超过2万部车辆及43架飞机，每周运送360万件货物，竭诚为客户提供综合商业物流服务。

TNT集团2003年的营业额为119亿欧元。2001—2003年，TNT连续3年被美国《财富》杂志评为全球最受推崇的货运及快递企业。

TNT的快递服务：利用公司遍布全球的航空与陆运网络，TNT提供全球门到门、桌到桌的文件和包裹的快递服务。特别是在欧洲、亚洲和北美洲等地，TNT快递可以针对不同顾客的需求，提供9点派送、12点派送、NEXT DAY派送、收件人付费快件等服务内容。TNT快递的电子查询网络也是全球最先进的。

TNT集团已经将旗下TNT Logistics和TFM(TNT FREIGHT MANAGEMENT)分别于2005年卖给CEVA和于2006年11月卖给法国乔达国际集团(GEODIS)。

TNT的物流服务：TNT在供应链管理方面拥有30年的丰富经验，TNT物流是全球第二大的物流服务公司，为汽车、电子、快速消费品及生物制药等行业提供包括仓储、运输、配送、物流加工、物流信息管理等完整的供应链解决方案。

TNT快递于1988年进入中国市场，2003年TNT快递在中国25家分公司的总销售额逾7亿人民币。TNT与上汽合资成立的上海安吉天地物流有限公司是中国最大的汽车物流企业。

TNT大连分公司的速度优势：欧美快件，今发明至：TNT利用每日大连至北京的最晚航班，当日收取的国际快件当日发运至首都国际机场，次日中午即可抵达法兰克福及洛杉矶TNT转运中心，真正实现了“欧美快件、今发明至”！

中国香港、新加坡的快件，次日派送：TNT利用广州、北京口岸转运，每日11:00之前取回的中国香港、新加坡快件，可实现的香港、新加坡次日上午派送！每日下午取回的香港快件，可实现香港次日下午派送。

日本、韩国、澳洲、中国台湾、中东的快件，天天直航：TNT公司每天多班直达航班，使快件抵达十分快捷。

TNT中国是TPG网络的一部分。进入中国至今，TNT中国不断致力于在物流和快件等方面提供一应俱全的产品和服务，矢志让业务长足发展。目前，服务已覆盖中国的200多个城市，网点超过2000个。将客户置于我们业务的核心是TNT一直以来的经营理念。成为您的业务伙伴将自身的核心业务与客户的分发要求相结合，不断推出新的运输服务和产品，也是TNT中国一直坚持和奋斗的目标。

2. 德国敦豪DHL快递服务公司

敦豪公司(DHL)于1969年在加利福尼亚成立，面对的是国际快递客户。DHL增设了更为方便的手机短信服务，在原有互联网查询的基础上，进一步方便其客户随时确定货物的传递状态。

敦豪公司是一家私营公司，主要的合作伙伴是德国邮政世界网络，汉莎和日航航空公司。

2002年初，德国邮政全球网络成为DHL的主要股东。到2002年底，DHL已经100%由德国邮政全球网络拥有。2003年，德国邮政全球网络将其下属所有的快递和物流业务整合至一个单一品牌：DHL。2005年12月德国邮政全球网络并购Exel的举措进一步巩固了DHL的品牌。整合后的DHL的专业服务来自于由德国邮政全球网络收购的几家公司。

敦豪公司在全球快速、安全并及时地运送货物。这其中的基础是我们广泛的网络，结合空中和地面的运输方式以达到最优化的递送效率。一方面，这使我们的服务可以遍及世界每一个角落；另一方面，我们可以树立在当地市场上的品牌形象并能充分理解当地市场和客户的需求。

在物流领域，全球化正在创造出比以往更加复杂的供应链。DHL 全球触角和对本土市场了解的结合再一次显示了这是一个重要的竞争优势。我们既提供种类齐全的标准化服务，同时也提供定制化的行业解决方案。这是达成我们的全球客户高标准的要求的唯一方式。

DHL 的服务网络遍及全球 220 多个国家和地区。全球约 285000 名尽心尽职的员工向 120000 多个目的地的客户提供快捷、可靠的服务。DHL 是全球快递、洲际运输和航空货运的领导者，也是全球第一的海运和合同物流提供商。DHL 为客户提供从文件到供应链管理的全系列的物流解决方案。

DHL 这个名称来自于三个公司创始人姓氏的首字母，他们是 Adrian Dalsey，Larry Hillblom 和 Robert Lynn。1969 年，在尼尔·阿姆斯特朗迈出伟大的登月第一步的几个月后，三个合伙人也在一起迈出了一小步，这一小步将对全世界的商业运作模式产生深远的影响。

一开始，创始人们自己乘坐飞机来往于旧金山和檀香山之间运送货物单证，这样就可以在货物到达之前进行货物的清关，从而显著地缩短在港口的等待时间。

坚持为客户节约财富。凭借这一概念，一个新的行业诞生了：国际航空快递，通过飞机快速运送文件和货物。DHL 的网络开始不断以惊人的速度扩展。它向西不断挺进，从夏威夷到远东和环太平洋地区，然后是中东、非洲和欧洲。

3. 联邦快递公司(FedEx,FedEx Express,FDX)

联邦快递隶属于美国联邦快递集团(FedEx Corp.)，是集团快递运输业务的中坚力量。

联邦快递集团为遍及全球的顾客和企业提供涵盖运输、电子商务和商业运作等一系列的全面服务。作为一个久负盛名的企业品牌，联邦快递集团通过相互竞争和协调管理的运营模式，提供了一套综合的商务应用解决方案，使其年收入高达 320 亿美元。

联邦快递集团激励旗下超过 26 万名员工和承包商高度关注安全问题，恪守品行道德和职业操守的最高标准，并最大限度地满足客户和社会的需求，使其屡次被评为全球最受尊敬和最可信赖的企业。

联邦快递是全球最具规模的快递运输公司，为全球超过 220 个国家及地区提供快捷、可靠的快递服务。联邦快递设有环球航空及陆运网络，通常只需一至两个工作日，就能迅速运送时限紧迫的货件，而且确保准时送达。

美国联邦快递是较早看准中国这个庞大市场的外资公司之一，它于 1984 年进入中国，近 20 年来，联邦快递发展迅速，一年一个台阶，取得了骄人的业绩，创造了诸多世界之最：当初的每周两个增加到现在每周有 11 个班机进出中国，是拥有直飞中国航班数目最多的国际快递公司；1996 年快递服务城市只有 60 个，现在发展到 220 个城市；1999 年联邦快递与天津大田集团在北京成立合资企业大田－联邦快递有限公司，双方合作顺利，配合密切，进一步推动了中国快递业务的发展。

4. UPS 公司(United Parcel Service Inc.,联合包裹速递服务公司)

UPS 于 1907 年作为一家信使公司成立于美国，通过明确地致力于支持全球商业的目标，UPS 如今已发展成为拥有 360 亿美元资产的大公司。如今的 UPS，或者称为联合包裹服务公司，是一家全球性的公司，其商标是世界上最知名、最值得景仰的商标之一。作为世界上最大的快递承运商与包裹递送公司，我们同时也是专业的运输、物流、资本与电子商务服务的领导性的提供者。每天,我们都在世界上200多个国家和地域管理着物流、资金流与信息流。作为世界最大的包裹递送公司和全球领先的专业运输和物流服务的供应商,UPS通过结合货物流、信息流和资金流,不断开发物流、供应链管理和电子商务的新领域。UPS公司从不畏缩于彻底改造自己,就像其历史所证明的那样。

每个工作日,该公司为180万家客户送邮包,收件人数目高达600万。该公司的主要业务是在美国国内并遍及其他200多个国家和地区。该公司已经建立规模庞大、可信度高的全球运输基础设施,开发出全面、富有竞争力并且有担保的服务组合,并不断利用先进技术支持这些服务。该公司提供物流服务,其中包括一体化的供应链管理。

业务分布:UPS的业务收入按照地区和运输方式来划分呈现出不同的分布特点。从地区来看,美国国内业务占总收入的89%,欧洲及亚洲业务占11%。从运输方式来看,国内陆上运输占54%,国内空运占19%,国内延迟运输占10%,对外运输占9%,非包裹业务占4%。

2001年1月10日,UPS以发行价值4.33亿美元新股方式收购Fritz集团公司旗下的加利福尼亚物流公司,并将该公司并入UPS不断拓展的物流业务之中,使其成为更大规模的运输集团。2000年11月28日,UPS公司将其每周的环球飞行从3次增加到5次,以应付日渐增多的跨国运输业务。UPS在这一路线上运输的货物总量每日增长20万磅。

UPS以其褐色的卡车而闻名,在美国,它就是包裹车的代名词。UPS使用在其车辆和制服上这种褐色被称为"普式褐",这个称号的来由是因为乔治·普尔曼创建的普式公司的卧铺车厢使用的就是这种颜色。UPS还拥有自己的航空公司(IATA:UPS;ICAO:UPS)。

UPS的主要竞争对手有:美国邮政服务(USPS)、联邦快递和DHL(敦豪)。过去,UPS在廉价的地面快递市场中的竞争对手只有美国邮政服务,但不久前,联邦快递在收购了道路包裹系统公司(Roadway Package System)后也加入了进来。同时,敦豪公司也收购了空运快递公司(Airborne Express)。此次收购增加了敦豪在美国的市场占有率,也将进一步加剧地面快递市场的竞争。

2005年初,UPS成为第一家在中国拥有国际快递业务经营权的国际快递公司。2005年底,我们的业务迅速扩展到全国23个主要商业城市,覆盖全国200多个城市。

联合包裹1988年10月3日进入亚太市场。在短短十年间,联合包裹创下了在亚太区的航空速递市场占有率高达百分之15至20的佳绩,而且每年增长率逾50%。

1988年10月,联合包裹正式进入中国,通过其业务代理企业中国外运集团(SINOTRANS)在中国67个城市建成了一个邮递网络。1993年11月份,UPS推出国际性信件与文件加强速递业务,从而加速了世界各地64个城市的递送速度。1994年5月,UPS在中国三个主要城市:北京、广州和上海开设了办事处。12月22日,联合包裹、中外运集团与上海海关签署了试验使用者协议,对航空速递进口邮件实施EDI数据交换系统(Electronic Data Interchange)。1995年4月3日,联合包裹先后与中外运集团和中外运集团上海公司签署了备忘录和意向书,准备在北京、广州和上海建立合资公司。

1996年5月22日,联合包裹与中国外运北京空运合资成立中外运北空—联合包裹国际快递有限公司。中国外运北京空运公司成立于1981年,隶属于国家对外经济贸易合作部的中国对外贸易运输总公司,是专门从事国际货物运输和快递服务的国有企业,是国内成立资格较久、规模宏大的航空货运代理企业。合资公司的合营期限为20年。公司主要从事国际进出口快递服务和国际进出口空运业务。公司的宗旨是"重服务、守信誉、讲效率",以优质服务、先进的管理技术、完善的国内国际网络,为中国对外贸易和经济建设服务,为中外客户和货主服务,为国际经济合作和友好交往服务。

联合包裹的优势在于:①先进的电脑联网和快速的免费查询:无论是文件、合同、样品、信用账等物件,客户可以随时通过电话或互联网进行物件行踪的查询,即使是特殊情况被耽误,也会立即查出耽搁原因及耽搁地点,并查询出何人何时何地收到了包裹;②运费到付:发件人在征得收件同意的前提下,通过联合包裹将物件送到收件人手上,由收件人交付运送费用;③包裹运送:UPS的业务中70%是包裹,飞机载重量大,一般包裹重量可达70公斤;④价格公道:目前在中国的业务价格取市场价格的中高位,不高也不低,但为开拓市场、争取客户,却会把服务质量放在第一位。在北京和上海海关使用EDI系统,将所有电脑资料联网,加快清关速度,提高效率。目前,联合包裹在中国的业务已经扩大到106个城市。

1.4.2　国内著名快递公司

1. 中国邮政速递物流股份有限公司

中国邮政速递物流股份有限公司(以下简称"中邮速递"),是经国家主管部门批准,于2010年6月设立的国有股份制公司,是中国经营时间最长、规模最大、网络覆盖范围最广、业务品种最丰富的快递物流综合服务提供商。

中邮速递在国内31个省(自治区、直辖市)设立分公司,并拥有邮政货运航空公司、中邮物流有限责任公司等子公司,其业务范围遍及全国的所有市县乡(镇),通达包括我国港、澳、台地区在内的全球200余个国家和地区;拥有波音737、757全货机共计26架;运输生产汽车2.3万余辆,电动车(含三轮、两轮)近2.3万辆;行邮(包)专列车厢13节;自营网点近5000个,日收件量约400万件,峰值日收件量接近1000万件。

中邮速递坚持"珍惜每一刻,用心每一步"的企业经营服务理念,为社会各界客户提供方便快捷、安全可靠的门到门速递物流服务,致力于成为持续引领中国市场、综合服务能力最强、最具全球竞争力和国际化发展空间的大型现代快递物流企业。

2. 顺丰速运(集团)有限公司

顺丰速运(集团)有限公司(简称顺丰)于1993年3月26日在广东顺德成立,是一家主要经营国际、国内快递业务的港资快递企业。初期的业务为顺德与香港之间的即日速递业务,随着客户需求的增加,顺丰的服务网络延伸至中山、番禺、江门和佛山等地,是中国速递行业中投递速度最快的快递公司之一。

在1996年,随着客户数量的不断增长和国内经济的蓬勃发展,顺丰将网点进一步扩大到广东省以外的城市。至2006年初,顺丰的速递服务网络已经覆盖国内20多个省及直辖市,101个地级市和香港、澳门及台湾地区,成为中国速递行业中民族品牌的佼佼者之一。

顺丰速运(集团)有限公司作为一家主要经营国际、国内快递业务的港资快递企业,为广大客户提供快速、准确、安全、经济、优质的专业快递服务。

顺丰以"成就客户,推动经济,发展民族速递业"为自己的使命,积极探索客户需求,不断推出新的服务项目,为客户的产品提供快速、安全的流通渠道。

为了向客户提供更便捷、更安全的服务,顺丰速运网络全部采用自建、自营的方式。经过十几年的发展,顺丰已经拥有6万多名员工和4000多台自有营运车辆,30多家一级分公司,2000多个自建的营业网点,服务网络覆盖20多个省的100多个地级市、直辖市和香港、台湾地区。

为了给客户提供更优质的快递服务,顺丰仍然不断投入巨资加强公司的基础建设,提高设备和系统的科技含量,不断提升员工的业务技能、自身素质和服务意识,以最全的网络、最快的速度、最优的服务打造核心竞争优势,塑造"顺丰"这一优秀的民族品牌,立志成为"最值得信赖和尊重的速运公司”。

3. 德邦物流

德邦是国家“AAAAA”级物流企业，主营国内公路零担运输业务，创始于1996年。截至2013年11月，公司已开设直营网点4000多家，服务网络遍及全国，自有营运车辆6600余台，全国转运中心总面积超过88万平方米。公司始终以客户为中心随时候命、持续创新，始终坚持自建营业网点、自购进口车辆、搭建最优线路，优化运力成本，为客户提供快速高效、便捷及时、安全可靠的服务体验，助力客户创造最大的价值。一直以来，公司都致力于与员工共同发展和成长，打造人企双赢。在推动经济发展，提升行业水平的同时，努力创造更多的社会效益，为国民经济的持续发展，和谐社会的创建做出积极贡献，努力将德邦打造成为中国人首选的国内物流运营商，实现“为中国提速”的使命。

4. 申通快递

申通快递全称为上海申通物流公司。申通拥有247个独立城市营业所，179个营业厅，1220个操作点，快递初创于1993年，是一家以经营快递为主的国内合资(民营)企业。

申通快递基本覆盖到全国地级市以上城市和发达地区县级市以上城市，尤其是在江浙沪地区，基本实现了派送无盲区。

5. 圆通速递

上海圆通速递(物流)有限公司成立于2000年5月28日，是国内大型民营快递品牌企业，致力于成为“引领行业发展的公司”，以“创民族品牌”为己任，以实现“圆通速递——中国人的快递”为奋斗目标。始终秉承“客户要求，圆通使命”的服务宗旨和“诚信服务，开拓创新”的经营理念。公司拥有10个管理区、58个转运中心、5100余个配送网点、5万余名员工，服务范围覆盖国内1200余个城市。公司开通了我国港澳台地区、中东和东南亚专线服务，并在我国香港注册了Cats Alliance Express(CAE)公司，开展更广阔的快递业务。公司立足国内，面向国际，致力于开拓和发展国际、国内快递、物流市场。公司主营包裹快递业务，形成了包括同城当天件、区域当天件、跨省时效件和航空次晨达件、航空次日下午达件和到付、代收货款、签单返还等多种增值服务产品。公司的服务涵盖仓储、配送及特种运输等一系列的专业速递服务，并为客户量身制定速递方案，提供个性化、一站式的服务。圆通还将使用自主研发的“圆通物流全程信息监控管理系统”，确保每一票快件的时效和安全。

圆通在2013年、2014年和2015年实现了营业收入和快件递送量的三连涨，2013年圆通营业收入为68.85亿元，2014年增长到82.29亿元，2015年为120.96亿元，两年时间中营收增长幅度超过75%；2013年圆通快递递送量接近13亿件，到2015年增长到了30亿件，两年时间，快递递送量增长130%。

6. 中通快递

中通快递股份有限公司于2002年5月8日在上海成立，是一家集快递、物流及其他业务于一体的大型集团公司，注册商标“中通®”和“zto®”。

中通快递现已成为国内业务规模较大、第一方阵中发展较快的快递企业，2016年中通快递业务量近45亿件，服务质量连续三年(2014—2016年)位居“通达系”之首。截至2017年11月，中通服务网点约2.89万个，转运中心79个，网络合作伙伴超过9400家，干线运输车辆超过4410辆，干线运输线路超过1920条，网络通达97.69%以上的区县，乡镇覆盖率超过81.5%。

中通的服务产品包括国内快递、国际快递、物流配送与仓储等，提供“门到门”服务和限时(当天件、次晨达件、次日达件等)服务。同时，开展了电子商务配送、代收货款、签单返回、到付、代取件、商务件、区域时效件、优鲜送、橙诺达、定时派送等增值业务，为客户提供 VIP 服务等增值服务。

7. 韵达快递

韵达快递，是集快递、物流、电子商务配送和仓储服务为一体的全国网络型品牌快递企业，创立于 1999 年 8 月，总部位于中国上海，服务范围覆盖国内 31 个省（自治区、直辖市）及港澳台地区。

十余年来，韵达快递始终秉承"为客户创造价值；为社会创造财富；为员工创造就业"的企业宗旨，锐意进取，不断创新，现拥有员工五万余名，并在全国建设了七十余个转运中心和近万个服务站点。韵达快递为客户提供快递、物流及电子商务等一系列门到门服务，为大客户订制物流解决方案，并形成了到付、贵重物品、同城区域当天件、国内次晨达件、国内次日达件、代收货款等特色服务。

2013 年以来，韵达快递相继与日本、韩国、美国、德国、澳大利亚等国家开展国际快件业务合作，为海外消费者提供快递服务。

✍ 实训任务

调查了解几个知名的国内快递企业，试分析几个知名的国内快递企业的服务特色，形成调查报告。

课后练习

一、不定项选择题

1. 根据寄达范围划分，快递可以分为（　　）。

A. 国内快递　　B. 国际快递　　C. 次日达快递

2. 根据传递时限划分，快递可以分为（　　）。

A. 当日达　　B. 次日达　　C. 隔天达　　D. 三日达

3. 根据付费人划分，快递可以分为（　　）。

A. 寄件人付费　　B. 收件人付费　　C. 第三方付费

4. 根据经营模式划分，快递企业可以分为（　　）。

A. 直营式快递企业　　B. 加盟式快递企业　　C. 民营快递企业　　D. 国有快递企业

二、问答题

1. 查阅资料，分析国内快递公司与国际四大快递公司的区别所在。

2. 国内快递业迅速发展的原因是什么？

三、案例分析题

【材料 1】

菜鸟成立直营配送公司"喵递"

喜欢网购的朋友都清楚，如果仅从物流方面来看，一般情况下京东要强过天猫/淘宝。因为京东物流采用的是自营模式，并且是就近仓库发货。

今天，有报道称，阿里旗下物流服务公司菜鸟网络（见图 1.1）已经深度整合了五家实地配送公司，分别是万象、昇邦、东骏、芝麻开门和黄马甲，五家配送公司整合之后成了"杭州喵递宅配科技有限公司"。

图 1.1　菜鸟网络

经查询,“杭州喵递宅配科技有限公司”(见图 1.2)的企业注册成立时间为 2 月 24 日,注册地址为浙江省杭州市余杭区,由浙江菜鸟供应链管理有限公司 100%控股。而浙江菜鸟供应链管理有限公司的股东就是大家熟知的菜鸟网络。

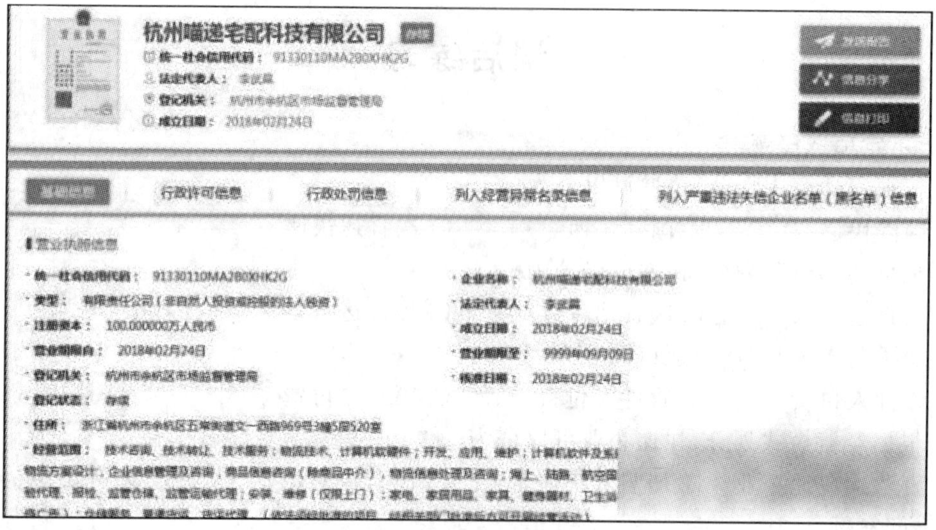

图 1.2　杭州喵递公司信息

也就是说,菜鸟网络在除去三通一达这个快递联盟之外,也有了自己的直营配送网络。对此,外界纷纷认为这是阿里准备向京东发起物流之战的先兆。

而据内部人士表示,“喵递为天猫自己的配送公司,去年双十二过后就已经开始筹备,由菜鸟直管,并且将整合原先参股的落地配企业,从江浙沪开始试点。”

来源:太平洋电脑网　2018 年 03 月 12 日

【材料 2】

顺丰低调布局“新零售”　王卫:未来对标 12 万亿大物流市场

3 月 23 日,在顺丰控股举行的 2017 年度业绩说明会上,顺丰方面首次公开谈论新零售。顺丰速运集团总裁王卫表示,顺丰介入零售的方式是基于物流的商业合作伙伴。顺丰速运集团投资者关系总监陈希文认为，新零售对于顺丰是个机遇。

在此之前，顺丰控股也交出了上市后的首份成绩单：营收和利润双双高速增长。值得关注的是，在顺丰高增长的业绩中，新业务表现最为抢眼。尤其是“新零售”风口下的同城配送业务暴涨636.18%；冷运与医药业务也同比增长59.7%。

中国电子商务研究中心主任曹磊在接受《每日经济新闻》记者采访时表示，顺丰布局零售，重点就在于拓展新业务，避免被竞争对手所围攻。电商分析师李成东则认为，顺丰商业能否做出成绩，主要就在于能否增加其物流以外的其他核心竞争力。

顺丰对标的是12万亿大物流市场。“公司未来致力于提供综合物流服务，所对标的不仅是4000亿的传统快件配送市场，而是12万亿的大物流市场。”在被问及目前顺丰市场份额增加并不明显，尤其是今后要面对京东物流等同业竞争时，王卫如此回答。

顺丰控股年报显示，2017年公司营业收入710.94亿元，增幅23.68%；扣非净利润37.03亿元，同比增长40.08%。不过，在具体快递件量上，顺丰2017年实现快递件量30.52亿票，同比增长18.29%，低于全行业28%的平均增速。对此，业内人士分析认为，这和顺丰策略性定位中高端电商件市场有关。数据显示，2017年顺丰的票均收入有所回升，达到23.14元，远高于行业12～14元的平均水平。

记者注意到，2017年《顺丰年报》的最大亮点来自于公司新业务占收入比的快速上升：重货、冷运、同城配、国际等新业务占收入比，从2016年的9.9%上升至2017年的13.5%。尤其顺丰2017年切入同城即时配送领域，并初步搭建完成全国范围内第三方直营即时物流配送网络，该业务全年不含税营业收入总计3.66亿元，较上一年同期增长636.18%。

快递物流专家赵小敏在接受《每日经济新闻》的记者采访时认为，顺丰的战略是保证快递为主要竞争力的同时，对其他新兴产业进行战略调整，包括对其投资和重大实验，进而探索新商业模式。

值得一提的是，在王卫谈及“顺丰介入零售的方式”，及陈希文解读“新零售对于顺丰是个机遇”时，都同时强调，新零售是线上线下销售渠道的结合，商家对客户的感知、对时效的要求会更高，顺丰庞大的地面网络、行业领先的航空资源以及超过2000名研发人员的顺丰科技正为全国品牌商打造一站式服务，其中包括线上的电商配送，以及线下供应链服务。在2018年，顺丰将会大力发展行业解决方案的业务，针对不同行业的痛点去制定个性化的物流方案。

同时，顺丰低调布局新零售。在不断打造自己物流王国的同时，顺丰在零售领域的布局则显得神秘，这也让业界认为顺丰正在下一盘大棋。

实际上，相比当下新零售风口，顺丰很早以前就嗅到了线上线下一体化的商机。自2009年7月开始，顺丰就试水电商业务推出“顺丰E商圈”；2012年，“顺丰优选”上线；2014年5月，顺丰线下门店“嘿客”正式在全国启动。

然而一路走来，顺丰电商业务并非像快递业务那样顺风顺水。尤其是嘿客，在成立之初的短短4个月铺满全国2000家门店之后遭遇业绩滑铁卢，现已全部改名顺丰家。

对于当前顺丰优选、顺丰家的业绩表现和扩张计划，截至记者发稿时，顺丰方面并未予以回复。而据公开数据显示，顺丰商业板块在2013—2015年的三年里，亏损累计达到16亿元。上市前，顺丰控股对商业板块进行了剥离。

不过记者注意到，顺丰并未放弃被剥离的商业板块，相反，在零售领域的触角越来越广。2017年就有消息称，顺丰优选正以“快递＋便利店”的加盟模式在全国跑马圈地，计划未来一年要达到4500家线下店，2～3年内建立上万家线下店。包括2017年11月，无人货架“丰e足食”正式上线，顺丰集团成为加入无人货架“战场”的首家物流企业。

而2017年,顺丰在同城配送、冷运等业务上的突出表现,更加大了外界对顺丰探索和布局新零售的猜测。

来源:《每日经济新闻》(有修改)

阅读材料1和材料2,回答以下问题:

问题一:阿里集团成立喵递的原因是什么?

问题二:顺丰介入零售的原因是什么?

问题三:电子商务与快递的关系是怎样的?

项目 2　快递企业运营概述

☞ 学习目标

掌握快递企业经营条件，掌握快递业务流程四大环节；熟悉快递流程基本要求，熟悉快递企业工作岗位；了解快递企业工作岗位职责。

☞ 重点和难点

快递流程基本要求，快递企业各种岗位的岗位职责。

☞ 导入案例

【案例 2.1】

你的快递是怎么到你手里的?

“双 11”，是购物者的一场狂欢。2017 年天猫双 11 全天销售额定格在了 1682 亿，又创下了一个新的世界纪录！而快递也很给力，第一单仅用 12 分钟就送到。

可能在很多人看来，一个快递抵达手中的流程只有三步——下单、发货、配送。但鲜有人知，当你提交完订单，一个快递送到你的手中其实是要经过许多个流程。今天，我们就带你了解快递包裹是如何到你手中的。

客户下单，商家接单，商家生成运单，进行单据管理、财务管理，拣货后包装。

以天猫超市为例，你的订单提交之后，系统会根据你购买的物品自动选择合适的包装箱。每个箱子上都会有代表自己身份的条形码，然后拣货员就会带着你的箱子在偌大的仓库里为你拣货。

仓库的布置经过了大数据的优化，拣货员的拣货车装载的也是经过计算之后匹配的订单箱，这让拣货员能够一条路就拣完多个订单的货。

除了货架的摆放优化，还有 AR 拣货设备自动提示商品的位置，也有拣货机器人推动拣货车去相应货架拣货。这些措施都是为了减少拣货的时间，让快递更快地到达你的手上。

首先，物流公司揽收快件。物流公司揽收物件，分拨、分拣。当物流公司从「卖家」处揽件之后呢，我们的快递就开始被运往快递公司仓库，紧接着运往物流分拨中心进行「快递分拣」。

以往都是机器辅助人工，所以物流公司的工作人员工作量是很大的，就很有可能会出现「暴力分拣」的情况！因为这一系列的工作问题，我国几家快递公司开始了新的分拣方法！那就是——智能化。小黄人来了！单个小黄人全天能分拣 18 万件快递，节约了 70% 人工！依靠地面二维码自动选择分拣地，充电五分钟工作四小时！

接下来是物流运输快件。经历重重分拣，我们的快递就要“上天”了！网上曾经流传：“我们的快递，坐过火车，坐过飞机！而我什么都没坐过！”而今，快递搭着高铁也不算什么奇事了。中国铁路总公司日前发布消息称，“双 11”铁总将启用复兴号送快递，实现 10 小时货物送达客户，这也将是国内最快的快运产品。所以，你的快递有可能就是“复兴号”送出的。另外，铁路部门将继续推出“双 11”电商黄金周运输服务，利用高铁列车、行李车等铁路快捷运力资源，面向电商平台商铺、电商企业、快递企业及向“双 11”供货的有关企业，提供铁路干线运输及“库到库"全程物流服务。

接着是快件到达分拨中心。

这一次,我们的快递是真的要来了。到达物流分拨中心后,快递就会再次踏上征程,到达我们所在地的集散中心,之后我们快递就会整装待发一步一步向我们靠近——快递派件。

最后由快递员派件,签单收货。

最后的最后,在漫长的等快递的过程中,快递终于到达你手中了!

来源:搜狐网

【案例思考】

1. 快件从下单到达接收人手中经历了哪些过程?

2. 快递公司需要哪些岗位的工作人员?

任务 2.1 快递业务经营主体概述

2.1.1 快递业务经营主体的概念

快递市场管理办法规定,国家对快递业务实行经营许可制度。经营快递业务,应当依照《中华人民共和国邮政法》的规定,向邮政管理部门提出申请,取得快递业务经营许可;未经许可,任何单位和个人不得经营快递业务。中华人民共和国邮政行业标准《快递服务》规定,快递企业即快递服务组织(总部)应具有工商行政管理机关注册登记的企业法人资质。依照国家相关的法律法规,对快递等邮政业务实行市场准入制度。邮政管理部门根据企业的服务能力审核经营许可的业务范围和地域范围,对符合规定条件的,发放快递业务经营许可证,并注明经营许可的业务范围和地域范围。经营快递业务的企业应当在经营许可范围内依法从事快递业务经营活动,不得超越经营许可业务范围和地域范围。

根据《中华人民共和国邮政法》《快递市场管理办法》《快递业务经营许可管理办法》《快递服务》等国家标准的相关规定,可以对快递经营主体作出如下定义:快递经营主体是指依法取得快递业务经营许可,在经营许可范围内提供快件的收寄、分拣、运输、投递等寄递服务的企业法人。

快递经营主体的成立必须满足以下四个基本条件:

① 具备企业法人资格。只有具备企业法人的主体资格才能申请从事快递业务的经营。根据《中华人民共和国公司法》的相关规定,若想取得企业法人资格,必须具备依法成立,有自己独立可供支配的财产,有自己的名称、组织机构和住所以及有独立承担民事责任能力的基本要求。这是实现快递经营主体长期稳定经营和对外承担责任的基本保障。

② 符合法定的注册资本。作为特殊服务行业,为了保证快递业务的服务水平和寄递安全,法律制定了对快递经营主体的最低注册资本限额。根据从事快递经营活动地域范围的不同,可以划分为三个标准:经营范围在省、自治区、直辖市以内的,企业的注册资本不得低于人民币 50 万元;经营范围跨省、自治区和直辖市的,企业的注册资本不得低于人民币 100 万元;经营国际快递业务的,企业的注册资本不得低于人民币 200 万元。

③ 取得快递业务经营许可并提供快递服务。取得快递业务经营许可是成为快递经营主体的先决条件,法律详细地规定了申请条件和申请程序,并禁止伪造、涂改、冒用、租借、倒卖和非法转让许可证的行为。取得行政许可之后,快递经营主体应当在许可的地域范围和业务范围内从事快递经营活动,为用户提供收件、分拣、运输、投递等服务。

④ 具有相适应的服务能力和管理能力。法律对快递经营主体服务能力的要求也按照省内、跨省和国际三个区域标准进行分类，对不同区域范围内快递经营主体在最低从业人数、快递业务的网络和运递能力、快件电话和网络查询以及快递员资格等各方面都进行了具体的规定。这是在硬件条件上为确保经营快递业务的企业拥有与其经营地域范围相适应服务能力而作出的要求。

2.1.2　快递业务经营主体的分类

按照不同的划分标准，快递业务经营主体的种类有所不同。

1. 按照所有制形式划分

按照所有制形式划分，在我国快递市场提供服务的快递企业分为三大市场主体，即国有、民营和外资快递企业，这些企业规模不等，数量众多。国有、民营和外资快递企业齐头并进，全行业得到快速发展。

(1) 国有快递企业

国有快递企业主要有中国邮政速递物流股份有限公司(简称邮政 EMS)、民航快递、中外运空运发展股份有限公司等。此外，虽然中国邮政集团公司已将快递业务剥离而成立邮政EMS，但中国邮政集团公司及其子公司和分支机构仍以代理的方式经营邮政 EMS 业务。因此，中国邮政集团及其子公司依然是快递业务的经营主体。

(2) 民营快递企业

民营快递企业以其敏锐的市场观察能力、灵活的经营模式，以社会经济发展和快递监管法律、政策环境改善为背景，成为近年来发展最为迅猛的快递市场经营主体。民营快递企业以顺丰、申通、圆通、中通、韵达、宅急送等企业为代表。目前我国从事快递服务的民营企业主要分布在以北京、上海、广州为核心的京津冀、长江三角洲和珠江三角洲地区。

(3) 外资快递企业

1980 年 6 月，日本海外新闻普及株式会社(OCS)经当时我国外贸部和海关总署批准，与国内当时最大的外贸运输企业——中国外运总公司签订了我国第一个快件代理协议。随后，以德国敦豪国际航空快件有限公司(DHL)、美国联邦快递公司(FedEx)、美国联合包裹服务有限公司(UPS)和荷兰天地公司(TNT)(目前已被 UPS 收购)四大国际快递企业为代表的国际快递公司以同样的方式陆续进入中国市场。1984 年，FedEx 登陆中国。1986 年，中外运 DHL 在北京成立。1988 年，UPS 与中外运建立合作关系，同年，TNT 进入中国，与中外运合资建立了“中外运—天地快件有限公司”。

2. 按照经营模式划分

按照经营模式的不同，快递企业可以分为直营式快递企业和加盟式快递企业两种。

(1) 直营式快递企业

直营式快递企业是指企业由总部直接投资、经营、管理其下属分支机构和营业网点的快递经营模式。这种经营模式的特点是：①所有权和经营权集中统一于快递企业总部，所有成员企业必须是单一所有者，归一个公司、一个联合组织或单一个人所有；②由总部集中领导、统一管理，如人事、采购、计划、广告、会计、经营方针都集中统一；③实行统一核算制度；④下属分支机构和营业网点的经理是雇员而不是所有者；⑤全网实行标准化经营管理。

这种经营模式的优点在于：①对下属分支机构和营业网点管理、控制能力强，可以统一调动资金，统一经营战略，统一开发和运用整体性事业；②作为同一大型商业资本所有者拥有雄厚的实力，有利于融资、开发大型客户；③在人才培养使用、新服务产品开发推广、信息和管理现代化方面，易于发挥整体优势。缺点在于：①下属分支机构和营业网点自主权小，积极性、创造性和主动性受到限制；②需要拥有一定规模的自有资本，网络扩张和发展速度受到限制；③容易产生官僚化经营，使企业的交易成本大大提高。

以直营方式经营的国内快递企业主要包括中国邮政、邮政 EMS、顺丰速运、宅急送、民航快递等。此外，DHL、FedEx、TNT、UPS 等外商投资快递企业也以直营方式经营快递业务。

(2) 加盟式快递企业

加盟式快递企业是指快递企业总部以特许经营的方式，将其注册商标、企业标识、网络资源、寄递渠道授予其他经营者(加盟企业)，加盟商按照合同约定，在一定的时间和区域内，以统一的品牌向社会提供服务的快递经营模式。这种经营模式的特点是：①快递企业总部与加盟企业之间是基于合同关系的平等主体，无隶属关系，在不同地区的加盟企业之间既无隶属关系，也无合同关系，它们之间仅仅是在总部的统一协调下产生的合作关系，如互相派送快件、协调处理投诉等；②加盟企业的人、财、物属于加盟企业自有，总部无权处置，相应地，加盟企业的盈亏风险由其自行承担；③加盟企业是独立的市场经营主体，具有独立的行为能力，独立承担法律责任。

这种经营模式的优点在于：①快递品牌的服务网络扩张速度快，网络扩张风险基本由加盟企业承担；②总部的运营成本大大降低；③加盟企业具有较大的自主权，其积极性、创造性和主动性能够较大地发挥。缺点在于：①总部对加盟企业的管控能力较弱，不是因法定或约定事由，一般不得直接干预加盟企业的自主经营；②总部与加盟企业之间、同一品牌下的加盟企业之间，利益并不一致；事实上，在这些主体之间经常因利益冲突发生纠纷，从而直接损害快递用户的利益，近年来发生的非法扣押快件事件，多是在加盟式快递企业中出现的；③加盟式经营是一种简单的经营模式的复制，如不加以规范，多级加盟的方式极易导致无度扩张和市场混乱，难以监管。

任务 2.2　快递企业业务流程

2.2.1　快递流程四大环节

快递流程是指快件传递过程中，逐渐形成的一种相对固定的业务运行与操作顺序与环节。

快递产业服务对象既有生产类客户也有消费类客户，因此，快递产业属于生产性服务与消费性服务相兼的现代服务业。各个快递公司在快件服务的具体安排上可能会存在一定的差别，但按照快递业务的运行顺序，快递业务基本流程大致包括快件收寄、快件处理、快件运输和快件派送四大环节，如图 2.1 所示。

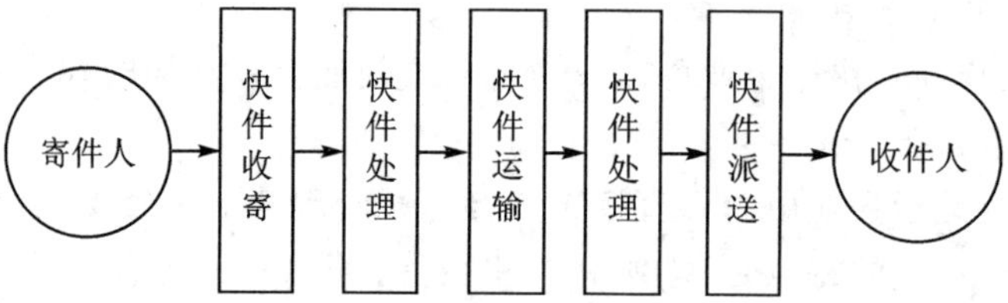

图 2.1　快递企业业务流程

1. 快件收寄

快件收寄，是快递流程的首要环节，是指快递企业在获得订单后由快递业务员上门服务，完成从客户处收取快件和收寄信息的过程。快件收寄分为上门揽收和网点收寄两种形式，其任务主要包括：验视快件、指导客户填写运单和包装快件、计费称重、快件运回、交件交单等工作。

2. 快件处理

快件处理,包括快件接收、分拣、封发三个主要环节,是快递流程中贯通上下环节的枢纽,在整个快件传递过程中发挥着十分重要的作用。这个环节主要是按客户运单填写的地址和收寄信息,将不同流向的快件进行整理、集中,再分拣并封成总包发往目的地。快件的接收、分拣、封发是将快件由分散到集中、再由集中到分散的处理过程,它不仅包括组织快件的集中和分散,还涉及控制快件的质量、设计快件传递频次,明确快件运输线路和经营转运关系等工作内容。

3. 快件运输

快件运输,是指在统一组织、调度和指挥下,按照运输计划,综合利用各种运输工具,将快件迅速与有效地运达目的地的过程。快件运输主要包括航空、公路和铁路三大方式。三种运输方式各具特点,经营方式、运输能力和速度也各不相同。快递企业可根据快件的时效与批量等实际要求,选择合适的运输方式来保证快速与准确地将快件送达客户。随着市场经济的飞速发展,航空运输在快件运输中日趋普遍,地位日益提高。

4. 快件派送

快件派送,是指业务员按运单信息,上门将快件递交收件人并获得签收信息的过程。快件派送是快递服务的最后一个环节,具体工作包括:进行快件交接,选择派送路线、核实用户身份、确认付款方式、提醒客户签收、整理信息和交款等工作。快件派送工作不仅是直接保证快件快速、准确、安全地送达客户的最后一环,也是同客户建立与维护良好关系的一个重要机会。

在快递流程四大环节中,不仅每个环节存在大量的作业运转工作,而且各个环节之间也需要密切配合、有效组织,从而保证快件传递的动态过程科学、高效。

2.2.2 快递流程的基本要求

为了保证以最快的速度、安全、准确、优质,以尽可能少的成本和尽可能便捷的方式从快件寄件人送达收件人,快递服务整个流程必须遵循以下基本要求:

1. 有序流畅

快递流程有序流畅包含三个方面内容:一是工作环节设置合理,尽量不出现重复、交叉的工作环节;二是每一工作环节内运行有条不紊,操作技能和方法运用合理,尽量减少每个岗位占用的时间;三是各工作环节之间衔接有序,运行平稳。上下环节之间应相互配合,保证节奏流畅。

2. 优质高效

优质高效是整个快递服务的生命线。优质,一方面是指最大限度地满足各类客户的需求,提供多层次的服务;另一方面是指本着对客户负责的精神,保证每个工作环节的质量,为客户提供优良的服务。高效,是指整个快递流程必须突出“快”的特点,这就要求在网络设计、网点布局、流程管理方面,应该合理有效;在工具、设备和运输方式的选择方面,能够满足信息和快件快速传递的要求。同时,为保证流程的优质高效,还应合理配置人员,加强员工培训,提高员工素质。

3. 成本节约

控制和节约的成本应贯穿于整个快递业务流程。应该尽量减少和压缩不必要的快件中转环节降低运输消耗,合理配置工具和设备,节约使用物料,充分利用一切可重复使用的资源,以降低企业快递成本,节约社会资源。

4. 安全便捷

安全是快送服务始终遵循的基本原则之一。在整个快递流程中,必须最大限度地降低可能会引发快件不安全的一切风险，保证快件在收备、包装、运输、派送等过程中免受损坏和丢失；确保信息及时录入、准确传输，不发生丢失和毁灭等。同时，要体现方便客户的人性化服务，在服务场所设置、营业时间安排、上门收寄和派送服务等方面，都应体现出便捷的服务特点，以满足客户需求。

任务 2.3 快递企业岗位介绍

中华人民共和国邮政行业标准《快递服务》规定，快递服务组织的岗位应根据快递作业组织和生产环节科学合理地进行设置，生产人员应符合相应的资格条件，取得相应的国家职业资格证书，持证上岗。中华人民共和国国家标准《快递服务》规定：在省、自治区、直辖市范围内经营快递业务的服务组织，其总部及分支机构的人员总和不应低于 15 人；跨省、自治区、直辖市经营快递业务的服务组织，其总部及分支机构的人员总和不应低于 100 人；经营国际及中国港澳台快递业务的组织，其总部及分支机构人员总和不应低于 200 人。快递公司主要岗位有收派员、输单员、仓管员、驾驶员、操作员、客服人员等，各岗位的职责要求如下。

2.3.1 收派员岗位

1. 收件员工作职责

① 按规定时限取件送件，信守服务承诺。

② 指导客户按要求填写运单。

③ 对客户的快件进行完美包装。

④ 开发新客户，维系老客户。

⑤ 向客户讲解快件知识，回答客户业务咨询。

⑥ 爱护每一票快件，为客户提供安全和放心的服务。

⑦ 树立安全意识，确保车辆、货物及人身安全。

⑧ 面对客户投诉，无权擅自处理，及时向主管汇报，寻求解决办法。

2. 派送员工作职责

① 服从公司调遣，协助其他岗位。

② 在所负责的路区内，从事客户开发与维护。

③ 及时收回应收业务款，在规定时间内如数上缴。

④ 按公司价格规定正确报价，及时收回到付运费。

⑤ 满足客户的合理要求，同时坚决维护公司利益。

⑥ 努力完成业务培训及考核，不断实现自我增值。

⑦ 遵守客户单位的规章制度，不得随意动用客户的物品。

⑧ 确保快件安全、准时送达到客户手中，办好签收手续。

⑨ 始终保持手机电量充足，确保与公司保持良好联络状态。

⑩ 遇到特殊情况或突发事件，及时准确地向上级汇报并解决。

2.3.2 输单员岗位

工作职责：

① 负责在规定时间内，完成收派员每日上交的收件运单、派件运单等相关业务数据资料的录入以实现网络资料共享。

② 负责运单录入资料的审核工作。

③ 负责类型运单的图片扫描,并保证图片正常上传。

④ 负责第三方付款运单的寄递工作。

2.3.3　仓管员岗位

1. 素质要求

① 对公司忠诚,不损害公司利益。

② 遵纪守法,有责任心,条理性强。

③ 服从管理,团结同事,有团队协作精神。

2. 工作职责

① 保持仓库整洁,保证快件无损。

② 遵守仓库管理规定,不得公物私用。

③ 抄写单据字迹工整、内容清晰完整。

④ 防火安全措施到位,无闲杂人员出入。

⑤ 爱护快件,轻拿轻放,绝不野蛮装卸。

⑥ 保障入库快件安全,无损坏及遗失现象。

⑦ 熟悉所管辖区域的快件,做到无错分快件。

2.3.4　驾驶员岗位

1. 任职条件

① 男性,持有合法的B类驾照(大货),实际驾龄两年以上。

② 具有本市户口(异地户口须有本市户口的担保人)。

③ 身高不低于1.65米,无影响行车安全的身体疾患。

④ 裸眼视力不低于标准视力表0.8,或对数视力表5.0。

⑤ 无赤绿色盲,两耳分别距音叉50厘米能辨别声源方向。

⑥ 熟悉车辆构造和维修常识,熟悉本地交通路况,熟知并遵守交通法规。

2. 素质要求

① 遵纪守法,无严重违章驾驶行为和不良记录。

② 对公司忠诚,不损害公司利益。

③ 吃苦耐劳,团结同事,有团队协作精神。

④ 服从管理,具备良好的心理素质和应变能力。

3. 工作职责

① 爱护每一票快件,为客户提供安全和放心的服务。

② 树立安全意识,确保车辆、货物及人身安全。

③ 养成良好的职业公德,文明驾驶,礼貌行车。

④ 养成良好的驾驶习惯,预热起动、低速升温、低挡起步、中速行驶、安全滑行、合理节油、观察仪表、注意标志、认真检查、合理乘载。

⑤ 爱护公司车辆装备和财物,严格执行车辆维护规定,经常保持车容车貌的整洁。

⑥ 严格按照车辆技术性能使用和维护车辆;努力节油、节胎、节约维修费。

⑦ 保持四清:机油、空气、燃油滤清器和蓄电池的清洁。

⑧ 防止四漏:漏水、漏油、漏气、漏电。

⑨ 认真完成车辆的各项登记和统计工作。

2.3.5 客户服务代表岗位

工作职责：

① 在合理范围内，以灵活的方式满足客户的需求。

② 主动抓住商机，善于将客户咨询转化为预约取件。

③ 恰当处理客户提出的异议，成功促使客户产生购买行为。

④ 探询增值服务的需求，挖掘增值服务的潜能，为公司创造新收益。

⑤ 处理快件查询，记录客户的要求及建议，协调“无法派送件”的二次派送。

⑥ 在不违背服务条款的前提下，采取一切可行的方法使问题得以解决，让客户满意。

⑦ 以专业的举止和自信的态度，正确答复客户咨询，包括限制规定、转运的时间、清关延误、价格异议等。

2.3.6 客户服务部经理岗位

工作职责：

① 督导、培训和激励全体客服人员，不断提升工作质量和服务水平。

② 参与公司客户服务及市场开发相关策略的制定、修订与执行。

③ 组织新项目的推广与实施，把超前和超值服务目标落到实处。

④ 与相关部门和人员及时沟通最新服务信息，确保服务工作的主动。

⑤ 及时了解不断变化的市场需求，与作业部门通力合作，为重要客户提供最好的服务。

⑥ 制定本部门年度预算，包括人员配置、薪酬建议、项目经费等计划。

⑦ 在确保服务标准的前提下，积极寻找降低费用的办法。

2.3.7 调度岗位

工作职责：

① 根据客服或大客户的取件指令，将取件任务及时准确地传达给路区中的递送员。

② 与递送员保持畅通的联系，了解取、派件任务的完成情况。

③ 在取、派件高峰时期，根据各递送员的取、派件量，合理调配取件任务。

④ 监控快递员在路区中的工作情况，及时应对异常情况，并上报重大情况。

⑤ 对递送员的工作绩效和路区划分情况给予合理化建议，掌握每个递送员的平均取件响应时间和工作负荷情况。

2.3.8 操作员岗位

工作职责：

① 按照要求检查并接受递送员收取的快件，协助递送员进行快件的包装和运单检查。

② 按照站点分拣方案对出站快件进行分拣、集装、暂存、装车；按本操作站点的路区划分对进站快件进行分拣。

③ 审核递送员带出的待派送的快件。

④ 严格按操作流程逐渐扫描快件和集装包，并及时上传到系统。

⑤ 将出站快件的运单信息及时准确地录入到系统中，并将派送信息及时准确地反馈到系统中（递送员没有配备无线扫描枪的站点）。

⑥ 在特殊情况下，负责支援客户服务工作以及递送员紧急情况下的取、派工作。

⑦ 负责快件信息预报的发送、接收和站点间的联络工作。

2.3.9　行政后勤岗位职责

工作职责：

① 负责站内的行政、人事考勤工作。

② 站内安保、保洁，及工装、设备操作、办公用品的分发与保管、物料管理等工作。

③ 对除机动车之外的操作设备进行维修及常规的维护和保养等工作。

2.3.10　质量监控员岗位

工作职责：

① 上报和跟进本站点的各种操作缺失问题。

② 制作并按时上报本站点的质控报告；研究上级提供的质控报告；跟进本站点既定的操作指标，对达不到要求的考核指标进行分析。

③ 对于操作的现有情况和改进措施提供合理化建议。

④ 负责与本站点操作相关的培训工作和培训组织工作，并跟进培训效果；配合上级推行操作标准、流程和新项目的实施。

2.3.11　车辆管理岗位

工作职责：

① 对公司忠诚，不损害公司利益。

② 遵纪守法，有责任心，条理性强。

③ 监督每日正点班车和加班车辆的发运情况、配载情况、车辆空舱等情况，用 GPS 监控车辆行驶的路由是否合理、是否按既定时间行驶等情况。

④ 站点车辆耗油、行驶里程、运行安全等数据的收集、整理、归档与保存；所有车辆的维修和养护。

⑤ 处理车辆运行中的突发事件。

⑥ 负责与运输分供方的联系工作，定期对分供方进行业务培训，提出改进建议。

⑦ 车辆报修故障的月报统计工作，并分析人为或机械因素；对当地的运输市场进行定期调研，寻找替补分供方。

✍ **实训任务**

查找招聘网站或企业网站，了解快递公司各种岗位招聘的条件及要求，思考如果你去快递企业工作，适合哪个岗位。

课后练习

一、不定项选择题

1. 以下属于快递流程环节的是(　　)。

A. 快件收寄　　B. 快件处理　　C. 快件运输　　D. 快件派送

2. 以下属于仓管员工作职责的是(　　)。

A. 保持仓库整洁，保证快件无损

B. 处理车辆运行中的突发事件

C. 保障入库快件安全，无损坏及遗失现象

D. 遵守仓库管理规定，不得公物私用

3. 以下属于快递流程的基本要求的是（　　）。

A. 有序流畅　　B. 优质高效　　C. 成本节约　　D. 安全便捷

二、问答题

1. 快递作业的基本流程是什么？

2. 普通快递企业主要设置哪些工作岗位？不同岗位的主要职责是什么？

3. 你身边的快递企业主要从事哪些业务，操作流程又是什么样的？它和其他快递企业的业务流程有什么不同？

三、综合实训题

1. 训练目标是通过对快递企业的业务调查与认知，进一步了解快递企业的业务内容、业务流程和岗位设置。

2. 训练内容是设计一份调查表或调查问卷如下表所示，在所在地或网络找一家快递企业进行调查，了解其具体的情况。

快递企业调查表

<table>
<tr><td colspan="2">企业名称</td><td colspan="7"></td></tr>
<tr><td colspan="2">经营范围</td><td colspan="2"></td><td colspan="2">经营地域</td><td colspan="3"></td></tr>
<tr><td colspan="2" rowspan="3">联系人</td><td>姓　名</td><td colspan="6"></td></tr>
<tr><td>固定电话</td><td colspan="2"></td><td>手　机</td><td colspan="3"></td></tr>
<tr><td>电子邮箱</td><td colspan="2"></td><td>传　真</td><td colspan="3"></td></tr>
<tr><td colspan="2">是否加入快递协会</td><td colspan="7">□ 是　在协会中担任________职务
□ 否</td></tr>
<tr><td colspan="2">有无自有的独立网站</td><td colspan="7">□ 有 网址
□ 无</td></tr>
<tr><td colspan="2">公司设置主要工作岗位</td><td>1. ________</td><td>2. ________</td><td>3. ________</td><td>4. ________</td><td>5</td><td>6</td><td>7</td></tr>
<tr><td rowspan="2">从业人员情况</td><td>岗位人员数</td><td></td><td></td><td></td><td></td><td></td><td></td><td></td></tr>
<tr><td>岗位主要责任</td><td></td><td></td><td></td><td></td><td></td><td></td><td></td></tr>
<tr><td colspan="2">关联机构情况</td><td colspan="7">分公司（营业部）____个（仅填写直接隶属）
处理中心____个，处理中心总面积____
加盟企业________个，代理企业________个</td></tr>
</table>

续表

<table>
<tr><td rowspan="2">运输工具情况</td><td>自有</td><td>租赁</td><td>加盟企业</td></tr>
<tr><td>飞机________架
汽车________辆
其他车辆________辆</td><td>飞机________架
汽车________辆
其他车辆____辆</td><td>汽车________辆
其他车辆____辆</td></tr>
<tr><td>是否开办代收货款业务</td><td colspan="3">□ 是　　□ 否</td></tr>
<tr><td>专业报关人员
（经营国际快递业务填写）</td><td>□ 有____人
□ 无</td><td>专业报检报验人员
（经营国际快递业务填写）</td><td>□ 有____人
□ 无</td></tr>
</table>

（3）具体实施步骤如下：

① 借助于实地调研、网络、电话或者传真等手段同某快递企业联系，确定该快递企业的业务内容等；

② 以4～6人小组为单位进行操作，并确定组长为主要负责人；

③ 针对一票货物，要求学生能够明确描述快递企业完成此项快运业务的全部过程；

④ 搜集资料，将各个环节操作流程、内容和工作要点填入下表，完成工作计划表；

序　号	工作名称	工作内容	工作要点	责任人	完成日期

⑤ 组织展开讨论，确定所调查企业快递业务服务范围、公司主要岗位设置及实际操作流程；

⑥ 整理资料，撰写总结报告并制作PPT进行汇报。

项目3　快递网络

☞ 学习目标

掌握快递网络概念，掌握分拨中心、服务网点的选址和布局方法及其原则；熟悉快递网络的构成要素，熟悉网点加盟的条件、流程及其管理模式；了解快递网络的特点，了解加盟管理内容。

☞ 重点和难点

分拨中心的选址和布局方法，网点加盟管理。

☞ 导入案例

【案例 3.1】

近在咫尺的快件被原路派送回始发地

2017 年 11 月 2 日，家住北京市西城区车公庄附近的郑先生对《北京商报》记者称，根据快递信息显示，圆通速递已经将快件送至家附近的车公庄运转中心，但并没有继续派送，而是直接发回了快件的始发地上海。

《北京商报》记者从圆通速递的客服人员处了解到，车公庄网点最近因场地翻修在进行网点整顿，无法配送快件，所有派往车公庄网点的快递已被打回，何时恢复正常尚无准确时间。一位正在送件的快递员对《北京商报》记者称，车公庄网点已被拆数月，一直没有新设的网点。

即使两个相邻较近的小区，因不隶属于同一个网点覆盖的范围，快件也难以实现“跨区域”配送。《北京商报》记者调查时发现，各个区域的快递中转站或网点界线分明，如果一个网点无法完成分拣和配送，其余的网点也难以协助派件。记者从圆通速递客服处了解到，被“遣返”的快递，只能由消费者与寄件方联系，由寄件方更改地址或选用别的快递再次进行配送。

配送界线分明的快递网点一旦被“裁撤”，将考验加盟制快递企业的运营能力。11 月 2 日，有消费者向《北京商报》记者反映，圆通速递车公庄网点因涉违建被拆，无法送达的快递包裹被原路运回源头发货地。圆通速递相关负责人对此事回应称，车公庄网点已在今年 9 月被拆除，原应送至车公庄网点进行分拣和配送的中转快件，目前均由圆通速递在顺义的总部进行直接配送，但由于连日来快递集中入京产生积压，出现上述的情况。圆通速递负责人表示，每个快递网点有固定的覆盖区域，配送快件也有固定的路线，无论是总部还是快递网点都无权更改。一位资深快递分析师称，快递加盟点与总部并不是强关系，各个网点取走所管辖区域内的快件后自行配送，各个快递网点只负责自己的一亩三分地。

一位不愿具名的快递企业加盟商对《北京商报》记者直言，当前的快递网点都是市场化运作，各个快递网点自负盈亏，总部很少参与其中的管理和经营，也难以在快递网点出现爆仓时为快递网点分担订单减缓压力。随着双 11 临近，各个快递网点的派件压力逐渐上升，已出现了订单难以消化的情况，自然不愿承接其他网点的快件。

快递专家赵小敏在接受《北京商报》记者采访时表示，一旦个别快递网点出现因特殊情况难以为消费者进行派件，原本应由该快递网点配送的快件积压至总部，此类事件是当前采用加盟制的快递企业普遍存在的痛点。采用加盟制的快递企业应当调整当前的网络运营股权结构,对当前的快递网点进行整合和优化,将快递网点培养成中小企业。

在赵小敏看来,当中国的快递行业处于资本原始积累时期时,业务量高速增长,快递企业借用加盟制模式适应了市场变化,满足了多方需求。而随着快递行业的增速逐渐放缓,企业总部应当对当前的加盟体系进行新的规划和升级,重新定义加盟商在自身网络体系中的定位。尤其是快递企业扎堆上市,总部的组织变革和团队优化迫在眉睫,与加盟商建立"分享机制",当前的股权结构就应作出相应的调整,将部分股权下放到快递网点的经营者手中。而获得一定股权的快递加盟商将成为快递企业的合作伙伴,激发加盟商进行升级和转型。

赵小敏进一步称,采用加盟制的快递企业更像是"行政指令的机构",总部与市场接轨的程度远远不够,与投资者和用户的密切度有很大的提升空间,对加盟商进行差异化运营也是必要的措施,将各个快递网点发展成中小型企业,充分发挥各个网点在当地的竞争力。与此同时,从总部层面进行数据整合,促使各个网点提升配合度,提高整体的运营效率。

来源:《北京商报》

【案例思考】

1. 快递网点加盟制是如何运作的?
2. 分析快递网点加盟制的优缺点。

任务3.1　快递网络

快递服务是通过网络实现的,快递网络可分为快件传递网络和信息传输网络,一般我们说快递网络是指前者。

3.1.1　快件传输网络

1. 快件传输网络的概念

由快递服务网点(营业网点)、中转点(处理中心、分拨中心)、呼叫中心、运输线路,按照一定的原则和方式组织起来的快件网络系统。如果用网络图的形式表示快递网络,快递网络中的节点就是服务网点、各级中转点(分拨中心、处理中心)、呼叫中心,线就是运输路线,快递网络是快递企业实现其快递业务的现实基础。

2. 快递网络基本构成要素

(1) 服务网点

服务网点是快递网络的始端和末端,是快递企业收寄和派送快件的基层站点,也称收派网点。服务网点分布在快递企业业务覆盖的区域内,是直接面向客户的服务机构。取件员和取件车辆从服务网点出发上门收取快件,快件由此开始进入快递网络。当快件到达目的地的服务网点后,派件员完成快递上门投递的工作,实现快件的最终传送过程。

(2) 中转点

也称分拨中心、处理中心,主要负责快件的分拣、封发、中转功能,和一般的物流分拨中心相比,不具有仓储、加工功能。快件在处理中心实现分散到集中再到分散的流动。

根据快件流量和企业业务范围可将中转点设置不同层级进行快件处理,不同级别的中转点主要业务基本相同,知识业务所覆盖的地理去也有所不同。在国内,一般全国性企业设置三个层次的快件中转点,区域性企业设置两个层次的快件中转点,同城企业设置一个层次的快件中转点。相对于服务网点,中转点的数量要少得多。

快递网络中最小的中转点常称为分部或分公司，负责当地快件的集散，进行快件的分拣并分发到对应的服务网点，将快件集中并封发到对应的上级中转点。大型的处理中心（分拨中心）主要负责一个片区的集散处理，将下属各分、中转点的快件集中后再同归处理，通过公路或航空等运输方式发往其他分拨中心。介于大型分拨中心和小的中转点之间的其他中转点各自覆盖相应的区域。

中转点的数量和层级的确定，一般要综合考虑快件流量流向、交通条件、地理环境、城市规划和政策、与其他中转点的衔接、作业效率、成本等因素。如果中转点过多，每个点处理的快件就少、浪费人力物力；中转点过少，大量快件需要中转也不利于提高全程作业效率。

（3）呼叫中心

呼叫中心也称客户服务中心，是通过电话、网络系统处理客户委托、帮助客户查询快件信息、回答客户询问、受理客户投诉等业务工作的服务系统。国家标准《快递服务》界定呼叫中心（Call Center）是快递服务组织利用现代通信与计算机技术，主要处理快件寄递过程中各种电话呼入和呼出业务的运营操作场所，比如：顺丰客服电话为 95338，申通客服电话为 95543，圆通客服电话为 95554，韵达客服电话为 95546，中通客服电话为 95311，EMS 客服电话为 11184。

（4）运输线路

运输线路是指快件运输工具在服务网点、分拨中心之间进行快件运输的行驶路线。运输线路将各个节点连接起来，构成整个网络。快件通过运输线路从分散到集中，再从集中到分散，有规律地流动。由于快件的属性限制，快递使用的运输工具主要包括飞机、汽车、火车，长距离干线主要使用飞机，一般不使用船只，根据其使用的运输工具运输线路主要有航空运输线路、铁路运输线路、公路运输线路。

快递网络中连接各节点间的线路具有层次性，不同层级运输线路功能、地位不同。相应地，每一条运输路线实用的运输工具也不同。在实际中，运输路线按照运输距离、货量以及在网络中的重要程度，可以分为干线、支线。快递网络线路中，跨省或跨区域的连接大型中转中心的线路一般称为一级干线，多使用飞机或大型汽车作为运输工具。省内或区域内下级个地区之间的线路一般称为二级干线。省级以下地区内的线路一般均称为支线。城市内的线路一般称为市内支线，支线运输多使用汽车运输。

【知识链接】

快递营业场所（Business Premises for Express Service）：快递服务组织用于提供快件收寄服务及其他相关服务的场所。

快递服务组织宜具有固定的、易识别的营业场所，如营业场所搬迁或停业应通过各种渠道和有效方式告知用户。快递营业场所应满足以下要求：

（1）有组织标识，并配备必要的服务设施；

（2）有符合相关规定的消防和监控设施；

（3）悬挂名称牌和营业时间牌，标牌保持干净、整洁；

（4）在显著位置公布：

① 服务种类；

② 资费标准；

③ 服务承诺；

④ 服务电话或者电子邮箱；

⑤ 监督投诉电话或者电子邮箱；

⑥ 提供各种业务单据和填写样本；

⑦ 办理国际快递及港澳台快递业务的营业场所，备有中英文对照的服务说明，至少指定或设置一个收寄国际及港澳台快件的营业窗口。

快递处理场所(Express Handling Area)：快递服务组织专门用于快件分拣、封发、交换、转运、投递等处理活动的场所。

快递服务组织应根据快件业务量、业务开通区域等因素合理设置快件处理场所。所设置的快件处理场所应满足以下要求：

(1) 封闭，且面积适宜；

(2) 配备相应的符合国家标准的处理设备、监控设备和消防设施；

(3) 对快件处理场所进行合理分区，并设置异常快件处理区；

(4) 保持整洁，并悬挂组织标识；

(5) 快件处理场所的设计和建设，应符合国家安全机关和海关依法履行职责的要求。

来源：《中华人民共和国快递服务国家标准》

3. 快递网络的层次性

组成快递网络的节点和路线在规模、地理区位和功能等方面都存在着差异，使得快递网络呈现出一定的层次性，如区域网、城际网、省际网、国际网。一般来说，全国性企业的网络分为三个层次，即省际网(或大区网)、省内网(或区域网)、市内网(或同城网)。

(1) 省际网(或大区网)

省际网主要承担省际的快件传递任务。它连接各省际(或大区)分拨中心，通过公路、铁路和航空运输，组成一个复合型的高效快递运输干线网。省际网是整个快递网络的关键环节，又容易出现堵塞和其他问题，必须建立统一有序的指挥调度系统，及时进行信息反馈，以保证网络的畅通。

省际网的设立与改造，应遵循社会发展和市场经济需求相适应的原则、追求经济效益与社会效益相一致的原则，以及确保快件快速、有序、安全、准确运递的原则。

(2) 省内网(或区域网)

省内网(或区域网)以省内或区域分拨中心为依托，通过公路、铁路运输组成的快递网络。它是省际网的延伸，与同城网密切相连。

省内网依据快件的流量和流向，形成不同的网络结构。一般常见的有辐射型、直线型和环线型。

辐射型是指省内(或区域)分拨中心与其所辖的市内分拨中心形成点对点的关系，各市内分拨中心的快件直接与省内(或区域)分拨中心进行交换。

直线型表示快件运输工具从省内(或区域)分拨中心出发，由近及远依次经过市内分拨中心卸载到站快件，然后原车按原线路返回，由远及近依次装载待发送快件，最后回到省内(或区域)分拨中心。

环线型表示运输工具从省内(或区域)分拨中心出发，依次经过各市内分拨中心卸载到站快件，然后回到省内(或区域)分拨中心。

以上三种运输线路经不同组合，形成混合型网络结构。

(3) 市内(同城)网

市内网(或同城网)是由市内(或同城)分拨中心与若干个服务网点组成，负责快件的收取、派送、分拣、封发等工作。

市内网(或同城网)的设置，需要考虑本地的具体因素，比如市政发展规划、土地征用政策、基本建设投资成本，经济发展水平、产业布局运输条件，人口结构与密度，文化传统特点，以及快件的流量和流向等因素。

3.1.2 快递信息传输网络

（1）快递信息网络的概念

在快件传递的过程中，始终伴随着快递信息的传输，这些信息包括单个快件运单信息、快件总包信息、总包路由的信息，以及快件传递过程中每个节点产生的信息等。传输这些信息的网络被称为快递信息传输网络。

快递信息网络由物理系统和软件系统两大部分组成。物理系统主要包括信息采集和处理设备、信息传输线路及信息交换、控制和存储设备。软件系统包括操作系统、数据库系统和网络管理系统。

（2）快递信息网络的作用

快递信息网络的作用主要有以下几个方面：

① 实现对快件、总包等信息的实时传递；

② 实现企业快递信息资源最大限度的综合利用和共享；

③ 便于企业运营管理，提高工作效率，规范操作程序，减少人为差错；

④ 便于企业为客户提供更优质的服务，包括为客户提供快件查询服务等；

⑤ 有利于增强企业的竞争能力，促进企业可持续发展。

✍ **实训任务**

选择一家快递公司，通过网络或者走访调查了解该快递公司在学校所在省内的网络结构。

任务 3.2 分拨中心

作为大型的中转点，分拨中心在快递网络中所起到的作用至关重要。分拨中心不仅负责自身所管辖区域快件的集散处理，还承担与其他片区分拨中心联系的重任，只有对其进行合理的规划和设计才能提高整个快递网络的投递效率。

3.2.1 分拨中心的选址

快递网络中分拨中心的位置是否恰当，关系到快件的配送效率、成本和顾客服务水平。选址包括宏观层面的地理区域选择和微观层面的具体地理位置选择。首先要选择合适的地理区域。

1. 分拨中心选址的影响因素

（1）经济因素

分拨中心设立的目的是降低物流成本，如果没有足够的货物流量，分拨中心的规模效益便不能发挥。所以，第一，分拨中心的建设一定要以足够的货物流量为条件，建设在货运量充足的地区。第二，分拨中心选址，需要充分考虑城市的扩展与发展，以保证其持续性的枢纽作用。第三，需要靠近重要运输线路，方便进行集散作业。一般情况下，分拨中心应尽量选择在交通方便的高速公路、国道及快速路附近。如果以火车、飞机作为运输工具，则要考虑靠近火车站、航空港等。第四，考虑员工来源和工资水准等人力资源因素。

（2）自然因素

① 地理因素。a. 地质条件。根据仓库对地基的一般技术要求，地质坚实，平坦，干燥的地

点对仓库起着重要作用,其用地应选用承载力较高的地基。因此,仓库地点必须避免建造在有不良地质现象或地质构造不稳定的地段。b. 水文及水文地质条件。在沿江河地区选择仓库建筑地址时,要调查和掌握有关的水文资料,特别是汛期洪水最高水位等情况,防止洪水侵害。同时,在水文地质条件方面要考虑地下水位的情况。②气候因素。规划时应该详细了解当地的自然气候环境条件。

(3) 政策因素

政策因素包括该地理区域对快递企业的优惠措施(如土地提供、税收政策)城市规划(如土地开发、道路建设计划)、地区产业政策等。这些政策有助于降低运营成本,此外,还要考虑土地面积与地价,在考虑地价的情况下,配合未来扩充的需求程度,决定合适的用地面积。

2. 分拨中心选址的原则

(1) 适应性原则

分拨中心的选址应与国家或地区的经济发展方针和政策相适应,与快递企业货运量分布相适应。

(2) 协调性原则

分拨中心的选址应将快递企业在整个国家或地区的快递网络作为一个大系统来考虑,使分拨中心在地域分布、作业生产力、技术水平等方面与整个系统协调发展。

(3) 经济性原则

分拨中心选址的费用主要包括建设费用、货运费用、经营费用三部分。分拨中心的不同的选址,如市区和郊区,对未来的建设规模和建设费用、货运费用和经营费用是不同的,选址时应以总费用最低为原则。

(4) 战略性原则

分拨中心选址应具有战略眼光。一要考虑全局,二要考虑长远,局部服从全局,目前利益服从长远利益,既要考虑目前的实际需要,又要考虑日后发展的需要。

3. 分拨中心的选址方法

分拨中心的地理区域确定后,需要确定具体的建设地点。确定具体建设地点的方法主要有定性分析法和定量分析法,定性分析法如德尔菲法、头脑风暴法,定量分析法如多因素评价法、重心法、层次分析法、模糊综合评价法等。

3.2.2 分拨中心的布局

分拨中心的建设规划中,场地布局尤为重要。合理的场地布局有利于货车进出、方便装卸搬运、保证快件的操作安全。分拨中心一般都包括车辆停放区、仓储区、快件进港及出港分拣操作区、办公区以及休息区几个部分。

(1) 车辆停放区

分拨中心的车辆一般都是5吨以上的大型厢式卡车,所以库区和通道需要有足够的空间供大型货车掉头和行驶。建筑设计中应包括操作月台,避免装卸车时抬举货物,降低劳动强度,减少能源消耗。月台的高度需要与5吨卡车车厢底板高度一致。若有不同高度车型车辆,月台上可安装人工升降台。月台上方应有遮雨棚,以免下雨时影响快件操作及淋湿快件,遮雨棚伸出的长度应超出月台宽度3米以上。

为保障员工和车辆进出安全,车辆停放区应在醒目位置张贴限速标识牌。车辆进入和车辆离开的行驶线路应提前规划,并在地面上做明显标识,以提醒驾驶员按照行驶路线行驶。

(2) 快件进港及出港分拣操作区

分拨中心的分拣、集装等操作都在分拣操作区进行。分拨中心分拣的快件量是网点的几十倍甚至上百倍,在操作区的划分上需将进港分拣操作区和出港分拣操作区清晰地区分开。在操作中,不同快件如包裹、文件和大件的分拣采用不同的分拣设备。因此,需要将其分开在不同的区域操作,以免相互影响。

由于班车与航线较多,在各操作区域内应当明示快件流向(张贴或悬挂看板),以便员工查询。

操作区与办公区应该是隔离的,办公室人员必须经批准方可进入操作区。有条件的话应安装摄像监控系统全面监控该区域。

操作区还应设置暂存区,放置保管因各种原因需要暂存等待分拣的零散件、滞留件,暂存区应在放置在摄像头监控区域的中间位置,快件摆放整齐,运单正面向上。

分拨中心大部分都是在夜间操作,对灯光照明度要求较高,操作区应有足够的照明,保证可以清楚地识别运单、标签,满足操作的各种需求。同时应有备用发电机组,并按照规定的时间对其进行保养和维护。

(3) 仓储区

仓储区用来存放分拨中心的操作设备和因各种原因未能按时发出的滞留件。仓储区应该是一个密闭的空间(单独房间或铁笼),并有门禁系统和进出登记制度,有条件的公司应安装摄像头监控该区域。分拨中心的操作设备,如液压搬运车、叉车、托盘、可伸缩的移动传送带等设备体积较大,仓储区也应规划操作设备的固定存放位置,并进行相关标示。

(4) 办公区

分拨中心总经理(经理)、财务结算、信息技术(IT)等管理及后勤保障人员在办公室区域工作,办公区应与操作区分开。IT 机房和财务办公室应符合安全要求。如安装门禁、实行进出登记制度、财务办公室配备保险箱、机房配备空气温度调节设备等。分拨中心快件处理量很大,为保证服务器和数据安全,避免因突然停电导致数据丢失,分拨中心应备有 UPS(不间断电源)设备。

办公室内严禁出现快件。如有特殊情况需要将快件带入办公室处理的,领取人必须进行信息登记,并得到授权经理的签字批准,还需记录在每天的异常日志中。

(5) 休息区

分拨中心应设置休息区,供操作人员、驾驶人员在此区域休息、进餐等活动。休息区只能有桌椅、冰箱、微波炉等生活设备,所有操作设备都不能存放在休息区,快件更不能出现在此区域。为保障快件和操作设备的安全,班车司机不能与分拨中心员工共用一个休息区,可以为班车司机设置专门休息区,更不允许班车司机进入分拨中心操作区。

实训任务

走访快递企业分拨中心,分析其选址是否合理,了解分拨中心的布局是否合理。

任务 3.3 服务网点

服务网点是快递公司在城市中最小、最基本的操作单位,有的公司称之为:分站、营业部、站点、点部。它负责城市某一区域内快件的揽收、运输、分拣、派送工作,具备财务结算、营销、质量控制等功能。

3.3.1 服务网点的选址与布局

网点选址的原则是：最大限度提高操作效率，最大限度优化操作成本。站点选址需考虑以下因素：

(1) 地理位置

网点理想的地理位置是覆盖服务区域的中心位置，以便从站点到各个客户处的路程更短，耗费时间更少。递送员可以用更多的工作时间去取件和派件，而不是浪费在路上。在大客户集中的地带，可以根据快件量的多少设置专人或临时站点，目的是方便递送员进行快件收派，提高整个快件流转过程的时效。此外，服务网点所处的地理位置周边的治安环境非常重要，尽量不选择偏僻或周围没有其他建筑物的地段。

(2) 交通和停车便利性

在选址前，应对该地址附近的交通情况进行全面的了解，考虑往返分拨中心是否快捷、所选网点周边的交通是否便利等问题；最好详细了解附近道路的主要拥堵时段，是否与服务网点转运车辆的主要进出时间一致，如果冲突，建议重新选址；还应考虑停车的方便性。所选服务网点门口最好能有多个停车位，以便在门前倒车和掉头也有充足的空间。

(3) 房屋结构和基本设施

操作间的高度最好超过4.5米，内廊柱越少越好；库区最好是长方形，便于车辆进出；租赁场地的面积应该为将来的业务发展预留拓展空间；水路、电力、电话、宽带网络、消防设备等基本配套齐全；无线通信设备(扫描枪、手机等)信号良好。

(4) 租赁的合法性和稳定性

根据我国的法律法规，商业用房的出租必须具备房管部门核发的房屋产权证及其房屋租赁许可证，最好还需要提供本房屋的消防设施达标合格证。服务网点的租赁合同应该有一定的稳定性，一般考虑年限为五年，甚至五年以上。无论是操作面积、仓储面积、停车面积还是办公室面积，都要根据未来发展的预期进行相应的预算和规划。如果房屋面积和结构能够方便租赁者在业务发展的不同阶段对租赁场地进行拆分，则更加理想。

(5) 性价比

性价比是选择服务网点租赁场所最重要的因素之一。在评估性价比时，除了房租以外，还需要计算车辆在途中的时间与油耗成本，并按照租赁年限计算总的时间和油耗成本，用该成本与房租成本相加后综合评估。

根据服务网点选址的影响因素和原则，可以得到相对合理的网点选址方案。此外，分拨中心选址的各种方法也可以用来进行服务网点选址。

根据服务网点的作业内容，场地布局与分拨中心类似，也可划分为车辆停放区、分拣操作区、仓储区、办公区、休息区。不同的是规模要小得多，所使用的设备有区别，比如车辆停放区车辆是取派件车辆(包括助力车、摩托车等)；分拣操作区分拣设备规模较小，另外，此处要考虑派件员理货、装车操作，规划时应参考本网点派件员人数设置操作面积，其标准大约为每个派件员三平方米。

3.3.2 网点的拆分与撤并

市场是动态的，快递企业需要不断地进行服务网点布局优化，以提升快件收派时效。快递企业服务网点布局优化模式可归结为两类：拆分和撤并。

1. 网点拆分

网点拆分是指根据一定的标准来划分网点原来所管辖的服务范围，被划分出来的区域或是独立成为新的服务网点，或是与其他相邻的被划分出来的区域合并成为新的服务网点，也就是通过缩小原服务范围的面积，增加服务网点数量。

网点拆分主要基于四个标准：人口密度标准、业务密度标准、管理幅度标准和客户类型标准。

(1) 人口密度标准

克里斯泰勒提出了中心地"人口门槛"和"服务半径"的对应关系。当人口密度较大时，服务半径相对较小；当人口密度较小时，服务半径相对较大。人口密度标准就是根据区域人口密度，按照一定的标准对服务半径进行调整，改变网点覆盖区域。一般来说，人口的多少直接影响着各种需求的数量。对于快递行业，除了关注人口密度，还应从就业结构来考虑。根据经验，第二产业和第三产业人员使用快递的比例更大。

(2) 业务密度标准

按照城市地域结构模式，一般分为中央商务区、中心城区、中心城区外围、近郊区、远郊区，从里向外商务活动密度越来越小，快递业务密度也越来越小。因此，越是靠近核心圈层的网点，业务密度越大，服务半径越小；越是靠近边缘区域的网点，服务密度越小。业务半径越大。业务密度也意味着收派员的劳动强度。收派员劳动强度过大会影响快件收派的时效，从而降低客户满意度，同时也会影响收派员进行业务开发，使得市场潜力不能充分得到挖掘。所以，服务半径应与业务密度相适应，以保证收派员的劳动强度处于正常范围。

(3) 管理幅度标准

按照管理层次与管理幅度，上一层级对下一层级人员的管理能力是有限的，操作人员比管理人员的管理幅度要更大。此外，行业与企业的实际情况不同，管理幅度也不尽相同。从快递行业的实际来看，网点收派员的数量保持在10～20人为宜，一方面可以保证管理的精细化，另一方面可以降低管理成本。当网点收派员的数量随着业务量的增长而增加到一定水平时，即可考虑对该网点进行拆分。

(4) 客户类型标准

城市内部是由不同圈层组成的，同圈层内部呈现出相同或相似的客户同质性。若网点所服务的市场群体不属于同一圈层，那么其主要客户类型也不相同。对于快递企业来讲，如果客户类型具有较大的差异性，那么需求差异性也会非常明显，加大了快递服务的难度。比如，跨越商务区和住宅区的主要快件类型不同，一部分是以文件为主的商务快递，另一部分是以包裹为主的包裹快递，这样就造成同一网点有两种不同的取派模式，增大了操作难度，可以考虑拆分。

网点拆分是快递企业由粗放式网点扩张向内涵式网点扩张转变的标志。快递企业经历了粗放式扩张的阶段，建立了全国性或区域性的空间网络，但因服务半径过大或相邻网点间存在盲区，使得服务质量得不到提升，从而制约了快递企业的发展。通过网点拆分，可以对既有市场进行深度开发，有助于实现快递企业由粗放式网点扩张向内涵式网点扩张的转变。

新建网点需要先期投入固定成本和支付后续的变动费用，面临一定的市场风险。因此，为规避因建立网点投资而带来的财务风险，许多企业采用对外合作的形式，主要有代理、加盟等方式，这样既保证了市场占有率，又有效控制了市场风险，是中小型快递企业常用的做法，但不利于管理的规范化和企业的长远发展。

2. 网点撤并

网点撤并是指网点的撤销与合并,网点撤并主要是从经济角度来考虑,根据供需平衡原则,当快递企业网点数量的供给能力大于市场需求能力时,则需进行网点撤并。

当快递企业的供给能力即网点数量大于市场需求能力时,个别企业之间不可避免地出现恶意竞争,甚至网点处于亏损状态。服务网点撤并的四条原则:一是地理位置偏僻,撑起处于城市发展规划的被遗忘角落,办公环境得不到有效改善,发展前景黯淡的服务网点;二是定位不明确,发展方向模糊的服务网点;三是低产低效,难以形成规模效益的服务网点;四是重复建设、内耗严重的服务网点。

网点撤销主要适用于布局错误、市场资源严重不足的网点,以及在竞争中被彻底淘汰的网点。这样的网点对企业来说是一种负担,尽早采取措施进行撤销将有利于企业的长远发展。网点合并适用于布局不合理,但还有改进空间的网点,以及在与竞争对手的竞争中处于劣势的网点。通过与优势网点合并,以集中客户、集中资源,优化管理,降低成本,提高效益和竞争力。

3.3.3　服务网点的加盟管理

1. 快递企业加盟连锁

快递经营主体若想为用户提供优质的快递服务,拥有完善的快递网络资源就显得十分必要,因此,使用统一品牌实现规模效益的连锁经营模式成为快递经营主体的首选。快递连锁经营模式主要可以分为两大类:依靠企业自身力量建设直营分支机构模式和选择加盟者扩大经营网络模式,即快递直营连锁经营和快递加盟连锁经营。

(1) 直营模式

直营模式是指快递企业从总部到分支机构到受理点实行统一经营、共同盈亏的运营形式。典型企业有中国邮政速递物流股份有限公司(以下简称 EMS)、顺丰速运(集团)有限公司。

直营模式下可以做到高效的内部管理。直营模式的快递企业,所有的营业网点都是由公司统一进行管理,所有的收派员都是企业中的一分子,可以做到根据企业需求统一进行调配,公司对网点的控制力和执行力都会很强,服务质量高。

直营模式下,管理幅度有限,所以一般存在网点数量不足的情况。而且价格相对较高,由于直营模式快递企业采用统一定价的模式,由于运输工具,人员的开支等都只能从快件的利润中出来,还有,为了保证快件的派送时效等要求,直营模式快递企业的价位通常都比较高。拒收件较多,以顺丰为例,从四川省寄往外省的物品,由于要走航空运输,所以像化妆品、粉末状的产品等国际航空运输协会规定的不适宜航空运输的,一律是不收的。这就会导致很多客户的流失。

(2) 加盟模式

加盟是指快递企业分支机构或受理点使用总部品牌各自经营、自负盈亏的运营形式。典型的企业有“四通一达”。

加盟模式下,快递网点较为完善:品牌快递企业都有比较完善的网点。加盟快递企业,可以用低廉的成本,迅速完成网络的扩张,使快递网络的服务范围不断地扩大。提升了品牌知名度:由于特许加盟商为了自己的利益,要不断地对快递企业的品牌进行宣传,无形之中就可以起到了免费的广告效应,只要加盟商的服务好,可以快速获得市场份额和市场知名度。价格优势:连锁快递企业因为网点众多,总体运营成本较低,所以可以用较低的价格冲击市场,使得收件量获得保证。

加盟模式制约了快递业的发展:快递业的加盟网点之间横向联系紧密,但是加盟企业管理和掌控各加盟点的力度较弱，很难适应一体化的发展。相对来说，派件服务质量差：由于特许加盟式快递企业绝大多数采用的是免费的派件服务，也就是说加盟商在派件上没有任何利润，所以在很大程度上，都是无法实现快递要求的“门到门”的服务。内部管理薄弱，导致服务不到位。在加盟快递企业的过程中，因为管理水平不高，内盗严重、破损、丢失、错发、延误事件屡见不鲜，造成差错率较高，这些都是因为加盟快递企业在网点、中转站、操作、财务、人员等基础管理方面的薄弱。

随着我国快递服务的发展，我国快递经营模式呈现混合发展的趋势，一方面直营型快递企业在投递末端逐步采用加盟模式：顺丰速运在末端采取员工加盟形式，员工自带运输工具，负责所分区域业务，但这只是名义上的加盟；另一方面加盟型快递企业加强了上层直营的力度：百世汇通正着手转型，目前已完成对广东、重庆、湖南、浙江杭州、河北、山东等 15 个省市的直营，圆通、韵达、申通、中通等快递企业也加大了直营力度，对海南、黑龙江等多个省市延伸直营范围。

【知识链接】

加盟连锁与直营连锁的区别

① 产权关系不同。加盟连锁(特许连锁)是独立主体之间的合同关系，各个特许加盟店的资本是相互独立的，与总部之间没有资产纽带；而直营连锁店都属于同一资本所有，各个连锁店由总部所有并直接运营、集中管理。这是加盟连锁与直营连锁最本质的区别。特许经营总部由于利用他人的资金迅速扩大产品的市场占有率，所需资金较少。相比之下，直营连锁的发展更易受到资金和人员的限制。

② 法律关系不同。加盟连锁(特许连锁)中特许人(总部)和被特许人(加盟店)之间的关系是合同关系，双方通过订立特许经营合同建立起关系，并通过合同明确各自的权利和义务。而直营连锁中总部与分店之间的关系则由内部管理制度进行调整。

③ 管理模式不同。加盟连锁(特许连锁)的核心是特许经营权的转让，特许人(总部)是转让方，被特许人(加盟店)是接受方，特许经营体系是通过特许者与被特许者签订特许经营合同形成的。各个加盟店的人事和财务关系相互独立，特许人无权进行干涉。而在直营连锁经营中，总部对各分店拥有所有权，对分店经营中的各项具体事务均有决定权，分店经理作为总部的一名雇员，完全按照总部意志行事。

④ 涉及的经营领域不完全相同。直营连锁的范围一般限于商业和服务业，而加盟连锁(特许连锁)的范围则宽广得多，涉及商业、零售业、服务业、餐饮业、制造业、高科技信息产业等领域。

2. 网点加盟的条件

《快递服务》国家标准规定，快递服务组织(总部)对加盟企业的管理，应满足以下要求：

① 所选择的加盟企业具有企业法人资格，并取得邮政管理部门颁发的相应的快递业务经营许可证。

② 建立加盟企业的遴选制度，确保所选择的加盟企业具备与经营地域范围相适应的运递能力。

③ 与加盟企业签订相关合同，明确责任与义务，合同应符合国务院邮政管理部门及其他相关部门制定的《快递行业特许经营(加盟)》合同的要求。

④ 建立统一的作业规范，并对加盟企业进行业务指导与培训。

⑤ 建立评估制度，对加盟企业的服务意识、作业流程、内部管理、用户满意度等方面进行考核。

⑥ 妥善处理加盟企业之间的纠纷，并协调处理全网用户投诉。

⑦ 加强分险管理，制定风险管理预案。

以圆通速递为例，加盟商条件如下：

① 具有良好的商业意识：有成功的经商经历，具有创业精神。

② 具有丰富的人员管理经验：有招募及管理团队的经验，重视员工的培养与团队建设。

③ 可迁移到其他城市：具有为事业而迁移到其他城市长期工作和生活的意愿，对地域文化有较强的适应能力。

④ 认同圆通企业文化：坚持统一系统原则，正直诚信，积极面对工作压力。

⑤ 具备长远发展潜力：对加盟事业有长远的规划，具备管理多家公司的潜质。

⑥ 长期投入、亲自经营：亲自处理公司日常经营事宜，十年以上的持续经营。

⑦ 优良的财务资质：具有100万以上的资金，合法的资金来源，较强的风险承受能力，对投资回报有合理的期望。

⑧ 理解快递/物流行业的运作模式：热衷于快递行业、以客为尊，了解快递物流行业的运作，具备快递或物流行业的经验为佳。

加盟费用包括加盟初始投入：成立快递公司所需的注册资金及特许经营初始费。网络资源使用费，风险保证金；持续经营期间需缴纳费用：圆通商标使用费。

3. 网点加盟的流程

① 加盟商通过公司网站、省公司经理或者直接致电总公司咨询网点加盟的相关事宜，了解公司网络加盟的条件、流程。

② 加盟商从公司网站下载加盟窗口的申请表格，并且填写好相关的信息，由省公司经理直接审核，签完字后同加盟费用及相关的资料一起寄至总公司。

③ 总公司网络运营中心经审核、考察后，确认条件许可，由营运中心负责人签字并通知IT部门开设窗口代码。营运中心相关人员通知加盟商，告知窗口名称、代码、密码，并向加盟商介绍内部网站的相关权限。

④ 营运中心通过工作反馈系统，告知物料部门加盟公司的相关资料，并进行备案。加盟网点在公司总部物料部门进行物料购买，如扫描枪、面单扫描仪、电子秤、员工工作服等。扫描枪需要在IT部门装好程序，方可使用。

⑤ 营运中心把开通网点的窗口申请表进行复印后发放给财务部、操作部、IT部门，并告知财务部会把加盟网点的预付款系统开通。加盟网点直接到附近的分拨中心充值预付款。

⑥ 加盟网点与总公司签订正式的《合作经营协议书》。

以圆通速递为例，其发布在网络的加盟申请流程如图3.1所示。

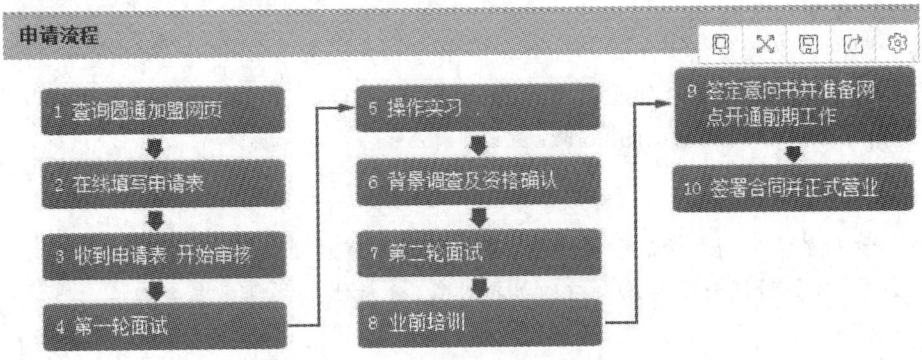

图3.1　圆通速递加盟申请流程

3.3.4 服务网点管理

1. 服务网点派送范围规划

快递公司按行政级别规划标准将加盟网点分为地级城市网点、区县级城市网点和乡镇街道网点三种。地级城市加盟网点的派送范围必须覆盖其下属的各区级地区，其下级县及县级市按能力情况处理；区县级加盟网点的派送范围必须覆盖其开通地区的城区全境，其郊区的各乡镇村组按其能力情况处理；乡镇街道级别加盟网点的派送范围必须覆盖其地区的乡镇全境，包括其公司周边 10 km 之内的范围必须全线覆盖。

以上各地区级别的加盟网点必须开通范围内全境派送，不得对范围内某一单位、学校、工厂或某一路段等不派送，也不可对此类地区进行延时派送或收费派送（海关、仓库等确需收费的特殊地区除外）。此外，派送规划标准要结合当地同行的派送范围进行对比；各地区网点派送范围一旦确定，必须以“只可扩大，不可缩小”为原则，不得随意对开通地区不予派送。

2. 服务网点管理相关制度

快递公司加盟网点的管理制度主要包括转让制度、关停制度和年检年审制度等。不同快递公司的管理细节不完全相同。以某快递公司为例，其服务网点管理制度如下。

（1）服务网点转让制度

网点转让必须事先向公司网络运营中心提出书面申请，出示转让协议和受转让方资质资料，否则不予认可。

经公司网络运营中心确认后，出让方必须结清所有费用（中转费、运费、理赔款、到付款等）并交付转让总额的 20% 给网络运营中心。受让方必须缴纳各项费用，并全部接受公司的各项规定与义务，在重新签订《合作经营协议书》和取得《商标使用权》后，方可接手经营。

新开设的服务网点一年内不得转让或变相转让。一经发现，按违反《合作经营协议书》论处，取消网络成员资格，没收抵押金。

（2）服务网点关停制度

网点关停必须提前一个月以书面形式向网络运营中心提出申请。网络运营中心必将在五个工作日内答复。允许关停的网点结清各项费用，处理好善后事宜，方可停业。对擅自停业的网点，网络运营中心将没收风险抵押金，追究其法律责任。

对违反网络各项规章，且拒不执行网络运营中心合理处罚的网点，网络运营中心将视情节予以强制性关停。

服务网点申请暂停营业时，总部将关闭相应窗口的网络权限和软件使用权限；停用窗口需要保留或重新使用时，按“新增窗口或窗口资料变更管理规定”处理。

（3）年检年审制度

在各加盟网点必须每年无条件参加公司网络运营中心组织的年检，年检合格后方可继续享有公司的快运商标使用权。年检时需按照公司的收费标准进行缴费。如果有网点预期拒绝年检，总部将无条件收回该网点的品牌经营权。

✍ 实训任务

小明大学专科学习的是物流管理专业，毕业后想回家创业，想加盟某个快递公司。试选择一家快递公司，帮小明调查了解该公司的加盟政策，分析他应做哪些准备工作。

课后练习

一、不定项选择题

1. 快递网络的构成要素包括(　　)。

A. 服务网点　　B. 中转点　　C. 呼叫中心　　D. 运输线路

2. 快递网络有(　　)。

A. 快件传递网络　　B. 公路网络　　C. 信息传输网络　　D. 铁路网络

3. 分拨中心选址的原则包括(　　)。

A. 适应性原则　　B. 协调性原则　　C. 经济性原则　　D. 战略性原则

4. 快递信息管理的软件系统包括(　　)。

A. 操作系统　　B. 数据库系统　　C. 网络管理系统　　D. 物理系统

二、简答题

1. 请简述分拨中心布局的组成部分。

2. 请简述网点加盟条件及流程。

三、案例分析题

【材料1】

12月29日,国家邮政局印发《快递业信用管理暂行办法》(下称《暂行办法》),对快递业信用信息的采集、评定、应用和监督管理等进行了规定,提出对快递企业建立唯一电子化信用档案,并进行信用评定和管理。

值得注意的是,暂行办法规定,对以加盟方式经营快递业务的,在信用建设方面实行统一管理,强化了总部在信用管理方面的主体责任。

《暂行办法》规定,邮政管理部门将按照行业共治的原则,牵头设立快递业信用评定委员会,开展辖区内快递业信用评定工作。快递业信用信息包括许可管理信息、快递服务质量信息、寄递安全信息等能够反映企业信用状况的信息,将根据上述信息进行评定并提出整改措施:

被列入年度失信名单或者信用异常名单的企业,取消企业及其法定代表人(负责人)在邮政管理系统的评优评先资格。

列入信用异常名单的企业,邮政管理部门应当将其作为监督检查的重点对象,可以约谈其法定代表人(负责人),提出告诫,督促其整改。

对列入快递业失信名单的企业,邮政管理部门可以采取系列惩戒措施,包括提高对其随机抽查的频次和比例、取消企业及有关人员在邮政管理系统的评优评先资格、对有关人员参与新设快递企业进行重点审查、与其他部门实施信息共享和联合惩戒以及由行业协会对列入失信名单的会员企业实行警告、行业内通报批评、公开谴责、不予接纳、劝退等惩戒措施。

来源:中国国际电子商务网　2018年1月4日

【材料2】

作为中国民营快递通达系的代表之一,圆通却准备跳出通达系。1月7日,圆通发布了新标识和产品序列。五个新标志,在业务上分别代表圆通A网普快、圆通B网速配、圆通C网重货快运、圆通航空和圆通冷链。而其中的B网定位为“中高端品质快递”,采用全直营的模式。对此业内人士表示,圆通急于通过走出“通达系”的低端阴影,想通过直营模式进入中高端快递,但却困难重重。

主营业务并未稳固，圆通是否有余力建直营？国内加盟制的代表性民营快递企业是三通一达。从三季报来看，圆通前三季营业收入为128.67亿元，同比增长13%；净利为10.58亿元，同比增长8.43%，每股收益为0.375元。同期，韵达实现营业收入为68.39亿元，同比增长40.39%，归属于上市公司股东的净利润11.76亿元，同比增长38.38%，每股收益为0.97元。申通营业收入为85.6亿元，同比增长26%；归属母公司净利润11.3亿元，同比增长24%，每股收益为0.74元。在美国上市的中通，其第三季度营业收入为31.43亿元(约合4.724亿美元)，同比增长33.6%；净利润为7.17亿元(约合1.078亿美元)，同比增长31.1%。

从财报的表现来看，在同样以电商件为核心业务的通达系中比较，尽管圆通在收入总量上尚超过韵达、申通，但从收入增速和利润来看，圆通显然存在相对衰落之势。韵达在市值上也已经超过圆通。反观以直营模式占领中高端快递市场的顺丰，业务量只占行业的14%，但收入和利润却占58%和36%，市值高达2200多亿，远超A股其他三家民营快递企业——圆通、韵达、申通之和，这样的业绩表现自然令人羡慕。

快递行业未来集中化会更加明显，市场会留下谁、淘汰谁，尚存在很大变数。圆通在基本盘表现并不亮眼、甚至面临巨大挑战的情况下，再分出精力、投入巨资去建直营网络，可谓一场豪赌。

同时，圆通转型面临着多重考验。在业内人士眼中，圆通多网并举的做法，却面临着品牌、资本、管理等多重考验。

市场对通达系的认知，是低端快递，价格低，圆通要跳出通达系，扭转人们的品牌印象，需要付出的成本极为巨大，也需要付出很长时间的努力。对于业绩并不亮眼的圆通来说，是否能承受这样的负担，还很难说。

多网并举也需要大量资本投入。按照圆通的规划设想，航空、中转、冷链干线车、末端配送等配置齐全，需要大量资金。目前，顺丰在航空、中转等方面的投入十分庞大，仅以货运飞机来说，顺丰目前已经自有41架全货机，并且还在高速扩张中。

除此之外，加盟制下员工和基层管理者，从管理模式到服务意识，都需要亟待加强。

来源：东方头条　2018年1月12日

问题1：请结合材料中给出的信息回答圆通转型的方向是什么，并分析圆通转型将面临哪些困难。

问题2：请分析快递公司直营模式和加盟模式的优缺点。

项目 4　快递设备

☞ 学习目标

掌握快递信息技术设备的种类和用途，掌握手持终端的使用方法，掌握分拣设备的组成结构和种类；熟悉快递信息技术设备的组成结构，熟悉其他快递设备的种类和用途；了解快递设备的操作注意事项及维护和保养方法。

☞ 重点和难点

快递信息设备的原理，分拣设备的使用方法。

☞ 导入案例

【案例 4.1】

申通快递分拣机器人曝光！效率惊人！

2000 平方米的仓库，仅有十几个人把控，取而代之的是满地的“小橙人”，它们有序地来回穿梭，动作娴熟，场面堪称逆天（见图 4.1）。

“小橙人们”主要针对占地面积不超过 60 cm×50 cm，重量在 5 kg 以下的包裹，集扫码、称重、分拣功能三合一，关键是“小橙人”能实现快递面单信息识别，并根据机器人调度系统的指挥，基于二维码和惯性导航，以最优的路线投递，1 秒内即可完成扫码。没电了可自动充电，充电 5 分钟即可奔跑 4 小时。

图 4.1　申通分拣机器人

该机器人具有以下优点：

1. 占地面积小，分拣率高，可减少 70％的人工；
2. 精准、高效，运行速度可达 3 米/秒，每小时完成 20000 件分拣；
3. 实现 24 小时不间断分拣，提升工作效率，降低物流成本。

据了解，该机器人由申通快递和浙江海康机器人公司合作研发，目前已在义乌、天津、临沂三地的申通快递公司启用。除了分拣机器人外，海康机器人还推出了服务物流的一系列工业化产品，比如搬运机器人、仓储机器人等。

巨头涌入，背后是智慧物流的风生水起。

其实快递黑科技并不是第一次出现。

早在2012年初，亚马逊就收购了一家创业公司的Kiva机器人系统，Kiva某种程度上可媲美圣诞老人的驯鹿，可以为每个用户分拣订单，并且能静悄悄地工作，极大地提升了分管效率(见图4.2)。

国内百世快递曾自主研发了风暴自动分拣系统，采用大数据分析、云计算、智能终端等技术，让分拣效能提升了三倍，并拥有独立的场院管理系统及AGV(Automated Guided Vehicle的缩写，意即“自动导引运输车”)操作台，分拣准确率达99.9%。去年双11因为这个系统还避免了转运中心爆仓现象的出现。

2016年，京东智能分拣中心系统落地，日订单分拣能力达30万，均效提升了五倍，人员投入比例减少了近70%。

图4.2　亚马逊仓库分拣机器人

图4.3　阿里仓库Geek+分拣机器人

而近日，快递公司Hermes已开始在伦敦测试自动送货机器人。这种机器人高55 cm，长70 cm，时速4英里(6.4公里)，并包含一个安全隔间，可承载10 kg货物。用户可以用App来追踪货物状态(见图4.3)。

来源：快资讯　2018年3月10日

【案例4.2】

申通快递全面推行带芯片的快递包装袋

只听过带芯片的银行卡,还没听过带芯片的快递建包包装袋!

为一个普普通通建包用的“编织袋”装上芯片,实现定位追踪和自动分拣?申通最近干了这么一件令人匪夷所思的事情。

2017年1月起,申通快递江浙沪皖各网点及转运中心互流件全面使用环保袋建包。据说,除了科技范十足,这款“编织袋”还具有低排放、无污染、可循环、耐磨耐损、成本低等各种优点(见图4.4)。

申通官方介绍,这款环保袋从去年6月份开始就已经在部分地区试用,在半年的试用期内不断改进,最终才开始大面积推广。环保袋使用费用均由系统直接计算,网点公司可以根据系统查询,并进行对账。

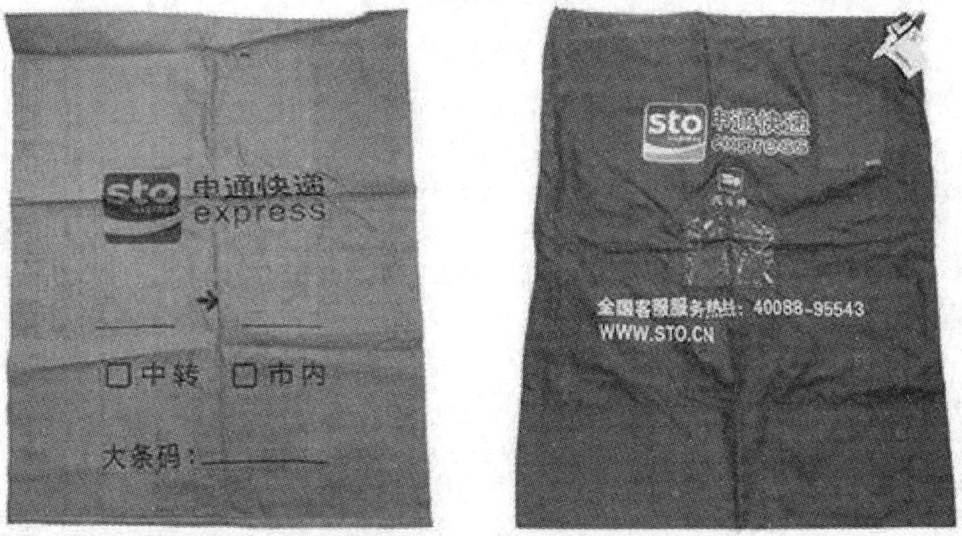

图4.4　申通一次性编织袋与新型环保袋

相比于一次性编织袋,新的环保袋具有以下优点:

1. 新环保袋布料为涤纶材质,抗皱性和保形性好,中转过程中破损率极低;袋体防水密度高达80%,可以在多雨季节保护快件不被浸湿。

2. 新环保袋采用拉链式封包,并定制小封签上锁,封包方便,不需要采购缝包机和安排封包员;可循环使用,节约编织袋成本40%左右。

3. 环保袋内置芯片拥有定位追踪功能,能够准确定位袋子最终所在位置。同时可以绑定大条码,识别目的地,达到自动分拣的效果。配备RFID巴枪可实现实时扫描在线查询大包号、始发网点、目的地等。

来源:中国物流产品网　2017年1月19日

【案例4.3】

校园上空飞来“快递员” 无人机在西安高校配送

3月21日,一架京东无人机从远处飞来,快而准地降落在西安电子科技大学长安校区的空地上。工作人员从无人机货箱中取出包裹递给了收货人陈同学，陈同学的喜悦之情溢于言表，“没想到无人机真的可以将货物送到校园，这是一次从未有过的网购体验(见图4.5)。”

图4.5　京东无人机载着货品精准降落在西安电子科技大学长安校区

“我之前很少网购，觉得品质很难保障，快递时间又很久，退换货还太麻烦。”陈同学说。这次参加京东“尚学季”活动，认证学生身份可享受“1分购大礼包”的特权，更是惊喜地成了本次校园路演活动的幸运用户，得到了无人机送货到校园的机会。

记者了解到，此次无人机在西安大学校园配送，是校园场景下的首次配送试练。京东自2016年在宿迁完成无人机运营第一单开始，目前已在江苏宿迁及陕西西安、韩城等地区实现了常态化运营，主要针对日订单量少、相对分散的城市和村镇。平时一个快递小哥要跑1～2小时才能送完一个村子的订单，改用无人机配送后十几分钟就送完了，这样不仅提升了物流效率，更加提升了用户的购物体验，同时也搭建了区域农副产品通往外界城市的通道。

创新源于应用，京东正在通过技术创新拓展更多无人机应用的场景。2017年6月18日，一架由京东集团自主研发的无人机在西安航天基地管委会南广场顺利完成了快递投放任务。今年2月23日，省委书记胡和平调研考察京东大厦时收到一份来自京东无人配送站送达的礼物，京东无人配送站首次在公众视界亮相。

京东相关负责人透露，2018年，京东无人机将在四川、青海、海南、吉林四省进行试运营，无人机物流将逐渐在全国落地应用，惠及更多的人群。未来，随着无人配送站的广泛应用，不管处于乡村、牧区、海岛、悬崖村，还是高端住宅、校园、写字楼，都能享受到无人机物流带来的配送体验。

来源：《西安晚报》　2018年3月23日

【案例思考】

1. 上述案例中介绍了哪些快递设备？
2. 快递企业运营需要哪些设备？

任务4.1　快递信息技术设备

4.1.1　条形码技术设备

条形码或称条码(Barcode)是将宽度不等的多个黑条和空白，按照一定的编码规则排列，用以表达一组信息的图形标识符。常见的条形码是由反射率相差很大的黑条(简称条)和白条(简称空)排成的平行线图案。完整的条码符号是由两侧空白区、起始字符、数据字符、校验字符(可选)、终止字符以及供人识读的字符组成的(见图 4.6)。

图 4.6　条码组成

按维数分类有一维码和二维码。除具有普通条码的优点外,二维条码还具有信息容量大、可靠性高、保密防伪性强、易于制作、成本低等优点。

按码制分条码种类有 UPC 码、EAN 码、39 码、交叉 25 码、库德巴码(Code Bar),如图 4.7 所示。

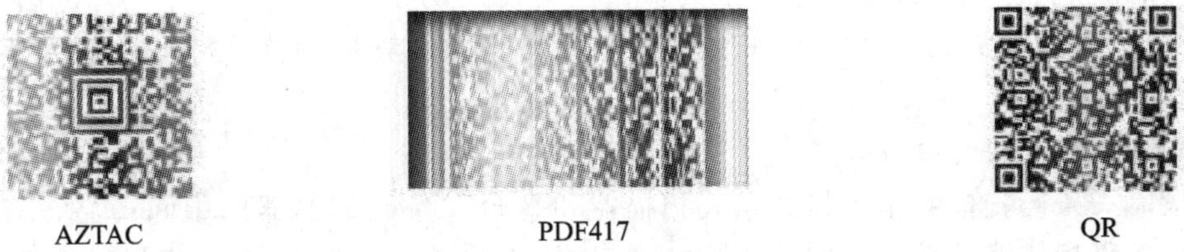

图 4.7　二维条码

条形码系统是由条形码符号设计、制作及扫描识读组成的自动识别系统。条码打印设备主要是用于条码标签的打印。目前,打印条码标签有两种方式:条码打印机打印方式和软件配合激光打印机方式。

条码识读设备即条码扫描器,是用来读取条码信息的设备。它使用一个光学装置将条码的条空信息转换成电平信息,再由专用译码器翻译成相应的数据信息。条码扫描器又称为条码阅读器、条码扫描枪、条形码扫描器、条形码扫描枪及条形码阅读器。

1. 条码扫描器的工作原理

条形码阅读器是条形码系统的基本设备,它的功能是译读条形码符号,即把条形码条符宽度、间隔等信号转换成不同时间长短的输出信号,并将该信号转化为计算机可识别的二进制编码,然后输入计算机。识读装置由扫描器和译码器组成。扫描器又称光电读入器.它装有照亮被读条形码的光束检测器件,接收条形码的反射光,产生模拟信号,经放大、量化后送译码器处理。得到了被辨读的条形码符号的条和空的数目及相应的宽度和所用码制,根据码制所对应的编码规则,便可将条形符号转换成相应的数字、字符信息,通过接口电路送给计算机系统进行数据处理与管理,便完成了条形码辨读的全过程,如图 4.8 所示。

2. 条码扫描器的种类

条码扫描器的种类很多,按光源分有普通光、CCD(Charge Coupled Device,光电耦合感应器件)、激光,按物理结构分有手持式(光笔、枪式)、固定式(槽式、盒式),按扫描方式分有固定光束、移动光束等。常见的有以下几类:

(1) 光笔扫描器

在阅读条码时需将光笔按一定速度和斜度(一般是 30°) 划过条形码,需要用户有一定的

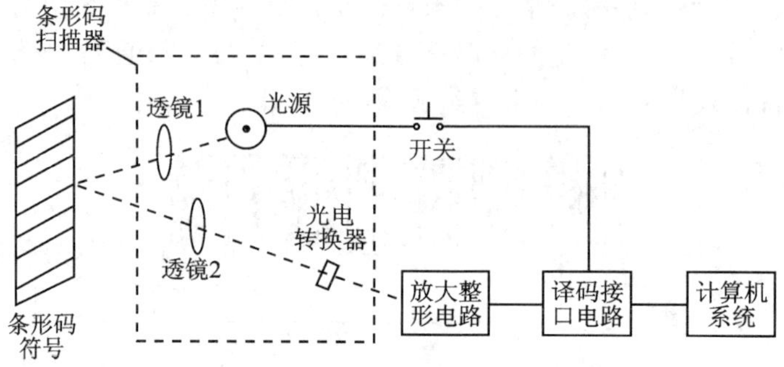

图 4.8 条码扫描器的读取原理

经验，这种扫描器的优点是价格便宜、结实耐用，缺点是工作距离和扫描深度较小，需要光笔和被扫描条码接触。

(2) 手持式条码扫描器

手持式条码扫描器即手持终端(Personal Digital Assistant)，在快件收寄、分拣和投递等过程中，用于扫描快件条码进行相关处理的一种便携设备。手持式条码扫描器是 1987 年推出的技术形成的产品，外形很像超市收银员拿在手上使用的条码扫描器一样。有黑白、灰度、彩色多种类型，有的可实现位真彩色，扫描效果较好。它的优势是：无转轴、马达，使用寿命长，价格便宜。

(3) 小滚筒式条码扫描器

小滚筒式条码扫描器是手持式条码扫描器和平台式条码扫描器的中间产品，小滚筒式的设计是将条码扫描器的镜头固定，而移动要扫描的物件通过镜头来扫描，运作时就像打印机那样，要扫描的物件必须穿过机器再送出。因此，被扫描的物体不可以太厚。这种条码扫描器最大的好处就是体积很小，但是由于使用起来有多种局限，例如只能扫描薄薄的纸张，范围还不能超过条码扫描器的大小。

(4) 平台式条码扫描器

平台式条码扫描器又称平板式条码扫描器、台式条码扫描器，目前在市面上大部分的条码扫描器都属于平板式条码扫描器，是现在的主流。平板式的好处在于像使用复印机一样，只要把条码扫描器的上盖打开，不管是书本、报纸、杂志、照片底片都可以放上去扫描，相当方便，而且扫描出的效果也是所有常见类型条码扫描器中最好的。

(5) 手机条码扫描器

手机条码扫描器能扫描条码到各款智能手机，并与之成为一体，使得手机变身数据采集器，如图 4.9 所示。目前广泛用于移动支付等方面。

4.1.2 射频识别技术设备

射频识别，RFID(Radio Frequency Identification)技术又称为无线射频识别，俗称电子标签。它是一种通信技术，可通过无线电讯号识别特定目标并读写相关数据。

射频识别技术最突出的特点是可以非接触识读(识读距离可以从 10 cm 至几十米)、可识别高速运动物体、抗恶劣环境能力强、一般污垢覆盖在标签上不影响标签信息的识读，保密性强、可向时识别多个识别对象等，应用领域广阔。如：图书馆、门禁系统、食品安全溯源、车辆不停车收费等。

1. RFID 系统的组成

最基本的 RFID 系统由三部分组成：

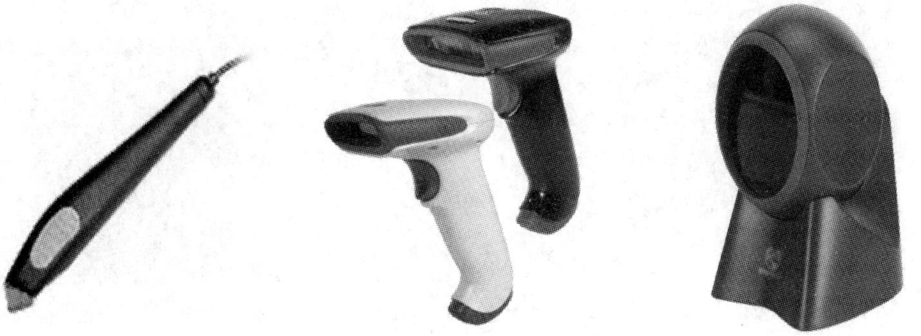

图 4.9 光笔条码扫描器、手持式条码扫描器和台式条码扫描器

(1) 标签(Tag)

标签由耦合元件及芯片组成,每个标签都具有唯一的电子编码,附着在物体上标识目标对象,如图 4.10 所示。标签载有可用于认证识别其所附着的目标物的相关信息数据。标签可以是只读的、读写兼具的或写一个读多个的形式。

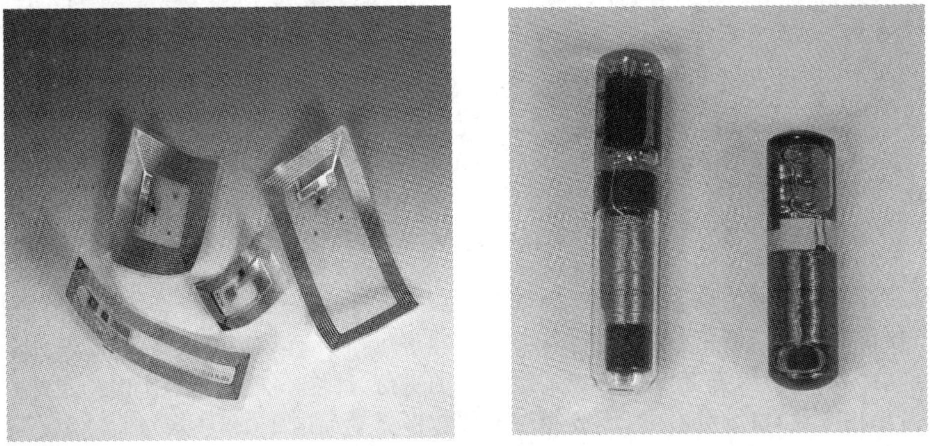

图 4.10 标签

(2) 阅读器(Reader)

RFID 阅读器,读取(有时还可以写入)标签信息的设备,又称解读器、识读器,如图 4.11 所示。它的任务是控制射频收发器发射射频信号;通过射频收发器接收来自标签上的已编码射频信号,对标签的认证识别信息进行解码,并将认证识别信息连带标签上其他相关信息传输到主机以供处理。

(3) 天线(Antenna)

在标签和读取器间传递射频信号。任何一个 RFID 系统至少应包含一根天线(不管是内置还是外置)以发射和接收射频信号,如图 4.12 所示。有些 RFID 系统是由一根天线来同时完成发射和接收;而另一些 RFID 系统则是由一根天线来完成发射而另一根天线来承担接收,所采用天线的形式及数量应视具体应用而定。

2. RFID 系统的原理

RFID 技术的基本工作原理:由阅读器通过发射天线发送特定频率的射频信号,当电子标签进入有效工作区域时产生感应电流,从而获得能量、电子标签被激活,使得电子标签将自身

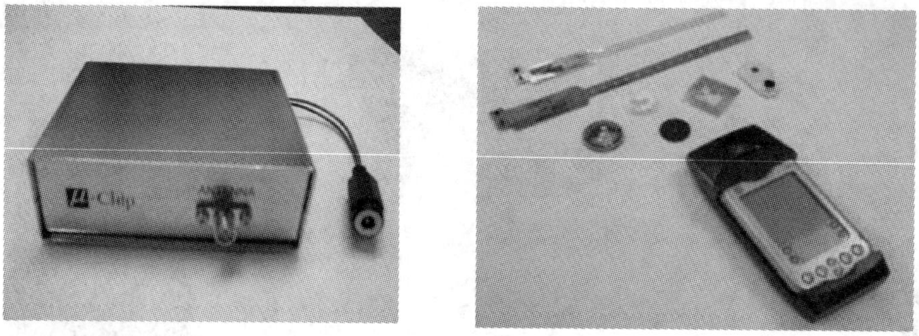

图 4.11　电子标签阅读器

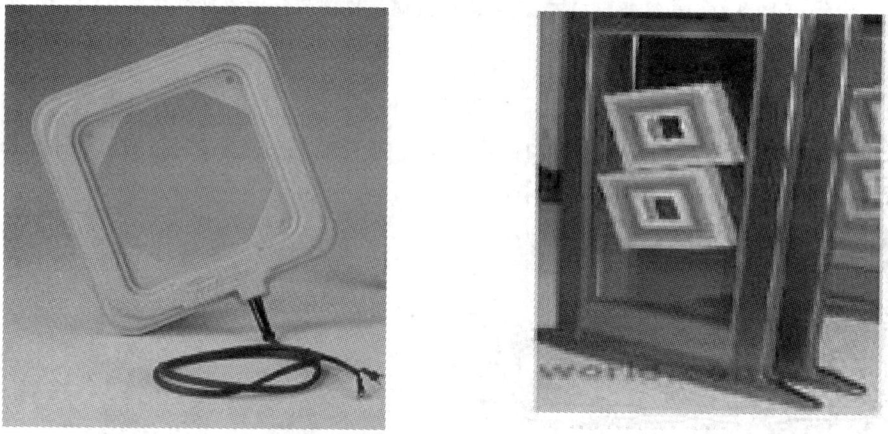

图 4.12　天线

编码信息通过内置射频天线发送出去;阅读器的接收天线接收到从标签发送来的调制信号,经天线调节器传送到阅读器信号处理模块,经解调和解码后将有效信息送至后台主机系统进行相关的处理;主机系统根据逻辑运算识别该标签的身份,针对不同的设定作出相应的处理和控制,最终发出指令信号控制阅读器完成相应的读写操作。如图 4.13 所示。

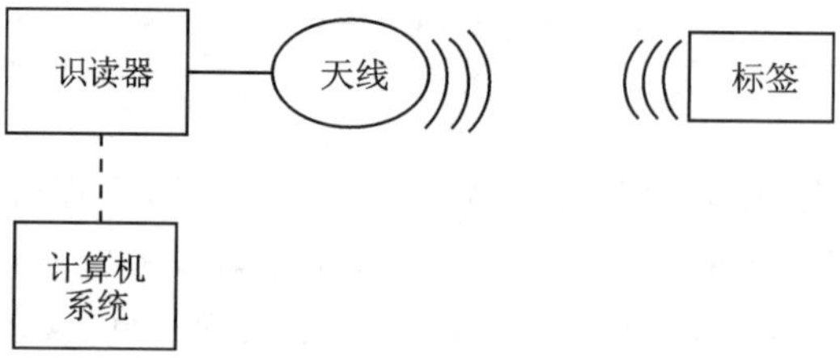

图 4.13　RFID 技术的工作原理

4.1.3　自动跟踪技术设备

1. 全球卫星定位系统(GPS)

全球卫星定位系统(Global Positioning System,GPS)系统包括三大部分:空间部分——GPS 卫星星座;地面控制部分——地面监控系统;用户设备部分——GPS 信号接收机。GPS 是利用卫星基本三角定位原理,GPS 接收装置以量测无线电信号的传输时间来量测距离。由每颗卫星的所在位量,测量每颗卫星至接收器间的距离,即可算出接收器所在位置之三维空间坐标值。

GPS技术主要运用于以下领域：

（1）车辆跟踪

利用GPS和电子地图可以实时显示出车辆的实际位置，并可任意放大、缩小、还原、换图；可以随目标移动，使目标始终保持在屏幕上；还可实现多窗口、多车辆、多屏幕同时跟踪。利用该功能可对重要车辆和货物进行跟踪运输。

（2）提供出行路线规划和导航

提供出行路线规划是汽车导航系统的一项重要的辅助功能，它包括自动线路规划和人工线路设计。自动线路规划是由驾驶者确定起点和目的地，由计算机软件按要求自动设计最佳行驶路线，包括最快的路线、最简单的路线、通过高速公路路段次数最少的路线的计算。人工线路设计是由驾驶员根据自己的目的地设计起点、终点和途经点等，自动建立路线库。线路规划完毕后，显示器能够在电子地图上显示设计路线，并同时显示汽车运行路径和运行方法。

（3）信息查询

为用户提供主要物标、用户能够在电子地图上显示其位置。同时，监测中心可以利用监测控制台对区域内的任意目标所在位置进行查询，车辆信息将以数字形式在控制中心的电子地图上显示出来。

（4）话务指挥

指挥中心可以监测区域内车辆的运行状况，对被监控车辆进行合理调度。指挥中心也可随时与被跟踪目标通话，实行管理。

（5）紧急援助

通过GPS定位和监控管理系统可以对遇到险情或发生事故的车辆进行紧急援助。监控台的电子地图显示求助信息和报警目标，规划最优援助方案，并以报警声光提醒值班人员进行应急处理。

【知识链接】

手机导航（Mobile Navigation）就是通过手机的导航功能，把你从目前所在的地方带到另一个你想要到达的地方。

手机导航通过GPS模块、导航软件、GSM通信模块相互分工，配合完成。

① GPS模块完成对GPS卫星的搜索跟踪和定位速度等数据采集工作。

② 导航软件地图功能将GPS模块得到位置信息，不停地刷新电子地图，从而使我们在地图上的位置不停地运动变化。

③ 导航软件路径引导计算功能，根据我们的需要，规划出一条到达目的地的行走路线，然后引导我们向目的地行走。

④ GSM通信模块完成手机的通讯功能，并可根据手机功能对采集来的GPS数据进行处理并上传至指定网站。

2. 地理信息系统（GIS）

地理信息系统（Geographical Information System，GIS）是一种决策支持系统，它具有信息系统的各种特点。有时又称为“地学信息系统”或“资源与环境信息系统”。它是一种特定的十分重要的空间信息系统。它是在计算机硬、软件系统支持下，对整个或部分地球表层（包括大气层）空间中的有关地理分布数据进行采集、储存、管理、运算、分析、显示和描述的技术系统。

与普通的信息系统类似，一个完整的GIS主要由四个部分构成，即计算机硬件系统、计算机软件系统、地理数据（或空间数据）和系统管理操作人员。其核心部分是计算机系统（软件和硬件),空间数据反映GIS的地理内容,而管理人员和用户则决定系统的工作方式和信息表示方式。

GIS应用于物流分析,主要是指利用GIS强大的地理数据功能来完善物流分析技术。完整的GIS物流分析软件集成了车辆路线模型、最短路径模型、网络物流模型、分配集合模型和设施定位模型等。GIS与相关信息技术的结合是一门综合性技术。GIS应用需要利用和集成其他技术,同时其他信息技术的应用也需要GIS。

【知识链接】

GPS车载终端

GPS车载终端又称为GPS车辆管理系统或GPS车载监控系统,它是依托卫星定位、地理信息及无线通信等技术手段,实时掌握车辆位置和状态,提供调度管理信息的软硬件综合系统。

整个系统主要由车载终端、GPRS无线通信网络、服务器软件和客户端软件组成。车载终端由主机模块、天线和可选配件组成,其中主机模块和天线构成了车载终端的基础部分,可实现实时定位,探测经纬度、时间、行进方向和速度的基本功能,主机上留有数据接口,可根据需要外接设备和传感器,以实现附件的功能要求。

4.1.4 其他信息设备

1. 监控设备

快递行业内的盗窃现象一直存在。发生盗窃的主要环节有取件、派件、分拣和运输途中,其中分拣环节为可监控环节。因此,快递公司在分拣区安装多角度摄像头与监控系统。据统计,凡是安装监控系统的场所,快件遗失率大大降低。

2. X-ray安检设备

X-ray安检设备用于对客户包裹进行透视检查,以杜绝违禁货物和危险品的非法运送。目前,从事国际快递业务的大型国际快递公司已大规模使用。随着行业规范程度的提高,国家相关部门对各行业的安全检查要求将越来越高。

✍ 实训任务

操作手持条码扫描器进行快件扫描练习,掌握其使用方法。

任务4.2 分拣设备

4.2.1 半自动机械分拣设备

半自动分拣时,利用机械输送,人工拣选。输送机是半自动机械化分拣的主要设备,它其实是一种搬运设备。利用输送机进行半自动机械分拣时,快件在指定位置上机传输,运单一面向上,快件传输至分拣工位,分拣人员及时取下快件。这种设备有多种分类和多种形式,它用于不同的场合。一般可按重力式、滚轴式、皮带式分类。动力都采用电力,经济方便。输送机也是构成自动分拣系统的基本组成部分。

1. 输送机种类

输送机种类有皮带式输送机、螺旋输送机、斗式提升机、滚筒输送机、板链输送机、网带输送机和链条输送机。依据快递对象的特点，快递业使用有带式输送机、链式输送机、辊道式输送机。

(1) 带式输送机

带式输送机是用连续运动的无端输送带输送货物的机械。用胶带作为输送带的称胶带输送机，简称胶带机，俗称皮带机。

带式输送机的结构特征和工作原理是：输送带既是承载货物的构件，又是传递牵引力的牵引构件，依靠输送带与滚筒之间的摩擦力平稳地进行驱动。带式输送机不仅是使用最普通的一种连续输送机，而且最具有典型的连续输送机的各种特点。在各种连续输送机中，它的生产率最高、输送距离最长、工作平稳可靠、能量消耗少、自重轻、噪声小、操作管理容易，是最适于在水平或接近水平的倾斜方向上连续输送小型件货的输送机。

(2) 链式输送机

链式输送机的特点是：用绕过若干链轮的无端链条作牵引构件，由驱动链轮通过轮齿与链节的啮合将圆周牵引力传递给链条，在链条上或接着一定的工作构件上输送货物。

(3) 辊道式输送机

辊道式输送机是一种广泛使用的输送机械。辊道式输送机结构比较简单，它是由一系列以一定的间距排列的辊子组成，用于输送成件货物或托盘货物。货物和托盘的底部必须有沿输送方向的连续支承面。为保证货物在辊子上移动时的稳定性，该支承面至少应该接触四个辊子，即辊子的间距应小于货物支承面长度的1/4。

上述三种输送机如图4.14所示。

图4.14　带式输送机、链式输送机和辊道式输送机

2. 半自动机械分拣设备操作

(1) 利用输送机进行半自动化机械分拣的操作要求

① 快件在指定位置上机传输，运单一面向上，平整放置，宽度不得超过传输带的实际宽度。

② 快件传输至分拣工位，分拣人员及时取下快件。未来得及取下而带过的快件由专人接取，再次上机分拣或手工分拣。

③ 看清运单寄达目的地、电话区号和邮编后，准确拣取快件。

④ 取件时，较轻快件双手抓(托)住快件两侧，较重快件双手托住底部或抓牢两侧的抓握位，贴近身体并顺快件运动方向拣取。

(2) 输送机使用安全事项

① 设备运行前，检查带式传输或辊式传输设备周围是否有影响设备运行的障碍物，然后试运行，调试紧急停止按钮。

② 注意上机分拣的快件重量和体积均不得超出设备的载重和额定标准。

③ 对非正常形状或特殊包装不符合上机传输条件的快件，要剔出并改人工分拣，不得上机传输分拣。

④ 上机传输的快件与拣取的速度要匹配。

⑤ 传输过程发生卡塞、卡阻时，要立即停止设备运行。

⑥ 分拣传输设备运行中出现危急情况时，要立即停止设备运行。

4.2.2 自动分拣设备

自动分拣设备指的是受到自动控制的一套机械分拣装置，它是由接受分拣指令的控制装置、把到达分拣位置的货物取出的搬送装置、在分拣位置把货物分送的分支装置和在分拣位置存放货物的暂存装置等组成。分拣作业只需通过键盘向控制装置输入分拣指令，其余的全部由机械装置执行完成。

目前比较常用的分拣控制技术是扫描识别技术，在货物的固定位置上贴有某种标识，货物到达分拣位置，扫描仪对标识扫描识别，然后按事先设定的程序操作，使货物按指定路线运到指定的位置。采用自动分拣装置使分拣处理能力提高，分类数量比较大，准确率也大大提高。

1. 自动分拣机组成结构

(1) 控制装置

控制装置的作用是识别、接收和处理分拣信号，根据分拣信号的要求指示自动分拣装置对货物进行分拣。分拣信号通过磁头识别、光电识别和激光识别等多种力式输入到分拣控制系统中，分拣控制系统根据对这些分拣信号的判断，决定某一种货物该进入哪个分拣道口。

① 控制目的。控制目的是为了把货物按要求分拣出来，并送到指定地点。通常需要把分拣的指示信息记忆在货物或分拣机械上，当货物到达时，将其识别并挑出，再开动分支装置，让其分流。

② 控制方式。控制方式分为外部记忆和内部记忆两种。

外部记忆是把分拣指示标记贴在分拣对象上，工作时用识别装置将其区分，然后作相应的操作。

内部记忆是在自动分拣装置的搬送设备入口处设置控制盘，利用控制盘，操作者在货物上输入分拣指示信息，这个货物到达分拣位置时，分拣设备接收到信息，开启分支装置。

控制方式的选择在决定全部分拣系统时是一个需要考虑的重要因素，它对分拣系统的能力和成本有很大的影响。

(2) 分类装置

分类装置根据控制装置传来的指令，对货物进行分拣。把货物输送到按照货物的类型，或按照货主，或按照尺寸、重量等分类的输送机分支或倾斜滑道上去，完成货物的分拣输送。

分类装置是将挑选出的货物移出主输送带，转入分支输送带，是自动分拣系统的一个重要装置，主要有以下几种方式：

① 推出式。在输送机的侧面安装推出设备，分拣出的货物到达此位置后，设备将货物推离主输送带，并推入分支输送带。它不受货物包装形式的限制，瓦楞纸箱、袋装货物、木箱等均适宜这种方式。不过，太薄的货物、容易转动的货物、易碎的货物不宜采用这种方式。分拣能力越高，分支机械的冲击力也越大，此时必须注意对货物的损伤情况。

② 浮出式。它是一种在主输送机的下方安装浮出式机构，工作时把货物托起并送入分支输送机的装置。在分送时，对货物的冲击力较小，适合分拣底部平坦的纸箱和用托盘装的轻、

重货物,不能分拣很长的货物和底部不平的货物。皮带浮出式分拣机和滚轮浮出式分拣机如图 4.15 所示。

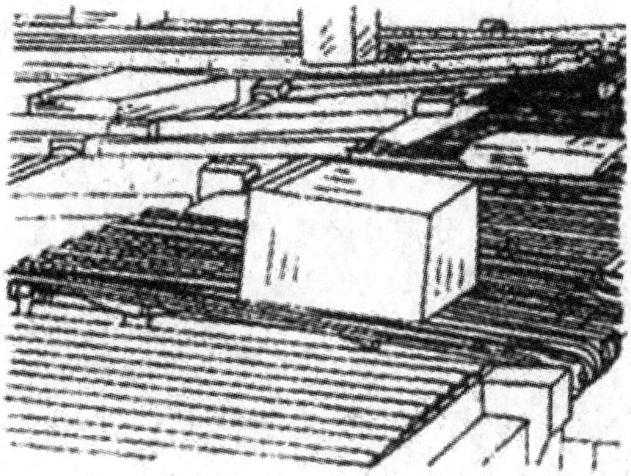

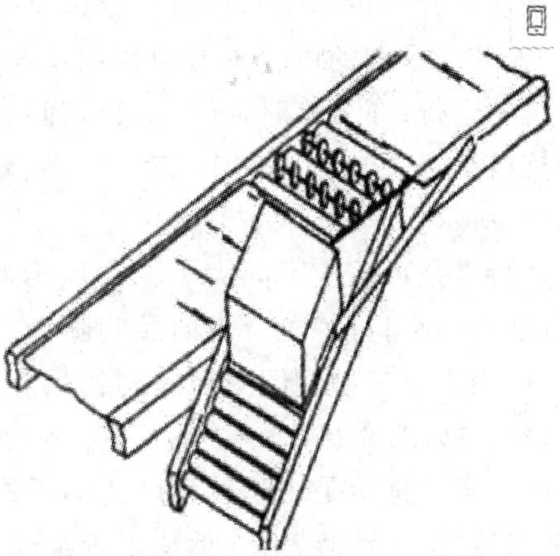

图 4.15 皮带浮出式分拣机和滚轮浮出式分拣机

③ 倾斜式。它是在主输送机上装有分送装置,货物到达规定的分拣位置。分送装置动作,如分送装置转动一个角度或开放通路对货物分拣。

自动分拣装置的分类方式很多,具体选择哪种形式,需要考虑以下几个因素才能决定:分拣对象的形状、体积、重量和数量;搬运的路线及变动性;单位时间内的处理能力;分拣的种类数;设备费用、占地面积、周围环境等条件。

(3) 输送装置

输送装置的主要组成部分是传送带或输送机,其主要作用是使待分拣商品通过控制装置和分拣装置。在输送装置的两侧,一股要连接若干分拣道门,使分好类的货物滑下土输送机、以便进行后续作业。

(4) 分拣道口

分拣货物脱离主输送机(或传送带)进入集货区域的通道,一般由钢带、皮带、滚筒等组成滑道,使商品从主输送装置滑向集货站台,在那里工作人员将该道口的所有货物集中后,组配装车并进行配送作业。

2. 自动分拣设备特点

① 能连续、大批量地分拣货物。由于采用大生产中使用的流水线自动作业方式,自动分拣系统不受气候、时间、人的体力等的限制,可以连续运行,同时由于自动分拣系统单位时间分拣件数多,因此自动分拣系统的分拣能力是连续运行 100 个小时以上,每小时可分拣 7000 件包装商品,如用人工则每小时只能分拣 150 件左右,同时分拣人员也不能在这种劳动强度下连续工作 8 小时。

② 分拣误差率极低。自动分拣系统的分拣误差率大小主要取决于所输入分拣信息的准确性大小,这又取决于分拣信息的输入机制,如果采用人工键盘或语音识别方式输入,则误差率在 3%以上;如果采用条形码扫描输入,除非条形码的印刷本身有差错,否则不会出错。因此,目前自动分拣系统主要采用条形码技术来识别货物。

③ 分拣作业基本实现无人化。建立自动分拣系统的目的之一是为了减少人员的使用,减轻人员的劳动强度,提高人员的使用效率,因此自动分拣系统能最大限度地减少人员的使用,基本做到无人化。

3. 常用的自动分拣机

(1) 推块式分拣机

推块式分拣机即横向推出式辊道分拣机。它以辊道输送机为主,在分拣口处的辊子间隙之间,安装一系列的由链条拖动的细长导板(推块)。平时导板位于辊道侧面排成直线,不影响分拣物的运行;在分拣时,导板沿辊道间隙移动,逐步将分拣物推向侧面,进入分拣岔道。推块式分拣机呈直线布置,结构紧凑、可靠、耐用,使用成本低,操作安全,可以单、双侧布置,如图 4.16 所示。

其特点是可适应不同大小、重量、形状的各种商品;分拣时轻柔、准确;可向左、右两侧分拣,占地空间小;分拣时所需商品间隙小,分拣能力高,机身长,出口多。这种分拣机动作比较柔和,适用于分拣易翻倒或易碎的物品。

(2) 翻板式分拣机

翻板式分拣机是用途较为广泛的板式传送分拣设备。它由一系列相互连接的翻板、导向杆、牵引装置、驱动装置、支承装置等组成。当货物进入分拣机时,光电传感器检测其尺寸,并将信息输入计算机中。当货物到达指定格口时,特合货物尺寸的翻板即受控倾翻。每次有几块翻板留转,取决于货物的长短,而且当货物翻落时,翻板也顺序翻转,使货物顺利地进入分拣道,这样就能够充分地利用分拣机的长度,提高分拣效率,如图 4.17 所示。

翻板式分拣机的适用范围大,可分拣箱类、袋类等货物。但该分拣机分拣席位较少,且只能直线运行,占用场地较大。

图 4.16 推块式分拣机

图 4.17 翻板式分拣机

(3) 托盘式分栋机

托盘式分拣机是一种应用十分广泛的分拣机,它主要由托盘小车、驱动装置、牵引装置等构成。其中,托盘小车的类型又有多种,有平托盘小车、U 形托盘小车和交叉带式托盘小车等。传统的平托盘小车和 U 形托盘小车利用盘面倾翻的方法依靠重力卸落货物,结构简单,但存在上货位置不准、卸落时间过长的缺点,结果造成高速分拣不稳定以及格口过宽等问题。

交叉带式托盘分拣机的特点是取消了传统的盘面倾翻、利用重力卸落货物的结构,而在车体上设置了一条可双向运转的短传送带(称为交叉带),用它来承接上货机输送的货物,将其牵引运行到相应的格口,再由交叉带运转,将货物强制卸落到一侧的格口中,如图 4.18 所示。

图 4.18 交叉带式托盘分拣机

4.2.3 分拣机器人

机器人是安装有微型电脑,能按编程指令自动完成一系列动作的机械。仓库中的作业具有多样性,要求机器人具有识别和判断功能,还需要具备一些简单的决策功能。在物料处理系统中,机器人主要用于货物分类、成组载荷。在分类作业中,机器人能够记忆位置、识别垛形,把指定位置的货物取出后放到输送机上。在成组作业中,机器人能够按成组要求,把有关的货物集中到一起,甚至装箱打包。

使用机器人的另外一个理由是,在恶劣环境中,如高温、冷藏、有毒气体等会危害人员身体健康的场合,可由机器人替代人工作业。

机器人的最大优点是操作的准确率和高速度,在自动化分拣作业中起着重要作用,如图 4.19 所示。

图 4.19 分拣机器人

4.2.4　分拣辅助设备

分拣过程中除用到上述重要机械设备外，还有一些辅助设备，比如撑袋架、周转箱等，如图 4.20 所示。

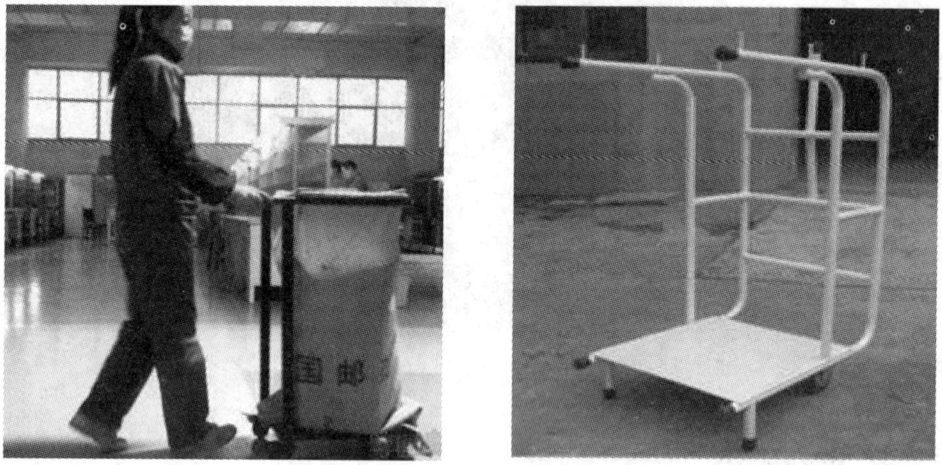

图 4.20　撑袋架

✍ 实训任务

调查了解周边的快递企业，了解其采取的是什么分拣方式，都有哪些分拣设备。

任务 4.3　其他快递设备

4.3.1　度量衡工具

1. 手提电子秤

手提电子秤又称手提秤，是集现代传感器技术、电子技术和计算机技术于一体的电子称量装置，以轻、薄、短、小和便于携带为主要特点，由称重传感器、放大电路、AD 转换电路、单片机电路、显示电路、键盘电路等组成。手提电子秤能满足并解决快递公司收派员对“便携、易操作、快速、准确、连续、自动”的称量要求，测量范围多为 50 kg 内。常见的手提电子秤如图 4.21 所示。

图 4.21　常见的手提电子秤

便携式手提电子秤的正确使用方法如下：

① 每次开机自检时，电子秤应处于竖直方向。

② 请手提吊环或在吊环上另加辅助工具称量。请勿手握外壳称量，否则将导致称量显示值误差超标。

③ 在使用过程中应尽量避免猛烈碰撞和冲击。

④ 电子吊秤外壳采用 ABS 工程塑料，清洁时请使用软布加清水或洗洁精擦拭。严禁使用苯、硝基类溶剂、烧碱液体等腐蚀性物质进行清洗。

⑤ 若显示电量不足标志，请及时更换电池。如果电子秤长期不使用，应取出电池，以免因电池漏液而损坏电路。

⑥ 不超负荷使用、雷雨天气关机。

2. 电子计重秤

电子计重称由称重传感器、放大电路、AD 转换电路、单片机电路、显示电路、键盘电路、通信接口电路、稳压电源电路等组成。使用电子计重秤时应将秤置于水平面上，保持秤的平稳，且避免在有较强无线电波和磁场的场合使用，以免造成损坏。测量范围多为 300 kg 内，常见于各固定的快递服务网点。常见的电子计重秤如图 4.22 所示。

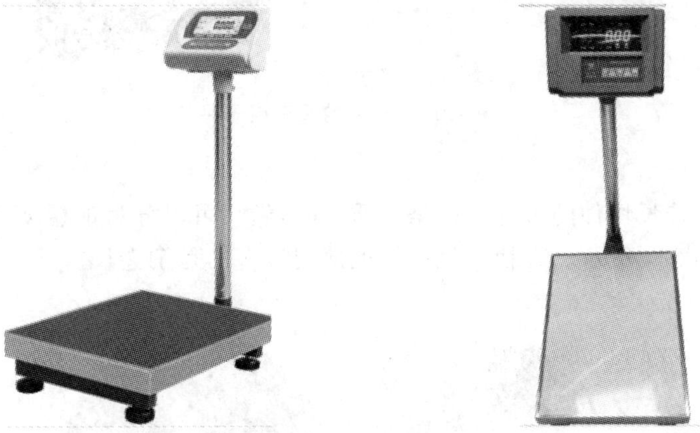

图 4.22　常见的电子计重秤

(1) 电子秤的正确使用方法

① 将电子秤放置于稳固、平坦的桌面使用，勿放于摇动或振动的台架上，并利用 4 只调整脚，使电子秤保持平稳，注意水平仪内之气泡需位于圆圈中央。

② 避免将电子秤置于温度变化过大或空气流动剧烈的场所使用，如日光直射或冷气机的出风口。

③ 使用独立的电源插座，以避免其他电器用品的干扰。

④ 打开电源时，秤盘上请勿放置任何东西。

⑤ 注意当低电源警示符号显示时，表示电子秤须充电。

(2) 电子秤使用环境如下要求

① 电子秤工作时应放平，严禁在强气流、强电磁场、热辐射的场所工作。

② 严禁将电子秤置于高温或潮湿之场所。

③ 严禁撞击、重压(勿超过其最大称量)。

(3) 电子秤的维护保养

① 电子秤严禁超重量程称量，并禁止对秤盘的冲击，以免损伤传感器。

② 严禁淋雨、水冲机器，秤盘可以拆下清洗，平时机器需用塑料皮防护，以免刮伤机器。

③ 严禁私自拆装机器，若有问题需报告，由专业人员来处理。

④ 当电池欠压指示时应及时充电，以免影响电池使用寿命。

⑤ 当电子秤长期不用时，应关掉电源，每隔三个月充电一次，以免电池损坏。

3. 叉车电子秤

叉车电子秤是为装载设备在装载过程中称量装载物料的一种称重计量器具，通过对预先确定的称量位置的监测，将液压转换为铲斗内载荷的重量而实现称重，且可以提供被称物料的累计值和打印清单。市面上常见的叉车电子秤有目标模式和累加模式两种不同的工作方式，测量范围多为 3 吨内，多用于批量大件物品的称重。常见的叉车电子秤如图 4.23 所示。

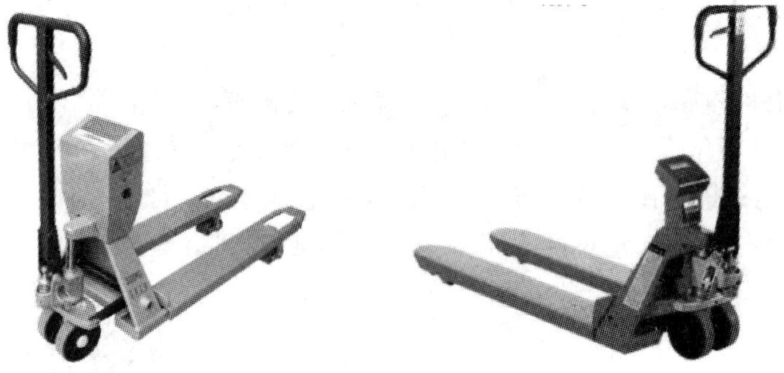

图 4.23　常见的叉车电子秤

4. 卷　尺

卷尺用于测量较长快件的尺寸。根据材质不同，卷尺可以分为钢卷尺、皮卷尺、纤维卷尺、塑料卷尺等，如图 4.24 所示。在快件处理场地使用最多的是钢卷尺。

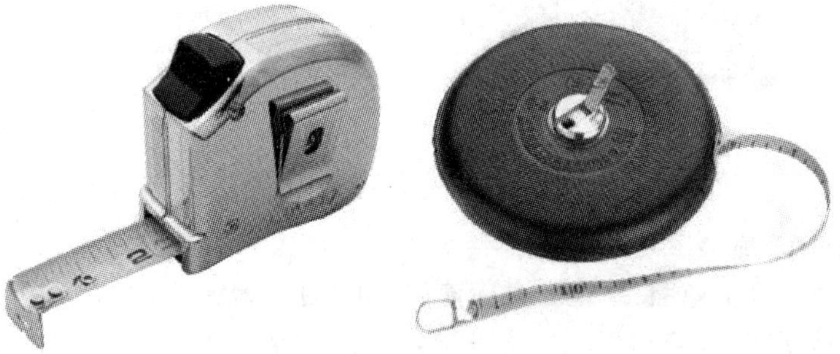

图 4.24　钢卷尺与皮卷尺

钢卷尺可分为自卷式卷尺、制动式卷尺、摇卷式卷尺。其中制动式卷尺最为常见。制动式卷尺主要由尺带、盘式弹簧（发条弹簧）、卷尺外壳三部分组成。所谓盘式弹簧，就像旧式上链式钟表里的发条。当拉出刻度尺时，盘式弹簧被卷紧，产生向回卷的力；当松开刻度尺的拉力时，刻度尺就被盘式弹簧的拉力拉回。

(1) 卷尺的读数方法

① 直接读数法。测量时钢卷尺零刻度对准测量起始点，施以适当拉力（拉尺力以钢卷尺鉴定拉力或尺上标定拉力为准，用弹簧秤衡量），直接读取测量终止点所对应的尺上刻度。

② 间接读数法。在一些无法直接使用钢卷尺的部位，可以用钢尺或直角尺，使零刻度对准测量点，尺身与测量方向一致；用钢卷尺量取到钢尺或直角尺上某一整刻度的距离，余长用

读数法量出。

(2) 使用卷尺时的注意事项

使用卷尺时要注意以下几点：

① 对某一边的测量，起止点要准确。

② 测量不规则或弧形的快件时，以测量快件的边缘的直线为准。

③ 测量快件时，尺子应绷紧，不得弯曲。

钢卷尺的尺带一般镀铬、镍或其他涂料，所以要保持清洁，测量时不要使其与被测表面摩擦，以防划伤。使用卷尺时，拉出尺带过程中不得用力过猛，而应徐徐拉出，用毕也应让它徐徐退回。对于制动式卷尺，应先按下制动按钮，然后徐徐拉出尺带，用毕后按下制动按钮，尺带自动收卷。尺带只能卷，不能折。不允许将卷尺放在潮湿和有酸类气体的地方，以防被锈蚀。为了便于夜间或在无光处使用，有的钢卷尺的尺带的线纹面上涂有发光物质，在黑暗中能发光，使人能看清楚线纹和数字，在使用中应注意保护涂膜。

✍ 实训任务

使用手提便携电子秤，准确称量快件的质量，熟练掌握便携式电子秤的操作方法。

4.3.2 包装设备

打包机又称捆包机或捆扎机，是使用捆扎带缠绕产品或包装件，然后收紧并将两端通过热效应熔融或使用包扣等材料连接的机器。

打包机的功用是使塑料带能紧贴于被捆扎包件表面，保证包件在运输、贮存中不因捆扎不牢而散落，同时还应捆扎整齐美观。

打包机主要由送带、退带、接头连接切断装置、传动系统、轨道机架及控制装置所组成。

1. 打包机的工作原理

① 退带张紧：一夹头上升夹住塑料带头，送带轮反转

退带，将多余的塑料带退回储带盒，并勒紧被捆物。随后，机械手夹住塑料带，将包件进一步勒紧至所调紧度。

② 切带粘合：导向板从两层塑料带中间退出，同时，电烫头同步插入两层带之间，接着二夹头上升并夹住塑料带另一端带头，用切刀切断带子，并将带头推向烫头与之接触，受热熔化(表面)，随即电烫头快速退出，切刀继续上升将表面已熔化的两层塑料带压在承压板上，并冷却凝固，两带粘合机没有烫头，启动摩擦完成粘合。

③ 脱包：承压板退出捆扎好的塑料带圈，各夹头复位，完成打包。

④ 送带：送带轮正转把塑料带由储带盒送入轨道，准备下一次打包。

⑤ 卸载：以上是单道打包的过程，当机器处于连动状态时，送带完毕后便直接进入退带张紧程序，按上述程序循环连续进行。

2. 打包机分类

① 按用途可分为废纸打包机、金属打包机、秸秆打包机、棉花打包机、塑料打包机等。

② 按性能可分为自动打包机、半自动打包机、手动打包机、全自动打包机等。

③ 按机理可分为无人化打包机、全自动水平式打包机、全自动穿剑式打包机、全自动加压穿剑式打包机、全自动加压式打包机、手提式打包机等。

④ 按照使用类型可分为手动打包机、半自动打包机、全自动打包机(见图 4.25)和全自动无人化打包机等。

图 4.25　全自动打包机与半自动低台打包机

- 手动打包机：需要人工操作来完成整个过程，正常情况下有：电动热熔、铁扣夹紧的方式。
- 半自动打包机：需要手动插入打包带后，机器才会自动完成聚带、粘合、切断、出带的打包过程。由于每个产品都需手动操作，所以相对效率较低。
- 全自动打包机：无需人工插带，触发方式分有点动、手动、连打、球开关、脚踏开关，只需按动开关就可以自动完成打包，方便快捷。
- 全自动无人化打包机：无需人工插带，只需设定即可自动完成聚带、粘合、切断、出带整个过程，根据需求，可订制 1～5 道捆包，速度为 2.0 秒/道。

4.3.3　装卸搬运设备

1. 装卸搬运设备的分类

(1) 按装卸及搬运的作业性质分类

按装卸及搬运两种不同作业性质可分为装卸机械、搬运机械及装卸搬运机械三类。

① 装卸机械。单一装卸功能的机械种类不多，手动葫芦最为典型，固定式吊车如卡车吊、悬臂吊等吊车虽然也有一定的移动半径，也有一点搬运效果，但基本上还是看成单一功能的装卸机具。

② 搬运机械。单一功能的搬运机具种类较多，如各种搬运车、手推车及斗式、刮板式输送机之外的各种输送机等。

③ 装卸搬运机械。物流科学很注重装卸和搬运两种功能兼具的机具，这种机具可将两种作业操作合二为一，因而有较好的系统效果。叉车、港口中用的跨运车、车站用的龙门吊以及气力装卸输送设备等都属于装卸搬运机械。

(2)按机具工作原理分类

按机具工作原理可分为叉车类、吊车类、输送机类、作业车类和管道输送设备类。

① 叉车类，包括各种通用和专用叉车。

② 吊车类，包括门式、桥式、履带式、汽车式、岸壁式、巷道式等各种吊车。

③ 输送机类，包括辊式、刮板式输送机轮式、皮带式、链式、悬挂式和移动式胶带输送机等各种输送机。悬挂式输送机如图 4.26 所示。

④ 作业车类，包括手推车、搬运车、无人搬运车、台车(见图 4.27)等各种作业车辆。

图 4.26　悬挂式输送机

图 4.27　台车

(3) 按有无动力分类

按有无动力分类可分为三类：

① 重力式装卸输送机。辊式、滚轮式等输送机属于此类。

② 动力式装卸搬运机具。此类机具又分为内燃式及电动式两种，大多数装卸搬运机具属于此类。

③ 人力式装卸搬运机具。用人力操作作业，主要是小型机具和手动叉车、手车、手推车、手动升降平台等。

2. 几种常用的装卸搬运设备

(1) 叉车

叉车，又称铲车，在装卸搬运机械中应用最为广泛，公交车站、码头、仓库和货场常常用叉车来承担装卸、搬运和堆码作业。它具有适用性强、机动灵活、效率高等优点。它不仅可以将货物叉起进行水平运输，还可以叉取货物进行垂直堆码。

叉车由自行的轮胎底盘和能垂直升降、前后倾斜的货叉、门架等组成，主要用于件货的装卸搬运，是一种既可作短距离水平运输，又可堆拆垛和装卸卡车。在配备共他取物装置以后，还能用于散货和多种规格品种货物的装卸作业。

叉车除了能够减轻装卸工人繁重的体力劳动，提高装卸效率，缩短车辆停留时间，降低装卸成本以外，还具有以下特点：

① 机械化程度高。使用各种自动的取物装置或在货叉与货板配合情况下，可以实现装卸工作的完全机械化，不需要工人的辅助体力劳动。

② 机动灵活性好。叉车外形尺寸小，重量轻，能在作业区域内任意调动，适应货物数量及货流方向的改变，可机动地与其他起重运输机械配合工作，提高机械的使用率。

③ 可以“一机多用”。在配备和使用各种取货装置如货叉、铲斗、臂架、吊杆、货夹、抓取器等的条件下，可以适应各种品种、形状和大小货物的装卸作业。

④ 能提高仓库容积的利用率，堆码高度一般可达 3 m，高门架叉车的准码高度可达到 5 m。

⑤ 有利于开展托盘成组运输。

⑥ 成本低，投资少，能获得较好的经济效益。

叉车的分类情况如下：

① 根据所用动力，叉车可分为内燃机式叉车和蓄电池式叉车。

② 根据叉车的结构特点，叉车可分为平衡重式、前移式、插腿式等(见图 4.28)。

图 4.28　平衡重式叉车、前移式叉车与插腿式叉车

(2) 手推车

手推车是一种以人力驱动为主，一般为不带动力的在路面上水平运输货物的小型搬运车辆的总称(见图 4.29 和图 4.30)。其搬运作业距离一般不大于 25 m，承载能力一般在 500 kg 以下。其特点是轻巧灵活、易操作、转弯半径小，是短距离输送较小、较轻物品的一种方便而经济的运输工具。手推车(Wheel Barrow，Barrow，Hand Truck)是以人力推、拉的搬运车辆，它是一切车辆的始祖。虽然手推车物料搬运技术不断发展，但手推车仍作为不可缺少的搬运工具沿用至今。手推车在生产和生活中获得广泛应用是因为它造价低廉、维护简单、操作方便、自重轻，能在机动车辆不便使用的地方工作，在短距离搬运较轻的物品时十分方便。

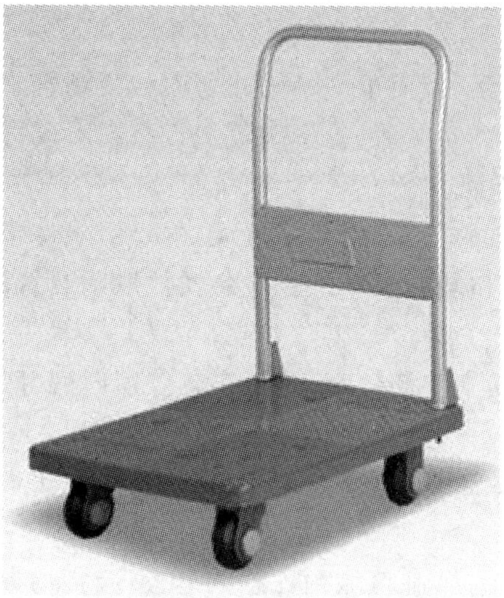

图 4.29　手推车

图 4.30　手动液压搬运车

(3) 自动导引搬运车

自动导引搬运车简称 AGV。根据美国物流协会的定义，自动导引搬运车是指具有电磁或光学导引装置，能够按照预定的导引路线行走，具有小车运行和停车装置、安全保护装置以及具有各种移载功能的运输小车，如图 4.31 所示。

其机械系统主要包括车体、车轮、移载装置、安全装置、转向装置等；动力系统包括运行电动机、转向电动机、移载电动机、蓄电池及充电装置等；控制系统包括信息传输及处理装置、驱动控制装置、转向控制装置、移载控制装置、安全控制装置等。

控制台通过计算机网络接受下达的搬运任务，通过无线局域网通信系统实时采集各自动导引搬运车的状态信息。根据当前自动导引搬运车的运行情况，将调度命令传递给选定的自动导引搬运车。对运行中的自动导引搬运车，控制台将通过无线局域网通信系统与自动导引搬运车交换信息，实现自动导引搬运车间的避碰调度、工作状态检测、任务调度，使自动导引搬运车完成货物的搬运。地面移载设备可实现自动导引搬运车的自动移载、加载、交换空托盘。

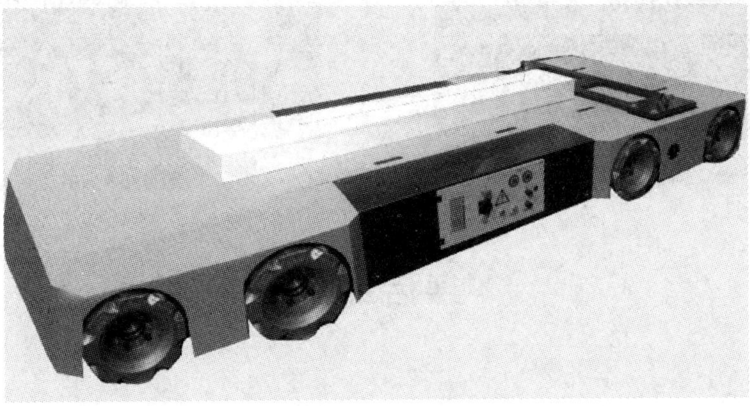

图 4.31　自动导引搬运车

4.3.4　运输车辆

载货汽车，一般称作货车，又称作卡车，包括自卸卡车、牵引卡车、非公路和无路地区的越野卡车和各种专为特殊需要制造的车辆。指主要用于运送货物的汽车，有时也指可以牵引其他车辆的汽车，属于商用车辆类别。

根据《机动车结构术语》，载货汽车可分为以下八类：

① 普通货车。它是指载货部位的结构为栏板的载货汽车，不包括具有自动倾卸装置的载货汽车。

② 厢式货车。它是指载货部位的结构为封闭厢体且与驾驶室各自独立的载货汽车。

③ 封闭货车。它是指载货部位的结构为封闭厢体且与驾驶室联成一体，车身结构为一厢式。

④ 罐式货车。它是指载货部位的结构为封闭罐体的载货汽车。

⑤ 平板货车。它是指载货部位的地板为平板结构且无拦板的载货汽车。

⑥ 集装箱车。它是指载货部位为框架结构且无地板，专门运输集装箱的载货汽车。

⑦ 自卸货车。它是指载货部位具有自动倾卸装置的载货汽车。

⑧ 特殊结构货车。它是指载货部位为特殊结构，专门运输特定物品的载货汽车。如：运输小轿车的双层结构载货汽车，运输活禽畜的多层结构载货汽车。另外，外资企业的货车未分种类，全部核发外资汽车号牌（俗称黑牌）。

按照载重量货车可以分为四类：重型货车、中型货车、轻型货车、微型货车。其中，重型和中型载货汽车核发大型货车号牌（俗称黄牌）；轻型和微型载货汽车核发小型货车号牌（俗称蓝牌）。

具体车型参数是：车长≥6 m，总质量≥12 000 kg 的载货汽车为重型载货汽车；车长≥6 m，4 500 kg≥总质量＜12 000 kg 的载货汽车为中型载货汽车；车长＜6 m，总质量＜4 500 kg 的载货汽车为轻型载货汽车；车长≤3.5 m，总质量≤750 kg 的载货汽车为微型载货汽车。

快递长途运输车辆大多选用厢式货车。图 4.32 和图 4.33 所示为韵达快递运输车和中通快递运输车。

图 4.32　韵达运输车

图 4.33　中通运输车

课后练习

一、填空题

1. 最基本的 RFID 系统由________、________和________三部分组成。
2. GPS 系统包括三大部分:________、________和________。
3. 自动分拣机组成结构包括________、________、________和________四个部分。
4. 自动分拣装置的分类方式很多,主要有________式、________式和________式。

二、简答题

1. 简述条形码扫描器的工作原理。
2. 简述无线射频技术的工作原理和设备组成情况。
3. 简述利用输送机进行半自动化机械分拣的操作要求。
4. 简述电子计重秤的使用方法和使用注意事项。
5. 简述运输车辆的类型。
6. 简述装卸搬运机械的种类。

三、案例分析题

【材料 1】

北斗地图将于 5 月发布导航定位可精准到 1 米以内

人民网重庆 1 月 9 日电(曹阳 刘政宁 刘嘉莹)　在 8 日重庆举行的北斗物联全球发布会暨 2018 物联网发展大会上,北斗科技集团对外推出行业新品——基于北斗/GPS 卫星导航定位的北斗地图。据悉,该地图将于今年 5 月 1 日正式发布,作为一款基于北斗卫星精准导航服务的基础位置服务工具,导航的定位可精准到 1 米范围以内。

北斗地图具有直观便利的道路指引、清晰明确的语音提示,新增了主辅路、环岛、高速公路明确的道路标牌及实际道路提示,让用户对路线情况一目了然,在复杂路况下也可从容应对。北斗地图还可以根据实际路况给出智能化的路线优化建议,提高出行效率。

“传统的导航地图 APP 会提醒你前方向左转还是向右转,运用 GPS 定位只能精确到 10 米,而北斗地图能够实现车道级的精确定位。”北斗七星物联网技术有限公司副总裁段小伟介绍，即使是在室内也能实现定位和位置服务，解决用户出行最后一公里问题。

什么是车道级定位？北斗卫星导航系统工程副总设计师、中国工程院院士谭述森介绍说："比如堵车的时候，北斗系统的位置服务精准到1米以内，就能够准确识别前面路段是哪一个车道发生了事故，然后导航系统会提前通知驾驶员变换车道，最快地通过拥堵路段。在有交叉道路的路口，车辆选择哪条车道最科学、对交叉车辆的影响最小，北斗系统也可以预判。

怎么实现如此精确的定位？段小伟说："我们会先打造一个地基增强系统，配合这个系统就会实现精准定位。这个系统有两部分，一部分是终端产品——模块、手机、APP，另外一部分是配合地基增强基站来使用。"

"重庆号称'8D城市'，完成这项工作很有挑战，如果在重庆可以做，那么在其他城市要使用北斗地图导航，就容易多了。"北斗七星物联网技术有限公司副总裁周楠说。按照计划，今年5月起，市民便可在手机上下载北斗地图APP。

来源：人民网　重庆频道　2018年1月9日

【材料2】

开仓记：中通处理60万件包裹仅需70人，这里有全球最强的分拣设备(如图4.34所示)。

图4.34　中通的分拣设备

11月11日13时9分49秒，去年天猫"双11"全天成交额1207亿元的纪录被轻松地打破，天猫"双11"再一次完成自我超越。28秒破10亿、3分1秒破100亿，"双11"爆发出的巨大势能，推动成交额增长不断加速，不断碾压式地刷新纪录。

而2017天猫"双11"开场仅33分钟，宁波市民茹女士便收到了由中通配送的今年天猫"双11"的进口第一单(见图4.35)。与此同时，物流指闸也飞至广州花都，打开了中通快递广州花都转运中心的"仓门"。

据了解，花都中心占地超136000平方米，建筑面积22万平方米，本次"双11"期间，预估操作出港件量780万，进港160万件，主要是做广州地区的快件进出中转，另承担广东部分出港和进港快件的中转。

在中通快递集团广东花都转运中心的操作间，上下2条长达300多米的传送带以2米/秒的速度运转，传送带上整齐有序的包裹分别经过对应的激光扫描后，自动落在两侧对应的环保包装袋中(见图4.36)。中通快递集团中转管理部总监王全法说："这是我们自主合作研发的

图 4.35　茹女士收到中通配送的“双 11”快递

先进的全自动化分拣系统，由以前的单层流水线变成了双层，一小时最快能处理 7.2 万件。”

图 4.36　中通快递操作员将包裹放上交叉带式分拣机

“以前我们这样大一个操作间一个班次 8 小时需要 700 名操作员，只能处理 5.6 万份快件，”王全法介绍，“如今，我们一个班次只需要 70 到 80 人，处理的件量可接近 60 万件。而且分拣的准确率高达 99.995%，大大降低了差错率和人工成本，提高了快件的转运时效(如图 4.37 所示)。”

图 4.37　远程监控系统

八大核心，打破国外技术垄断：

值得注意的是，这也是世界范围内目前唯一集成了快递包裹自动分拣八大核心技术的项目，具体包括基于图像分析的条码扫描系统、基于自主芯片的工业无线通信系统、基于自主CPU的电机驱动系统、基于嵌入式芯片的电气控制系统、智能物流分拣装备控制平台WCS系统、物流大数据分析系统、远程监控与故障诊断系统、包裹视频追踪溯源系统等。

据悉，中通快递集团花都转运中心从今年1月份开始动工建设，总投入8个亿，双层自动化分拣设备于9月底开始安装，10月22日正式投入使用。整套设备设有3个供件区，18个供包台，496个下件格口，450个分拣目的地，为目前全球行业里操作能力最强的自动化分拣设备。

技术试点：

与其他中心不同，花都转运中心首次投入使用动态称（自动扫描称重计抛仪，如图4.38所示），用于更加快速、精准地进行包裹自动称重扫描。在广州测试后，将在广东省乃至全网进行推广。

图4.38　自动扫描称重计抛仪对入库包裹进行自动称重扫描

针对中心的未来战略布局，中通快递集团广东省管理中心总经理陈顺峰表示，目前正在为一期进行规划，一层、二层为大件跟小件的分拣，三层以上是高层库，为云仓，优选及提供服务。其中云仓项目已经开始部署，正在对接有仓储需求的客户，用系统为其提供装卸、分拣、质检等多种服务。

来源：物流指闻　2017年11月13日

【材料3】

顺丰机场获批　物流业竞争进入下半场

顺丰控股2月26日发布披露子公司顺丰泰森参与湖北国际物流枢纽项目的进展公告称，湖北国际物流核心枢纽项目新建鄂州民用机场获得立项批复，机场总投资372.6亿元。

据悉，新建的湖北鄂州民用机场（即顺丰机场）建成后，将成为亚洲第一、全球第四的航空货运物流枢纽。同时，意味着顺丰将成为国内第一个建有自己的机场的快递公司。

记者从顺丰方面了解到，顺丰自建的货运机场作为国际物流核心枢纽，还将成为顺丰构建

“干线大型无人运输机＋支线大型无人机＋末端小型无人机”三段式航空运输网络的关键节点，实现与顺丰航空物流网络干支对接，为顺丰大型货运无人机、无人驾驶以及无人仓技术等基础设施提供场地支撑。

据中国政府网消息，2月23日，国务院、中央军委正式下发了《国务院中央军委关于同意新建湖北鄂州民用机场的批复》(国函〔2018〕26号)，就湖北省人民政府《关于湖北国际物流核心枢纽项目新建鄂州民用机场立项的请示》(鄂政文〔2017〕37号)进行了批复。获得国务院、中央军委的批复，意味着机场将进入全新的建设阶段。

根据批复显示，该机场总投资372.6亿元。其中，机场工程183.6亿元，由湖北省、深圳顺丰泰森控股(集团)有限公司等企业共同筹措解决，国家发展改革委、民航局对机场的客运支线功能安排中央预算内投资和民航发展基金予以支持。具体资金安排在可行性研究阶段确定。

26日同天，顺丰控股还发布2017年业绩快报。2017年顺丰营业总收入710.94亿元，同比增长23.68%；属于上市公司股东的净利润47.71亿元，同比增长14.14%。扣除非经常性损益后，归属于上市公司股东的净利润为37.03亿元，较上年同期增长40.11%。2017年，公司实现营业利润64.49亿元，较上年同期增长74.63%。

除了顺丰之外，圆通快递也表示了同样的诉求。2016年，圆通曾宣布将在浙江嘉兴兴建自有航空基地飞机场，目前该项目仍在规划当中。

在今年1月24日举行的达沃斯论坛上，京东集团创始人刘强东也表示，京东将在全国建设上万个无人机机场，所有的商品都能在24小时之内送达给中国的消费者。

记者发现，多家快递公司自去年以来加强了与重点区域机场的合作。2017年11月召开的第二届中国(杭州)国际快递业大会上，申通、圆通、中通、韵达、顺丰五家上市快递企业与浙江省机场集团签订战略合作协议。浙江机场集团在管辖的相关区域内，将为五家快递上市公司提供配套物流用地，共同投资建设智慧物流枢纽，快递企业负责智慧物流枢纽的具体运营和管理。

根据批复，湖北鄂州民用机场性质为客运支线、货运枢纽机场。飞行区跑道滑行道系统按满足2030年旅客吞吐量150万人次、货邮吞吐量330万吨的目标设计，航站楼、转运中心等设施按满足2025年旅客吞吐量100万人次、货邮吞吐量245万吨的目标设计。

目前，国内快递企业只有三家拥有航空货运业务，其中包括中邮EMS、顺丰和圆通，共有飞机75架。其中，截至2月5日，顺丰航空以B737、B757、B767组成的全货机机队规模为42架。在国家邮政局发布的快递业发展“十三五”规划中，提出了到2020年用于快递运输的专用货机要达到200架的目标。

中国物流学会特约研究员杨达卿认为，国内快递行业的发展比发达国家晚了几十年，目前，顺丰航空是中国最大的货运航空公司，只有42架飞机，而联邦快递的机队飞机数量就有640余架，差距很大。国内的市场增量是很大的，未来几年会有更多企业进入航空货运这个市场。

对于未来我国快递业的发展，快递物流咨询网首席顾问徐勇接受记者采访时表示，快递公司的兼并重组是必然趋势。“大型快递企业向综合物流转型，中型快递企业向专业化转型，小型企业向个性化转型是大势所趋。”

来源：《南方日报(广州)》 2018年2月28日

问题1：谈一谈你对北斗卫星相关知识的了解。若不了解，请调查了解。

问题2：分析自动分拣设备由哪些部分组成，以及有哪些优势。

问题3：调查了解中国有哪些快递企业运营航空运输，哪些快递企业拥有自己的飞机。

第二篇　操作篇

项目 5 快递揽收

☞ 学习目标

掌握快递接单的方法和途径;掌握快递收取、包装、计费的标准和操作流程;熟悉快递企业禁运物品名录和处理方法。

☞ 重点和难点

快递揽收业务的基本流程,生鲜易碎品的包装,危险品快递的验视和处理。

☞ 导入案例

【案例 5.1】

男子橘子缝塞毒品被识破:7 个橘子快递去海南

寄 7 个橘子到海南,寄件人还不断催促,这让青白江一快递公司的快递小哥在检验快递时生了疑。1 月 16 日,成都市公安局青白江区分局通报了一起贩卖运输毒品案。犯罪嫌疑人周某将冰毒塞进一个橘子里,混在其他 6 个正常橘子中,企图通过寄快递的方式,将冰毒寄给海南的买家。岂料,快递小哥"火眼金睛",在检验过程中发现了异常(见图 5.1),并报了警。目前,周某因涉嫌贩卖运输毒品罪被刑拘。

来源:四川新闻网　2018 年 1 月 16 日

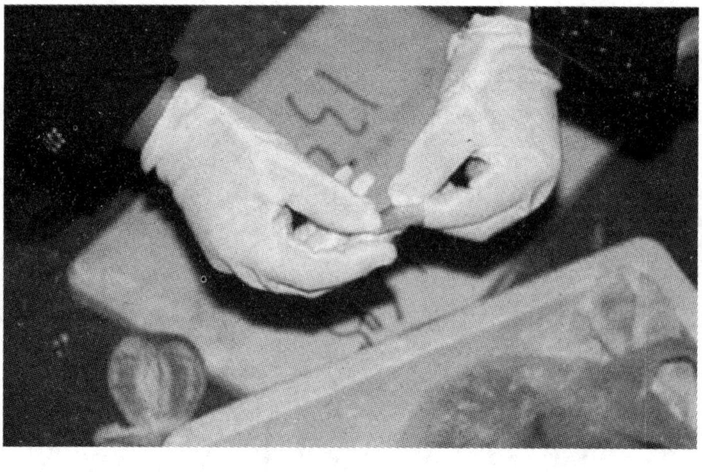

图 5.1　男子通过橘子缝塞进毒品 被快递小哥识破

【案例 5.2】

快递物流称重差忒多 重 29 公斤的箱子被按 50 公斤收费

一个毛重 29 公斤的箱子,竟然被某家物流公司的收件员"一比划",就按 50 公斤的重量收取了物流费。近日,北京市民葛女士经历了一番折腾,才拿回了家人多付的物流费。

首重 14 元、续重 2 元;首重 7 元,续重 3 元……平日里发快递,消费者关注的费用问题,都在价格监管部门的监督下实现了明码标价，快递费、物流费多少，用任何公司公示的价目表都可以计算出来。可一些物流公司居然开始打起了重量上的算盘，多算立方、多算重量。记者调查发现，葛女士的遭遇并非个案。

今年“双11”前，市发改委曾经发布《北京市快递业价格行为规则(试行)》，其中提及快递业需要做到明码标价；不准开展价格促销活动时虚构原价、虚构降价原因、虚假优惠折扣，诱导消费者消费；不准捏造、散布涨价信息，哄抬价格，推动商品价格过高上涨等行为。但快递、物流称重，明显不在价格行为管控规则之内。

谁能管呢？记者在工作日期间先后拨打了多部热线电话进行咨询，发现反馈此情况很难。

还在工作时间，邮政业消费者申诉电话12305就已经没有人工服务，反复播送着“已经下班”的语音。据其他向12305投诉过的市民反馈，他们曾有人在15个工作日获得回复，对方称，物流并不属于12305负责的范围，建议咨询其他部门。

消费者投诉举报专线电话12315和市消费者协会热线96315则处在线路繁忙状态，无法接通。

另外一部热线工作人员告诉记者，涉及计量的问题，应该拨打市质监局热线咨询。随后，记者拨打了质监客服热线12365。电话拨通后，热线工作人员表示，不确定快递、物流业的称重计量是否在质监范围内。“我们只能帮您记下来，预计要到15个工作日有反馈。”对方说。

来源：《北京日报》 2017年11月20日

【案例思考】

请思考快件揽收要求收派员具备哪些方面的业务知识、业务素养和职业道德。

任务5.1 快递的收验

【知识链接】

快递接单(Order-taking)：根据《快递服务 第1部分：基本术语》(GB/T 27917.1—2011)规定，快递接单是快递服务组织接受寄件人寄件要求，将寄件人信息录入、核实并下发给收派员的过程。在实际操作中，通常指快递员按照国家相关法律法规和公司的经营范围，在本人的服务区域内，与客户确定取件时间、地点、要求的过程。

5.1.1 快递接单

1. 快递接单的途径

根据接单使用的渠道类型，快递接单包括网络接单和传统接单两种。

(1) 网络接单

① 公司内部系统派单。当前，主流快递公司，如顺丰、申通、圆通、中通、汇通、韵达等的信息化建设已经比较完善，公司官网、微信公众号均支持网上下单；同时，部分客户也会采取拨打官方客服下单的方式，公司客服人员在收到订单信息后会与客户初步确认邮寄物品、地址、时间要求、价格等信息，如在公司业务范围内，会将订单信息通过内部管理系统派给快递收取地址所在的网点，由网点安排收派员前往收取；对于不可收寄的快递，应告知客户不予收寄的理由。

② “菜鸟裹裹”抢单。“菜鸟裹裹”是菜鸟网络开发的一款快递收寄APP，支持淘宝、天猫、苏宁等网购包裹自动跟踪，数据同时覆盖国内外140多家快递公司。提供国内外快递运单查询、线上预约寄快递、快递自动跟踪、菜鸟驿站代收服务、快递进度实时提醒等服务。快递员只

需要下载APP,登录支付宝账号,绑定菜鸟裹裹快递员账号,就可以在平台顺利接单。当用户在平台上发布寄件信息后,快递员即可在平台抢单,菜鸟裹裹抢单界面如图5.2所示。抢单一经确认,快递员就需根据平台要求及时上门取件。

图5.2 “菜鸟裹裹”抢单界面

(2)传统接单

① 电话、短信预约订单。快递员在平时的工作过程中可能会积累一些潜在客户,这类客户由于与快递员产生了直接联系,所以一般不会通过公司官网、官方客服等方式下单,而会采取直接与快递员打电话、发短信进行寄件预约。

② 快递营业点接单。快递营业点一般是快递公司站点、区域承包商等结合自身业务发展需要自行选址、聘请人员经营的固定场所,一般集中在大型小区、学校、工业园区等人口密集、收派单量均较大的地方。由于地点、时间上的便利,周围客户大多选择空闲时间自行上门取件、寄件。

③ 快递代理点接单。由于快递营业点运营成本较高,对于部分派送困难,收件不多的地方,收派员往往采取与当地的超市、小卖部或其他关系较好、有固定经营场所、人流量较多、取件便利的商店合作,客户统一在此处领取快递,合作方代为接单。合作的具体方式、时间、价格等取决于双方谈判的结果。

2. 快递接单的基本要求

(1)判断寄递货物是否属于违禁品

2017年1月20日,国家邮政局、公安部、国家安全部依据《中华人民共和国邮政法》《中华人民共和国反恐怖主义法》《邮政行业安全监督管理办法》等法律、行政法规和相关规定,联合发布《禁止寄递物品管理规定》通告。禁寄物品主要包括三大类:

① 危害国家安全、扰乱社会秩序、破坏社会稳定的各类物品;

② 危及寄递安全的爆炸性、易燃性、腐蚀性、毒害性、感染性、放射性等各类物品；

③ 法律、行政法规以及国务院和国务院有关部门规定禁止寄递的其他物品。

禁寄物品包括枪支(含仿制品、主要零部件)弹药、管制器具、爆炸物品、压缩和液化气体及其容器、易燃液体、易燃固体(自燃物质、遇水易燃物质)、氧化剂和过氧化物、毒性物质、生化制品(传染性、感染性物质)、放射性物质、腐蚀性物质、毒品及吸毒工具(非正当用途麻醉药品和精神药品、非正当用途的易制毒化学品)、非法出版物(印刷品、音像制品)等宣传品、间谍专用器材、非法伪造物品、侵犯知识产权和假冒伪劣物品、濒危野生动物及其制品、禁止进出境物品、其他物品,共计19小类。详见《禁止寄递物品指导目录》。

同时,各大快递公司对可邮寄商品的重量、体积等都有相关规定,工作人员应熟悉此类内部规章制度。

(2) 确认公司的网点范围

受快递公司发展战略、市场定位、人员规模等因素的限制,各公司的覆盖网点,即快递收寄和派送的区域范围有所区别。如:除中国邮政外,其他快递公司大都暂未开通小城市的乡镇网络;速尔、CCES等小快递公司暂时仅开通了香港、澳门、台湾地区的业务;部分快递公司在某些中西部省(直辖市)的服务网络也暂未达到下属市县全覆盖。

(3) 确认客户对时效的要求

不同的客户、不同的物品对寄递时效有不同的要求。因此,在快递接单的环节中,公司客服人员、收派员等需要确认客户以及物品对寄递时效的要求,对于无法保证客户要求的时效,或寄递时间会对寄递物品(主要是生鲜易腐类商品)的品质造成影响的情况,应主动告知客户,由客户自行决定是否承担寄递时效的潜在风险或选择其他快递公司。

(4) 预约取件时间、地点及其他要求

一旦确定寄递物品符合要求,寄件地和收件地均在公司网点服务范围内,寄递时效也能够满足客户需求,即可接单。同时,为防止客户因收取价格和心理价格的差异取消订单,接单员可在确定客户拟邮寄商品的基本情况以及收件地后,简单估算寄件价格,并提前告知客户。如客户无异议,则可与客户预约取件时间、地点以及其余要求,并提前做好快递面单、快递袋、快递箱、填充材料、签字笔、记号笔、电子秤等物料准备。

✍ 实训任务

两名同学自行组合,一人扮演接单员,一人扮演客户。模拟接单流程。

情境1:

小A是顺丰速递的收派员,小B是某大学的在校生。小B在内蒙古上班的男朋友还有两天就要过生日了,她打算给她的男朋友寄一条领带,就给小A打电话提出需要寄件。

情境2:

小C是百世汇通的快递员,在派件的过程中认识了一位独居的老大爷。快过春节了,老大爷想给农村的老大哥寄点儿子买的果脯糕点,想着小C平时服务态度非常好,就给小C打电话说要寄件。

5.1.2 上门取件

1. 快递收取的材料准备

在接受订单,确定取件时间和地点后,快递员就需根据公司规定和客户寄件要求做好取件材料的准备,以保证为客户提供最优质的服务。

如表 5.1 所列，取件材料通常包括三大类：

（1）服装和交通工具

收派员应根据公司要求着统一的工装，佩戴工作牌，并保证着装的整洁。

一般情况下，上门取件的交通工具包括电瓶车、三轮车、面包车、厢式货车等，具体选择哪种视寄递货物的大小、规格、数量、天气等因素确定。如：寄递货物属小体积商品，数量不多，且属晴天，收派员多选择电瓶车；如货物体积大，则可以选择三轮车或面包车；如属净水器、小家电之类的大批量规则订单，则可以选择厢式货车。

（2）操作设备及其他物料

为方便联系客户，手机和充电宝是派送员的必备工具；除此之外，为保证快递物流信息上传的及时性，手持移动 PDA 也是当前多数快递公司派送员的标配。

为满足不同寄递物品的包装需求，派送员需提前准备封口胶等包装工具，纸箱、纸袋、快递袋等包装材料，报纸、防水塑料袋、定型泡沫、充气防震袋、木条等包装辅料。与此同时，记号笔、美工刀、打包器、扎带等打包辅助工具也是必需品。

（3）票据单证

为保证收寄服务的规范性，收派员应提前准备好各类快递面单（普通面单、到付面单、保价面单等）、标准发票、官方价格表（不同方式寄往不同地方的价格存在差异）；身份证、驾驶证、行驶证、工作牌等能够证明自己身份的证件。

表 5.1　收取快递需准备的材料

种　类	具体物品
服装和交通工具	工装、雨具； 电瓶车、三轮车、面包车、厢式货车
操作设备及其他物料	手机、充电宝、手持移动 PDA、电子秤； 包装工具、包装材料、包装辅料； 记号笔、美工刀、打包器； 特殊物品标志； 其他
票据单证	快递面单、发票、价格表、零钱； 工作牌、身份证、驾驶证、行驶证

✍ 实训任务

肖亮是韵达快递的一名收派员，收到公司系统分派的一个收件任务，标明了寄件人姓名、电话和地址，但没有其他信息。如果你是肖亮，请问你如何做好上门取件的准备工作。

2. 准时到达取件地点，做好取件准备

（1）取件注意事项

① 根据约定时间按时到达。作为一名专业的派送员，应遵守快递业务员职业守则的基本要求，根据与客户约定的时间提前五分钟或准时到达约定取件地点。

② 如安排有改动提前与客户沟通。在前往取件地点的途中，如因天气、交通等不可抗力无法准时到达；或因工作流程安排需调整取件时间或地点，应提前主动与客户沟通；如各方面因素无法协调需取消寄递订单，应诚恳地寻求客户的理解。

③ 注意服务的标准性和规范性。不同快递公司对快递收取过程中各项服务的流程以及

标准都做出了相应规定,因此,收派员在达到快递业务员国家职业技能标准的基本要求的同时,还应熟悉公司各项内部规章制度,保证服务的标准性和规范性。

(2) 快递揽收常用标准用语

情景1:找不到约定地点

您好!××先生(女士)。我是××快递公司的收派员×××,我已经到了××路××号,但是没找到您说的×××店,您能再描述一下您的详细位置吗?或者告诉我您目前所在地的标志性建筑,我再找过来。

情景2:无法按时到达约定地点

您好!××先生(女士)。我是××快递公司的收派员×××,跟您预约了××点来收取快递。实在抱歉,因为××××原因,不能按时到达,预计会晚到××分钟,请问您是否方便?

(如果客户表示可以)好的,非常感谢您对我们工作的支持和理解,给您带来的不便敬请谅解。

(如果客户表示不可以)实在是不好意思,那您看什么时候您方便,我再过来收取;或者××分钟之后您大概在哪个位置,我到您办事的地方取也行。

情景3:如约取货

您好!我是××快递公司的收派员×××,我是来收取××先生(女士)的快递的,请问您要发的货物准备好了吗?

5.1.3 快递的验视

收寄验视是指邮政企业、快递企业接收用户交寄的邮件、快递时,查验用户交寄的邮件、快递是否符合禁止寄递、限制寄递的规定,以及用户在邮件详情单或者快递运单上所填写的内容是否与其交寄的物品的名称、类别、数量等相符的行为。

【知识链接】

收寄验视:为加强邮件、快递收寄验视管理,维护邮件、快递寄递安全,保障寄递渠道畅通,促进邮政行业健康发展,根据《中华人民共和国邮政法》和《邮政行业安全监督管理办法》等有关法律法规,2015年7月15日,国家邮政局出台了《邮件快递收寄验视规定(试行)》。

1. 验视的目的

邮件收寄验视的主要目的在于防止危险品运输过程中发生安全事故,给人民的生命财产安全带来损失,以及因危险品流通而给社会治安造成的隐患。在邮件、快递收寄验视工作中,应践行安全第一、预防为主、综合治理的方针,坚持强化源头治理,落实邮政企业、快递企业的主体责任,建立企业负责、政府监管、用户遵守和社会监督的机制。

2. 验视的内容和注意事项

(1) 验视的内容

对用户交寄的邮件、快递,邮政企业、快递企业相关工作人员在验视的过程中,应关注以下内容:

① 用户填写的邮件详情单或者快递运单上的信息是否完整、清楚;

② 用户填写的物品名称、类别、数量是否与交寄的实物相符;

③ 用户交寄的物品及使用的封装材料、填充材料是否属于禁止寄递的物品;

④ 用户交寄的限制寄递物品是否超出规定的范围;

⑤ 用户是否按照法律、行政法规的规定出示身份证件或者其他书面凭证;

⑥ 邮件、快递的封装是否满足寄递安全需要;

⑦ 其他需要验视的内容。

(2) 验视的注意事项

① 在快递验视时,如按照法律、行政法规的规定需用户出示身份证件或者其他书面凭证时,工作人员应当向客户详细说明证件或者书面凭证的类别和要求。

② 验视时发现疑似禁止寄递物品或者不能当场确定安全性的物品的,应当要求用户依法出示相关专业机构或者有关部门开具的安全证明。

③ 对验视发现的可能危害国家安全、公共安全的禁止寄递物品,按照有关规定处理并及时报告。

3. 检查确认邮寄物品

邮政企业、快递企业接收用户交寄的邮件、快递,应当面提醒用户必须遵守国家有关禁止寄递、限制寄递的规定,并拒绝收取《禁寄物品指导目录及处理办法(试行)》范围内的物品。常见的快递违禁品如图 5.3 所示。

图 5.3 常见快递违禁品

【知识链接】

禁寄物品指导目录及处理办法

(试行)

一、禁寄物品是指国家法律、法规禁止寄递的物品,主要包括:

(一) 各类武器、弹药。如枪支、子弹、炮弹、手榴弹、地雷、炸弹等。

(二) 各类易爆炸性物品。如雷管、炸药、火药、鞭炮等。

(三) 各类易燃烧性物品,包括液体、气体和固体。如汽油、煤油、桐油、酒精、生漆、柴油、气雾剂、气体打火机、瓦斯气瓶、磷、硫磺、火柴等。

(四) 各类易腐蚀性物品。如火硫酸、盐酸、硝酸、有机溶剂、农药、双氧水、危险化学品等。

(五) 各类放射性元素及容器。如铀、钴、镭、钚等。

(六) 各类烈性毒药。如铊、氰化物、砒霜等。

(七) 各类麻醉药物。如鸦片(包括罂粟壳、花、苞、叶)、吗啡、可卡因、海洛因、大麻、冰毒、麻黄素及其他制品等。

（八）各类生化制品和传染性物品。如炭疽、危险性病菌、医药用废弃物等。

（九）各种危害国家安全和社会政治稳定以及淫秽的出版物、宣传品、印刷品等。

（十）各种妨害公共卫生的物品。如尸骨、动物器官、肢体、未经硝制的兽皮、未经药制的兽骨等。

（十一）国家法律、法规、行政规章明令禁止流通、寄递或进出境的物品，如国家秘密文件和资料、国家货币及伪造的货币和有价证券、仿真武器、管制刀具、珍贵文物、濒危野生动物及其制品等。

（十二）包装不妥，可能危害人身安全、污染或者损毁其他寄递件、设备的物品等。

（十三）各寄达国（地区）禁止寄递进口的物品等。

（十四）其他禁止寄递的物品。

二、寄递服务企业对禁寄物品的处理办法：

（一）企业发现各类武器、弹药等物品，应立即通知公安部门处理，疏散人员，维护现场。同时通报国家安全机关。

（二）企业发现各类放射性物品、生化制品、麻醉药物、传染性物品和烈性毒药，应立即通知防化及公安部门及按应急预案处理。同时通报国家安全机关。

（三）企业发现各类易燃易爆等危险物品，收寄环节发现的，不予收寄；经转环节发现的，应停止转发；投递环节发现的，不予投递。对危险品要隔离存放。对其中易发生危害的危险品，应通知公安部门，同时通报国家安全机关，采取措施进行销毁。需要消除污染的，应报请卫生防疫部门处理。其他危险品，可通知寄件人限期领回。对内件中其他非危险品，应当整理重封，随附证明发寄或通知收件人到投递环节领取。

（四）企业发现各种危害国家安全和社会政治稳定以及淫秽的出版物、宣传品、印刷品，应及时通知公安、国家安全和新闻出版部门处理。

（五）企业发现妨害公共卫生的物品和容易腐烂的物品，应视情况通知寄件人限期领回，无法通知寄件人领回的可就地销毁。

（六）企业对包装不妥，可能危害人身安全，污染或损毁其他寄递物品和设备的，收寄环节发现后，应通知寄件人限期领回。经转或投递中发现的，应根据具体情况妥善处理。

（七）企业发现禁止进出境的物品，应移交海关处理。

（八）其他情形，可通知相关政府监管部门处理。

国邮发[2007]152号文件发布的《禁寄物品指导目录及处理办法（试行）》

4. 验视的处理

① 对验视后收寄的邮件、快递，邮政企业、快递企业应当以加盖验视章等方式作出验视标识，载明验视人员的姓名或者工号；对拒绝验视或验视不合格的快递，邮政企业、快递企业应不予收寄。

② 快递揽收常用标准用语（续）

情景4：货物已包装，开箱验货

您好！请问箱子（袋子）里的邮寄物品是什么？根据邮管局规定，烦请打开我检查一下。

情景5：货物是航空违禁品

对不起！××先生（女士），根据航空公司相关管理规定，您所发的物品属航空违禁品，不能空运，您看是否采取普通快递方式邮寄此物？

情景6：货物是禁止寄递物品

对不起！××先生(女士)，您要寄的这件货物属于国家明文规定禁止邮寄的物品，我们不能收寄，实在抱歉。

任务5.2　快递的包装

【知识链接】

快件封装的一般要求：根据《快递服务　第3部分：服务要求》(GB/T 27917.3—2011)第5.2.5.3规定，快件封装时应使用符合国家标准和行业标准规定的快递封装用品，封装时应防止快件变形、破裂、损坏或变质；伤害用户、快递业务员或其他人；污染或损毁其他快件。如需寄件人支付封装费用，应在封装前告知用户所需费用。

快件重量和体积的要求：根据《快递服务　第3部分：服务要求》(GB/T 27917.3—2011)第5.2.5.2规定，快件的单件宜满足以下要求，第一，快件质量不超过50 kg；第二，包装规格任何一边的长度不超过150 cm，长、宽、高三边长度之和不超过300 cm。

5.2.1　包装工具和包装材料

为保证快件安全、准确、迅速地传递，需要确保快件的包装符合规格。为了使机械设备进行自动分拣，必须推行标准化的包装。常见的包装形式有以下三种：

① 快递封套。以纸板为主要原料，经模切、印刷和粘合等加工后，制成提供给用户使用的可装载快件的信封式封装用品。

② 快递包装箱。以瓦楞纸板为主要原料，经过模切、压痕、印刷和钉合等加工后，制成提供给用户使用的可装载快件的箱式封装用品。

③ 快递包装袋。可装载快件的袋式封装用品。根据生产原料的不同，可分为塑料薄膜包装袋、气垫膜包装袋和塑料编织布包装袋。

快递包装需使用的物品包括包装工具、包装材料、包装辅料三类。

1. 包装工具

常见的包装工具及功能如表5.2所列。

表5.2　常见包装工具及功能

名　称	图　示	功　能
剪刀		裁剪包装材料和包装辅料
美工刀		裁剪、切割包装材料和包装辅料
打包器		使用捆扎带捆扎产品或包装件，然后收紧并将两端通过发热烫头热融粘接方式结合，以加固包装物品
封箱器		产品包装和纸箱封口时切割胶带

2. 包装材料

常见的包装材料及功能如表5.3所列。

表5.3 常见包装材料及功能

名称	图示	功能
文件袋		常用于包装厚度不超过1 cm,且不易破碎、抗压的印刷品,或其他小件物品
气泡信封袋	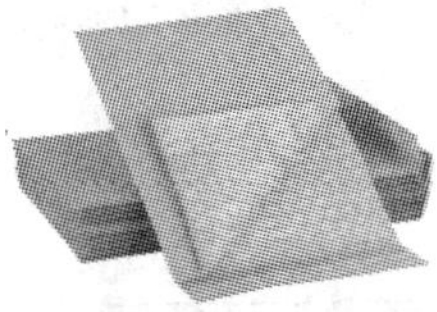	袋子表面易书写,韧性较强不易破裂;内层透明气泡具备缓冲作用,常用于包装光盘碟片、磁带、书籍、证件、相框、衣服等物品
塑封袋		成本低、重量轻、防水,常用于包装服装、印刷品及耐摔的普通小样物品
纸箱		应用最广泛的包装制品,按用料不同,有瓦楞纸箱、单层纸板箱等,有各种规格和型号;常用于包装易碎、易变形的物品或手表、电子仪器等贵重物品
编织袋		结实、耐用、防水,常用于包装体积大的物品,如:棉絮、衣物,不适合于包装质量过重的物品或尖锐的物品
塑料箱(桶)	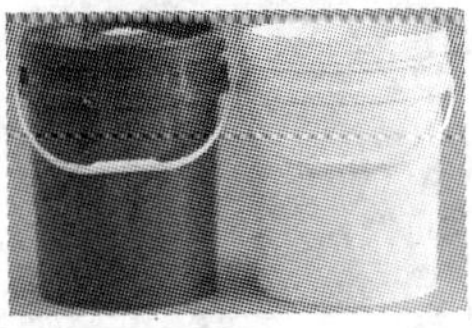	防水、结实,常作为液体的包装
泡沫箱	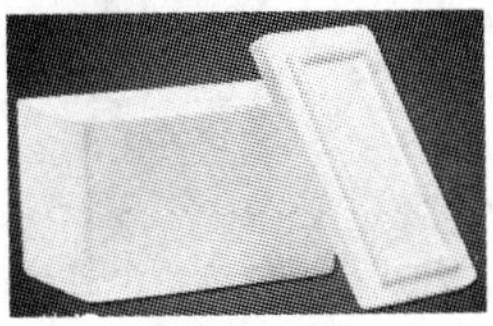	保温、防震、防水,适用于包装生鲜和需低温储存的其他商品,如:药品、疫苗等,通常配合冰袋或干冰使用

3. 包装辅料

常见的包装辅料及功能如表5.4所列。

表 5.4　常见包装辅料及功能

名　称	图　示	功　能
气柱袋	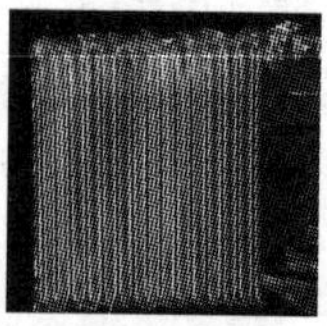	防震，常用于填充易碎物品和外层包装，如纸箱等的缝隙
气囊袋	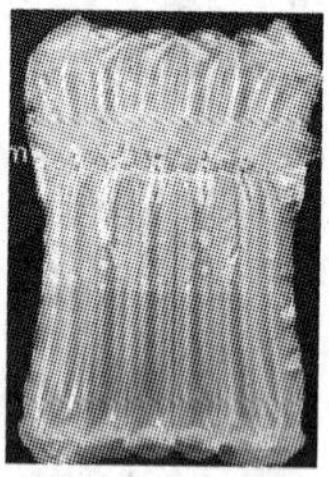	防震，物品内置，常用于酒、奶粉、杯子等易碎或易产生形变的物品的包装
气泡膜	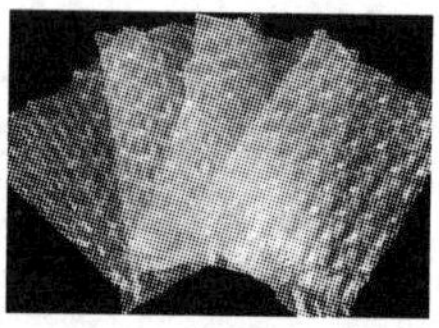	防震，常用于包裹小件易碎品，如碟片、U盘、工艺品等，一般配合纸箱、塑封袋等使用
木条		常用于大型异形、易碎物品，如陶瓷、精密设备等
防水膜		价格低廉、防水，用于异形物品的包装，也起到一定的固定和减震作用
打包带	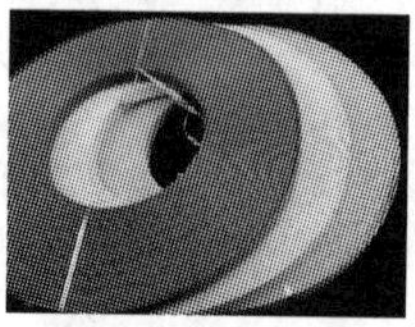	可塑性好、断裂拉力强、耐弯曲、比重轻、使用方便，适合用快速加固中大型、批量物品
封口胶		适用于各种包装盒边口、底口、封口粘接或搭口成型，是最常见和通用的包装辅料

5.2.2 快件包装的原则和要求

1. 快件包装的原则

(1) 经济性

当前,我国快递包装标准化程度不高,造成大量人力物力的浪费,进而导致整体物流成本的增加。快递包装的经济性指的是在包装的过程中,需根据快递的尺寸、重量和运输特性,选择大小恰当、材料适宜的外包装及填充物。在包装材料、辅料的选择和使用上,应充分考虑材料材质与运输内物的适应性,避免过度包装、重复包装。

(2) 环保性

绿色包装材料(Green Packaging Material)是指在生产、使用、报废及回收处理再利用过程中,能节约资源和能源,废弃后能够迅速自然降解或再利用,不会破坏生态平衡,而且来源广泛、耗能低,易回收且再生循环利用率高的材料或材料制品。2017 年,国家邮政局新增修订了普通胶带和生物降解胶带两项在材料方面的行业标准,但就如何规范快递包装使用量、快递包装产品绿色认证、检测和环保技术的知识产权保护方面还进展缓慢。

(3) 安全性

《邮件快递收寄验视规定(试行)》第九条第三点指出:邮政企业、快递企业接收用户交寄的邮件、快递时,应当面验视用户交寄的物品及使用的封装材料、填充材料,协助用户妥善封装。

第一,避免因外包装与内物尺寸差异过大、空隙过多造成外包装塌陷、摇晃、碰撞损坏内包装或内物,避免因包装过紧发生胀裂,进而出现包裹破损和内物散落、玷污、霉变等现象。

第二,避免因包装材料和辅料与快件对包装材料和辅料的要求不一致造成物品在运输过程中因气候、环境等原因引起商品质量降低或报废的情况,如:水果在运输过程中应使用泡沫箱、防护网袋等进行封装,水产品还应利用冰袋等进行低温处理。

(4) 便利性

包装的便利性包含三层含义:第一,根据快件的形态、数量、尺寸、规格进行配套包装,以便在运输过程中最大限度地利用运输工具的装载空间;第二,包装完成后快件形状应规则,重心在一条直线上,防止货物在运输过程中由于车辆起动、转弯等带来碰撞;第三,包装外表面不能有突出的钉、刺、钩等,以便于摆放并避免划破其他快件。

2. 快件包装注意事项

① 禁止使用一切报刊类物品作为快件的外包装,如报纸、海报、书刊、杂志等;严禁使用各种有色垃圾袋和容易破损、较薄的类似垃圾袋的包装物。

② 对于价值较高的快件,建议客户使用保险或报价服务,同时采用包装箱进行包装,包装时应使用缓冲材料。

③ 对于捆扎包装操作:一票多件的进出口快件由于海关限制,严禁寄递物品多件捆扎寄递,必须按照一票多件操作规范进行操作。

④ 对于重复利用的旧包装材料,必须清除原有运单及其他特殊的快件标记后方可使用,以避免因旧包装内容而影响快件的流转。

⑤ 用透明胶带加固时,须用剪刀等工具裁断透明胶带,不应用牙齿咬断。

3. 不同类型物品包装的材料选择和基本标准

不同类型物品的包装选择和基本标准如表 5.5 所列。

表5.5　不同类型物品的包装选择和基本标准

物品类型	包装材料和包装辅料	包装标准
纸质物品	文件袋、气泡信封袋、塑封袋、纸箱等	根据纸质物品的厚度选择合适的包装物，包装时尽量不留间隙，确保封口完好、密闭
易碎物品	气泡信封袋、泡沫箱、气柱袋、木条	根据物品的形状选择合适的缓冲材料作为内包装，外面再辅以纸箱、木条框等，纸箱的棱角位置进行加固处理
形状不规则物品	气泡膜、编织袋	使用易于裁剪、较软的材料进行全部或局部包装，并做好捆绑加固，对于易断裂的位置做好防撞处理
生鲜易腐物品	泡沫箱、纸箱、塑料箱(桶)	利用保鲜袋、气泡膜等进行第一层包装，第二层包装使用泡沫箱以及保温材料，第三层用纸箱或塑料箱。做好密闭处理
液体物品	泡沫箱、气柱袋、纸箱、编织袋	根据物品的形状选择合适的缓冲材料作为内包装，外面再辅以纸箱、泡沫箱等，箱子的棱角处应做好加固处理。最外面可再增加一层编织袋，做好液体破碎的防护
体积较大物品	编织袋	对于体积较大的物品，多使用编织袋进行包装，根据物品的重量可使用多层编织袋，做好捆扎处理
重量较大物品	打包带、纸箱、木箱、木条	重量较大的物品一般采用纸箱、木条、打包带的混合处理方式，或直接使用木箱
服装、被褥等	气泡信封袋、编织袋	服装、被褥类物品应做好防潮处理；体积重量不大的可在防尘袋外直接使用气泡信封袋或塑封袋；重量较重或体积较大的可根据具体情况使用纸箱、编织袋等
精密仪器	纸箱、木箱、气泡膜	精密仪器大多自带防护性能较好的外包装，在快递收寄的时候，应在原包装外，增加纸箱或木箱包装，外包装和内包装之间应用缓冲材料填充

4. 对信件、包裹、印刷品的具体要求

《快递服务 第3部分：服务要求》明确指出，对信件、包裹和印刷品的封装，应满足以下要求：

① 信件封装以不影响快递封套的正常封口为准，封装完成后，应在快递封套的显著位置标注“信件”字样，不应将信件打包后作为包裹寄递；

② 包裹封装应综合考虑寄递物品的性质、状态、体积、质量、路程和运输方式等因素，选用适当的方式封装；

③ 印刷品应平直封装。

5. 包装的检查

快件封装完毕后，收派员应观察外包装有无明显破损或撕裂，检查需要闭合处理的地方是否都已经用封口胶封贴完毕；如快件属于易碎、生鲜等在快递运输和派送过程中需特殊处理的物品，确认外包装的明显位置已经贴上了相应标志；搬动并摇晃快件，观察是否有内物晃动的声音，如果有，应拆开外包装重新进行充实；在搬动快件的过程中，感受快件包装对内物的承受能力，如察觉包装有变形、破损的可能或现象，应及时对包装进行重新处理。

✍ 实训任务

肖亮是韵达快递的一名收派员，遇到客户需要从四川成都邮寄两瓶不带外包装的进口啤酒到黑龙江双鸭山市，每瓶价值200元人民币，请问肖亮应如何帮客户打包？

任务5.3　快递的称重计费

作为一名收派员，首先应当熟知快件的称重计费流程，见图5.4。

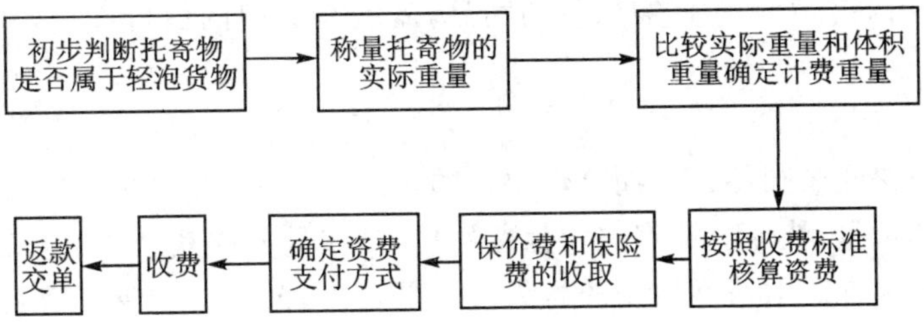

图5.4　快件称重计费流程

5.3.1　运费计算方法

1. 重量计算方法

(1) 轻泡件

轻泡件是指体积重量大于实际重量的快件。体积重量是将货物体积，利用折算公式，获得的货物重量。根据国际航空运输协会(IATA)规定，航空运输和非航空运输的轻泡件体积重量计算方法分别如下：

长×宽×高/6000＝体积重量。(航空运输)

长×宽×高/12000＝体积重量。(非航空运输)

长度单位：cm，重量单位：kg。

如货物为不规则物品，其各边长度按照长、宽、高三个方向的最大尺寸计算。

(2) 常规件

常规件是体积重量小于实际重量的快件，其计费重量以实际重量为准。

2. 确定计费重量

所谓计费重量就是据以计算快递费的货物数量。《快递服务 第3部分：服务要求》(GB/T 27917.3—2011)对快递服务的称重与计费做出了明确规定：

① 快递组织应使用秤、卷尺等计量用具测量快件的实际重量和体积重量，确定正确的计费质量，并根据计费质量、服务种类等确定服务费用；

② 快递服务组织应在提供服务前告知用户收费依据、收费标准或服务费用；

③ 寄件人支付费用后，快递服务组织应向寄件人提供发票。实际重量和体积重量取较大者。

通常情况下，计费重量取快件的实际重量和体积重量的较大值。

3. 计算快递运费

目前，各大快递公司的运费计算方法均为分段计价、逐段累加。首重是指最低的计费重量，一般快递公司首重是1 kg(不足1 kg的按1 kg计算)，计算公式如下：

快递运费＝首重运费＋(重量－1)×续重运费

如：某快递公司省内件的运费收取标准为首重10元，续重3元。某客户要求邮递的快件为5.6 kg。则运费为：

10＋(6－1)×3＝25 元

5.3.2 确定运费支付方式

1. 现 结

现结指的是收派员与客户确认收寄行为和运费金额后，收派员在快递面单上标注支付金额，并当场收取费用的行为。对于需保价的物品，需填写专门的保价面单，并额外收取一定的保价费用。

2. 月 结

月结指的是与快递公司签订长期合作协议的客户，在每次寄件的时候无需单独支付费用，只需确定目的地和重量，快递员和客户均保留好单据，在月末或其余商量好的时间统一核对单据并根据合同资费标准收取快递费用的行为。目前，菜鸟驿站等快递服务终端服务平台多采用月结的方式。

3. 到 付

到付是指货物运达目的地后由收货人给付运费的付费方式。由于可能产生收货人拒绝提货且不付运费的情况，承运方一般不愿意接受或推荐此付费方式。目前，绝大多数快递公司对到付件收取的费用高于现结件。

✍ **实训任务**

情景 1：肖亮有一名月结淘宝客户，2018 年 1 月共发货 450 单，其中 400 单重量在 1 kg 以内，20 单超重 1 kg 内，30 单超重 1～2 kg。根据肖亮与客户约定的价格标准，该客户享受首重内 8 元/单全国包邮，超重部分按 4 元/单处理。请问肖亮应收取快递费多少钱？

情景 2：肖亮遇到一名客户需邮寄一件形状不规则的木制工艺品至上海，最长、最宽、最高处分别为 150 cm、80 cm、70 cm，当地到上海的运费收费标准为首重 12 元，续重 4 元。请问该单的运费为多少钱？

任务 5.4 快递运单填写与粘贴

【知识链接】

菜鸟电子面单：由菜鸟网络和快递公司联合向商家提供的一种通过热敏纸打印输出纸质物流面单的物流服务。商家可在淘宝天猫的卖家中心申请开通服务，菜鸟会将服务申请流转给快递公司，快递公司审核通过后会给商家提供电子面单热敏打印纸；商家再通过发货软件与菜鸟网络系统交互并获得菜鸟生成的面单号(快递面单号段由快递公司提供)等打印信息，并通过热敏打印机(打印机由商家自行购买或与网点协商解决)完成电子面单打印并交付快递公司揽收派送。

5.4.1 快递运单概述

快递运单(Express Waybill)：根据《快递服务 第 1 部分：基本术语》(GB/T 27917.1—2011)规定，快递运单是用于记录快件原始收寄信息及服务约定的单据。

1. 快递运单的种类

(1)根据服务时效、付费方式和服务内容划分

根据快递服务的时效、付费方式、服务内容等区别，快递运单可分为以下 6 种。

① 普通运单。最常见的由寄件人支付运费且对服务无特殊附加要求的快递服务运单。

② 时效运单。对寄递时效有特殊要求的快递服务运单，如顺丰的当日达、次日达。

③ 到付运单。由收件人支付快递费用的快递服务运单。

④ 代收货款运单。快递服务组织接受委托，在收到快递的同时，向收件人收取货款的快递业务运单。

⑤ 保价运单。寄件人在寄件时申报内件价值，并按规定交付保价费，快递企业对快件的损毁、内件不符等情况承担相应赔偿责任的快递服务运单。

⑥ 回单(Interchange Receipt)。应寄件人要求，在收件人签收快件的同时，需收件人签名或盖章后返回给寄件人单据的快递服务运单。

(2) 根据体现方式划分

根据快递运单体现的方式，运单有传统运单和电子运单之分。

传统运单即为以前市面上最常见的一式几联的纸质面单。一般有四联单和五联单(分别为名址联、发件人联、结算联、收件人联、备用联)。

电子面单是一张带有不干胶的，尺寸在(宽)250px×375px左右的热敏打印纸，通过专用的热敏打印机打印，与传统快递面单相比有“速度快、成本低、信息化程度高、快递费也会有不同程度的降低、更便捷、更稳定”的特点。

电子面单是伴随着电子商务的发展逐渐兴起的，最早的电子面单是菜鸟电子面单，之后各大快递公司陆续推出各自的电子面单。

2. 快递运单的基本构成

快递运单一般包括寄件人存根联、收件人存根联、快递企业收件存根联、快递企业派件存根联和其他运单联。常见运单联及其功能如表5.6所列。

表5.6　常见运单联及其功能

运单联	功　能
寄件人存根联	寄件人的寄件、查询、索赔凭证
收件人存根联	收件人收件时核对内物种类、数量、规格，以及是否需要支付费用的凭证
快递企业收件存根联	快递企业的记账、结算、查询、赔偿凭证，由收件员所在分部自行留存
快递企业派件存根联	快递企业确认收件人已签收的凭证，以及统计派送票数和派送营业收入的依据，由派件员所在分部自行留存
其他运单联	快递企业结合自身业务经营和管理需要，自行增加的用作其他用途的运单联，如：业务员留存联等

3. 快递运单的基本内容

快递运单为服务格式合同，内容包括：

① 快件编号；

② 收件人/寄件人信息，主要包括：姓名、单位、地址、联系电话、收件人/寄件人签名；

③ 快递服务组织信息，主要包括：名称、标识、联系电话、地址和邮编；

④ 快件信息，主要包括：品名、快件内件数量、重量和体积、价值；对于国际快件和发往我国港澳台地区的快件，快件信息还应包括内件分类、申报价值和原产地；

⑤ 费用信息，主要包括：计费项目及金额、付款方式、是否保价及保价金额；

⑥ 时限信息，主要包括收寄时间、投递时间；

⑦ 背书信息，主要包括：查询方式与期限；用户和快递服务组织双方权利与责任，包括用

户和快递服务组织产生争议后的解决途径；赔偿的有关规定；对免除或限制快递服务组织责任及涉及快件损失赔偿的条款，应在快递运单上以醒目的方式列出，并予以特别说明。

5.4.2 快递运单的填写

1. 传统纸质运单的填写

图 5.5 为顺丰速运公司的传统纸质运单。

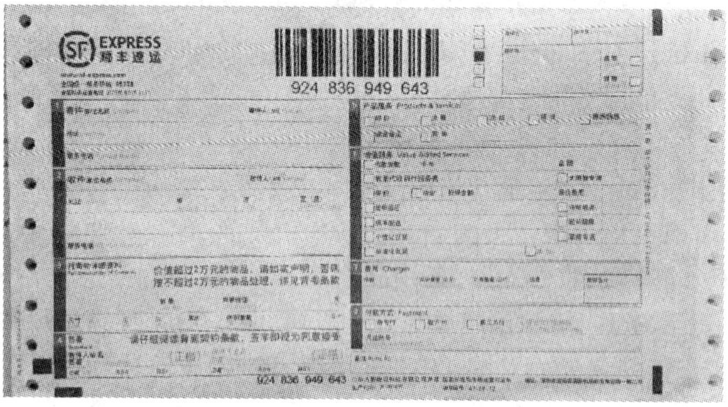

图 5.5 顺丰速运运单

(1) 由客户填写的内容

填写快递运单前，快递服务组织应提醒寄件人阅读快递运单的服务合同条款，并建议寄件人对贵重物品购买保价或保险服务。寄件人在填写运单时应做到：

① 字迹清楚、工整；

② 内件品名、种类、数量等信息填写准确；

③ 寄件人姓名、地址、联系方式，收件人姓名、地址、联系方式等内容填写完整。

由客户填写的内容包括：收件人/寄件人信息，快件品名、数量、价值，收寄时间、投递时间。以图 5.5 顺丰速运公司运单为例，寄件人需填写的内容包括：第一栏（寄件人信息栏），第二栏（收件人信息栏），第三栏（托寄物详细资料）的品名、数量、价值，第四栏（签章栏）。

(2) 由快递员填写的内容

在客户填写好运单上个人需要填写的内容后，收派员应检查用户在邮件详情单或者快递运单上所填写的内容是否与其交寄的物品的名称、类别、数量等相符。

由快递员填写的内容包括：快件的重量、体积，计费项目及金额、付款方式、是否保价及保价金额等费用信息。以图 5.5 顺丰速运公司运单为例，快递员需填写的内容包括：第三栏（托寄物详细资料）的重量、体积，第五栏（产品服务），第六栏（增值服务），第七栏（费用），第八栏（付款方式）。

2. 电子运单的填写

电子运单的填写一般由客户通过菜鸟裹裹等 APP 完成。以菜鸟裹裹为例，如图 5.6 所示，用户可在菜鸟裹裹中选择寄件，有 6 种寄件方式可选，且提供价格查询、时效查询、禁寄物品、快递电话等服务。如选择驿站寄件，系统会自动识别你所在位置最近的驿站以及详细地址，寄件人、收件人相关信息在一次填写后会自动保存，也可进行手动更改；填完之后再根据寄递物品选择物品种类，阅读并同意服务协议，点击我要寄件即可。

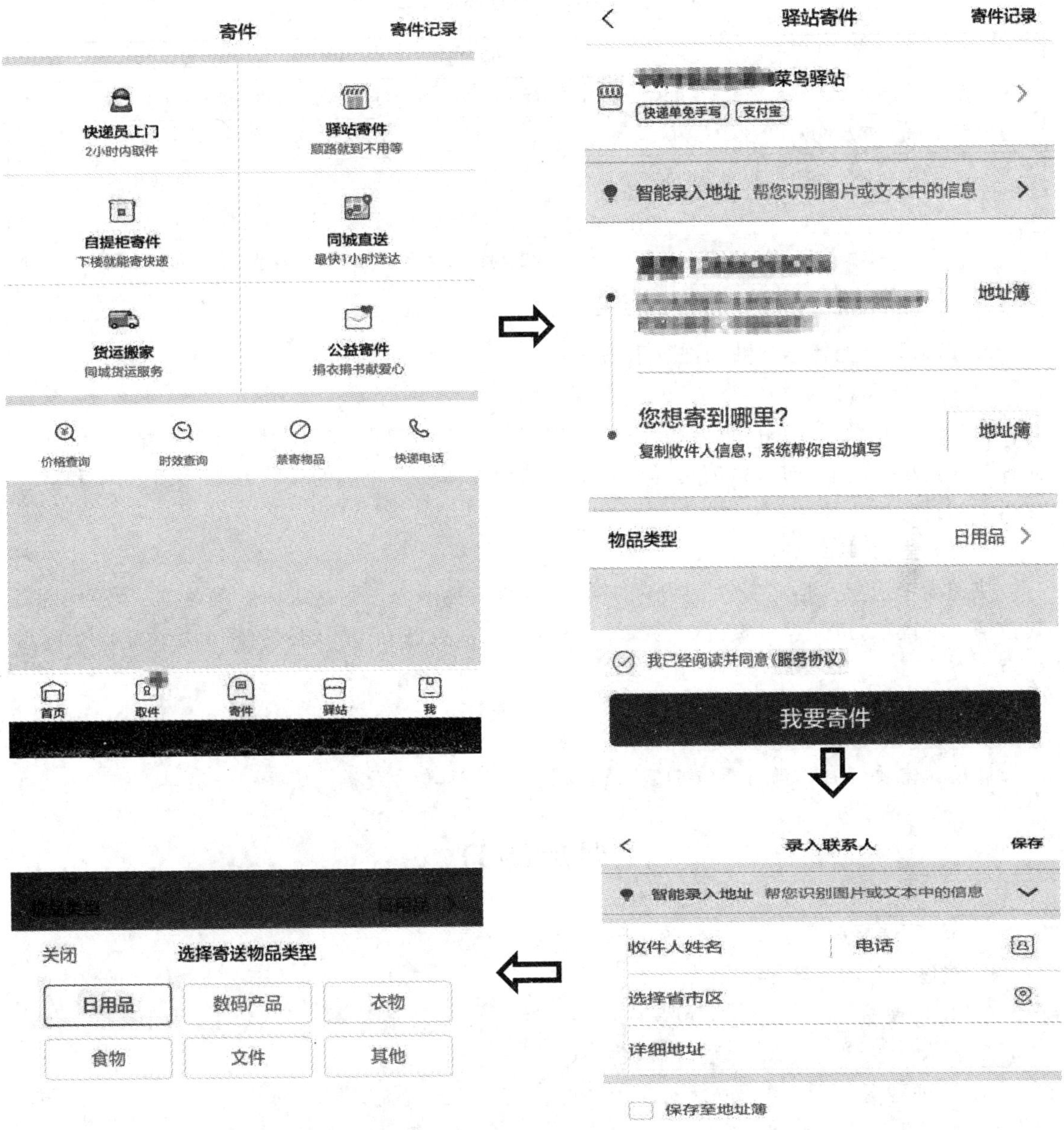

图 5.6 “菜鸟裹裹”寄件下单流程

5.4.3 快递运单的粘贴

1. 运单和其他粘贴的位置

(1) 运单粘贴的位置

根据快件表面美观、整洁、大方的要求，以及从左到右的操作和阅读习惯，运单应粘贴在快件外包装最大平面上的适当位置，且留足运单与快件边缘的足够空间(一般距离 5 cm 为宜)，以备进行标志的粘贴。目前市面上使用的快递运单以自带不干胶可直接粘贴的运单为主，还有部分公司结合业务需要使用运单袋封装。

(2) 其他标志粘贴的位置

不同标志粘贴的位置和要求如表 5.7 所列。

表 5.7 不同标志粘贴的位置和要求

粘贴位置	适用标志
正面	与分拣、派送处理有直接相关的标志，如国际快件、航空件、汽运件等，一般贴于快单运单旁
侧面	与搬运和码放处理相关的标志，如向上标志、堆码层数标志、堆码重量标志、怕晒标志等
三角	与快件分拣、运输、派送等各环节都有关系的标志，如：易碎品等，此类标志应斜贴在快件外包装的边角处
骑缝线	与快件的特殊增值服务有关系的标志，如：代收货款、保价等，在提醒各环节工作人员和客户知情的同时，保证内物的安全，起到封条的作用

2. 运单和其他标志粘贴的注意事项

(1) 正确、牢固

在粘贴运单及标志的时候，收派员应特别注意运单与内件的一致性，避免错贴；不论使用何种快递运单，在粘贴过程中应选择适合的粘贴位置和使用正确的粘贴方法，保证运单和标志在运输的过程中不掉落。

(2) 平整、显眼

快递运单应全部粘贴在包装平整的同一表面，避免褶皱、折叠，进而影响运单条码的识别、其他信息的读取，以及派件员的派件操作；不得使用带颜色或文字的封胶带覆盖运单以及标志内容。

✍ 实训任务

假设你需要把自己的行李寄回家，请用图 5.5 的运单格式模拟填写一份运单。

课后练习

一、单项选择题

1. 快递服务的灵魂是(　　)。

A. 价格便宜　　B. 包装优良　　C. 快速　　D. 门到门服务

2. 不属于快递公司经营范围的内容有(　　)。

A. 寄递业务　　B. 代收货款

C. 物流配送与仓储　　D. 管道运输石油和天然气

3. 下列物品中，不能使用快递运输的有(　　)。

A. 

B. 

C. 

D. 

4. 易碎品的运输标志应粘贴于快件的哪个位置？(　　)。

A. 正面　　B. 侧面　　C. 沿骑缝粘贴　　D. 三角粘贴

5. 在快件验视环节，不属于验视内容的是(　　)。

A. 快递运单上的信息是否完整、清楚

B. 快件是否属于禁止或限制寄递的物品

C. 物品名称、类别、数量是否与交寄的实物相符

D. 快件的包装材料是否属于环保材料

6. 下列哪个快件包装符合寄递要求？（　　）。

A.  B.  C. 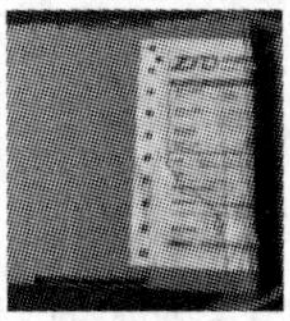 D. 

7. 单件快件质量应不超过（　　）。

A. 20 kg　B. 30 kg　C. 40 kg　D. 50 kg

8. 下列不属于快递运单背书条款的是（　　）。

A. 查询方式与期限

B. 快递价格规定

C. 客户和快递企业双方的权利与责任

D. 赔偿的有关规定

9. 单件快件包装规格任何一边的长度不超过（　　），长、宽、高三边长度之和不超过（　　）。

A. 150 cm，300 cm　B. 100 cm，300 cm

C. 130 cm，300 cm　D. 100 cm，200 cm

10. 以下不属于包装原则的是（　　）。

A. 经济性　B. 安全性　C. 便利性　D. 高档性

二、判断题

1. 禁止使用一切报刊类物品作为快件的外包装。（　　）

2. 对于重复利用的旧包装材料，无须清除原有运单及其他特殊的快件标记即可使用。（　　）

3. 保价快件是快件价值较高的快件。（　　）

4. 快件揽收包括验视、包装、运单填写、款项交接等环节。（　　）

5. 在快件揽收过程中，告知客户阅读运单背书条款不是必需环节。（　　）

6. 需要多面见到的贴纸，可以贴在包装箱的角上。（　　）

7. 在快件计费方法中，通常采用首重加续重的方式。（　　）

8. 寄递国内快件时，如单票重量不超过1 kg，且每件快件外包装形状相同、体积最大的快件一侧面积小于运单的，可以多件捆扎寄递，但必须批注运单号码。（　　）

9. 麻黄素不属于麻醉药物，可以进行寄递。（　　）

10. 在进行快件包装时，主要看经过包装后的快件是否能够经受长途运输和正常碰撞、摩擦、震荡和压力以及气候变化等的影响而不致损坏。（　　）

三、简答题

1. 请简述快件揽收的流程。

2. 请简述快件包装的注意事项。

3. 请简述快递验视的注意事项。

4. 请简述快件的称重计费流程。

四、案例分析题

【材料 1】

十部门联合发文协同推进快递绿色包装工作
每年 11 月第一周定为“绿色快递宣传周” 2020 年可降解绿色包装材料应用比例将达 50%

为深入贯彻落实《生态文明体制改革总体方案》和党的十九大关于加快生态文明体制改革的决策部署，国家邮政局、国家发展改革委、科技部、工业和信息化部、环境保护部、住房与城乡建设部、商务部、国家质量监督检验检疫总局、国家认证认可监督管理委员会、国家标准化管理委员会日前联合发布《关于协同推进快递业绿色包装工作的指导意见》(以下简称《指导意见》)，将按照“政府引导、社会参与，创新驱动、源头治理，分类指导、因地制宜”的原则，进一步优化顶层设计，推进源头治理，增加绿色快递服务产品供给，提高快递业包装领域资源利用效率，降低包装耗用量，减少环境污染。

《指导意见》明确了“十三五”期间快递业绿色包装工作要实现的三大目标，即：绿色化、减量化、可循环取得明显效果，科技创新和应用水平大幅提升，治理体系日益完善。到 2020 年，可降解的绿色包装材料应用比例将提高到 50%，基本淘汰重金属等特殊物质超标的包装物料，基本建成专门的快递包装物回收体系。主要快递品牌协议客户电子运单使用率达到 90%以上，平均每件快递包装耗材减少 10%以上，推广使用中转箱、笼车等设备，编织袋和胶带使用量进一步减少。基本建立快递业包装治理体系。

我国快递业包装总量庞大、种类繁多、增长迅速，包装废弃物对环境造成的影响不容忽视。妥善处理快递包装问题对于节约资源、保护环境和促进快递业健康可持续发展具有重大意义。为推动建立健全中国特色快递业包装治理体系，引导企业承担社会责任，提高消费者的环保意识，实现绿色发展，服务美丽中国建设，《指导意见》提出了七项重点任务：

一是完善快递业绿色包装法规标准。推动出台《快递暂行条例》，明确鼓励使用可降解、可重复利用的环保包装材料。完善快递业绿色包装标准体系，制定实施《快递封装用品》系列国家标准、快递包装以及胶黏剂相关绿色产品评价标准，推广 1200 mm×1000 mm 标准托盘，加快推动相关标准的有效衔接。

二是增加快递绿色包装产品供给使用。引导和支持各类企业加大对快递绿色包装产品研发、设计和生产的投入，健全快递包装生产者责任延伸制，鼓励生物基材料环保包装制品的研发、生产和使用。鼓励在电商产品和快递的仓储、运输、配送、分拣、加工全过程推进可循环包装、减量包装和可降解包装。

三是实施快递包装产品绿色认证。构建统一的快递包装产品绿色标准、认证、标识体系。按照“公平、公正、公开、自愿”的原则开展快递包装产品绿色认证，引导和支持电商企业、快递企业使用绿色包装产品或通过快递包装产品绿色认证的包装产品。

四是开展快递业绿色包装试点示范。支持快递企业开展“工业产品生态(绿色)设计”试点，在主要品牌快递企业和快递物流信息平台企业开展绿色包装应用试点，鼓励主要品牌快递企业和各类环卫企业、回收企业联合开展“快递业+回收业”定向合作试点。支持一批符合条件的快递示范园区建设成为绿色园区。

五是做大做强快递绿色包装产业联盟。建立完善快递绿色包装全产业链体系。鼓励有关企业、科研机构和高等院校建立产学研相结合的新模式。发挥电商平台企业作用和优势，积极推广绿色包装、简约包装。鼓励企业强化绿色生产，建设绿色回收体系，搭建信息管理平台，打造绿色供应链，带动联盟企业实现绿色发展。

六是建设快递包装回收示范城市。在国家实施生活垃圾强制分类的城市共同推动建设快递包装回收示范城市。明确不同快递包装的分类要求，在社区营业网点配备标志清晰的快递包装回收容器。支持快递企业积极参与再生资源回收利用网络建设。

七是强化快递业绿色包装宣传引导与教育培训。将每年11月第一周作为“绿色快递宣传周”，并利用全国低碳日、节能环保周、“美丽中国”公益广告等活动广泛宣传绿色理念，倡导绿色消费方式，普及绿色包装和回收知识，营造“绿色快递，人人有为”的良好氛围。

《指导意见》还提出了组织管理、政策扶持、监督管理三方面的保障措施。十部门将共同成立推进快递业绿色包装工作领导小组，以加强对快递业绿色包装工作的组织领导，并落实国家鼓励节能减排等优惠政策，推动各地加大对快递包装回收利用的财政支持力度，推动各地研究出台针对快递、电商企业绿色包装的税收、信贷等扶持政策。

来源：中华人民共和国中央人民政府　2017年11月2日

【材料2】

“双11”包裹量可绕地球七圈 快递绿色包装还有多远

每年的“双11”都被称为电商和快递行业的“春运”，除了站点爆仓、包裹积压等老大难问题，近两年，消费者和媒体也日益重视快递包装的污染问题。

来自国家邮政局的预测显示，今年“双11”期间，全国快递业务总量有望超过15亿件，以平均每件包裹0.2米长度来保守计算，如果把这些包装盒连起来，其距离将超过30万公里，接近从地球到月球的距离，足以绕地球七圈半。

纸质包装、“无需餐具”、共享快递盒……这些新的举措是否能改善快递包装盒造成的资源浪费和环境污染呢？为了解答这些问题，人民网IT频道在“双11”到来之前对此作了一番调查。

政府积极引导，绿色包装成行业趋势

2017年11月4日，重庆的郑先生收到一个塑料小黄箱包装的快递。他签收取货后，快递员就立即把小黄箱收走了。这种小黄箱是今年刚推出的共享快递箱，郑先生是重庆第一个签收该种快递箱的用户。

中国电子商务研究中心的数据显示，目前这种共享快递箱在北上广等城市已投放了5万个。截止到今年10月，这5万个快递箱已经累计节省了650万个快递盒。

人民网IT频道整理发现，今年以来，以共享包装盒为代表的绿色物流行动正如火如荼地进行着。今年3月，中华环境保护基金会、菜鸟网络发起的菜鸟绿色联盟专项基金成立；6月5日，京东发起针对绿色供应链的联合行动——“青流计划”。苏宁云商等平台也先后发布了绿色物流的相关项目。

这些电商平台发起的这行动，都与最近一年政府部门的政策引导密不可分。

2016年12月，商务部、中央网信办、发展改革委三部门联合发布《电子商务“十三五”规划》，提出了“绿色电子商务行动”；2017年7月22日，国家邮政局提出要推进快递绿色包装的实施方案；2017年11月2日，国家邮政局、国家发改委、科技部、工信部、环保部等十部委联合发布了《关于协同推进快递业绿色包装工作的指导意见》，拟到2020年使可降解的绿色包装材料的应用比例提高到50%，并基本建成专门的快递包装物回收体系……

“富强民主文明和谐美丽是社会主义现代化强国的标志，十九大报告提到‘生态文明’12次，‘美丽’8次，‘绿色’15次。”国家邮政局副局长王梅在邮政局的2018年工作务虚会上说道。她表示，要持续推动邮政、快递包装绿色化、减量化和可循环，真正实现从“胶带缠绕地球”到

"绿色环绕地球"。

在这样的政策导向下,企业开始更深入地探索绿色物流。今年"双11",京东推出了循环包装袋——到京东自提点带走商品后,红色的包装袋由工作人员回收,返回仓储再次打包使用。菜鸟网络在重点城市包括50所高校的菜鸟驿站全面启动纸箱回收,消费者在菜鸟驿站收件拆包后可以选择将纸箱留在驿站。而苏宁易购使用了"小黄箱"——共享快递箱,快递员送货上门后立即回收以供重复使用。

观念淡薄、利润微薄,回收体系建立仍待破题。

尽管绿色包装已成为行业新趋势,从政府到电商平台再到快递企业,都已经在推进这项工作,但要让每年上百亿件包裹真正实现绿色包装"落地",依然面临不少困难,回收难就是其中之一。

以最传统的纸箱回收为例,韵达快递北京大学快递点的许师傅介绍,其实纸箱一直可以回收,但很多顾客签收过包裹后,会把未拆的纸箱一起带走。快递员有时会提醒,但于事无补。"有的包裹小,拿纸箱方便,懒得拆吧。"许师傅猜测。

在走访北京某小区附近的快递点时,工作人员也告诉人民网IT频道:"顾客根据物品自行决定是否当场拆开并留下包装盒,我们没有权利强制。上门送件时偶尔能回收纸箱,但是如果每次都特意去取可回收包装,耽误工时,网点的用人成本也会提高。"

一方面是快递网点无暇回收,另一方面是大众对于快递包装的认识尚浅,缺乏垃圾分类知识,这让系统回收的体系建立遭遇重重阻碍。

快递包装回收难,也难在整个回收行业利润逐年微薄。2014年,国内第一家拥有互联网回收资质的企业"再生活"在京起家。"再生活"有专门的回收员定期上门回收废品,曾覆盖北京1000多个小区,便利了30多万人进行生活废品回收。今年9月,"再生活"停摆,落入同样境遇的还有很多当年进军"互联网+"废品回收领域的企业。

"我们国家的快递业务增长非常快,但随之而来,塑料袋、纸箱、填充物和胶带这些包装废弃物也越来越多,"中国塑协降解塑料专委会秘书长翁云宣介绍,"现在全球对包装物的回收力度不够,有30%左右被随意丢弃。在中国,被随意丢弃的包装还不止30%。"

无独有偶,外卖行业也面临着相似的问题。自重庆市绿色志愿者联合会以外卖污染起诉了百度外卖、美团外卖、饿了么后,三家外卖平台开始推出一系列环保计划,如美团外卖和饿了么在APP下单页面上试行添加"无需餐具"选项,然而,这一措施在实际操作中常常"遇冷"。吉林大学在校生韩涵就发现,常常自己勾选了"无需餐具"选项,商家仍然给自己放了一次性餐具。"商家还是怕客人给差评吧。"韩涵说。

面对回收障碍,翁云宣的看法是,包装材料本身是关键。他建议:"一边回收,一边用环保的材料替代,双管齐下。"

日前,一些生产包装材料的企业也正积极地研发环保材料,并取得了良好的进展。从产品角度可以实现即使无人回收,六周内也能被生物降解。与传统废品只能进行填埋和焚烧的方式相比,新材料可大大减少快递包装物在末端对环境的污染。例如,针对胶带难以回收的问题,于是干脆弃用了常规的胶带,用一个拉链式的包装实现了环保效果。

而问起生产环保材料的利润问题,金晖兆隆高科技有限公司董事长李雅娟说:"单从企业利润的角度讲,生产生物可降解材料还没有什么收益。但我们准备把这件事做下去,因为这真的是造福子孙后代的事。我们愿意全力以赴地参与到这场变革中去。"

双11不仅是全民购物节,也应是环保消费日。

2016年10月20日,由国家邮政局指导、中国邮政快递报社主办的"快递最后一公里峰会”在北京举行。会上,各部委、产业链各企业达成了五项“北京共识”,涉及从政府到企业、再到全民的方方面面。其中,第五项便是“呼吁广大的快递客、用户和社会各界人士身体力行,积极倡导和使用快递绿色包装,做快递绿色包装的全生命周期的推动者,共同为实现低污染、低消耗、低排放、高效能、高效率、高效益的绿色发展,服务美丽中国建设,为全面建成与小康社会相适应的现代邮政业作出贡献”。

那么,如何动员全社会来推进绿色物流呢?对于这个问题,中国塑协降解塑料专委会秘书长翁云宣认为,首先从国家层面上,应继续推进对绿色包装生产企业的扶持。如果借鉴发达国家,欧盟的做法是对生物可降解材料免征高额的回收税;美国农业部则是对生物材料优先采购。目前,国家发改委已于2006年、2008年、2014年连续几次进行专项支持,并在长春、武汉、深圳等城市开展了示范工作。翁云宣希望,未来国家能针对快递等行业的包装出台强制性的政策。

“没有强制性的政策,这些事情推动起来还是比较困难。”翁云宣解释道。首要的便是快递包装的标准问题,让“良币驱逐劣币”。今年国家邮政局新增修订了普通胶带和生物降解胶带两项在材料方面的行业标准,但就如何规范快递包装使用量、快递包装产品绿色认证、检测和环保技术的知识产权保护方面还进展缓慢。

“建立标准是非常重要的,”菜鸟网络的市场部负责人徐俊华说,“标准一旦建立,就可以引导生产企业和中游的流通企业,同时提高消费者对绿色包装的认知。”

而困难的核心还在于绿色包装的推广成本。徐俊华指出:“如果将阿里、淘宝体系内电商快递包装的50%转换成可降解材料,一个增加0.5元成本,那么估算未来五年将多出200亿,这不是哪一个企业能单独消化的。”

面对成本问题,金晖兆隆高科技有限公司董事长李雅娟认为,政府可以通过专项资金、税收优惠和财政补贴等给予企业实惠。

菜鸟网络“绿动计划”负责人则向记者进一步表示:“除输血之外,探索合理的商业运作模式极具现实意义,如果环保的各个环节、各方能看到经济效益,就能更好地推广绿色包装。”

除了经济方面的支持,参与了菜鸟绿色包装的“绿动计划”的武汉华丽公司董事长张立斌建议,应该对这些采购、使用绿色包装的商家、用户给予一些名称的鼓励,比如树立标杆企业、用户,从而起到示范带头的作用。

而在消费者的意识方面,“我想,建立起增强低碳环保意识的环境,不断增强全民的绿色意识,是完全有可能带动绿色包装的发展的。”张立斌说。

在调查结束之时,一直关注快递绿色包装进展的大学生小周对人民网IT频道表示:我们今天的消费,不应该成为明天子孙后代的负担,希望每年的“双11”,不仅是全民的狂欢购物节,也是全民的环保消费日。

来源:人民网 2017年11月10日

问题1:请结合材料中给出的信息,分析未来快递行业为什么需要推行绿色包装,及推行绿色包装的前景如何?

问题2:请思考快递行业还可以从哪些方面实施环保措施。

项目6　快递处理

☞ 学习目标

掌握快递总包交接的流程和操作标准，掌握快递总包拆解的流程和操作标准，掌握快递分拣的流程和操作标准；了解快递揽收后的处理流程。

☞ 重点和难点

快件分拣异常及处理方法，总包封装的要求及处理方法，快件封发的流程和操作标准。

☞ 导入案例

【案例6.1】

石狮国际快件中心启动 日均可处理上万件包裹

1月19日下午4点，一辆中国邮政配送车满载着300余件快件驶出石狮国际快件监管中心卡口。首批进口快件顺利通关，标志着石狮国际快件监管中心正式启动。这是继晋江陆地港之后在泉州设立的第二个国际快件监管中心，意味着泉州又增加一个服务“海丝”先行区的外贸新平台。

采用全新分拣线 关检同线监管

石狮国际快件监管中心位于石狮市石湖港，项目一期占地8000平方米，规划总投资5000万元，首期投入1830万元。泉州市口岸办负责人曾多次前往快件中心，协调关检部门指导中心建设。目前，该中心已建有国际快件申报大厅、两条“图像处理、自动传输、一机双控、联合布控和分拣设备”的货物查验X光机流水线，以及快件自动分拣等先进的配套设施设备。

据了解，首批通关快件由福建浩翔快递有限公司代理进境，共431件、重1653公斤，主要为各品牌婴儿奶粉。该批快件于18日下午经NH0880次航班由澳大利亚转日本运抵厦门高崎国际机场，经施加电子关锁后由海关监管车辆于当晚10点运至石狮国际快件中心。

19日，在石狮国际快件中心，记者看到两条全新的自动分拣线已投入使用，每条分拣线有三个查验口，分别为海关查验口、检验检疫查验口、关检共同查验口。“关检在同一间查验室，使用同一条查验线，各自查验，互不影响。如果关检抽中的是同一件包裹，那就在共同查验口查验，免去了等待的时间。”浩翔快递总经理蔡华锌说。

一方面通过流程设计提高查验效率，另一方面该分拣线采用了最新的德国技术，从滚筒式分拣改为摆臂式分拣，效率也大为提升。以每条线每小时处理650件包裹计，石狮国际快件中心日均可处理上万件包裹。

来源：《泉州晚报》，2018年01月23日

【案例6.2】

京东物流联合法孚共建分拣系统　打造智慧物流新标杆

1月9日，京东与法孚(Fives)集团签署谅解备忘录，宣布与后者达成价值约8亿元人民币(1亿欧元)的技术合作项目，聚焦于京东“亚洲一号”智能仓储设备的升级。这意味着，京东物

流将与全球优质的智能设备厂商共同建设中国乃至世界先进的物流系统，切实践行“短链、智慧、共生”的新一代物流理论。

京东物流将在“亚洲一号”项目中采用法孚集团成熟的技术，在输送系统及自动分拣系统方面全面提升自动化程度，减少人员投入、提升作业效率并降低运营成本，有力地支撑京东业务的高速发展，双方联合开发的技术设备将应用于北京、昆山、西安等地亚洲一号的建设中。

来源：新华网　2018年1月10日

【案例思考】

1. 快递处理作业内容有哪些？

2. 分析提高快递处理效率的途径。

任务6.1　快递分部处理任务

快递分部处理主要包括快件复核、信息录入、集包运输三项任务。

6.1.1　快件复核

(1) 复核运单信息是否完整

在收派员收件的过程中，由于时间紧张、追求效率等原因，部分运单信息可能在收件时未填写完整，在运往分拨中心之前应进行再次确认和核对，确保收件人、寄件人信息(姓名、地址、联系方式)的准确性和完整性。

(2) 复核快件包装是否牢固

在收件过程中，可能因为时间匆忙、包装材料有限等原因，部分快件未能根据要求完成全部包装；还有部分快件可能因为信息不对称或预计失误造成包装不结实，派件员应检查收回来的快件是否有破损或破损的可能，并对此类情况进行加固处理。

(3) 复核运单数量与快件数量是否一致

收派员将当日收取快件运送回快递分部后，应清点收件存根联以及快件的数量，如两者不相符，当立即检查运单或快件是否有遗漏，并立即找回。如快件无法找回，应主动联系寄件人，做好解释说明，做出赔偿，以及后续服务。

6.1.2　信息录入

1. 信息录入方式

输单员应完成收派员每日上交的收件运单、派件运单等相关业务数据资料的录入、审核、上报、扫描、将转第三方付款运单进行寄递等工作，以实现网络资料共享。

(1) 人工录入

人工录入主要是针对传统纸质面单而言，由输单员个人将公司内部管理系统规定的与快件相关的信息进行录入。

(2) 电脑自动生成

针对目前的网络下单途径，以及菜鸟网络对各大快递公司数据的整合，输单员只需要通过运单扫描的方式即可获得该快件需登录的所有信息。

2. 信息录入的基本要求

(1) 信息录入的准确性

在进行快件信息登录的过程中，输单员应保证信息录入的准确性，不做与工作无关的事，以防止外界环境的干扰。

(2) 信息录入的及时性

为实现快件信息的全网共享,切实提高快递服务的信息化水平,当日收取的快件应在当日规定的时间内完成信息录入,不得拖延。

(3) 信息录入的规范性

录单时,输单员应严格按照公司内部管理制度的相关要求,将需要录入的信息全部录入,不得少录、漏录。对于需要录入系统的信息,如收件人姓名、地址、电话等,不得随意使用简写、简称。

✍ 实训任务

请选择一家快递公司分部,熟悉快件揽收后分部的所有操作及相关标准。

6.1.3 集包运输

1. 分部集包的操作要求

(1) 根据公司内部的分部集包标准

为提高快递服务的时效性和规范性,各大快递公司均针对快递分部的集包进行了相关要求。如:百世快递要求分部总包应栓有包牌或粘贴标签,总包内应附寄快件封发清单或在包牌及标签写明内装件数,快件总包每包重量不宜超过 32 kg;对较大快件不再装入总包空袋内,而是单独发运,但是在操作上视同总包,也必须登列交接单。

(2) 防止损坏快件和错误集包

三段式编码是目前快递公司最常用的快件分拣和路由方式。编码的第一段代表分拨中心、第二段代表分拨中心对应的快递分部、第三段代表快递分部对应的不同区域。因此,在分部集包过程中,应根据快件寄达地点进行初步分拣和集包,并防止快件毁损和错误集包。

(3) 保证集包场所的安全卫生

根据相关标准,快递服务组织应根据快件业务量、业务开通区域等因素合理设置快件处理场所,并满足以下要求:

① 封闭且面积适宜;

② 配备相应的符合国家标准的处理设备、监控设备和消防设备;

③ 对快件处理场所进行合理分区,并设置异常快件处理区;

④ 保持整洁,并悬挂组织标识;

⑤ 快件处理场所的设计和建设,应符合国家安全机关和海关依法履行职责的要求。

2. 分部运输的操作要求

(1) 反复检查、防止遗漏

集包完成后,工作人员应整理、打扫快件处理区域,确保所有需当日寄出的快件均已完成集包并进入运送流程,如发现遗漏,应及时处理。

(2) 保证安全、准时送达

为保证快件运输的时效性和安全性,分部班车应准时发车,且不因天气、个别快件异常等原因受影响,预留合适的应急处理时间,确保在分拨中心规定的时间前到达指定区域;运输人员应保持高度的安全意识、责任意识,保证运输安全和人身安全。

(3) 专人运输、专车运输

分部快件应由专人、专车进行运输,装车完毕后,应根据公司要求准备好相关材料,再次确认总包数量后，贴好车辆封志。

任务6.2　快件总包交接、拆解

快件总包(Consolidated Dispatch)是混装在一个容器内，同一路由、同一种类的快件的集合。包括快递分部对分拨中心的总包，以及分拨中心对分拨中心的总包两种。

6.2.1　快件总包的交接

1. 总包交接前的准备工作

① 检查有无快件处理的相关要求和操作变更通知。

② 领取条码扫描设备、名章、圆珠笔、拆解专用钳或剪。

③ 做好个人准备工作，穿好工作服，佩戴工作牌和上岗劳动保护用品，如防护手套、护腰工具等。

④ 检查装卸、分拣、条码扫描等设备，核对作业班次和时间。

⑤ 对作业场地进行检查，场地应清洁、干净、无遗留。

2. 航空、铁路运输快件的交接

(1) 总包提取步骤

① 操作人员在快件总包到达前，整理完整到件信息，交与接发人员；

② 接发人员至机场、火车站提货处，按操作人员交与的信息，核对到件数量，检查航空标签；

③ 对出现的如破损、少件等问题，要当场与承运方提货处人员核对登记，并要求提供破损证明，有条件的要当场拍照。

(2) 注意事项

① 检查快件托运单信息，与实际接收情况进行比对。

② 仔细核对联运方填写的货仓单、航空结算单以及货站发货单是否与实际运输数量、重量、航班或车次相符。

3. 汽车运输快件的交接

(1) 总包交接流程

汽车运输总包交接流程如图6.1所示。

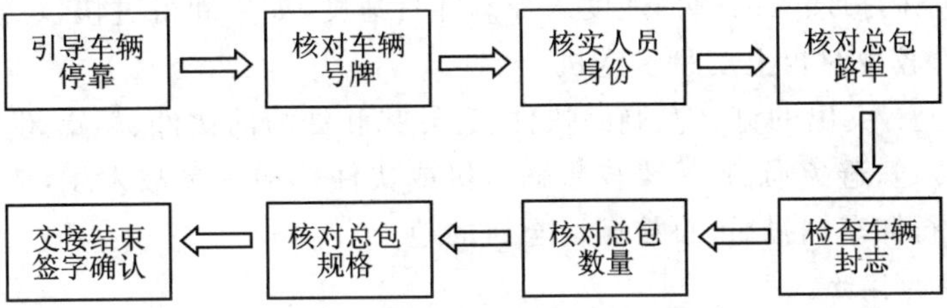

图6.1　汽车运输总包交接流程

(2) 注意事项

① 检查总包路单填写是否完整，有无缺漏，章戳签名是否规范，必须在总包路单上批明接收时间。

② 如果总包数量与总包路单不符，需双方当面查清核实并在总包路单上批注实收数量。

（3）车辆封志和异常车辆封志处理

① 车辆封志。车辆封志是固封在快件运输车辆车门的一种特殊封志，其作用是防止车辆在运输途中被打开，保证已封车辆完整地由甲地运到乙地。封志是快件运输途中保证安全、明确责任的重要手段。大体上可分为两大类：一类是实物封志，实物封志包括金属类和塑料类封志；另一类是信息封志，如卫星定位系统，是无形的封志。

异常车辆封志指拆解车辆封志之前，封志已经出现断开、损坏、标签模糊、塑料封志反扣松动能被拉开等现象。出现异常车辆封志应在路单上进行批注，并查明原因，及时进行处理。包括断开损坏的车辆封志、标签模糊的车辆封志、条码与路单不符的车辆封志。

② 异常车辆封志的处理。a. 发现车辆封志异常应首先向作业主管报告，并在路单上批注交接异常的原因。b. 拆解异常车辆封志和卸车应在监控范围内由两人或两人以上共同进行。c. 将异常封志单独保管，拍照留存。d. 对于条码模糊不能被正确识读的车辆封志，如果数字清晰，可以手工录入；如果条码和数字均模糊，应通过路单来查询本车所装载总包情况，并填写异常车辆封志处理报告。e. 对于车辆封签与路单不符的情况，应会同押运人员查明原因。

4. 单据归档

在快件接收环节的单据主要有总包路单和封发清单。

① 在作业结束后，要按单据种类、编号顺序、日期、作业班次、进出站方向及车次、航班、铁路等发运类别，整理后加上封皮装订成册。

② 装订成册后，在封皮上注明种类名称、起止编号、起止日期、作业班次等信息，并由经手人签字盖章。

③ 业务单据的整理、传递、管理要专人专管，做到发有记录、接有签收。

④ 以作业班次为单位每日将上一日的单据送缴档案室保管。在到站快件接收作业过程中，场地接收人员对快件运输车辆的标志、快件交接单的填写、总包快件的规格和质量等方面都要认真执行交接验收规定，明确责任环节，确保快件的处理质量。

6.2.2 快件总包的卸载和拆解

1. 快件总包的卸载

（1）卸载总包和总包单件

① 把车上的总包和总包单件卸到滑梯上或直接放置在皮带输送机（卸货平台）上，操作时不得有抛、扔现象。

② 必须根据条码扫描器的扫描速度来控制卸货速度，如果卸得过快，可以先放置一边，待皮带输送机上快件较少时再上皮带输送机。

③ 包装外表上有突出的钉、钩、刺的快件、有异味和油渍的快件、超重超大等特殊快件，不能上皮带输送机传送，避免损伤、污染皮带输送机或快件摔损等事故发生，应将以上快件单独摆放在推车上，进行卸车扫描后，直接搬运至目的地。

（2）总包单件的摆放

① 对卸至皮带输送机上的快件进行整理，使快件详情单处在向上状态，以便确认。

② 当皮带输送机出现双排流转现象时，应将部分快件卸下，确保主皮带输送机是单排流向，间距保持 5 cm 左右。

③ 当皮带输送机上快件较少时，将卸下的快件重新放回皮带输送机上，以确保快件匀速流转。

2. 快件总包的拆解

总包拆解是指将接近站点的总包拆开，转换为散件。总包拆解有人工拆解和机械拆解两种方式。机械拆解是指用电动葫芦或推式悬挂机把总包悬挂提升起来再拆解的方式。

在总包拆解前应采取人工或电子的方式进行信息比对，总包拆解的信息比对，比对内容包括快件路向是否正确，有无误发；根据封发清单逐件核对，包括快件编码、原寄地、件数、重量；检查快件封装规格标准；比对合计数量是否有误；划销处及签章处是否盖章。

总包拆解的要求主要有以下三点：

(1) 封志拆解

① 右手持专用拆解剪在靠近铅封处剪断扎绳一股，不可损伤封志，保持扎绳、封志和袋牌连在一起。

② 应使用专用拆解剪将塑料封志剪断。

(2) 倒袋

① 双手捏住总包包袋底部的两角向上轻提，小心倒袋。

② 每开拆完一袋，拿出相关快件后要随即用手将袋撑开，采用“三角看袋法”，验看袋内有无遗漏快件。使用机器开拆的，也要验看袋内有无遗漏快件。

(3) 拆解后

① 对拆下的空袋、袋牌、铅志、绳扣等物，放在指定位置，以备查用。

② 拆解中发现异常情况的空袋、袋牌、铅志、绳扣等物，应妥善保管，以便做为相应证物。

③ 拆下的包牌、封志应放在专用箱内，区分一次性使用和循环使用的容器；按型号和材质，整齐叠码堆放完好的总包空袋；将破损、水湿、油污的总包空袋放到指定位置；对总包空袋上粘贴的快件总包条码签进行清理，并存放在指定区域；作业结束后，检查场地有无散落的空袋。

总包拆解过程中常见异常有以下处理方式：

(1) 总包内快件与封发清单数量不一致

① 发现总包内快件实际数量少于封发清单中记载快件数量时，应向上一环节缮发快件差异报告，并附上原封志、袋牌、铅志、绳扣、空袋等原始凭证。

② 发现总包内快件实际数量多于封发清单中记载快件数量时，应在清单上进行批注，并向上一环节缮发快件差异报告，以说明情况。

③ 发现封发清单中快件合计数错误时，应在清单上进行批注，并向上一环节缮发快件差异报告，以说明情况。

(2) 总包内快件与封发清单重量不一致

称重后快件重量小于封发清单上注明的重量，可能是内件短少或上一环节称重错误。

(3) 总包内快件与封发清单中记载快件编号、原寄地、备注不一致

发现总包内快件实物信息与封发清单上快件信息不符，如快件编号登记错误、原寄地登记错误、保价快件未在备注栏中注明等情况，应在封发清单上对应栏中注明快件的正确信息、并向上一环节缮发快件差异报告。

(4) 总包内未附有封发清单

发现总包内未附有封发清单时，应先称整包重量与袋牌所注重量核对是否相符，有电子信息的以电子信息为准。

(5) 拆出的快件有水湿、油污等

① 水湿油污不严重的，按要求进行阴干、清洁和隔离处理，并缮发快件差异报告。

② 水湿油污严重、快件失去价值的，除缮发快件差异报告外，交作业主管处理。

(6) 拆出的快件外包装破损、断裂、有拆动痕迹

对于拆出的快件有外包装破损、断裂和拆动痕迹的,必须及时通知作业主管,对破损快件称重、拍照,并根据详情单检查内件是否漏出或出现丢失情况,内件齐全后将快件重新进行包装。

(7) 封发清单更改划销处未签名、未签章

及时与上一环节联系,查明原因,根据正确的清单对快件进行核对。

(8) 详情单条码污损不能识读

手工键入或查找信息。

(9) 快件详情单地址残缺

通过封发清单或系统内总包信息进行查询,将相关信息标注。

(10) 有内件受损并有渗漏、发臭、腐烂变质现象发生的快件

内件有破损并渗漏出液体、粉末状固体、半固体状物品,或者漏出内件疑似有毒、剧毒、不明的化工原料,必须由专人使用专用防护工具或防护设备进行隔离,以防止伤害人体或污染其他快件。

✍ 实训任务

小黄是××快递四川省成都市分拨中心的一名运作员,在拆解来自内蒙古的总包时,发现一快件包装有破损,且漏出有刺鼻味道的粉末,且已污染其他快件包装。小黄本打算将包装有破损的快件重新封装,但又担心寄递物品有毒。请问小黄应该怎么办?

任务 6.3　快件分拣

【知识链接】

快递服务组织应设立安全部门,或配备安全管理人员,制定安全管理制度和应急预案,落实相关责任。

(1) 人员安全

快递服务组织在提供快递服务时,应:

① 对员工进行交通法规和安全培训,确保交通安全;

② 制定设备操作规程,并对员工进行安全操作培训,确保操作安全;

③ 在快件处理场所设置必要的防护措施、安全标志及警告牌,确保内部处理安全。

(2) 快件安全

快件服务组织应采取以下措施,确保快件安全:

① 建立并严格执行快件收寄验收制度,遵守《中华人民共和国邮政法》《禁寄物品指导目录及处理办法》的有关规定,确保收寄快件的安全;

② 在收寄和投递环节,应确保快件不裸露在外;

③ 在分拣、封发、运输、报关等处理过程中,应制定完善的监控制度,配备必要的监控设备;不准许无关人员接触快件,不准许从业人员私拆、隐匿、毁弃、窃取快件,确保快件的处理安全;

④ 在分拣、封发、运输、报关等处理过程中,如发现问题快件,应及时做好记录并妥善处理;如需对快件进行开包,应由制定人员,在有关人员或设备的监控下进行,并做好记录;

⑤ 因停业、转产、破产等原因停止快递经营活动的,应及时妥善处理所收寄的物件,确保快件安全;

⑥ 除依法配合司法机关需要外，快递服务组织不应泄露和挪用寄件人、收件人和快件的相关信息，确保快件信息安全。

(3) 突发事件

快递服务组织应制定突发事件应急方案。

发生突发事情造成重大服务阻断时，快递服务组织应：

① 按照有关规定及时报告相关部门；

② 启动应急方案，采取必要的应急措施，确保人员和快件安全；

③ 以适当的方式及时告知用户。

在事件处理过程中，应对所有相关的资料进行记录和保存。相关资料和书面记录应至少保存1年。

引自《快递服务　第3部分：服务环节》(GB/T 27917.3—2011)

6.3.1 快件分拣的方式

快件分拣(Sorting)将快件按寄达地址信息进行分类的过程。分为直封分拣和中转分拣两类。其中，直封是指分拨中心按照快件的寄达地点直接封发给到达城市分拨中心的分拣方式，途中无需再次分拣封发，可直接进行快件的派送处理；中转分拣是指分拨中心将寄达地点的快件封发给相关的分拨中心，经再次分拣处理、封发后达到寄达城市分拨中心的分拣方式。

在分拨中心常见的分拣方式分三种，分别是人工分拣方式、半自动分拣方式、全自动分拣方式，如图6.2所示。

人工分拣是指依靠人力，使用简单的生产工具来完成整个分拣作业过程的一种分拣方式。半自动分拣方式是采用手工和机械设备相结合的方式，将快件从运输车辆上卸往自动传送带，再由人工根据快件标识进行手工分拣的一种分拣方式。全自动分拣方式是利用自动化设备进行分拣的一种分拣方式，无需人力直接介入即可完成全部拣货作业。

图6.2　人工分拣、半自动分拣与自动化分拣

不同分拣方式的特点如表6.1所列。

表 6.1 不同快件分拣的方式和特点

分拣方式	特点
手工分拣	快递业发展初期业务量较小时使用，人工成本高，分拣错误率高，耗时长
半自动化分拣	当前主流的分拣方式，主要由电脑、流水线完成，人工起辅助、处理异常问题的作用
分拣机自动分拣	信息化程度高，对信息、流程的数字化、标准化要求高，能够有效地节省人力成本和提高分拣时效。目前部分快递公司在进行试点

6.3.2 快件分拣的要求

1. 快件分拣的基本要求

《快递服务　第3部分：服务环节》(GB/T 27917.3—2011)指出，快递分拣应做到：

① 应按收件地址、快件种类、服务时限要求等依据进行分拣；

② 应分区作业；

③ 文明分拣，不应野蛮操作，快件分拣脱手时，离拜访快件的接触面之间的距离不应超过30 cm，易碎件不应超过10 cm；

④ 小件物品及文件类快件，不宜直接接触地面；

⑤ 应准确将快件分拣到位，避免出现错分滞留现象；

⑥ 应及时录入分拣信息，并按规定上传网络。

除此之外，如在内部处理过程中发现禁寄物品，应立即停止寄递，对各种反动报刊、书籍、淫秽物品、毒品及其他危险品，应及时通知公安机关处理，并及时报告当地邮政管理部门。

2. 特殊快件的分拣

(1) 优先快件

优先快件是指因时限要求或特殊要求需要优先处理快件的统称。

① 优先快件不得与其他快件混合开拆分拣；

② 优先快件是否正确粘贴“优先快件”“即日达”或“航空件”标识；

③ 检查快件包装是否完好，有无污损等情况。

(2) 保价快件

保价快件是指寄件人按规定交付保价费，快递企业对该快件的丢失、损毁、内件短少承担相应赔偿责任的快件。

① 接收保价快件总包认真执行交接验收制度，交接双方必须当场交接，做到登记备案、分开操作、单独放置；

② 保价快件不得与其他快件混合开拆分拣；

③ 保价快件总包应双人会同开拆处理；

④ 对保价快件必须逐件称重，及时发现保价快件是否短少，并进行相应处理。

6.3.3 分拣的常见问题

1. 常见分拣异常情况及其处理方式

常见分拣异常情况及其处理方式如表6.2所列。

表 6.2　分拣异常情况及其处理方式

种　类	特　征	处理方式
无法分拣且引发错误	运单脱落	填写快件异常情况登记表，上传物品信息到无信息物品(无头件)库等待发件分部认领
	同一快件出现多张运单	填写快件异常情况登记表，通知相关联收件分部确认正确的运单信息
	寄达地址不清晰	填写快件异常情况登记表，通知收件分部进行核对，并将信息补充完整
重量、规格不符合要求	重量、规格超过对单件快件上限	填写快件异常情况登记表，退回相应分部
	因包装不善导致快件破损、水湿、油污、渗漏等现象	填写快件异常情况登记表，暂存至问题件部门，通知相应分部处理
超出服务范围	公司网络未覆盖	填写快件异常情况登记表，通知相应分部，转寄费用，转寄公司单号；如不需要，则退回
	不在派送区域或某些增值业务(代收货款)区域	强制就近中转

2. 常见的分拣错误

① 运输方式错误：在分拣的过程中，因没有看到运输标示，将原本发空运的快件错分到陆运，而原本发陆运的快件错分到空运。

② 寄达地址错误：将快件错分到与寄达地点的地名相似或地方代码接近的地方。

③ 忽略撤回或修改地址的快件，导致快件未及时撤回或修改地址，影响快件的时效和客户的感知。

④ 误投档口：此错误常见于采用人工分拣的分拨中心，因特定区域对应特定档口，易造成相邻档口误投的情况。

✍ 实训任务

某快递公司分拨中心分拣人员进行快件分拣时，发现有几个快件上运单地址填写错误，还有的存在超限、超重等问题，需要及时处理，他该怎么做？请帮他处理。

任务 6.4　快件封发

【知识链接】

封发(Dispatching)是按发运路线将快件进行封装并交付运输的过程。封发包括以下要求：

1. 应准确封发，防止错发漏发；
2. 应对中途需要中转的以及小件物品，建立总包进行封发；
3. 应及时录入封发信息，并按规定上传网络。

引自《快递服务　第3部分：服务环节》(GB/T 27917.3—2011)

6.4.1 总包封装

1. 总包封装的准备

(1) 封发清单

封发清单是登列总包内快件的单号、寄达地、种类或快件的内件类别等内容的特定单式，是接收方复核总包内件的依据之一，也是快件作业内部查询的依据。从形式上看，有纸质清单和电子清单之分(目前多使用电子清单)；从内容上看，有普通快件清单、保价快件清单、代收货款清单。因清单形式的不同，录单也有手工登单和扫描登单两种操作方式。

(2) 总包包牌

总包包牌是指快递企业为发寄快件和内部作业而拴挂或粘贴在快件总包袋指定位置上，用于区别快件的所属企业、运输方式、发运路向等信息标识，如图 6.3 所示。国内快件和国际快件的总包包牌有一定区别。

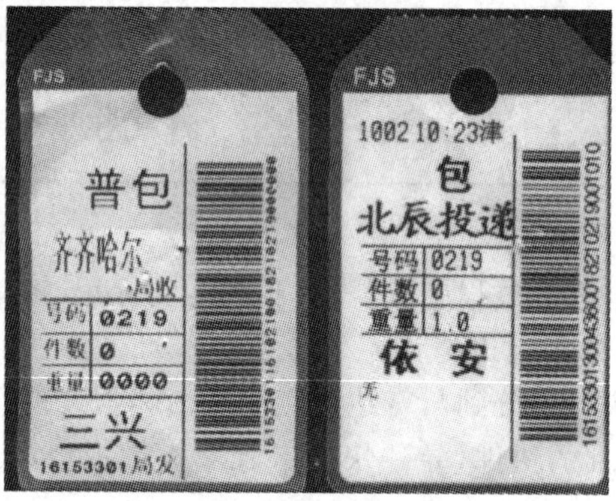

图 6.3 总包包牌

(3) 总包路单

总包路单是记录快件总包的封发日期、接收日期、封发路由、总包数量和种类、总包总重量、原寄地等详细信息的单据，用于运输各个环节的交接。

2. 总包封装的要求

① 选择大小合适的包袋或容器。不得使用企业规定之外的、破损的、水湿的、污染的包袋或容器。

② 将预制的包签，贴在空袋一侧，起粘贴位置应视袋内快件承装的多少而定，一般封扎完毕后位于包袋的中上部。

③ 将总包空袋置于撑袋车或撑袋架上。

④ 按照“重不压轻、大不压小、方下圆上、规则形放下、不规则形放上”的原则将货物装袋；保价快件、到付快件等特殊快件应分别封装成总包。

⑤ 装入封发清单。

⑥ 卸下总包包袋，根据要求扎紧封口。

⑦ 检查总包包牌、封志、重量、规格等是否符合要求；确认包牌条形码是否整洁完好；确认是否有遗漏快件。

6.4.2　总包发运

1. 总包堆码和装车

总包堆码和装车的基本要求如表6.3所列。

表6.3　总包堆码和装车的基本要求

总包堆码的要求	总包装车的要求
1.代收货款、到付快件、优先快件等单独堆码	1.应由两人及以上协同作业
2.码放在托盘等工作上的总包，应根据工具的载重标准和安全要求进行，高度以不超过工具的护栏或扶手为宜	2.装载有两个及以上装卸点的车辆，应按照先出后进的原则进行装车，堆位之间用隔离网分离
3.立式放置，整齐划一，一层为宜，搭载统一航班或车次的总包集中堆放	3.保证车辆载重的均衡
4.根据航班、车次出发的时间先后顺序摆放	4.总包袋口一律向外，做到有序、整齐、稳固
5.文明操作，不得有扔、摔、拖等损坏快件的行为，保护包签不被损坏或污染	5.不得装载有渗漏、破损现象的总包
6.各堆位之间预留明显距离	6.文明作业，不得有抛摔、踩踏等行为
	7.执行不同物品的搬运要求以及堆码标准
	8.总包之间不留空隙，各层之间交错码放

2. 车辆封志和发车

封志有传统的门锁、特质塑料、金属封条、电子封志等(见图6.4)。施封前应检查车辆封志是否符合要求、GPS定位系统是否正常；场地人员和司机、押送人员需同时在场；保证条形码完好无损、标志牢固核对条形码编号与交接单记录是否一致。场地人员和司押人员对照交接单的规定和要求，检查并交接完相关单据后，在交接单上签字确认，即可封志发车。

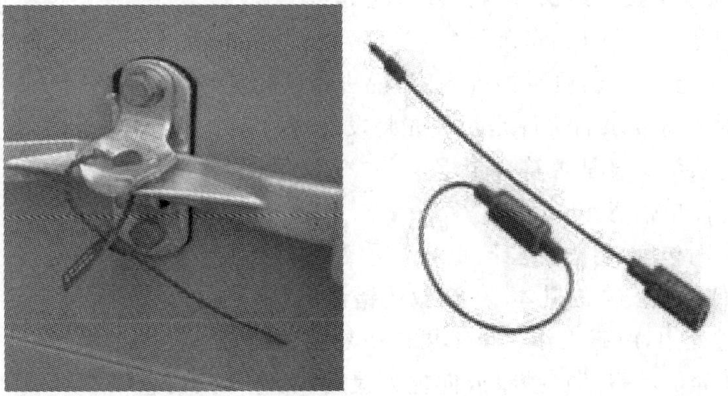

图6.4　车辆封志

✍ 实训任务

肖强是某快递公司员工，他的任务是查看分拣完成的快件。现有2箱酒、1床棉被、5封文件，他需要判断是否进行合包操作。请问他该怎样完成这个任务？

课后练习

一、单项选择题

1. 进行快件装载时，易碎品、不耐压的快件应放在（　　）。

A. 顶层　　B. 底层　　C. 外层　　D. 内层

2. 快件分拣涉及的岗位是（　　）。

A. 理货员　　B. 分拣员　　C. 派送员　　D. 司机

3. 总包接收的顺序是（　　）。

A. 按寄达地比较近的先接收

B. 按寄达地比较远的先接收

C. 按车辆到达的先后顺序接收

D. 按载重总包的多少接收

4. 以下不属于快递处理作用的是（　　）。

A. 集散作用　　B. 控制作用　　C. 协同作用　　D. 仓储作用

5. 总包接收验收的顺序排在最前面的是（　　）。

A. 检查快件运输车辆运送人员提交的交接单内容填写是否有误

B. 引导快件运输车辆安全停靠指定交接场地

C. 核对到站车辆的发出站、到达站、到达时间，并在交接单上批注实际到达时间

D. 检查总包有无破损

6. 信息录入的要求不包括（　　）。

A. 安全性　　B. 真实性　　C. 完整性　　D. 及时性

7. 总包封装有直封和（　　）两种方式。

A. 人工封装　　B. 中转　　C. 机械封装　　D. 扫描封装

8. 施封后，需登记在出站快件的交接单上的是（　　）。

A. 总包路单号　　B. 车牌号　　C. 司机电话　　D. 封志条码号

9. 以下关于总包封装的质量检查内容，说法错误的是（　　）。

A. 检查对时限有要求的快件是否优先封发处理

B. 检查操作系统信息是否符合要求

C. 检查快件面单信息是否完整

D. 检查总包的包牌、封志、袋身、重量等是否符合要求

10. 关于快件信息安全的基本要求，叙述错误的是（　　）。

A. 在处理过程中，所有工作人员都可以查看快件信息

B. 快递从业人员不得私自抄录或向他人泄露收、寄件人信息

C. 严禁将快件私自带回与工作无关的任何场所

D. 发现包装破损并有可能暴露内件信息时，用立即报告主管人员

二、判断题

1. 如运单数量与快件数量不相符，需及时找出数量不符合的原因并跟进处理。（　　）

2. 快件卸载时，应在车辆停靠稳妥后进行卸载作业，进出车厢使用防护扶手，避免摔伤。（　　）

3. 快件分拣方式有人工分拣和自动分拣两种。（　　）

4. 施封时，场地人员和司押人员必须同时在场。(　　)

5. 拆解中发现异常情况的空袋、包袋、绳扣等物品，应妥善报关，以便作为相应证物。(　　)

6. 卸载使用的机械或工具，特殊情况下可以载人。(　　)

7. 总包包牌是可用于区别快件的所属企业和运输方式及发运路向等的信息标志。(　　)

8. 不同批次或车次的总包可以混在一起接收。(　　)

9. 车辆封志分实物封志和信息封志两种。(　　)

10. 总包封装是将多个发往同一寄达地的快件集中规范地放置在袋或容器里，并将袋或容器封扎的过程。(　　)

三、简答题

1. 请简述快递分部在快件揽收后的处理内容和具体流程。

2. 请简述快件总包验视的基本内容。

3. 请简述快件分拣中常见的异常情况和处理方法。

4. 请简述快件封装和发运的基本流程。

四、案例分析题

【材料1】

在政策上，推进科技创新成为快递业发展的重要任务。国家邮政局发布的《快递业发展“十三五”规划》明确提出，鼓励快递企业采用先进适用技术和装备，推进机器人、无人机、无人车的研发和应用。

某快递公司已使用机器人进行分拨中心的分拣作业，一段视频中，一些装备着橙色托盘的机器人迅速穿梭，将一件件包裹运送到指定位置，完成分拣。

据媒体报道，这些机器人可以对长度不超过60厘米、宽度不超过50厘米、重量在5公斤以下的小件包裹进行分拣运送。每次扫码时间在一秒以内，运行速度可达每秒三米，每小时可以完成18000件分拣。

对此，网友评论称“仿佛看到一群小黄人”“扫地机器人辞职干快递了”。

来源：中国新闻网，2017年4月17日

【材料2】

2107年11月13日下午，记者分别来到位于龙泉驿区的百世快递成都分拨中心、中通快递成都分拨中心(见图6.5)，实地探访快递高峰时期的应对情况。

图6.5　分拨中心的分拣现场

今年，两家快递公司都增加了自动分拣线的投入，基本覆盖了所有小件快递的分拣工作。

百事快递成都分拨中心新增一条自动分拣线，中通快递成都分拨中心在原来的基础上扩充了自动分拣线的规模。自动分拣线上的传送带被分割成小块，每个小块都能左右扭动，每个小块上摆一件快递，传送带载着它们依次通过安装有摄像头的龙门，电子面单上的二维码被扫描后，快递到了相应的区域，传送带轻轻一扭，快递就"跑进"了写有市内站点名字的口袋。

中通快递成都分拨中心的分拣线上，传送带运行每秒能跑2米，每小时能够分拣4.5万件货物，不到5分钟就能装满一个口袋。对比以往人工分拣，每小时最多处理4000多件货物。

来源：四川在线　2017年11月13日

问题1：请结合材料中给出的信息，试分析快递行业集货分拣的趋势。

问题2：请思考，随着人工智能的发展，快递分拨中心的工人可能完全被设备和机器人代替吗？

项目 7　快递运输

☞ 学习目标

了解快递运输的方式及各自的优劣，了解快递运输的组织方式，了解快递运输的网络结构和运输流程。

☞ 重点和难点

公路运输的异常情况及处理方法，航空运输的异常情况及处理方法，快递的分类。

☞ 导入案例

【案例 7.1】

恶劣气候波及快递　长途运输难度加大

随着 2018 年的到来，随之而来的是这个冬季的第一场大雪，而下雪这种天气情况下，物流运输势必会受到不小的影响。最近消费者国内电商平台网购时也能发现，物流页面针对下雪有提示，快递包裹很可能因为大雪天寒被延误。那么，近期物流运输的实际情况如何呢？

有电商平台用户反馈，最近几天受大雪天气影响，网购后快递运输速度明显变慢，甚至有的包裹在半路卡住了，较长时间并未成功送至下一站点，而这一情况也得到了快递企业的证实。

快递行业从业人员表示，下雪这种极端天气对于物流运输的影响很大。一方面，国内部分地区积雪较厚，影响到高速公路的通畅，高速公路被封，运送快递的车辆自然会受到影响，一些跨省的快件有很大的可能性会出现延误；另一方面，即使快递包裹到达末端配送站点，由于下雪后气温较低且道路湿滑，给快递员配送包裹带来不小的难度，基本上很难保证正常的配送速度。

值得一提的是，由于之前很多快递包裹积压在运输途中，所以接下来末端站点的包裹量会激增，快递员的工作强度也将会加大。

业内人士表示，虽然大雪天气对于快递运输的影响是一时的，但这也是快递企业需要克服的难点。如何在较为恶劣的条件下完成快递运送，是物流企业需要思考的问题，而通过技术研发实现这一点并不是不可能。

来源：中国工业网，2018 年 1 年 10 日

【案例 7.2】

湖北高速一货车突然起火自燃　万件快递被烧毁

18 日上午十一点半左右，省高警总队黄梅大队值班室接报警称福银高速公路黄梅段有一辆重型半挂牵引车起火自燃。接警后，高速警察和消防部门迅速赶到现场救火，并对事故现场道路实施了临时交通管制。

消防官兵和高速警察到达现场，映入眼帘的是一辆集装箱式半挂车与牵引车分离，牵引车停在现场前方应急车道内，其半挂车轮胎也已经烧毁，消防官兵打开箱门后发现，货箱内满满

都是快递，且正在燃烧，冒出滚滚浓烟。车上快递品种很多，有白酒、食用油、莲藕、尿不湿、婴儿车等。经过一个半小时的工作，成功救出千余件未被燃烧的快递。

据司机介绍，该车是一家快递公司的车辆，18日早晨在武汉装载了一万多件快递准备运往福建省泉州市，当车辆行驶到福银高速公路黄梅段时，发现挂车后边有烟冒出，司机停车后先用车载灭火器进行了灭火，但由于火势过大，只能赶紧拨打119报警。

施救期间，高速警察临时封闭了双向道路，不过有部分驾驶员不遵守法律，在高速公路应急车道内加塞，高速警察拍摄取证后将违法车辆上传至网上，驾驶员将面临的是罚款200元、驾驶证记6分的行政处罚。

来源：湖北经视　2018年1月19日

【案例思考】

1. 快递运输可以采取哪种运输方式？
2. 快递运输过程中需要采取哪些安全措施？

任务7.1　快递运输分类

运输是指人们借助运输工具，实现运输对象的空间位置变化的有目的的活动。运输过程是运输劳动者使用运输工具使运输对象实现空间转移的过程。对于快递来说，运输是快件递送流程中的重要组成部分，也是核心环节，不论是快件的揽收、中转或是派送，都要依靠运输来实现。

7.1.1　快递运输的分类

1. 按照运载工具分类

国内快递企业常用的运输方式有三种：公路运输、航空运输、铁路运输，以快件的运输里程为界，一般800 km以内为汽运，800 km以上为航空运输。我国邮政部门邮件大多采用铁路部门邮政车进行运输。国际快递常用的运输方式是航空运输，部分采用水路运输的方式。常用运输方式及特点如表7.1所列。

表7.1　常用运输方式及特点

运输方式	优　点	缺　点	在快递运输中的使用
公路运输	灵活性强，建设周期短，投资较低，易于因地制宜，成本低	载重量小，易受自然环境和天气影响	非常高
铁路运输	速度快，成本低，适合于远距离大批量货物运输	灵活性差	较少
航空运输	速度快，适合于远距离小件货物运输	成本高，灵活性较差	较高
水路运输	速度慢，适合于远距离大批量货物运输	成本低，灵活性较差	极少

(1) 公路运输

主要利用汽车在公路上进行运输的一种方式，主要承担近距离、小批量或水路、铁路难以到达地区的货运，以及不适宜采用铁路、水运的短途运输。主要优点是灵活性强，公路建设周期短，投资较低，易于因地制宜，对收到站设施要求不高，可以采取“门到门”的运输形式，无需转运或反复装卸搬运。公路运输也可作为其他运输方式的衔接手段，经济半径一般在200 km以内。

(2) 铁路运输

使用铁路列车运送快件的方式，主要承担长距离、大数量的货运，是在干线运输中起主力运输作用的运输形式。速度快，不易受自然条件限制，载运量大，运输成本较低；灵活性差，只能在固定线路上实现运输，需要以其他运输手段配合和衔接，经济里程一般在200 km以上。

(3) 航空运输

利用使用飞机或其他航空器进行运输的一种形式。单位成本很高，主要适合运载价值较高或追求时效的快件。主要优点是速度快，不受地形的限制，但在当地没有机场的地区涉及二次或多次转运。

(4) 水路运输

使用船舶运送快件的一种运输方式，成本低，能进行低成本、大批量、远距离的运输；但运输速度慢，受港口、水位、季节、气候影响较大。分沿海运输、近海运输、远洋运输、内河运输四种类型。

【知识链接】

运输原理

规模经济：规模经济的特点是随装运规模的增长，使单位重量的运输成本降低。运输规模经济的存在是因为与转移一批货物有关的固定费用可以按整批货物的重量分摊。所以一批货物越重就越能分摊费用。

距离经济：指每单位距离的运输成本随距离的增加而减少。运输的距离经济也指递减原理，因为费率或费用随距离的增加而减少。

2. 按照运输线路分类

(1) 干线运输

又称区间运输，是指不同城市或不同省份的分拨中心之间的运输，距离一般不超过800 km，多由公路运输完成。

(2) 支线运输

又称区内运输，是指网点与网点或网点与分拨中心之间的运输，保证分拨中心覆盖范围内的网点之间快件的集散和中转处理。

7.1.2　快递运输常用的组织形式

1. 公路运输常用的组织形式

(1) 自有车辆运输

由快递企业自行出资购买车辆、聘请司机、统一调度、统一管理的运输方式，一般不提供对外租赁业务。有利于对运输的各环节和流程进行规范化的管理，并做好成本控制和效率提升。是目前国内快递公司最常见的公路运输组织形式。

(2) 契约运输

由快递公司和承租商根据合同规定的路线以及要求完成货物运输任务，由承租商自行调配车辆并承担相应的费用。有利于降低企业短期投入，并减少对车辆管理、人员配置等相关管理工作。快递公司针对部分网络常采取此类方式。

2. 航空运输常用的组织形式

(1) 自有飞机运输

快递企业自行出资购买飞机、聘请飞行员，由公司进行统一调度和统一管理的航空运输方式。目前国内快递公司已开始尝试在部分干线购买和投入自有飞机。快递企业利用自己的飞机，设定固定航线、航班进行快件运输。由于航线固定，即有固定始发站、途经站、目的站和起降时间，快递企业可以确切地掌握起运和到达时间，保证快件安全、迅速地运达目的地。同时，利用自有飞机运输，便于快递集货时间的安排和舱位配载，也可避免包机或托运中可能发生的货物积压，造成快件破损的问题。不足之处是，大多数企业自有飞机的舱位有限，不能满足大批量快件的运输需求。

(2) 包机运输

对于没有自有飞机的快递企业，如果快件量较大且稳定，可以使用包机运输，包机分整架包机和部分包机。整架包机是指航空公司按照约定的条件和费率，将整架飞机租给一个或若干个包机人(包机人指发货人或航空货运代理公司)，从一个或几个航空站装运货物至指定目的地。部分包机是指几家快递公司联合包租一架飞机，或者由航空公司把一架飞机的舱位分别承包给几家快递公司，也称拼机。与自有飞机相比，由于所包飞机属于航空公司所有，飞机的航线和起降时间由航空公司决定，快递企业可控性低。

包机运输有利于降低企业短期投入，并减少对飞机管理、飞机维护、人员配置等相关管理工作。为降低前期投入成本，目前快递公司多采用此类方式。

(3) 集中托运

是指快递企业将发往某一方向的快件委托给航空货运代理公司，航空货运代理公司将若干批单独发运的货物集中成一批向航空公司办理托运，填写一份总运单送至同一目的地，然后由其委托当地的航空代理人收件，然后分拨给实际收件公司的运输方式。这种托运方式，可降低运费，对于业务量小、资金有限的快递企业可采取这种运输。

7.1.3 快递运输的要求

《快递服务》(GB/T 27917.3—2011)明确指出：快递服务组织在快件的装载和卸货环节，应确保快件不受损害，核对快件的数量和质量，如发现异常快件，应及时记录，并注明处理情况；如需转运，应严格按照中转时限转发；应按照规定路由进行运输，若出现特殊情况，致使原规定的路由不适用时，可根据实际情况调整计划，并做好记录；应及时录入运输信息，并按规定上传网络。为保证社会治安和人民群众生命财产安全，快递企业不得收寄快递违禁品。另外，由于运输工具的不同特点，对运输物品的尺寸、重量和包装都有一定的要求。

1. 快递运输禁寄物品

在采用航空运输方式时，严禁收寄以下物品：

(1) 威胁航空飞行安全的物品

① 爆炸品：如烟花爆竹、起爆引信等。

② 气体：如压缩气体、干冰、灭火器、蓄气筒(无排放装置，不能再充气的)、救生器(可自动膨胀的)等。

③ 易燃液体：如油漆、汽油、酒精类、机油、樟脑油、发动机起动液、松节油、天拿水、胶水、香水等。

④ 易燃固体：自燃物质，遇水释放易燃气体的物质，如活性碳、钛粉、椰肉干、蓖麻制品、橡胶碎屑、安全火柴(盒擦的或片擦的)、干燥的白磷、干燥的黄磷、镁粉等。

⑤ 氧化剂和有机过氧化物：如高锰酸钾。

⑥ 毒性和传染性物品：如农药、锂电池、催泪弹等。

⑦ 放射性物质。

⑧ 腐蚀品：如蓄电池、碱性的电池液。

⑨ 未加消磁防护包装的磁铁、磁钢等含强磁的制品。

（2）任何药品

① 各种丸、散、膏、丹等中成药。

② 各种动物、植物、矿物等饮片。

③ 各种片剂、粉剂、糊剂、水剂、酊剂等内服药。

④ 各种针剂、输液剂等注射剂。

（3）其他航空禁运品

粉末状物品（不论何种颜色）、液体（不论使用何种包装）、外包装有危险标志的货品、没有国家音像出版社证明的音像制品（含CD、VCD）、刀具、榴莲、带气火机、涉及“武器”和“枪支”概念的任何货品（含玩具）等。

2. 快递运输对运输物品的要求

对采取航空运输方式的快件，一般要求超小快件长、宽、高之和不得小于40 cm；非宽体飞机每件不得超过80 kg，体积一般不超过40 cm×60 cm×100 cm；宽体飞机每件不得超过250 kg，体积一般不超过100 cm×100 cm×140 cm。顺丰则要求航空快件单件计费重量不超过80 kg或三边（长、宽、高）分别不超过2.5 m、1 m、0.8 m。

对采取非航空运输方式的快件，一般要求每件不超过50 kg。顺丰速运要求陆运快件单件计费重量不超过130 kg或三边（长、宽、高）分别不超过2.5 m、1.5 m、1.5 m。

✍ 实训任务

针对你所在地的地理情况，快递运输可采取哪些运输方式，为什么？

任务7.2　快递公路运输流程

7.2.1　公路运输的操作流程

1. 发车出站

快件在分拨中心经过分拣、封装、装车，并完成车辆封志、交接等相关手续后，根据快递公司管理制度发车出站。

2. 货物运送

在货物运送的过程中，司机必须按照规定的路线行驶，并做好行运途中的安全检查，保证车辆货物完好；做到安全驾驶，不疲劳行车，如遇紧急情况，应及时向公司汇报，并采取相应的处理办法；掌握好时间，准时出发、准点到达。

3. 运达卸货

当车辆从一个分拨中心到达另外一个分拨中心时，应根据到达地分拨中心的要求准确停靠，确认相关信息无误后进入总包交接的流程。

7.2.2 公路运输中的异常情况及处理方法

1. 爆 仓

快递爆仓是指快递公司因天气、货物突增等原因,无法分拣和运输,大量快件滞留在始发站或者中转站,到达目的地的时间相对比较长的情况。近年来,快递公司的快件分拣、转运能力已大大增强,针对双11快件激增、雨雪等恶劣天气也已经建立了相对成熟的应急预案,爆仓情况和爆仓范围大大好转。

如达到爆仓临界值,分拨中心已经分拣封装完毕的快件无法按时运走,调度中心应及时联系第三方契约运输公司提供足够多的车辆,或与其他货运公司签署紧急运货协议,并保证第三方车辆和司机必须有合法的运输资格,接受过快件运输的安全培训。

2. 班车迟到

根据班车运输的路程和天气,分拨中心对车辆运输时间、到达时间有初步预估,如班车因天气、意外,司机走错路、车辆没油等主观因素不能准时到达,调度中心应及时与司机取得联系,并问清原因,提前告知操作部,以让操作中心提前做好工作安排和人员准备。

3. 班车晚发

由于快件过多、网点未按时交货、流水线故障等原因,分拣封装未在预定时间内完成,分拨中心将面临晚发班车的可能。操作中心应做好进度控制,及时抽调人员支援相应岗位,如确实不能准时发车,应提前告知车辆调度中心,车辆调度中心应知会沿线快件到站分拨中心,做好快件延迟进展的准备。

4. 班车遭遇事故

班车在运输途中如遭遇车辆故障、车祸、堵车等事故,或因天气原因无法再继续前行,应及时联系调度中心,说明位置和具体情况,并请求支援。调度中心在接到消息后应根据事故情况、货物数量等具体因素,做出应急处理,或告知司机处理方法,在此过程中确保货物安全。同时,联系沿线分拨中心,做好情况说明。

✍ **实训任务**

两名同学自行组合,一人扮演××分拨中心车辆调度中心工作人员小A,一人扮演干线车辆司机小B。

情境:小B驾驶装满货物的车辆从成都开往重庆,晚上9:00准时出发,计划行程一个半小时;当行驶至成安渝高速××路段时,因避让一违规超车的轿车发生车祸,车辆撞上了高速公路中心隔离带,并追尾正常行驶的另一车辆。现场无人员伤亡。小B给分拨中心打电话,当班的小A接到了电话。

任务7.3 快递航空运输流程

7.3.1 快递航空运输的操作流程

1. 航空快递的工作流程

国内的快递企业大多采用集中托运,即将货物交付给代理公司,由其统一向航空公司办理托运的形式来进行航空货物运输。其工作流程可分为以下几个步骤。

① 收件网点收取航空快件后,在规定时间运转到各自区域的分拨中心。

② 始发分拨中心对应目的地分拣货物，确定对应机场发货总量和外包装件数。

③ 始发分拨中心向航空代理预订舱位，并将航空货物交给航空代理。

④ 航空代理接到始发分拨中心的订舱资料，根据分拨中心的要求时效，对应向航空公司预订舱位。

⑤ 航空公司批舱后，航空代理在对应的航班起飞前 3 小时交机场主单，起飞前 2 小时过完安检。

⑥ 航空代理将对应的机场资料交给始发分拨中心，始发分拨中心向目的分拨中心发送相应的资料。

⑦ 货物到达目的地后，暂由航空代理代为收取。

⑧ 目的分拨中心接收到预报后，在飞机落地后的 2～3 小时内派人提取货物。

⑨ 提货者提取货物后，首先核对货物信息是否与始发分拨中心所发送的资料相符，若有不符，应立即上报。

⑩ 货物核对正确后，由目的分拨中心进行分拣，再运到各派送点安排派送。

2. 快递航空运输的操作流程

快递航空运输的整个工作流程根据货物在发货地与收货地的状态不同，可分为出港和进港两个过程。如图 7.1 所示，航空运输的操作流程分为出港和进港两部分。其中，步骤 1、步骤 2、步骤 7、步骤 8、步骤 9 在分拨中心完成，具体操作与公路运输一致。

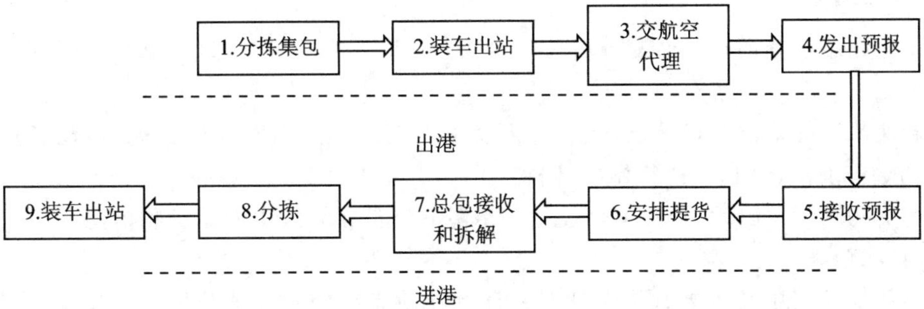

图 7.1　航空运输操作流程

出港是指货物从发货地暂存仓库中登记出库发往目的地，指货物从始发分拨中心发往目的分拨中心这一过程。在此过程中货物流向为：小件集包—装车出站—交航空代理转运航空公司—发出预报。

进港是指货物从发货地到达收货地的暂存仓库，在本章中是指货物从始发地分拨中心进入目的地分拨中心这一过程。在此过程中货物流向为：接收预报—安排司机提货—货物进站扫描—拆包、分拣—装车出站—发送给下级加盟点或二级站点。

(1) 分拣集包

① 内场操作员将拆出的快件按目的地网点名称为目标进行分拣。分拣时，所有文件、小件必须放在篮筐中。

② 对发往同一目的地的小件进行集包操作。根据路由集装规范事先准备好集装袋，并在对应的集装操作标签上注明目的地名称或代码和施封锁号。

③ 扫描集装操作标签号后，开始逐件扫描属于该集装袋的快件，并将扫描后的快件放入集装袋内，即集包扫描。集装器装满后，在集装操作标签上写明集装件数。

④ 用施封锁将袋口和集装操作标签扎紧，并将刚才扫描的信息保存在扫描枪中。

⑤ 将完成集包和集包扫描的快件分拣到指定的区域，准备装车出站。

(2) 装车出站

① 制作班车封车签，在封车签上注明班车目的地名称。

② 扫描封车签条码，逐件扫描出港的大件和集装包，扫一件，装车一件。装载时注意轻拿轻放，不能抛、扔。重货、大货和集装袋需摆放在靠车厢门口的位置上。

③ 将出港快件全部装车后，即刻清理操作场，检查有无遗漏快件。确定没有遗漏快件后，班车司机锁好车厢，操作员在封车签上注明装车件数(即车内大件和集装包的总件数)，之后封车发运。

④ 司机在规定时间将班车驶离分拨中心，开往机场，将货物交航空代理。

⑤ 车辆发出后，扫描员应立即将刚才使用的扫描枪的数据上传到系统中。

(3) 交航空代理

① 出港联络员根据发货信息制作《发货预报单》，交货司机凭此预报单办理发货。

② 交货司机需在规定的时间内到指定的发货地办理交运手续，包括交接总件数、重量等基本航运数据，确定航班号、航班提单号等基础航空信息，规范填写交接表。

③ 交货司机须监督货物被航空代理妥善收取，并取得目的站提货凭证。

④ 交货司机交货完毕后须在规定的时间内回到始发分拨中心，将所有与发货相关的单据交给出港联络员。

(4) 发出预报

① 出港联络员查询确认已配载航班的班次、日期、始发或到达时间，确认所交付货物的实际发出情况。

② 若航班有异常情况，应通过代理保障货物及时出运。若有航班拉舱，启动备用航班计划，并及时通知有关部门，以便其做好准备。

③ 待货物顺利发出后，始发地分拨中心出港联络员在系统中发出货物信息预报。

(5) 接收预报

① 目的地分拨中心进港联络员随时关注和接收系统中始发地分拨中心发来的货物信息预报。

② 进港联络员根据始发地分拨中心系统的预报内容，将预报信息及提货单按照提货点进行整理、归类和校对，制作《提货预报单》。

③ 进港联络员将所有提货证明和《提货预报单》交给提货员，并安排相应的提货员执行提货任务。

④ 当日进港航班出现拉舱、延误、取消等异常情况时，进港联络员需通知航班始发站，并将这些情况抄送给质量监控、客服中心等的相关人员。

(6) 安排提货

① 提货人员根据《提货预报单》，在规定时间内前往指定地点进行提货。

② 提货时必须按照《提货预报单》核对货物航班号、提货单号、件数、重量、外包装等基本情况，并检查货物的数量和完好程度。

③ 若发现货物破损或丢失，提货员需立即与承运商交涉，开具破损或丢失证明，并通知分拨中心进港联络员；若在提货过程中遇到航班拉货、延误、无单无货、有单无货或有货无单等异常情况，提货员需第一时间在机场将信息反馈给进港联络员。

④ 进出港联络员收到提货员的异常信息反馈后，必须立即将异常情况反馈给始发地分拨中心航班部或分公司，对异常情况进行跟踪处理，同时上报系统异常情况。

⑤ 提货员确保所有货物都已装车后，将车门关闭上锁，贴上封车签，并在规定时间内回到分拨中心。

（7）进站扫描

① 提货员提货回分拨中心后，和扫描员现场交接，清点总件数，由内场操作员卸车。若提货过程有破损、丢失件等，提货员应向进出港联络员出示机场货运部等运输单位开具的异常货物证明，由其备案并在系统中标注。

② 班车进站时，内场操作员前往检查班车施封锁是否完整，并向司机索取班车封车签，核对施封锁号码和封车签上标注的号码是否一致，如果不一致，则应及时与司机核对。

③ 内场操作员在卸车时应根据预报内容检查货物数量和外包装的完好程度，并对快件进行进站扫描。卸载完毕后需进入车厢内检查，以确认没有遗漏快件。

④ 扫描员在扫描快件的同时需查验快件的外包装是否完好，如有破损，现场进行称重并核实运单上标注的重量，对快件进行全方位的拍照，并登记相关信息。

⑤ 车辆卸载完毕后，检查扫描枪上扫描的快件数量与封韦签上标注的数量和系统预报的数量三者是否一致，若不一致，需在进站扫描后 2 小时内上传异常情况，同时罗列详细单号。

（8）拆包分拣

① 内场操作员按照网点班车发车时间上的差异，确定快件分拣的优先顺序，并进行初分拣。分拣时，所有文件、小件必须放在篮筐中。

② 确认集装袋是否需要拆袋操作，拆袋前确认集装袋的施封锁是否完整、施封锁号码是否匹配、集装袋是否完好，若有异常，应立刻核对袋内货物数量与货物包装，若数量不对或包装破损，应马上联系上一环节的操作单位。

③ 内场操作员将所有拆开的集装袋的内面翻出，以便确认完全清空。清空的集装袋必须在移除所有识别标签后折叠整齐，放入指定物料区保管。

④ 内场操作员按本分拨中心分拣方案将快件细分拣到指定的区域，对即将出港的快件进行集装操作，并在标签上注明信息，准备装车出站。

（9）装车出站

① 按照分拣方案，将出站的快件装上指定的班车。装载时注意轻拿轻放，不能抛、扔，重货、大货和集装袋需摆放在靠车厢门口的位置上。

② 如果一辆班车上装有发往多个地点的快件时，内场操作员应用隔网或其他辅助设备将不同目的地的快件分隔开，以方便下一环节的操作单位卸货。

③ 在装车的同时，对快件逐件、逐袋进行“出站扫描”。装车完毕后，即刻清理操作场地，检查有没有遗漏的快件。

④ 确定没有快件遗漏后，班车司机锁好车厢，操作员再用施封锁将车厢开关插销锁起。

⑤ 内场操作员制作班车封车签，扫描签号，并在标签上记录车辆装载包裹数、集装袋数、封车的施封锁编号，将标签交给司机。

⑥ 班车司机在规定时间将班车驶离分拨中心，开往下一分拨中心或派送网点。

【知识链接】

航空快递是指航空快递企业利用航空运输，收取收件人的快件并按照向发件人承诺的时间将其送交指定地点或者收件人，掌握运送过程的全部情况并能将即时信息提供给有关人员查询的门对门速递服务。

航空快递在很多方面与传统的航空货运业务、与邮政运送业务有相似之处，但作为一项专门的业务它又有独到之处，主要表现在：

1. 收件范围不同
2. 经营者不同
3. 内部的组织形式
4. 使用单据不同
5. 服务质量更高

7.3.2 航空运输中的异常情况及处理方法

1. 航空出港异常情况及处理

航空出港异常情况及处理方法如表7.2所列。

表7.2 航空出港异常情况及处理

异常情况	处理方法
预定航班出现异常	立即选用候补航班或采取其他备选方案，并做好异常情况记录
无法准时交运	提前告知航空公司，选用后续航班，并做好异常情况记录
安检不符合要求	如包装不符合要求，应立即重新包装；如夹带禁运品，应协调沟通将禁运品退回，并及时汇报分拨中心客服中心，做好后续处理
危险品被没收	并及时汇报分拨中心客服中心，做好后续跟进

2. 航空进港异常情况及处理

航空进港异常情况及处理方法如表7.3所列。

表7.3 航空进港异常情况及处理

异常情况	处理方法
航班拉货	联系进港联络员，及时跟进后续航班配载情况；如货物较多，优先提取先到的货物，避免造成整批延误
无单无货/有单无货	联系进港联络员，由其联系出港联络员，确认新的航班信息
有货无单	联系进港联络员，由其联系出港联络员，出港联络员与航空公司进行协调，以便及时取货
到货件数多余运单显示件数	联系进港联络员，由其联系出港联络员，出港联络员与航空公司进行协调更改信息，以便及时取货
到货件数少于运单显示件数	与航空公司地服人员配合检查货物堆放区域有无本公司货物；联系进港联络员，由其联系出港联络员确认到货数量，如应到货数量无误且找寻无果，现将到达货物全部提取，开取“异常情况货物证明”，加盖公章并及时向相关部门汇报
货物破损/受潮	要求开取“异常情况货物证明”，加盖公章并及时向相关部门汇报，以便做好后续处理；对已破损或受潮的快件，妥善合理安排装车，避免再次毁损

✍ 实训任务

调查我国有哪些快递企业使用航空运输的方式，有哪些公司拥有自己的航空飞机并形成报告。

课后练习

一、不定项选择题

1. 航空运输的优点是(　　)。
A. 破损率低、安全性好
B. 运量大、运费低廉
C. 能够实现门到门运输
D. 机动灵活、简捷方便

2. 航空运输的局限性是(　　)。
A. 运量小　B. 费用高　C. 易受天气影响　D. 易发生事故

3. 铁路运输的局限是(　　)。
A. 运量小　B. 费用高　C. 易受天气影响　D. 速度较慢

4. 公路运输的优点在于(　　)。
A. 短途快件集散运送具有优越性
B. 机动灵活、简捷方便
C. 能够实现“门到门”交换
D. 运量大

5. 快递实物传递网的组成要素包括(　　)。
A. 呼叫中心
B. 大区或省级网
C. 处理中心
D. 区域或省内网
E. 调度营运中心
F. 收派处理点或营业网点
G. 运输路线
H. 同城或市内网

二、判断题

1. 铁路运输是我国综合运输网主力,也是快递运输必不可少的方式之一。(　　)

2. 分拨中心规模越大、级别越高,设置的分拣区域就越少。(　　)

3. 外国海关对限制寄递物品的规定:如果寄达国(地区)对某些寄递物品有限量、限值的规定,应按寄递国的规定办理。(　　)

4. 发运计划的内容包含:发运时间、路由、车次(航班)、运量、停靠交接站点以及开到时间。(　　)

5. 在快递网络中,区域或省内网是大区域或省际网的延伸,在快件粗旱地网络中起着承上启下的作用。(　　)

三、简答题

1. 请简述快递可选的运输方式及各自的优劣。

2. 请简述快递公路运输过程中可能发生的异常情况及处理方法。

3. 请简述快递航空运输的基本流程。

四、案例分析题

【材料1】

郑州将在航空港建设国际快递物流港

2017年12月21日，郑州市政府印发的《郑州市快递物流转型发展工作方案》，给航空港实验区带来了好消息。根据《工作方案》，郑州市将在郑州新郑国际机场建设航空快递公共转运中心，开拓郑州直航国际邮路，增加欧向、美向等主要经济体直封直航邮路数量，实现进境邮件"一点通关、分拨全国"，建成国际邮件快件经转口岸。

郑州建国际快递物流枢纽

郑州市聚焦快递物流等现代物流特色产业，构建与国际接轨的现代物流服务体系，形成与现代国际物流中心相适应的快件多式联运基础设施，建设立足河南、辐射全国、连接世界的国际快递物流枢纽。

到2020年，全市快递物流业发展实现：全市快递业务量达到20亿件，年均增长48%以上；快递业务收入达到185亿元，年均增长40%以上；建成10个日处理能力50万件以上的快递处理中心；建成200个校园快递综合服务中心，1000组智能快件箱，3000个社区快递综合服务站点，200个乡镇快递综合服务站，800个快递物流农村公共取送点。

根据目标，郑州将建成全国性快递物流集散交换中心和国际快递物流枢纽。与省内其他县级以上城市间、全国重点城市间的快件实现48小时内投递。快递物流服务网点覆盖全部乡镇，行政村快递服务覆盖率达到100%。快件全程寄递时限等指标达到国家规定标准要求，延误率、损毁率、丢失率和投诉率明显降低。快递服务总体满意度排名全国重点城市前20位。

机场引入高铁专用线

郑州市将加快推进交通枢纽配套建设快件多式联运基础设施，推动机场引入高铁专用线，实现公路、铁路、航空等快件运输紧密衔接，构建联通国内外的高效快递物流网络。

实施快递"上车、上飞机"工程。鼓励快递企业依托高铁和铁路快捷货运班列运输快件，推进在铁路货场、具备高铁接驳条件的地点配套建设快件运输通道、装卸操作接驳场所和快件分拨中心，推动郑州至北京、广州、上海等城市开通快件专列。

郑州市将规划建设国际邮件铁路陆运处理中心，推动中欧班列（郑州）运输国际邮件常态化。稳妥推进公路客运班车代运快件和快件甩挂运输方式，优化市内邮政、快递干线运输。探索发展通航货运，鼓励快递企业组建航空货运公司，在国际航线、航班时刻等方面给予政策支持。

发展航空快递物流

根据《工作方案》，郑州市将支持快递企业在郑州建设航空快件处理中心，组建快递货运航空公司，开展国际快件中转集拼业务，加密国际航线；推行"卡车航班"搭载航空快件模式，实现航空与陆运方式灵活转换、无缝衔接，提高航空快递服务能力。

依托郑州—卢森堡"空中丝绸之路"，开通航空优先安检、快件优先配舱、优先通关"绿色通道"，不断提高快件上机通关效率。

在郑州新郑国际机场建设航空快递公共转运中心，在郑州航空港建设河南省国际快递物流港，在河南保税物流中心建设跨境快件分拨中心，在郑州国际陆港第二节点建设郑州西部快递分拨中心，增强快件集散交换和配送一体化功能，打造全国性快递物流集散交换中心；依托中国邮政航空邮件处理中心，开拓郑州直航国际邮路，增加欧向、美向等主要经济体直封直航邮路数量，实现进境邮件"一点通关、分拨全国"，建成国际邮件快件经转口岸。

提升快递园区服务功能

郑州市将继续完善 EMS、中通、圆通、韵达、百世、宅急送等快递处理中心服务功能。加快推进河南省国际快递物流港、中国邮政航空邮件处理中心、河南省航空快递公共转运中心、顺丰电商产业园、申通快递供应链中心、韵达货运华中总部基地、中通快递国际快递业务基地与大河智慧物流港等项目建设,形成全国性快递物流集散交换中心。

郑州市鼓励快递园区发展"互联网＋运力优化""互联网＋运输协同"等智慧物流模式,发展云仓储、云快递等,优化物流资源配置,提升物流运营效率。探索建立现代化仓储中心,集管理、控制、分拣和配送于一体,以更好地适应电子商务、制造业等关联产业发展需要和用户对高品质服务的需求。

开通加密国际冷链航线

郑州市支持快递物流企业开展冷链业务,鼓励建设冷库和开放末端营业网点,配备冷藏车、冷藏柜等设备,参与冷链城市共同配送。鼓励冷链快递物流企业购置新式冷冻车辆,增加冷链运输车辆数量,提高冷链快递物流运输能力。

借助冷链快递物流技术和电子商务平台,推动快递物流企业开展生鲜农产品寄递业务,建设农产品冷藏保鲜库,提供专业化包装、仓储、运输服务。积极发展多式联运＋冷链快递物流,完善多式联运场站设施,构建多式联运标准体系,建立多式联运信息平台。依托郑州机场、郑州国际陆港,开通加密国际冷链航线,拓展中欧班列(郑州)冷藏集装箱铁路线网和腹地范围,提升进口肉类、水果、冰鲜水产品等口岸功能。

来源:《郑州晚报》,2018 年 1 月 5 日

【材料 2】

菜鸟网络测试无人卡车,人工智能物流时代即将来临

日前,有媒体报道,阿里旗下的菜鸟网络正在进行无人驾驶大卡车的相关测试。在阿里巴巴公开的招聘网站上看到,菜鸟正在招聘无人驾驶方向的人才。而在某问答网站上,有人透露菜鸟除了继续加码末端配送机器人的研究,新开拓的方向是无人驾驶大卡车。从文中描述来看,菜鸟已经找到了无人驾驶大卡车的应用场景,将会将无人驾驶技术应用在干线运输大卡车上。

人工智能物流时代真的要来临了吗?我们来看一下。

无人驾驶的瓶颈在哪?

无人驾驶最近两年很热,涉足的厂商很多,互联网企业有谷歌、百度,手机企业有苹果、华为,汽车企业大部分都有涉足,新创业的企业蔚来,FF 也都涉足。但是,一直到现在,无人驾驶都是限于 L3 级别,只能辅助驾驶,不能真正的无人驾驶,这是为什么呢?原因很简单,真正无人驾驶的成本太高了。

无人驾驶到 L3 级别,需要的硬件是摄像头、毫米波雷达、超声波传感器。通过这些硬件,配合响应的软件,汽车可以实现自动跟车,车道监控,紧急避撞。

如果厂商比较激进(譬如特斯拉),也可以让汽车在路况不复杂的地方完成无人驾驶。但是这也造成了特斯拉车毁人亡的交通事故。而真正的 L4 阶段的无人驾驶,需要更强大的传感器,多线激光雷达。有多线激光雷达,配合摄像头、毫米波雷达、超声波传感器,配合处理器和相应的软件,目前的技术水平,已经可以实现高速公路这种相对简单路况的无人驾驶。但是,多线激光雷达太贵了,以前一部雷达就要好几万美元,比车要贵得多,这就失去了实用性。

除了成本,实际路况的复杂性也是问题,市内道路驾驶各种意外太多了,激光雷达,摄像头

要识别太多的东西，处理太多的情况，这需要处理器异常强大，软件异常完善。谷歌几年前就搞定了高速公路的无人驾驶，但是市内道路至今还在努力阶段。所以，目前，各个厂商能做的都是L3级别的辅助驾驶，L4级别的都是未来规划。

物流企业的优势

对菜鸟这种物流企业来说，对单车的成本没有那么敏感，现在由于人工成本越来越高，只要校核下来无人驾驶的成本在几年内分摊成本可以低于人工成本，这个事情就是值得去做的。而且，物流企业的运输是节点化的，并不是从仓库一个车运送到小区。所以，物流企业做无人驾驶有两个优势，一是几万美元的多线激光雷达（而且多线激光雷达一直在降价）能够负担得起，二是可以只跑干线高速，到了物流集散地，卸货让有人运输的小车跑复杂的市内道路。

无人驾驶的瓶颈在物流企业的需求面前，可已绕过去，这就很有意思了。实际上，有这种想法的不只是菜鸟网络，Uber去年以6.8亿美元收购的无人车初创企业Otto，刚刚用无人卡车把5万罐百威啤酒运送到了120英里外目的地，京东更是有科幻级别的无人卡车往外飞无人机的设想。所以，现阶段的无人车技术应用到物流干线上是可行的。

未来的无人物流

在技术上，高速公路卡车运输到货场附近应该是没有技术瓶颈的。

但是，能不能让无人驾驶的大卡车上高速公路，依然需要法律法规来保障，毕竟高速公路出危险，很容易伤及生命财产安全。从技术安全到投入商用还有一个过程。但是，无人物流的潜力已经展现出来了。实际上，现在的物流已经有很多环节使用了人工智能，菜鸟已经有了世界上最大的无人仓库群，有了人工智能的分拣。从仓库到装车，可以用很少的人来完成。

作为消费者，短期内我们还会看到快递员，但是我们可以感觉到物流的速度更快了，价格更便宜了。而对菜鸟这种物流企业来说，无人物流的意义就没有那么简单了。人工智能的应用会发展出一套全新的产业链和规则，推动人工智能的继续发展和应用。而这种循环会提升人工智能的水平，扩张到其他领域。无人物流的技术，会产生无人工厂，无人码头，无人矿场，甚至无人农场。而掌握人工智能的物流企业也会发展成未来的人工智能解决方案巨头。这个未来才是我们期待的。

来源：idonews，2018年1月24日

问题1：请结合材料中给出的信息，分析当前快递企业的运输网络现状。

问题2：请结合材料中给出的信息，试阐述快递企业采用无人运输和无人派送在实际运用中的可能性和潜在的风险。

项目 8　快递派送

☞ 学习目标

掌握快递派送业务的整体流程，熟悉快递派送前的准备工作，熟悉快递派送的方法，了解设计快递派送路线的方法。

☞ 重点和难点

派送路线设计，派件服务的标准和效率，处理派送异常件的方法。

☞ 导入案例

【案例 8.1】

代收成快递刚需 菜鸟驿站认知度最高

“传统派件面临快递从业人员短缺和用户体验下降的瓶颈，代收已成为解决快递最后 100 米困境的主流模式之一。”在 1 天 1 亿件快递后，1 天 10 亿的“小目标”也正在走来，快递最后 100 米面临越来越大的压力。10 月 12 日，北京，尼尔森和阿里研究院联合发布国内首份《快递最后 100 米服务趋势报告》，显示快递代收已成消费者刚需，且持续增长。

数据表明，目前 74%的用户会使用代收服务，这已成为主要的快件签收方式之一。大部分用户表示体验良好，未来使用意愿强烈。其中，都市新人和小资白领最为青睐，不经常在家、不用在家等候、更自由掌控时间等是主要原因。

同时，随着“双 11”的到来，期间快递量将超过 10 亿件，再创世界纪录。报告显示，基于消费者需求，共享、多元的最后 100 米配送形式成为行业趋势。

代收成主要收件方式之一，最受都市新人和小资白领青睐

近年来，快递年业务量增长迅速，2016 年全国快递 313 亿件，2020 年有望超过 700 亿件，但快递员增长并不匹配，快递最后 100 米面临巨大压力。

包裹越来越多的同时，签收也遇到越来越多的问题：家里没人、藏在楼道里不安全也不方便，不希望别人知道家庭具体地址，快递上门次数太多，家里有老人或孩子需要休息等痛点让消费者寻求更方便的收件方式。

数据显示，其中 43%的用户表示会担心上门签收个人信息不安全，且 55%的用户因为家里没人，并不方便上门签收。

“不在家的时候收件不方便，在家等的时候也不知道什么时候来，选择代收就可以随时去拿。”上海梁女士受访时说。

“基于这些变化，代收成为刚需。”联合报告指出，其中都市新人和小资白领作为典型用户，除工作忙、家里经常没人外，还注重隐私等，认为代收包裹更安全放心。

“以一线城市女性消费者为主的小资白领，网购频率高、快递数量多，同时对隐私和安全特别关注，她们更青睐专业的代收服务来满足网购生活的要求；以 90 后城市新移民为主的都市新人，多奉行 work hard play hard 的生活理念，不常在家且与他人合租收取快递不方便，更喜欢使用代收，也认为这是一种自然的选择。”尼尔森专家说。

目前,社区平均可选代收点平均达到2个。报告表明,在代收方式中,物业、保安或其他私人代收因为安全性低、管理混乱等饱受消费者诟病,专业的店面代收和自提柜是主流专业服务模式。以菜鸟驿站为例,取件更方便,服务更人性化,管理更规范,总体认知度最高,达到64%。

报告还显示,75%的消费者认为加入代收服务后,整体收件体验更好。

共享、多元代收成最后100米趋势

今年双11,全行业的快递处理总量将达到新的量级,预计将会超过10亿件。

在最后100米,目前仍然需要大量的人手和三轮车来完成繁重的作业。快递员平均每天要派送150～200件左右的包裹。百世快递杭州下沙萧山网点运营总监李田说,由此带来的压力反映在派送效率上,主要矛盾在于快递员和消费者时间不匹配。一件快递多次上门是家常便饭,迫切需要创新方式。

阿里研究院副院长杨健介绍,2016年快递业服务人次超过600亿,是各种干线交通工具客运服务人次总和的3倍。预计到2020年,这一数字将超过1500亿,有望超过全国城市公共交通服务人次的总和,成为服务人次最多的实体末端网络。

“目前最后100米占据整个链路成本的50%以上,从日均1亿到10亿,物流链路的末端革新不可逆转,势在必行。”杨健表示,到家、代收、预约上门等多元服务格局是提升最后100米效率、提高消费者体验的重要方向。

尼尔森专家认为,在代收服务专业化上,服务专业和运营专业是主要发展方向。通过建立统一化的服务标准形成行业规范,引入智能化技术提升代收服务效率,让更多消费者可以享受到代收服务的便利。同时,在代收服务内容丰富性上,个性化服务包括冷链生鲜、贵重物品代收,定时配送等是未来的需求方向。此外,利用代收点的便利位置,更多生活相关延伸性增值服务也将成为潜在的发展机会。

多层次的代收也正在解决这些难题。报告表明,社区消费者最认同代收服务的社会价值是可提高包裹派送效率,更安全、资源共享的感知则超过五成。

“共享、多元服务是打通物流最后100米的关键和趋势。”菜鸟末端总经理梅锋峰受访时表示,未来代收服务会更加专业化、服务内容更丰富,满足消费者安全、便捷、优质的服务需求。

来源:中国新闻网,2017年10月13日

【案例思考】

1. 快递派送有哪些方式?
2. 快递代收业务对快递行业整体发展的意义是什么?

任务8.1 快递派送业务知识

【知识链接】

国内快件的改寄和撤回:在国内快件尚未完成投递前,如寄件人提出申请,快递服务组织可提供改寄服务(可更改收件地址,但不可更改收件人),提供改寄服务时,快递服务组织应告知寄件人需要承担的改寄费用并告知收费标准;对尚未首次投递的国内快件,如寄件人提出申请,快递服务组织可提供撤回服务,提供撤回服务时,快递服务组织应告知寄件人需要承担的费用并告知收费标准。

国际快件的撤回:国际快件尚未验关前,快递服务组织可提供撤回服务,寄件人在向快递服务组织提出撤回申请时,快递服务组织应告知寄件人需要承担撤回费用并告知收费标准。

8.1.1 快件到达一级站点

当寄件人的快件经过揽收、处理、封发、运输等流程后，首先会到达寄达地分拨中心，分拨中心会根据寄达地的具体地址对到件进行再次分拣，分拣完成后，服务区域内的所有直接面对分拨中心的一级站点会在规定时间到指定地点进行到件交接、装载、封志，并在规定时间内拉回所属站点(或分部)。在站点与分拨中心到件交接的过程中，如发现错分、外包装破损、面单脱落等异常情况，应及时与场地人员沟通，根据规定填写到件异常情况登记单。到件从分拨中心转运至一级站点的流程如图 8.1 所示。

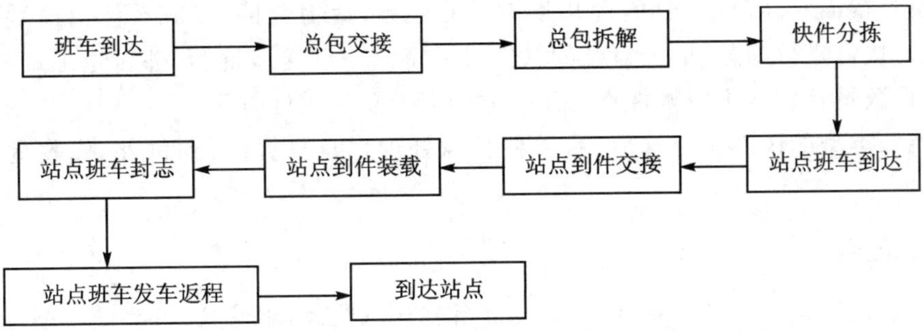

图 8.1 到件从分拨中心转运至一级站点的流程

8.1.2 站点入库和快件细分

班车到达站点分拣场后，工作人员在规定时间内、根绝公司内部的相关要求进行到货交接、快件卸载、到件扫描，并结合站点的区域组织将快件再次细分。常见快递末端组织结构如图 8.2 所示，因站点区域规模较大，一级站点下设 3 个二级分部，二级分部又将业务区域细分给了 4 个承包商和 1 个直营区域。有些一级站点为保证区域内到件的派送时效，在分拣时根据派件业务区域进行不同程度的细分，有些站点细分至分部，有些站点细分至分部的承包商，具体情况视站点所辖区域的面积大小、单量规模、派件集中程度等具体情况而定。一般而言，如一级站点以分部的承包商为单位进行到件分拣，则所有承包商都可直接到站点分拣场拉货；如一级站点以分部为单位进行到件分拣，分部自行拉所辖区域货物拉回后再根据实际情况进行再次分拣。

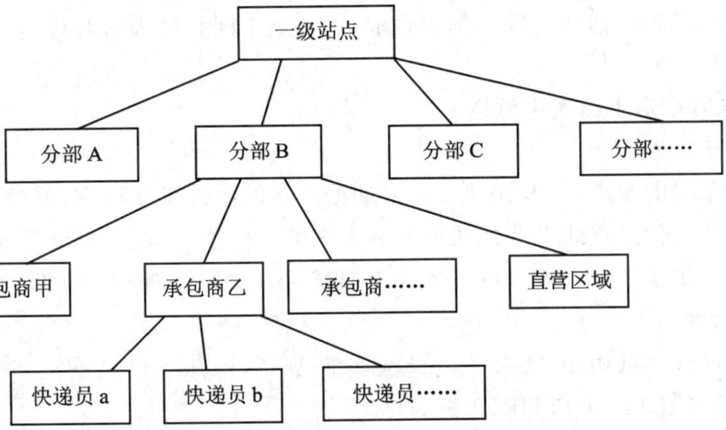

图 8.2 常见快递末端组织结构图

8.1.3 快件交接和快件出库

通常情况下，一个快递员只负责一定区域的快件收派业务，当到件分拣工作全部完成后，收派员在规定时间到达仓库拉货，并做好快件派送扫描，及时记录。

快递最新物流情况，确认快件总量、有无错分或其他异常情况后即可交接出库。

仓管员将快件唱数给业务员（点数交接），数量确实多的，可以当业务员的面，逐票扫描；业务员清点快件数量并核对是否有外包装破损，分错件、地址错误、超范围、件数明显有误、到付价格明显有问题等异常快件；数量确认无误后交接，双方在《派件表》上签名确认。

收派员直接面对客户，一般负责几条街道的业务，货物交接、完成派件扫描后，正式出发前，需再次对快件进行细分，根据自己的派件习惯将同一派送地址、相邻派送地址的快件集中堆放，并根据数量预估各集中派件点的派件时间以及总体派件时间。

对于特殊类型的快件应特殊放置，以便特殊处理，如：自提件、到付件、代收货款件、报价件等。

✍ 实训任务

小何为某快递公司一级站点负责人，站点所辖区域较大，单量较多，共设5个二级分部，各分部共有承包区域12个。为统一管理，降低成本，提高时效，站点在到件分拣时采取细分到承包区域的方式。某天，小何发现站点到件总量与派件扫描总量相差15，请问小何应该怎么办？

任务8.2 快递派送服务

8.2.1 快件派送的基本形式

快件派送是快递服务组织将快件递送到收件人或指定地点并获得签收的过程。

1. 按名址当面交付

按名址当面交付是收派员直接与收件人联系，并将快件亲自交给收件人（代收人）的派送形式，主要用于派件单量较少、未设置快递代理点，且末端配送平台未覆盖的区域。

2. 快递代理点集中派送

收派员针对派件单量较为集中的区域（小区、学校等）选择一家人流量多、位置便利的商铺，如：超市、干洗店等，通知收件人到店自取，以满足不同收件人对收件时间的不同要求，并提高派送效率。

3. 快递末端配送平台集中派送

（1）菜鸟驿站等平台

针对快递单量的激增，以及快递公司末端派送员的派件难度增高，派件时效难以保证等情况，同时，规避快递代理点非专业的快递服务带来的快件遗失、服务投诉等问题，收派员更多选择当前市面上提供快递末端收派件服务的末端解决方案平台进行收派件，如：菜鸟驿站、永嘉驿站、熊猫驿站等。

与传统快递代理点相比，此类平台服务标准、规范，依托于信息系统和大数据，收、派件时效更高，受到了多数快递公司和收派员的青睐。

（2）各类自提柜

智能快递投递箱是一个基于物联网的，能够将物品（快件）进行识别、暂存、监控、管理的设备。可以与PC服务器一起构成智能快递投递箱系统。目前市场上有速递易、E邮柜、宝盒、丰巢等。

自提柜派件取件流程如图8.3所示，整个过程无需人工参与，派件效率高、快件安全、取件时间可自行确定，但也带来了一些问题，如：由于收件人手机设置了广告拦截等功能，收不到取件验证码；因时间过长，取件验证码失效；因未当面签收，如快件发生异常，无法及时与收派员取得联系并作出相应处理等。

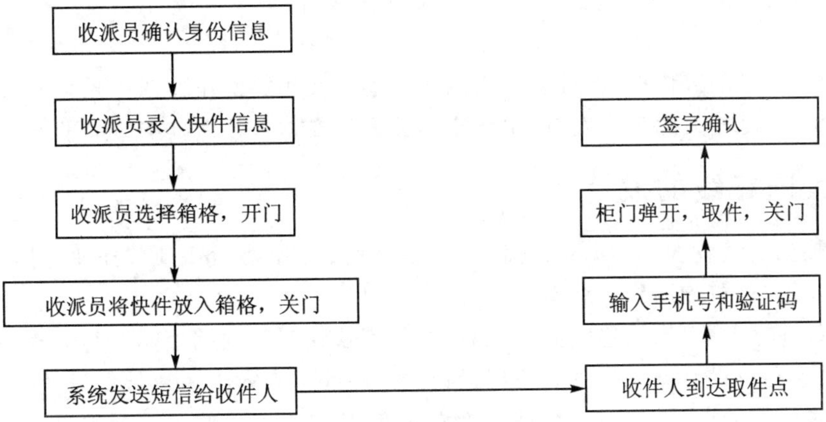

图8.3　自提柜派件取件流程

【知识链接】

代收货款安全：快递服务组织提供代收货款服务的，应以自营方式提供代收货款服务，具备完善的风险控制措施和资金结算系统，并与委托方签订协议，明确与委托方和收件人之间的权利和义务；收派员派送代收货款快件时，宜携带验钞机或POS机，快递服务组织应提供足够的防护措施，加强对收派员人身安全的保护；代收货款的结算周期不应超过快件妥投后1个月，有条件的快递服务组织可适当缩短结算周期，与用户另有约定的从其约定；快递服务组织应建立代收货款信息档案，如实记录寄件人、收件人信息和货款金额等内容，档案保存期限不应少于1年。

引自《快递服务　第2部分：组织要求》(GB/T 27917.2—2011)

验收：收派员将快件交给收件人时，应告知收件人当面验收快件。快件外包装完好，由收件人签字确认。如果外包装出现明显破损等异常情况的，收派员应告知收件人先验收内件再签收；快递服务组织与寄件人另有约定的除外。

对于网络购物、代收货款以及与客户有特殊约定的其他快件，快递服务组织应按照有关国家规定，与寄件人(商家)签订合同，明确快递服务组织与寄件人(商家)在快件投递时验收环节的权利义务关系，并提供符合合同要求的验收服务；寄件人(商家)应当将验收的具体程序等要求以适当的方式告知收件人，快递服务组织在投递时也可予以提示；验收无异议后，由收件人签字确认。

引自《快递服务　第3部分：服务环节》(GB/T 27917.3—2011)

8.2.2　派送前的准备工作

(1) 单证准备

派件所需：工作证(上岗证)、收据或发票、零钱、身份证、行车证件；

(2) 交通工具及相关工具准备

① 确认交通工具的工作状况良好;

② 确保交通工具的清洁,防止污染快件;

③ 小剪刀,便于将包裹上的面单完整地取下。

(3) 个人仪容仪表准备

① 穿着整洁干净的工作服,佩戴工牌;

② 调整好自己的仪容、仪表,调整好自己的心态和情绪。

(4) 业务准备

① 阅读网点内部宣传栏,掌握公司新的业务动态及相关操作通知;

② 清楚与自己相关的工作安排(由指定相关人员安排),并做好相应的准备。

8.2.3 派送路线的设计

业务员根据所接收快件的派送地址,结合自己所管辖的服务区域,合理安排派送线路,根据派送线路,将快件按顺序整理装车。

为提升快递服务质量,快递时间越来越重要,而快递时间的缩短不仅与运输的设备工具有关,而且与快递路线设计息息相关。正确设计派送路线可有效缩短快件的派送时间。

快件派送路线的设计,关系到快件的投递速度,确定派送路线是一项重要的工作。要以最少的运力走最短的里程,花费最少的费用,经最少的环节,以最快的速度把快件送至客户手中。

(1) 保证派送时限

为提高快件流转效率,改善用户感知,增强市场竞争力,各大快递公司均对快件到达站点后的派送时效作出了要求,如:当日到件必须在当天晚上 8 点前派件完毕并做好记录等。因此,收派员在进行派送前应合理设计路线,提高时间效率。

(2) 减少空白里程

收派员在派送过程中,会涉及电话费、油费等成本,空白里程是指该路线段没有获得收件、派件收益,未创造价值。因此,派送员应了解服务区域的道路规划和各路段的交通情况,避免走错路、走绕路,争取将一条不重复路线上的派件任务最大化。

(3) 合理规划时间

在各种派件方式中,末端配送平台的耗时最短,其次分别是自提柜、代理点,耗时最长的是自行派件,因从收派员通知客户取件时间和地点,到收件人(代收人)到达约定地点有一定的时间差,由于收件人有事耽误、委托他人代取等主观原因,或小区/学校面积过大、取件距离较长等客观原因,收派员的等待时间被大大延长。因此,在设计派送路线的过程中,收派员可在尽量减少空白里程的前提下,优先派送临近区域的代理点,最后挑选午饭、放学等相对充裕的时间派送散件。

8.2.4 派送服务

快件派送服务是指快递员完成派前准备工作后离开营业网点,按照预先规划好的派送路线,依次到达派送目的地,交由客户签收,最终完成派送任务的工作过程。

以按名址派送形式为例,快件派送流程如下:

(1) 送件上门

将快件按照派送顺序妥善捆扎,装载在运输工具上,安全送达到收件客户所处的地点,确认收件人地址,妥善放置交通工具及其他快件。

(2) 核实客户身份

为保证派送正确,派件前认真查看客户或客户委托签收人的有效身份证件,以核实客户的身份。

(3) 提示客户验收快件

快递员将快件交给收件人时,应告知收件人当面验收快件,如果快件外包装完好,由收件人签字确认。

(4) 确认付款方式,收取运费及代收款

确认到付款或代收款快件客户的具体付款方式,向客户收取到付款或代收款等应收的款项,并向客户开具收款收据或发票。

(5) 客户签收

客户在详情单上签名,确认快件已经派送给收件客户。

(6) 信息上传

客户签收后,立即使用手持终端进行签收扫描并上传到企业信息系统。

【知识链接】

签收新规

2012年5月1日起施行的《快递服务》国家标准明确叫停了"先签字后验货"的规定,使得消费者所诟病的"先签字后验货"行为终结。

于2012年5月1日起实施的《快递服务》国家标准规定,快递公司收派员将快件交给收件人时,应告知收件人当面验收快件。对于代收货款快件,网络购物、电视购物和邮购等快件,收件人可先验收内件再签收。验收时,可对内件外观和内件数量进行清点,但不能对内件进行试用或进行产品功能测试。这一规定意味着,快递公司将无权要求消费者"先签字后验货"。

延误索赔

2012年5月1日起,快递服务系列国家标准正式实施。该标准规定,同城3天、异地7天快递还没有到就算彻底延误,可向快递企业索赔。

消费者如遇快件延误、丢失及损毁,可先向快递企业投诉。如企业推诿、对处理结果不满意,消费者可向管理部门申诉。

8.2.5　快件派送的注意事项

1. 安　全

(1) 安全保管快件

为提高派送时效,减少空白里程,收派员会将派送车辆的利用率最大化,即将尽可能多的快件一次性地出库装车,为保证派件过程中的快件安全,收派员在行驶过程中应将车上锁,如需离开,车辆也应随时上锁;给客户取件时应小心,避免将其他快递遗落。

(2) 安全行车驾驶

收派员常用的派件交通工具有电动三轮车、面包车,出发前,应检查车辆电量、油量情况,以及有无轮胎漏气、胎压不稳等其他影响行车安全的隐患;行车过程中,应严格遵守交通规则,文明行车,做好自身安全防护;不在行车中发短信、打电话、玩手机、翻阅派件单等。

2. 谨　慎

(1) 特殊快件亲自派送

对于到付件、货到付款、保价件、大件等特殊类型快件，不宜直接交与各类代理点或投入自提柜，收派员应亲自联系收件人，请收件人当面验收；或在收件人允许并知晓的情况下做其他处理。目前，部分快递公司开通了"定时送货上门"服务，客户只需支付一定的额外费用，即可指定收派员派件的时间。

(2) 做好签收

签收是派件环节的重要一环。在签收前，收派员应提醒收件人签收的注意事项，签收后，留存好签收凭证，及时做好信息记录。如遇异常情况，应及时和客户沟通，并向公司汇报。

快件签收时需满足以下要求：

①快递服务人员将快件交给收件人时，应有义务告知收件人当面验收快件；②若收件人本人无法签收时，快递服务人员可与收件人（寄件人）沟通，经允许后，采用代收方式，也应告知代收人的代收责任；③与寄件人或收件人另有约定的应从约定。验收无异议后，验收人应确认签收。拒绝签收的，验收人应在快递运单等有效单据上注明拒收的原因和时间，并签名。

3. 标　准

收派员在派件过程中应着公司统一服装，佩戴工作牌，保持服装整洁、形象得体；使用规范语言，尊重客户。

情境 1：通知客户取件

您好！我是××快递公司快递员，您有一个包裹，请您到××××取件。谢谢。（取件地点应明确，不易造成误解）

您好！我是××快递公司快递员，您有一个包裹，我预计××分钟后到达您的小区（公司）门口，请您到××××取件。谢谢。

您好！我是××快递公司快递员，您有一个来自××地方的到付件，需支付费用××元，请您到××××取件。谢谢。

您好！我是××快递公司快递员，您有一个来自××地方的大件，目测是个××，请问您今天××点左右在家吗？如果在，我到时候给您送过来，过来前会提前××分钟再和您联系。谢谢。

情境 2：提醒客户验收

您好！这是您的包裹，请先验收后签字。谢谢。

您好！这是您的包裹，外包装有破损，请先检查里面的东西是否完好，先验收后签字。谢谢。

✍ 实训任务

小熊今年 22 岁，大学就读于物流管理专业，一直有个小小的老板梦。毕业后，和另外两个志同道合的同学一起凑了 5 万元钱承包了中通快递××市××大学城以及相邻区域的业务。三人既是老板，又是打工仔。"双 11"到件高峰，每天工作时间都在 10 个小时以上，听说业务区域最近出现了好几起快递员送件到某个地方，离开一会儿后发现整车快递连车被盗的情况。小熊和两个小伙伴都很紧张，请问他们应该如何做好派件过程中的快件安全工作？

8.2.6　派件异常情况的处理

1. 未完成派送

因客户不在家，也无人代取，且无代收点或菜鸟驿站等末端配送平台，收派员将无法完成快件的派送。针对此类快件，应做好派送时间、派送人、未成功派送原因的记录，上传至物流系统，并将快件妥善保管，与收件人预约重新派送的时间。

2. 代 收

若收件人本人无法签收时，经收件人(寄件人)允许，可由其他人代为签收。代收时，收派员应核实代收人身份，并告知代收人代收责任。

3. 例外情况

在验收过程中，若发现快件损坏等异常情况，收派员应在快递运单上注明情况，并由收件人(代收人)和收派员共同签字；收件人(代收人)拒绝签字的，收派员应予以注明。

4. 用户自取

用户自取适用的情况：投递 2 次仍无法投递的快件；相关政府部门提出要求的。

收件地址属于尚未开通快递服务的区域，通过与寄件人协商，可采用收件人到指定地点自取的方式。

5. 与用户协商

对有特殊需求的用户，快递服务组织可与用户协商，采取其他方式妥投。

6. 无法投递快递

首次无法投递时，应主动联系收件人，通知复投的时间及联系方法，若未联系到收件人，可在收件地点留下派送通知单，将复投的时间及联系方式等相关信息告知收件人。

复投仍无法投递，可通知收件人采用自取的方式，并告知收件人自取的地点和工作时间，收件人仍需要投递的，快递服务组织可提供相关服务，但应事先告知收件人收费标准和服务费用。

若联系不到收件人，或收件人拒收快件，快递服务组织应在彻底延误时限到达之前联系寄件人，协商处理办法和费用：

① 寄件人放弃快件的，应在快递服务组织的放弃快件声明上签字，快递服务组织凭放弃快件声明处理快件；

② 寄件人需要将快件退回的，应支付退回的费用。

7. 无着快件

① 快递服务组织应及时登记无着快件，并将无着快件每半年 1 次集中到省级邮政管理部门所在地或其办事处所在地，申请集中处理。

② 无着快件的信件，自快递服务组织确认无法退回之日起超过 6 个月无人认领的，由快递服务组织在邮政管理部门的监督下销毁。

③ 无着快件的其他信件，自快递服务组织确认无法退回之日起超过 6 个月无人认领的，由快递服务组织在邮政管理部门的监督下进行开拆处理，不宜保存的物品除外。

④ 对因寄件人或收件人信息缺失而导致的无着快件，能从拆出的物品中寻找收件人或寄件人信息的，应继续尝试投递或退回，除此之外，对于能够变卖的物品，应交当地有关部门收购，价款上缴国库，不能变卖的，按以下要求处置：a. 存款单、存折、支票，应寄交当地人民银行处理，其他实名登记的有价证券，应寄往发行证券的机构处理；b. 金银饰品，应由邮政管理部门指定的机构收购后，由邮政管理部门上缴国库；c. 本国货币，应由邮政管理部门上缴国库，外国货币应兑换成人民币后由邮政管理部门上缴国库；d. 户口迁移证、护照和其他各类证书，应送发证机关处理；e. 其他不能变卖的物品，根据具体情况，妥善处理。

课后练习

一、不定项选择题

1. 派送快件时如果客户不在，派送人员应当（　　）。

A. 直接将快件带回分部

B. 替客户收件

C. 直接将快件放到客户所在小区物业或传达室

D. 与客户沟通处理方式

2. 派件时如客户未签字，收派员回到营业网点后，（　　）代替客户签字。

A. 可以　　B. 一般可以　　C. 最好不要　　D. 不可以

3. 在进行派送路线设计时，应考虑的原则是（　　）。

A. 保证派送时限　　B. 先重后轻，先大后小

C. 派送车辆大小　　D. 减少空白里程

4. 快件安全保管的原则是（　　）。

A. 小件不离身　　B. 零散快件集装携带

C. 大件不离视线　　D. 专人跟踪保管

5. 属于代收货款的注意事项是（　　）。

A. 提前电话核实客户信息　　B. 寄件人实时跟踪

C. 核实收件人身份　　D. 提醒收件人查验快件

6. 在登记无法派送快件的信息时，登记内容包括运单单号、（　　）以及无法派送的原因。

A. 快件重量　　B. 快件外包装情况　　C. 派送人员　　D. 派送时间

二、判断题

1. 当面交接、签字确认是进行快件交接的两个原则。（　　）

2. 快件交接时，应及时检查快件外包装是否完好、封口是否正常、面单有无重新粘贴的痕迹。（　　）

3. 在大雾天气，快件上不需要加盖防雨用具。（　　）

4. 对于特别大、特别重的快件，在派件时，应有专门的派送车辆和人员负责。（　　）

5. 用小车推运货物时，物体可以在人的后方。（　　）

6. 在派送代收货款业务的快件时，结算方式为现金结算且金额较大的，应该提前通知客户，告知客户应付金额，提请客户准备应付款项。（　　）

7. 快件派送时，当收件人不在，可以由收方客户指定其他人代收，代收人必须出具有效的身份证件。（　　）

8. 电子签收属于客户签收快件的方式之一。（　　）

三、简答题

1. 请简述当前主要的派件方式。

2. 请简述派件路线设计的基本原则。

四、案例分析题

【材料 1】

湖南快递公司内部整顿：包裹无人送，香肠快要变臭肠

"我一个快递包裹 13 日就到长沙了，现在还没送到我手上来。"1 月 19 日上午，长沙市民

苏先生致电本报称，他的一个四川朋友通过天天快递给他寄了一箱刚灌好的新鲜香肠，至今未送达，“我打电话问快递公司，他们说是在搞整顿，仓库里压了几万件货。他们公司搞整顿，难道我们客户就要跟着遭殃吗？”对此，苏先生忿忿不平：“我的香肠怕是要成臭肠了。”

[市民]“把客户当成谈判筹码”

“我的货已经压了一个礼拜了，从四川寄过来的香肠，新鲜的肉灌进去的香肠，拿回来要经过烘晒的，我老婆也在天天抱怨‘那一千多块钱的香肠要臭掉了’。”

分拨中心包裹堆积

苏先生告诉记者，为了这个包裹他已经给天天快递长沙分公司打了十多个电话了，每次得到的答复就是“尽快处理”。

“有次我打电话跟他们说，我自己开车去拿货，只要他们告诉我地址就行。结果他们叫我不要去，去了也没用，现在仓库里面几万件货，去了也找不到我的包裹。”苏先生介绍。

无奈之下，苏先生只好拨打了天天快递总部电话进行投诉，“当时他们总部的一个客服跟我说‘长沙分公司现在正在整顿，可能客户是他们手中的筹码吧’。”对此，苏先生表示很愤怒：“快递公司内部搞整顿，损失几万消费者的利益，这也太没职业道德了。”

记者通过苏先生提供的快递单号查询发现，该包裹是在1月13日凌晨4点25分到达天天快递长沙分拨中心的，15日被发往桂花路分部，17日在桂花分部进行货件留仓扫描，17日之后便再无更新信息。“这次不只是我一个人在追货，应该有很多人都在打电话问，因为我打每个快递员的电话都不接电话或者占线、关机。”苏先生说。

[调查]随意扔件现象严重

中午11点半，记者根据天天快递官网上长沙分公司的地址来到了长沙县远大三路与东十路交会处。记者到达此处后并未发现有天天快递长沙分公司的标识牌。打听之下才知道，该公司已经搬迁，原址已经变成了另外一家物流公司。随后，记者又根据导航来到附近几个网点，也均已经搬走或不存在。下午一点半左右，记者在长沙县东六路上找到了天天快递长沙分公司分拣中心。

记者在该分拣中心看到，整个中心内虽然堆放有包裹，但并未出现大量堆积的情况，只是有的包裹码放得比较整齐，有的包裹则随意地堆放在地上，而且这些包裹时间多为1月17日、

18日的。

在该中心的两条流水分拣线上，每条线上也均有几名分拣员在分拣作业。记者在走访两条流水线期间，随意扔件的现象时有发生，分拣员从流水线上拿了快递后，直接隔着几米远就扔了过去。记者看到，有一名分拣员一次性抱了大小好几个快件，在准备丢的过程中，一个包裹掉了下来，直接被一脚踢了过去。

值得一提的是，在流水线的一个角落处，记者看到了几箱拆开了的橙子，箱子上写着“退长沙”字样，走近之后能闻到明显的腐烂味，在箱子的附近还散落着一些剥了的橙子皮。记者查看下发现，这几箱橙子不知为何没有退回至客户手中，包裹单上最早的日期为1月5日。

[回应]整顿期间却未曾送件现已加急派件

1月19日下午2点半，记者致电了天天快递长沙分公司客服电话，并就苏先生快递“迟到”的原因进行了咨询。

“因为在做内部的调整，有几天的件没有及时配送出去。现在是人手不足，快件也积压得比较严重，我们已经在加急派件了。”接线客服表示：“因为直营网点比较多，所以导致很多件堆压，所以我们才做内部调整。从11日到15日一直在进行调整，对长沙分部所有的网点、线路进行调整，路线重新规划，因此这几天的快递一直没有配送。”

“目前堆压的件已经发送到了下属网点去了。如果快件是因为我们公司的原因导致的损坏，我们会主动与客户进行协商。”该客服人员表示，“公司新地址是近期才搬过来的，因此还没有在总部及时更新。”

来源：《三湘都市报》，2018年1月23日

【材料2】

开州建全市首个城乡快递物流共配体系

近日，开州区电子商务物流分拨中心进入试运营阶段，意味着开州区快递行业在重庆市创新实现货物在城区内统一派件、乡镇干线统一配送、村级代理点自提的功能。在降低物流配送成本的同时，居民快递也将更快更安全到达，安全风险也将由分拨中心全程保障。

据开州区电子商务物流分拨中心经理颜杰明介绍，分拨中心占地8000多平方米，共有全长245米的4条分拨带循环分拣，日均分拨快递包裹可达5万件以上。与以往各个快递公司全区跑不同，分拨中心运营后，已转换成由分拨中心派人各自重点负责一个区域的统一派送，这将极大地节约配送时间和人力成本。

来源：《重庆商报》，2018年7月19日

【材料3】

国务院：鼓励电商与快递企业开展数据交换共同提升配送效率

中国网财经1月23日讯　据中国政府网消息，今日国务院办公厅下发了《国务院办公厅关于推进电子商务与快递物流协同发展的意见》，文件指出，我国将深入实施“互联网＋流通”行动计划，健全企业间数据共享制度。完善电子商务与快递物流数据保护、开放共享规则，建立数据中断等风险评估、提前通知和事先报告制度。在确保消费者个人信息安全的前提下，鼓励和引导电子商务平台与快递物流企业之间开展数据交换共享，共同提升配送效率。

此外，文件提出要将智能快件箱、快递末端综合服务场所纳入公共服务设施相关规划，加强鼓励仓储、快递、第三方技术服务企业发展智能仓储，制定实施电子商务绿色包装、减量包装标准，推广应用绿色包装技术和材料，推进快递物流包装物减量化。并且文件中明确指出了各

项任务的执行实施部门。

来源:中国网,2018年1月23日

【材料4】

快递柜:资本热捧 盈利渺茫

国家邮政局官方数据显示,2017年邮政业业务收入累计完成6622.6亿元,同比增长23.1%;全国快递服务企业业务量累计完成400.6亿件,同比增长28%。

然而在快递配送环节,持续面临着配送快递人员需求激增、人工成本上升及用户体验满意度下滑的困境。并且,快递业主要服务的白领、学生等人群,不经常在家,需要更主动、可控的取件、寄件形式。这时,智能快递柜被推上市面,市场规模得以快速发展。

新思界产业研究院数据显示,2016年中国智能快递柜的投放量达10万组。另据亿欧咨询的数据,中国智能快递柜的投递量占比较低,预计未来还将有进一步增长。但从智能快递柜公司的运营成果来看,盈利希望渺茫。

数据显示,丰巢科技2016年全年收入仅2254.59万元,净利亏损2.49亿元;2017年前三季度营业收入为1.59亿元,净利亏损2.75亿元。首先,运营智能快递柜的成本不低,一组智能快递柜的成本至少在万元以上,此外还有占地费、安装与维护运营等成本。其次,智能快递柜的盈利模式相对单一。代收模式中,店面代收和自提柜代收是主流服务模式。

近日,韵达股份(002120.SZ)和申通快递(002468.SZ)纷纷发布公告宣布增资丰巢科技,丰巢新一轮融资达20.7亿元。其中韵达增资2.7亿元,新增股份2.9927%;申通有限公司增资1.8亿元。最新一轮增资后,丰巢的估值已达90亿元。

现智能快递柜行业市场规模迅速增长,资本大举涌入,其实入局企业一直在亏损,盈利模式仍难破局。

来源:《南方都市报》,2018年1月26日

问题1:影响快件流转和派送时效的因素有哪些?

问题2:试分析当前快件派送的方式以及各自的优劣。

项目9　客户服务

☞ **学习目标**

掌握客户咨询服务的内容和服务标准，掌握客户查询服务的内容和服务标准，掌握客户投诉服务的内容和服务标准，熟悉客户投诉处理的流程。

☞ **重点和难点**

客户沟通和客户关系维护，客户投诉处理。

☞ **导入案例**

【案例9.1】

包裹运了近50天都没到 顺丰快递单号也查不到任何信息

快递寄了快50天还没到，怎么办？住在杭州的王先生就遇到这样一件烦心事。于是，他向与本报维权热线85188518联动的12345反映："去年11月25日，我在一个美国的网站Boderfree上购买了两双袜子。网站Boderfree显示商品在12月5日已发货，但是我直到今天都没有收到快递。快递单号显示为顺丰快递，但是查询物流信息却显示空白。于是，我咨询顺丰，但是顺丰却表示没有查到物流信息，包裹还没有交接。但是既然已经有了顺丰快递单号，我认为顺丰有责任帮我寻回包裹。"

消费者说："时隔近50天快递还没到，网上查不到任何物流信息。"

消费者王先生说："2017年11月25日，我在美国网站Boderfree买了两双袜子，加上关税和运费，合计消费437.76元。Boderfree网站显示2017年12月5日发货，但是我到现在都没有收到快递。"

"以前，我也在该网站上买过东西，一般都是半个月左右就能收到快递，所以我比较放心。但是这次的情况十分反常：时隔近50天，快递却始终没有消息。Boderfree网站上显示了一个顺丰快递单号，我查了一下，却查不到任何物流信息。"

"2018年1月19日，我给顺丰打电话，让他们帮我找一下这个快递。但是对方给我的回复，却是查不到物流信息，包裹还没有交接过来。"

"但是我再次咨询过Boderfree网站，得到明确的回复是已经发货。究竟是哪个环节丢失了包裹，我希望顺丰能查清楚，并尽快帮我找到这个快递。"

商家说："该快递单号实在查不到信息，建议消费者联系当地揽件员。"

顺丰公共事务部工作人员许璟说："这件事情我们也比较重视，并且查过这个快递单号，但实在查不到任何信息。如果商家确实发货了，那肯定会有物流信息的跟踪，但是现在什么都查不到，所以我们也不知道如何帮助这位消费者。我建议消费者跟商家反映此事，让商家与当地揽件的快递员联系一下，看看到底是怎么回事，从源头找起。我们也想尽力帮助消费者，希望多方协助处理一下此事，尽快为消费者找到快递。"

律师说："消费者应与商家沟通，商家应证明其确实已发货。"

浙江泽鼎律师事务所律师夏谨言说："该网站显示快递已发货，不一定是真的发货了。商家应该证明其确实发货了。所以消费者还是应该亲自与商家联系,或者由商家与快递公司沟通。美国网站不在中国消费者协会的管辖范围内,所以美国网站的行为不能用中国消法来解释。"

来源:《每日商报》,2018年1月26日

【案例思考】

1. 快递查询业务的方式有哪些?
2. 请思考快递企业如何做好客户服务。

任务9.1　客户咨询服务

9.1.1　客户咨询的内容

快递企业的客户常见的咨询内容见表9.1所列。

表9.1　客户咨询内容

内容分类	具体内容
服务范围	快递公司网络覆盖区域,以及各类业务的覆盖区域
业务范围	普通快递、到付快递、当日达、次日达、即刻送、代收货款等
寄递时效	从寄件人寄出快件到收件人收到快件需要的时间
寄递费用	根据寄递物品的重量、规格,以及采取的寄递方式所需的费用
寄递物品和包装	哪些物品可以采取何种方式进行寄递,对包装有什么要求

9.1.2　客户咨询的方式

1. 网站自主咨询

快递公司的信息化水平较高,且比较重视网站建设,通过快递公司官网可以了解各类需要的信息,且提供人工服务。如图9.1所示,客户可以通过顺丰速运官网了解到各类需咨询的内容,包括公司的业务范围、服务区域、产品类别、产品价格等。

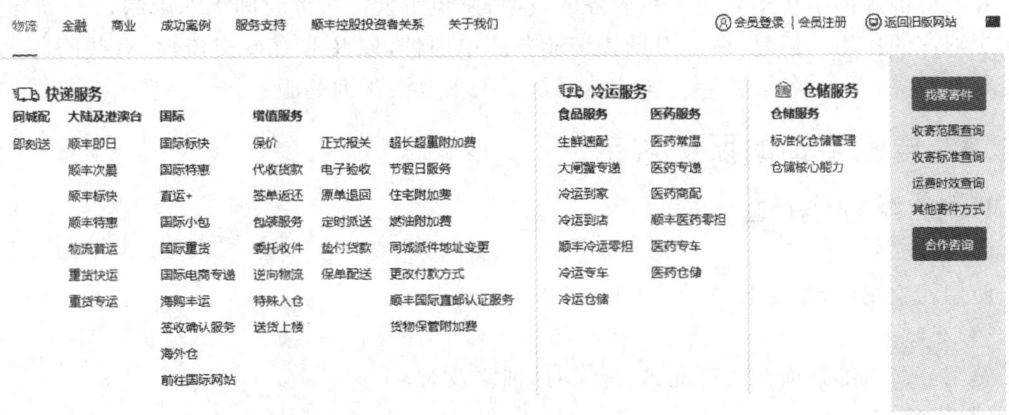

图9.1　顺丰速运网站页面

2. APP咨询

近年来,伴随智能手机的推广,快递公司也各自开发了APP,例如顺丰速运和圆通快递(见图9.2和图9.3),并开通了微信公众号,客户可以通过这些方式进行自助查询,或与人工客服进行在线交流。

图9.2 顺丰速运APP

图9.3 圆通快递APP

3. 电话咨询

在线咨询提高了快递公司客户服务的效率,避免了人工服务时间上的限制,在一定程度上起到了双赢的作用。但是,由于自助咨询业务的单向性,以及非直接交流性,有些问题无法得到较好的解决,因此,各大快递公司依然保留了人工电话咨询的服务。

9.1.3 电话咨询的服务规范

1. 客户咨询服务的基本要求

(1)礼貌

使用礼貌用语,态度温和,不辱骂客户。

(2)及时

熟悉公司内部各项业务情况,熟练应对,回复及时。

(3)准确

能够准确回答客户的咨询问题,不含糊其辞,能够有效地帮助客户解决问题。

2. 客户咨询服务的规范用语

客户咨询服务常用的规范用语如表9.2所列。

表 9.2　客户咨询服务的规范用语

接听电话	您好！欢迎致电××快递，工号××号为您服务。请问有什么可以帮您？	
	服务范围	您好！公司暂时不在××区域提供服务，非常抱歉。您可以关注一下其他公司。
		好的，我这边帮您查询了一下，公司暂时不在××提供该项业务，实在抱歉，您可以关注一下我们的其他产品，比如：××××，也能满足您的要求。
	业务范围	您好！公司暂时不提供××业务，我们会记录下您的宝贵意见。
		您好！公司有该项业务，请问您具体想要了解哪方面的信息？
	寄递时效	您好！在正常情况下，寄达时间一般是××天。
	寄递费用	您好！我们的收费标准是×××，您可以作为参考，具体以业务员上门测量的数据为准。
	寄递物品和包装	您好！邮政管理局有明确规定，该物品只能进行空运/汽运。
		您好！公司可以提供包装服务，并收取一定的物料费用。
挂断电话	请问还有什么可以帮您的吗？	
	再次感谢您致电××××，祝您生活愉快！	

任务 9.2　客户查询服务

【知识链接】

快件查询

查询渠道：快递服务组织应根据业务种类向顾客提供电话或互联网等免费查询渠道。

查询凭证：快件收寄后，用户可凭借快递运单对快件进行查询。

查询内容：查询内容应包括快件当前所处服务环节及所在位置；对于国内异地快件，快递服务组织宜提供全程跟踪的即时查询服务。

查询受理时间：国内快件含量查询受理时间应为一周 7 天，每天 24 小时；国内快件电话人工查询受理时间应为一周 7 天，每天应不少于 8 小时。

查询答复时限：对于通过互联网不能查找的快件，用户电话查询时，快递服务组织应在 30 分钟内告知用户，告知内容应主要包括快件所处的服务环节及所在位置；不能提供快件即时信息的，告知用户彻底延误时限及索赔程序。

查询信息有限期：国内快件查询信息有效期应为 1 年。

引自《快递服务　第 3 部分：服务环节》(GB/T 27917.3—2011)

9.2.1　客户查询的内容

客户查询的主要内容如表 9.3 所列。目前，快递公司、电商平台、末端配送平台均提供查询业务，有些公司还设置了物流信息自动推送服务，如图 9.4 所示。

表 9.3 客户查询内容

内容分类	具体内容
快件所处服务环节	快件自收派员收件后,寄件人未签收前,处于物流转运的哪个环节
快件所处的位置	快件具体所在的地点,如:正在发往××分拨中心,到达××分部等
快件预计到达时间	快件到达和快件派送的具体时间
收派员电话	因一些特殊的派送需求,客户需与收派员进行直接沟通,直接负责派送快件的收派员电话

图 9.4 物流信息查询和派送提醒

9.2.2 客户查询的服务规范

1. 客户查询服务的基本要求

(1) 礼貌

使用礼貌用语,态度温和,不辱骂客户。

(2) 耐心

使用查询业务的客户多数是由于不确定寄达时间、派送时间,以及快件的物流信息迟迟没有更新,担心快件异常等原因,客服人员在接待此类客户的查询时,应更加耐心,了解情况,疏导客户情绪,做好解释工作,不可敷衍了事,火上浇油。

(3) 沟通

对一些无法解释的异常现象,如不确定原因,应在安抚客户后,在公司内部管理系统做好登记,反映给上级,沟通确认相关情况,及时妥善处理。

✍ **实训任务**

小夏大学毕业后进入了圆通速递担任客服人员,每天需要接听来自全国各地的许多查询电话,但是由于对公司管理制度不是非常熟悉,每次接听的电话的时候都非常紧张,有时候忘记使用礼貌用语,有时候让客户的等待时间过长,有时候回答又不能让客户满意。有一天,小夏又接到一个年龄比较大的客户的电话,客户使用的是地方方言,小夏听得不是很懂,重复问了好几遍,大概意思是快件已经到达了派送地,物流显示派送员派送已经好几天,但客户并未收到,因此情绪很不好,开始在电话里面吼。请问如果你是小夏,你会怎么做?

2. 客户查询服务的规范用语

快递公司的客户查询时常用的规范用语如表 9.4 所列。

表 9.4　客户查询服务的规范用语

<table>
<tr><td rowspan="9">接听电话</td><td colspan="2">您好!欢迎致电××快递,工号××号为您服务。请问有什么可以帮您?</td></tr>
<tr><td rowspan="5">普通查询</td><td>您好!请您提供一下需查询的快件单号。</td></tr>
<tr><td>好的,请稍等。</td></tr>
<tr><td>感谢您的等待。您所查询的快件正在由××发往××的路上/已经到达××,请问有什么可以帮您?</td></tr>
<tr><td>感谢您的等待。您的快件预计会在××到达,请您保持电话畅通,派件员会及时与您联系。</td></tr>
<tr><td>您是需要更改地址吗?请提供您的姓名、电话、身份证号,以及需要改寄的具体地址,我这边做好记录。</td></tr>
<tr><td rowspan="3">异常查询</td><td>感谢您的等待,实在抱歉,因为爆仓/×××的原因,您的快件暂时滞留在×××,公司正在加紧作业,争取让您尽快收到,希望您理解。</td></tr>
<tr><td>感谢您的等待,您的快件因为××原因被航空公司扣留,公司正在协调处理,希望您理解。</td></tr>
<tr><td>感谢您的等待,物流显示您的快件已经在派件中,我这边已经做好登记,派件站点会尽快给您派件。给您带来的不便敬请谅解。</td></tr>
<tr><td rowspan="2">挂断电话</td><td colspan="2">请问还有什么可以帮您的吗?</td></tr>
<tr><td colspan="2">再次感谢您致电××××,祝您生活愉快!</td></tr>
</table>

任务 9.3　客户投诉业务

【知识链接】

快件赔偿

一、快件延误

延误的赔偿应为免除本次服务费用(不含保价等附加费用)。由于延误导致内件直接价值丧失,应按照快件丢失或损毁进行赔偿。

二、快件丢失

快件发生丢失时,应免除本次服务费用(不含保价等附加费用),此外,还应:

对于购买保价的快件,快递服务组织按照被保价金额进行赔偿;

对于没有购买保价的快件，按照《中华人民共和国邮政法》《中华人民共和国合同法》等相关法律规定赔偿；

造成用户直接损失的，按照相关民事法律法规赔偿。

三、快件损毁

1. 完全损毁，快件价值完全丧失，参照快件丢失赔偿的规定执行。

2. 部分损毁，快件价值部分丧失，依据快件丧失价值占总价值的比例，按照快件丢失赔偿额度的相同比例进行赔偿。

四、内件不符

1. 内件品名与寄件人填写品名不符，按照完全损毁赔偿；

2. 内件品名相同，数量和重量不符，按照部分损毁赔偿。

引自《快递服务　第3部分：服务环节》(GB/T 27917.3—2011)

9.3.1 客户投诉的内容

快递服务组织应提供用户投诉的渠道，主要包括互联网、电话、信函等形式；国内快件的投诉有效期为1年。常见的客户投诉的内容如表9.5所列。

表9.5　客户投诉的内容

内容分类	具体内容
服务态度	快递服务各环节与收件人、寄件人有直接联系的相关人员在语言、肢体等方面的态度。这是投诉中最常见的内容
快件丢失	快件在寄递过程中遗失
快件损毁	快件在寄递过程中发生损坏
寄递时效(含快件延误)	快件邮寄和投递的时效，如派送不及时、快件延误等
内件不符	内件与寄件人填写品名不符，或重量、数量不符

9.3.2 客户投诉的服务规范

1. 客户投诉服务的基本要求

(1) 客观记录

受理投诉时，快递服务组织应记录投诉人的姓名、地址、联系方式，投诉的理由、目的、要求，其他投诉细节等信息；在记录过程中，应与投诉人核对信息，以保证信息的准确性。

(2) 安抚客户

在接受客户投诉的过程中，客服人员应做到态度平和，不偏不倚，在引导客户讲述完整的事情经过和相关细节时，还应安抚客户，避免使用挑拨、偏激等带有感情色彩的词语。

(3) 注意时效

快递服务组织应对投诉信息进行分析，提出处理方案，制定补救措施，按服务承诺及时处理；投诉处理完毕，快递服务组织应在处理时限内及时将处理结果告知投诉人；若投诉人对处理结果不满意，应告知其他可用的处理方式；快递服务组织应根据投诉信息统计分析结果，采取措施来改进服务质量。国内快递服务投诉处理时限应不超过30个日历天，与投诉人有特殊约定除外。

2. 客户投诉服务的规范用语

客户投诉服务时常用的规范用语如表9.6所列。

表 9.6　客户投诉服务的规范用语

<table>
<tr><td rowspan="7">接听电话</td><td colspan="2">您好！欢迎致电××快递，工号××号为您服务。请问有什么可以帮您？</td></tr>
<tr><td rowspan="3">服务态度</td><td>您好！请告诉我您的姓名、电话、地址。</td></tr>
<tr><td>您好！请您简单描述一下当时的情景。</td></tr>
<tr><td>您好！请问您希望公司做出什么样的处理？</td></tr>
<tr><td rowspan="3">快件丢失/损毁/时效/内件不符</td><td>您好！请您提供运单、快件的照片，以便我们及时查证。</td></tr>
<tr><td>您好！请问在收件时工作人员是否提醒过您先验收后签字？</td></tr>
<tr><td>您好！请问您的快件是否有保价？</td></tr>
<tr><td rowspan="3">挂断电话</td><td colspan="2">您的投诉我已经记录下来了，在这里我首先代××跟您道个歉，我们会尽快核实处理。</td></tr>
<tr><td colspan="2">请问还有什么可以帮您的吗？</td></tr>
<tr><td colspan="2">再次感谢您致电××××，祝您生活愉快！</td></tr>
</table>

9.3.3　客户投诉的处理

(1) 情况界定和事件判责

在接到客户投诉后，快递公司应第一时间将投诉信息反馈至相关主体，并从公司层面再次了解事件发生的经过，以便进行责任的判定。并按照公司内部相关管理制度进行处理。

(2) 针对部分情况，按相关规定予以赔偿

针对快件延误、快件丢失、快件损毁、内件不符等投诉，根据相关规定予以赔偿。其中，彻底延误的快件按照丢失处理。彻底延误是指从快递服务组织承诺的快递服务时限到达之日起，到用户可以将快件视为丢失的时间间隔。如某一快递服务组织承诺的省际快件服务时限为A个日历天，则从其交寄之日起，A+7个日历天后，快件仍未到达，则可视为该快件彻底延误（丢失），其余类型的快件以此类推。

(3) 完善公司内部管理制度，提高服务质量

加强员工素养培训，提高信息化建设水平，提升快件转运和派送效率，改善服务态度，优化组织结构，做好各类应急预案和安全防护，增强标准化程度，切实提高服务质量。

课后练习

一、不定项选择题

1. 不属于影响客户服务质量的因素是(　　)。

A. 客服人员对业务的熟悉程度

B. 客服人员声音甜美

C. 客服人员的服务态度

D. 客服人员的应变能力

2. 客户咨询业务的方式包括(　　)。

A. 浏览快递公司官方网站

B. 关注快递公司公众号

C. 下载快递公司服务 APP

D. 拨打服务热线

3. 电话咨询的服务规范包括(　　)。

A. 礼貌　　B. 及时　　C. 准确　　D. 温柔

4. 物流信息已经显示派送两天,但是客户迟迟未收到件的原因可能是(　　)。

A. 快件丢失　　B. 收件人电话错误

C. 物流信息显示错误　　D. 收派员将快件落在了仓库

5. 快件内件不符的情况指的是(　　)。

A. 运单标注内件与实际内件不符

B. 内件的重量、规格与运单标注不符

C. 内件的颜色与店家图片不符

D. 内件重量不符合预期

6. 快递公司收到客户投诉后,应(　　)。

A. 核实情况　　B. 视情况进行妥善处理

C. 无论责任在谁,都先扣罚收派员工资　　D. 无视投诉,不加理睬

二、判断题

1. 要与客户建立长期稳定的伙伴关系,必须做好客户维护。(　　)

2. 对于私交比较好的客户,可以不注重礼貌、形象等细节。(　　)

3. 因个人主观原因导致快件遗失,主动与客户沟通并说明情况,核实内件价值后,予以赔偿。(　　)

4. 因态度问题被客户投诉,导致扣罚工资 100 元后,拒绝再给客户派件。(　　)

5. 在接听客户查询电话时,已经讲了三遍,客户仍不理解,直接挂断客户电话。(　　)

三、简答题

1. 请简述客户关系管理对快递企业发展的重要性。

2. 请简述快递公司目前给客户提供哪些服务。

3. 请简述处理客户投诉的基本原则。

四、案例分析题

【材料 1】

国家邮政局出手 整顿快递企业服务质量

2014 年 9 月,国家邮政局发布了《邮政业消费者申诉处理办法》,对邮政企业经营的邮政业务服务质量问题以及经营快递业务企业的快递业务服务质量问题申诉和处理作出了相关规定。根据此办法,客户已向企业投诉,但七天内没有任何处理结果;已向企业投诉,但对企业的处理结果不满意的可向国家邮政局提起申诉。

【材料 2】

49 件羽绒服丢失 快递公司赔 2000 元

近日,广东省佛山市发生一起万元物品投递时丢失只赔 2000 元的纠纷。佛山市消委会提

醒消费者,邮寄价格比较高的物品时,建议保价。

近日,佛山市消委会手机平台接到消费者投诉称,通过快递公司邮寄了一批羽绒服,共计49件,价格10680元。但货物在排件过程中丢失,消费者要求快递公司按货物总价的80%赔付。但因消费者没有对这批货物作保价,且缺乏相关证据,经调解,快递公司表示最多只能按照物品总价的20%进行赔付,共计2136元。

佛山市消委会律师顾问团律师苏艳坚表示,根据《合同法》运输合同的相关规定,运输人即快递企业对运输货物即(邮件)有妥善保管的责任,一旦在运输过程中发生货物损毁或丢失,运输人应当向消费者按照双方约定的货物价值给予赔偿;若双方未约定货物价值,应当给予市价赔偿,即按照交付或应当交付时货物到达目的地的市场价格进行计算。虽然《合同法》对未保价的邮件赔偿有较合理的规定,但在民事赔偿中,作为货物所有权人的消费者对于损毁或丢失的货物存在举证货物价值的责任。

佛山市消委会提醒消费者,邮寄价格比较高的物品,建议作保价服务。消费者还要仔细阅读保价服务的具体内容,认真填写单号和货物价值。快递公司也要做好口头提醒,引导消费者注意贵重物品的保价服务。消费者若未在邮寄时及时办理保价服务,也应保留购买货物的相关单据如收据、发票、消费小票、合同等证据材料,以免在发生争议时无法完成举证责任。

来源:《中国消费者报》,2018年1月23日

【材料3】

今年春节快递"全勤战备"部分企业将加收服务费

春节临近,不少企业都已经开始陆续放假了。当大家纷纷启程与家人团聚之时,还有不少服务业的人们还在坚守岗位。有消息称,包括EMS、顺丰、中通、申通、圆通、韵达、百世、德邦、京东物流、苏宁物流在内的这十家快递企业均表示,今年春节期间不打烊。

苏宁物流近日率先打响了春节快递不打烊服务,宣布今年年货节期间执行"四不"承诺,包括门店不打烊,售后不休息,物流不停运,客服不下线。

作为每年春节期间的寄递服务"主力军",EMS表示会像往年一样"无缝隙、全覆盖、不停休"。具体费用问题在临近春节时会发布告客户书。

中通快递网络管理负责人表示,中通快递全年无休,会根据全网各地在春节期间揽派业务量的具体情况进行预估,结合网点常态化数据,合理安排员工春节值班,保障收、转、运、派各个环节的畅通。

百世集团官方回应,春节期间不打烊,各分拨中心轮岗值班,网点、客服也安排了值班制。

韵达速递官方回应,春节期间将坚持正常运营。总部将成立"春节期间快递服务运营小组",协调、指挥全网络快递服务工作,全网络各省公司、分拨中心和网点已根据春节期间的业务量预测做好了准备工作,尽最大努力保证安全生产。同时,将对相关地区的汽运、航空线路进行调整和优化,部分地区快件时效将有一定的调整。

京东董事局主席刘强东近日公开表示,今年春节京东物流无休,确保双节期间给到消费者最好的服务。据了解,京东以全年无休的"全勤战备"状态,为消费者过年网购保驾护航,春节期间可照常下单,物流配送也如平日一样。此外,京东全国客服中心也将24小时正常运营。

按照惯例,春节期间,部分快递企业会加收一定的服务费。例如,EMS和顺丰往年加收

10元左右的费用。韵达方面表示，考虑到春节期间业务量、成本等各种因素，每票快件会加收10元服务费。

“春节不打烊”成了快递业彰显自己服务理念的一个舞台，其实也是服务业达到一定规模后的必然。可以预料的是，随着快递不打烊而来的是整个电商的不打烊形态的扩散，而也就让春节有可能成为下一个“双11”类型的销售季。

快递员作为服务型行业，将逐步脱离传统节假日的概念，因此根据季节需求的大数据来保证轮休将是快递员人数在特定时段里保有量的未来生态。

可以预计的是，未来会有更多的电商、外卖和其他行业出现不打烊的趋势来激活整个市场。

来源：中国商网，2018年1月25日

问题1：结合材料给出的内容，试分析当前快递客户服务工作存在哪些难点。

问题2：如何改进快递公司的服务质量。

问题3：试分析春节快递不打烊对消费者服务感知质量的意义。

第三篇　管理篇

项目 10　快递企业安全管理

☞ 学习目标

掌握人员安全管理方法，熟悉人员安全事故的预防工作，了解快递服务过程中快件安全管理的内容。

☞ 重点和难点

人员安全管理方法，信息安全管理措施。

☞ 导入案例

【案例 10.1】

信息泄露事件频发——快递行业的隐私面单之战

3 月 11 日，山东济南的李蒙接到一个自称淘宝客服的来电，问她是不是在某淘宝店买了一身衣服："一件上衣是衬衣泡泡袖，下装是西装裤"——完全符合李蒙的购物信息。

随后，该人员称这一批衣服甲醛超标，工厂需要召回，需要李蒙配合他在系统上操作进行退款。

得知李蒙的支付宝账号后，随即有一个自称支付宝退款中心的经理加李蒙为支付宝好友，并给她发了一个淘宝链接，她在该链接上输入了身份证号、银行卡号、支付密码等信息，随后便发现银行卡中的资金被接连转出，不到十分钟，李蒙银行卡上的 71561 元已被转移到某基金网站上。

对此，菜鸟网络 CTO 王文彬在接受界面新闻记者采访时表示，这种信息的泄露源头有三个可能：商家端、快递公司端、isv(如易店宝等阿里第三方订单打印控件)。

这样的信息泄露事件越来越多，物流快递业的网络安全和信息安全受到重视。

3 月 31 日，菜鸟网络联合上海市公安局启动行业安全自律平台——对于贩卖客户信息的人员，平台将联手封杀，永不录用。中国邮政、EMS、圆通、中通、申通、德邦、韵达、宅急送等多家物流快递企业已经加入平台。

共享平台可实现黑名单的共享。菜鸟网络安全负责人王乐表示，黑灰产对物流行业的关注在持续上升，在过去一年中，相当大部分的信息泄露案件与物流快递行业内部从业人员有关，大部分是专职从事于黑灰产的产业人员，这些人流窜于各个行业、各个公司、各个岗位。

比如北京一家电商企业的安全人员，因泄露信息被抓获，该案涉及用户信息 50 亿条。

王文彬表示，个人信息保护要从源头开始抓起，信息化安全是最好的解决方案，依赖先进的技术水平和平台能力。据菜鸟网络介绍，其在 2016 年成功阻止了数亿条消费者信息泄露。

目前消费者隐私被窃取的主要方式有面单拍照、内鬼泄密、系统软件漏洞以及外挂等，快件的每个环节都可能出现信息泄露。

在配送端，为保护用户隐私，目前圆通、菜鸟和京东都宣布启用更安全的隐私面单，在面单上隐去消费者的姓名电话等信息。

对菜鸟来说，联合更多的快递公司关注信息安全旨在推行其隐私面单，也将间接促进快递公司完善末端的快递员App,提高电子面单的使用率。

今年1月,圆通推出隐私面单系统;3月,菜鸟也相继推出相似系统。一位快递公司的系统架构师在接受界面新闻记者采访时表示,一旦商家采用菜鸟的隐私面单系统之后,菜鸟提供给快递公司的将是不完整的收件信息。

据界面新闻记者了解,目前除了圆通,其他快递公司也在研发自己的隐私面单系统。目前圆通已经开始在大客户进行试点推行自己的隐私面单系统。

电子面单系统最早由快递公司研发,目前各家都有自己的系统。阿里系电商平台的商家可以选择使用菜鸟或者快递公司的电子面单。

根据国家邮政局公布的数据,目前快递行业的电子面单的普及率达到70%。界面新闻记者查询各家招股书发现,申通2015年电子面单使用率约为30.80%,截至2016年3月韵达为53.57%,2015年圆通为50%以上。

虽然电子面单成本低廉并且效率高,快递公司也鼓励加盟商使用电子面单的政策:比如电子面单低于纸质面单的价格、享受更低的中转费(电子面单中转效率高)。

但界面新闻记者采访加盟商时发现,还有一部分加盟商并不欢迎电子面单,一是因为电子面单打印设备、快递员手持终端的成本高;二是因为设备系统升级和与客户系统对接的繁琐,也有一定手工输入的成本,相比来说,直接使用纸质面单的方式更简单、直接。

【案例思考】

1. 快递信息安全问题会带来哪些危害?
2. 你认为快递公司可以采取哪些措施来保护快递信息安全?

任务10.1 快件安全管理

【知识链接】

安全(safety):通常是指免受人员伤害、疾病或死亡,引起设备、财产破坏或损失的状态。

10.1.1 快件安全的含义

近年来,中国快递业发展迅速,快件业务量已居于世界首位,涉及快件安全的问题也逐步凸显。由于快递业背后的安全隐患很多,关于快递安全也越来越得到政府部门的重视。一般认为快件安全是为了保证快件从揽收开始到派送结束整个过程中涉及的收派、场地处理、储存、装卸搬运、运输、信息处理等基本功能的顺利实现,使其免受人员伤害,减少设备损坏、财产损失,确保快件的安全和经济效益。

为快件提供安全保障的快件安全系统是物流安全系统的一个子系统。快件安全系统以现代物流的六个基本功能要素为主线,贯穿于快递活动的始终。

快件安全系统的输入输出模式如图10.1所示。

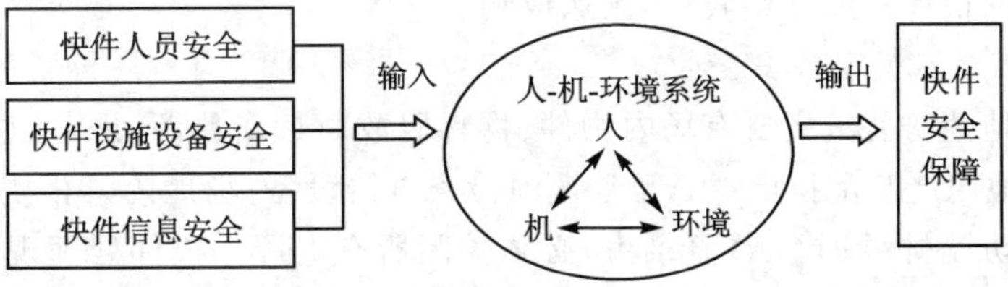

图10.1 快件安全系统的输入输出模式

快件安全系统的主要作用是预防快递服务中发生事故，为快递服务提供安全保障。在这个安全系统中，快件输入安全投入并作用于物流系统，通过一系列的安全活动，使快递活动中的人-机-环境系统达到和谐，快件输出安全有保障，以保证快递服务的顺利完成。快递服务要求“安全、快捷、便利”，其中安全是前提、是基础。快件的安全如果不能得到保障，快递的服务质量也就无从谈起。要保证快件安全，企业必须建立一套科学、合理、严密的快递安全管理制度。

从整体上讲快递服务的安全性主要包括：

① 快件不应对国家、组织、公民的安全构成危害；

② 快递服务组织应通过各种安全措施保护快件和服务人员的安全，同时在向顾客提供服务时不应给对方造成危害；

③ 除依法配合国家安全、公安等机关需要外，快递服务组织不应泄漏和挪用寄件人、收件人和快件的相关信息。

10.1.2 快件安全管理

保证快件安全是快递服务中的一个非常重要的内容，快件的安全直接影响到快递企业的服务质量和企业形象。快递企业应采取措施来确保快件安全。按照快递服务的过程分类，快件安全管理可以划分为收派过程的快件安全管理、场地处理过程的快件安全管理、运输(在途)过程的快件安全管理、暂存(在库)过程的快件安全管理、快件的信息安全管理，以及特殊快件的安全管理。

(1) 收派过程的快件安全管理

收派过程的快件安全管理是指对快递业务员上门收取的快件、客户送来的快件及上门派送的快件或者客户来领取的快件的安全进行管理。

无论是快递员上门取件还是客户送来的快件，都要严把验收关，进行安全验视，查看快件是否属于禁限寄物品。若属于禁限寄物品，应在说明情况后礼貌性地予以拒收；特殊情况下应扣下快件，并向有关部门报告。若不属于禁限寄物品，应查看物品与快递单上的品名、数量是否相符，包装及物品是否有损坏；对不能确定安全性的存疑物品，应要求寄件人出具相关部门的安全证明，否则，不予收寄。客户已出具安全证明的，应如实记录收寄物品的名称、规格、数量、收寄时间、寄件人和收件人名址等内容，并保存至少1年。

收派员在进行快件收派过程中，快件不交由他人捎转带，不乱扔乱放，不让他人翻阅；进入单位或居民区内，车辆及快件应尽量放在视线可及或有人看管的相对安全的地方，做到快件不离身；雨雪天气准备好防水防冻物品保护好自身和快件安全；派送时，将快件捆扎牢固，做好防雨防盗等安全措施。除了快件需要在收派环节严格把关外，一般快递企业会建立和落实快件收派员安全责任制。收派过程中快件安全发生问题，除了不可抗拒的外力因素外，由收派员负责。收派员收取的快件要与场地处理人员进行交接，办妥交接手续。派送的快件，收派员要凭客户签收单来证明快件已经被签收，即派送成功。

(2) 场地处理过程的快件安全管理

快件操作场地消防要求主要有场内物件、物料码放时远离热源；出口、通道处不得摆放任何物品；操作场地内严禁乱拉电线；经常性地检查电器设备；场地内禁止使用明火；在操作场地内定点放置消防器材；每个工作日结束，必须关闭所有电源。快件处理现场应与外界隔离，安放全方位监控系统。工作人员应到指定位置查货，查获过程必须进行监控系统录像，查货完毕应签字盖章，确认快件安全。快件传递交接的过程中，要轻拿轻放，管理人员应每天调取录像，发现违规行为应严肃处理。

（3）在库快件安全管理

为了确保仓库人、财、物的安全，必须建立和健全消防、保卫、保密、安全操作等规章制度，并设有专人负责。在库快件的安全管理主要是严守“收、存、发”关卡，建立健全各项安全制度、监督机制、检查制度等。快件办理入库手续时要清晰，进行严格检查后要相应的工作人员签字确认，把安全责任制度落到实处。快件保存时要细心，注意仓储消防安全，提供快件物品所需的保存条件。仓库要安装监控系统确保全方位全时间段的不断监控，若某个快件需要打开包装时，要两个人在监控镜头下进行，并在相关单据上签字。快件出库时应和下一个流程的作业人员办理交接手续，检查快件有无破损，确保快件安全。若快件安全出现问题，一般由在库管理快件的相关人员负责。

（4）在途快件安全管理

在库快件的运送方式会涉及道路、铁路、航空、水运等不同的运输方式，不同的运输方式都有适合自身的安全管理体系。这些安全管理体系一般由基础管理系统、程序保障系统和安全监督系统三个部分组成。

对于快递企业而言，在途快件的安全管理要做到车辆安全、车辆防水，将快件总包按装车规则装车、施封。驾驶员在运货过程中严格遵守交通规则，严禁盲目开车、超速驾驶，要确保货物及驾驶员本人的安全，防止货物在运输过程中发生散落或丢失的情况。驾驶员在行车过程中注意行车安全，文明礼让，防止因为违规或违章行驶发生交通事故，延误交货时间。为了方便客户查询物流信息，车辆要安装GPS定位系统。为了保证在途货物的安全，一般车厢内要安装监控系统。

（5）快件的信息安全管理

在快件处理的任何一个环节，除指定的工作人员外，不准任何人翻阅快件信息。员工不得私自抄录或向他人泄露收、寄件人的相关信息。在快件处理场所，非工作人员不得擅自进入。严禁将快件私自带到与工作无关的场所。

（6）特殊快件的安全管理

特殊快件主要指性质特殊或价格昂贵的快件。对于特殊快件，要纳入重点操作对象，格外关注。全部操作过程必须在监控下进行，存放要分区分类。一般快递企业都设有特殊快件作业区，此区域和外界严格隔离，贵重物品有专门的保险柜或保险箱。特殊快件的外包装需要加封志，环环交接，哪个环节出现问题，由哪个环节的负责人负责。快递企业要建立特殊快递安全管理责任制，严格按照规章制度进行作业，一旦出现问题，能确保迅速查明原因，明确责任。

做好快件安全（防止快件摧毁、被盗、泄密、丢失等），是快递企业生产运营的前提保证。快递企业的各职能部门实行安全责任制，将安全责任落实到人。定期开展检查工作，召开安全分析会议，预防不安全的要素发生，提升全体员工的安全意识，从而保障快件安全。

✍ 实训任务

调查你身边的快递企业是如何对快件进行安全管理的，并形成报告。

任务10.2　人员安全管理

【知识链接】

职业安全（Occupational Safety）：通常是指企业应按照国家有关职业安全与卫生法规的要

求，为职工提供一个符合国家职业安全和卫生标准的工作场所或作业环境，劳动者则应懂得有关职业安全与卫生的法规和相关知识，正确掌握安全使用生产设施和劳动保护用品的方法，以保护自己免受职业事故或职业病的伤害。

劳动防护用品(Articles for Labor Protection)：为使劳动者在劳动过程中免遭或减轻事故伤害和职业危险而提供的个人随身穿(佩)戴的用品。劳动防护用品除个人随身穿戴用的防护性用品外，还有公用性的防护设施和用具，如安全网、护罩、护栏等。

快递企业从业人员是快递活动的具体承担者。从业人员素质的高低，直接影响到本单位的安全生产。目前，我国快递行业从业人员不同程度地存在安全素质低的问题。快递业刚好又属于劳动密集型行业，做好人员安全管理是快递企业做好安全管理的首要要素，也是整个快递服务中最重要的要素。因此，快递企业要切实加强对从业人员的安全教育和培训，把安全教育和培训作为重要工作抓紧，提高广大从业人员的安全素质，保障快递企业生产运转安全。

10.2.1 人员安全素养

人的安全素质分为两个层次：一是人的基本安全素质，包括安全知识、安全技能、安全意识；二是人的深层安全素质，包括情感、认知、伦理、道德、良心、意志、安全观念、安全态度等。人的安全知识和安全技能可以通过日常的安全教育手段得以提高，比如，企业的日常安全活动(宣传、教育、管理等)。而安全意识、安全观念、安全态度以及情感、认知、意志等，则属于心理学的研究范畴，是安全行为文化建设的难点和重点。

《安全生产法》第二十一条、第二十二条对从业人员的安全生产教育和培训作出了明确的规定。通过安全生产教育和培训，从业人员要具有以下安全素养。

(1) 具备必要的安全生产知识

首先是有关安全生产的法律法规。法律法规中有很多有关安全生产的内容，这些内容是多年来安全生产工作经验的总结，是生产经营单位搞好安全生产的工作指南和行为规范，从业人员必须了解和掌握。

其次是有关生产过程中的安全知识。快递服务是一个系统的工程，涉及揽货、运输、装卸搬运、包装、储存、派送等多个环节，任何一个环节出现了问题，都可能导致快件不能正常派送到收件人手中。从业人员作为快递活动的具体操作者，必须掌握与生产相关的安全知识，只有这样，才能保障快递企业的安全运转，保障从业人员本身的生命安全和健康。

再次是有关的事故应急救援和逃生知识。在可能导致从业人员生命危险的紧急情况下，要立即停止作业，采取应急措施后撤离危险作业场所。从保护从业人员人身安全和健康的角度考虑，从业人员应当了解和掌握有关事故应急救援和逃生的知识。

(2) 熟悉有关安全生产的规章制度和操作规程

快递企业根据国家有关安全生产的法律、法规及规章制度，结合本单位实际，制定了适宜本单位的安全生产规章和操作规程。这些规章制度和操作规程是安全生产法律法规的具体化，是从业人员工作的准则、行动的指南。快递从业人员应当认真学习，积极参与教育和培训，以便熟悉有关安全生产的规章制度和操作规程，避免和减少安全事故的发生。

(3) 掌握本岗位的安全操作技能

快递企业有不同的工作岗位。只要每个工作岗位都安全了，整个快递流程就安全了。快递企业要加强岗位安全生产教育和培训，使从业人员熟悉掌握本岗位的安全操作规程，提高安全操作技能，降低每个岗位的事故发生率。

10.2.2 人员安全培训

(1) 安全生产思想培训

主要包括安全生产方针政策培训、法制培训、典型经验及事故案例培训。通过学习方针、政策,提高生产经营单位各级领导和全体员工对安全生产重要意义的认识,使员工牢固树立"安全第一"的思想,让安全管理制度深入人心,使员工的安全意识从"要我安全"到"我要安全"转化,最终实现"自主安全"。

(2) 安全生产知识培训

主要包括一般生产技术知识培训、一般安全技术知识培训和专业安全技术知识培训。通过培训,提高工作技能,防止错误操作。

(3) 安全管理理论和方法的培训

通过培训提高各级管理人员的安全管理水平,总结以往安全管理的经验,推广现代安全管理方法的应用。

10.2.3 人员安全中的劳动防护用品

① 安全帽、防尘帽等头部护具类。用于保护头部,防撞击、挤压伤害、防物料喷溅、防粉尘等的护具。快递员在场所作业时,有可能对头部造成伤害,需要佩戴头部护具。常见的有安全帽、防尘帽、防冲击面罩等。

② 护腰带或护腰背心。用于腰的保护,防止快递业务员因长期搬运快件弯腰或腰部负力过度而引起腰肌劳损。

③ 口罩。快递业务员在粉尘较多的作业环境中,需要佩戴防护口罩,减少粉尘对身体的直接危害,预防尘肺病。

④ 防护鞋。用于保护足部免受伤害。快递业务员进入处理场地,需要穿上防护鞋,防止足部砸伤;雨雪天气,路面较滑时,应该穿上防滑鞋,防止摔倒。

⑤ 防护手套。用于手部保护,防止手部撞击、切伤、擦伤。快递业务员在搬运有可能对手部造成伤害的(表面粗糙、锋利等)快件时,应该戴上防护手套。

10.2.4 人员安全事故的预防

工伤预防措施可分为工程技术措施、教育措施、管理措施和经济措施等。

① 工程技术措施是指对设备、设施、工艺、操作等,从安全角度考虑计划、设计、检查和保养的措施。

对新设备、新装置,从设计阶段开始就应该充分考虑安全问题。一般新设备开始时能满足安全要求,但使用后,因磨损、疲劳或腐蚀等因素的影响,设备也会转变为不安全状态。因此必须根据生产的发展和设备的使用情况,及时改进或采取相应的工程技术措施。

② 教育措施是指通过不同形式和途径进行安全教育,使职工掌握安全方面的知识和操作方法。安全教育包括安全思想教育和安全技术知识教育。

安全思想教育要使企业领导、管理人员和操作人员从思想上认识到安全工作对生产的促进和保护作用,正确处理好安全与生产的关系,自觉地去组织和落实安全措施。通过提高各级领导和广大职工的安全意识,从而更好地执行安全生产法规,保障企业生产的安全。

安全技术知识教育包括开展生产技术、安全技术和专业安全技术三个层次的教育。生产技术教育包括企业的基本生产概况、生产工艺流程、操作方法、设备性能结构以及产品的结构、质量和规格。安全技术教育包括企业生产过程中不安全因素及其规律性、可预防性、安全防护基本知识和尘毒防治的综合措施，个人防护用品的正确使用、发生事故时的紧急救护及自救措施等。专业安全技术知识教育是对特种作业人员进行专门教育。

③ 管理措施是指由国家机关、企业单位组织制定有关的安全规程、规范和标准，从制度上采取的措施。管理措施包括贯彻实施有关法规、规章、标准、规范、安全操作规程，组织安全检查，落实岗位责任制、交接班制度以及各种安全认证制度。

④ 经济措施是指采用经济手段辅助进行工伤预防。比如在企业内设立各种安全奖。对安全生产做得比较好的部门和个人进行奖励，对做得差的进行经济惩罚。

10.2.5 人员安全事故的处理

快递作业属于劳动密集型活动，操作人员在工作期间，无论发生何种程度的事故或伤害，都必须向上级报告，以获得及时的援助和处理。一旦发生人员受伤，应当采取以下应急措施。

首先，现场的管理人员应根据受伤人员的情况判断是轻伤还是重伤。

其次，根据受伤的程度不同，采取恰当的处理措施。

① 若属于轻度受伤情况，应在现场立即进行包扎、止血等简单处理，或直接送到最近的医院进行就诊。工伤者应填写《工伤事故登记表》，由部门负责人进行现场调查，并在工伤表格内写明事故原因和责任，提出处理意见和整改措施。

② 若属于重度受伤情况，应立即拨打 120 急救电话，同时联系其家人，并在救护车到达之前给予正确的救护协助。发生事故部门必须及时报告安全管理部门，安全管理部门应及时向企业主管领导汇报，并成立事故调查小组进行调查，召开事故分析会，认真查清事故原因及责任，提出处理意见及改进措施。伤者或委托者应及时、如实填写《工伤事故登记表》。

③ 若发生死亡事故情况，死亡事故的部门会同安全管理部门做好现场保护工作，及时拍照及记录有关数据，并绘制现场示意图，未经主管部门同意，任何人不得擅自改变或清理现场。由企业主管领导及安全管理部门协助政府有关部门组成事故调查组进行调查处理。事故发生部门应及时、如实地填写《工伤事故登记表》。

最后，做好人员安全事故的防范措施。

① 及时召开事故分析会，找出事故原因。事故分析应做到事故原因未查清不放过，事故责任者和员工未受到教育不放过，没有防范措施不放过。

② 制定预防事故重复发生的措施，这些预防措施涉及作业操作规范、作业环境和作业条件等很多方面，需要有计划地实施，以消除危险因素及安全隐患。

③ 加强安全知识教育和安全意识教育，对负伤者进行复工安全教育。

④ 在管理上完善和执行各项人员安全管理规章制度，落实各个作业环节的人员安全防范措施。

✍ **实训任务**

请针对快递企业的实习生，制定一套实习生的安全管理方案。

任务 10.3 设备安全管理

快递企业应具有与开办业务范围相适应的设施设备，并应定期维护更新。设施设备的安全管理会直接影响到快件安全管理和人员安全管理。

10.3.1 设施设备安全管理

快递企业设备主要有计算机设备、通信设备、扫描设备、办公设备、封装器械、消防器材、计量器具、叉车、运输工具等。设施设备的安全管理主要包括设施设备的保管、检查和使用。各项设备应建立账目，有专人保管维护，定期检查登记；还应做好设备防盗工作，并注意维护保养。企业相关管理部门要不定期组织检查设备的维护、保养和使用情况，并做好记录，特别要保证消防器材、呼吸护具、防护器具等安全设备无故障，关键时刻能使用。对全体员工开展安全设备的教育，使每一位员工都能熟练使用安全设备。

10.3.2 场地安全管理

快件处理现场与安全工作联系紧密。作为快递业务的工作人员，必须增强场地作业安全意识，掌握场地作业的消防知识，杜绝场地作业消防隐患。

（1）场地出入管理

快递作业区域应采取封闭式管理，进、出口分开，分流进行管理。工作人员凭证件或指纹出入，外人禁止进入。出入作业区域不得携带易燃、易爆、剧毒等危险品，在作业区禁止抽烟。作业区域内员工携带物品或驾驶车辆离开时，当值安保人员应严格检查放行手续。核查放行物品与放行手续条所列的物品是否相符。若不符，只按放行条所列的物品给予放行。物品经核对无误放行后，当值安保人员应及时在放行条上签署姓名及当值日期、时间，便于日后查询。交接班时，应交接好放行条数目，并在交接班本上做好记录。

（2）场地监控管理

场地监控管理包括监控设备的安装和有效使用。监控设备的安装既要考虑成本，又要考虑监控区域的需要。对于重要作业区域，监控必须24小时覆盖。在监控设备安装的时候，要确定好监控位置，调整好监控的角度，尽量做到监控区域无死角。企业安排专人负责和维护监控设备，以保证监控设备的正常运转。

（3）场地消防管理

① 场地内要保持环境清洁，各种物料码放整齐并远离热源，注意室内通风。

② 保证场地内防火通道的畅通，出口、通道处严禁摆放任何物品。

③ 场地内不得私接乱拉电源、电线，如确实需要，须报相关部门批准和办理。

④ 使用各种设备必须严格遵守操作规程，严禁违章作业。

⑤ 电气设备运行期间，要加强巡视，发现异常及时处理。

⑥ 避免各种电气设备、线路受潮和过载运行，防止发生短路，酿成事故。

⑦ 场地内禁止使用明火，如确实需要须征得安保部同意，在采取有效安全措施后，方可使用。使用期间须由专人负责，使用后保证处理妥当、无隐患。

⑧ 负责消防安全人员按时对本部门内各个部位进行检查，出现问题及时报告。

⑨ 场地内，消防灭火器等消防器材及设施必须由专人负责，定点放置。定期检查自动报警系统、消防喷淋设备能够正常使用。

⑩ 当日工作结束前，应检查场地内所有阀门、开关、电源是否断开，确保安全无误后方可离开。

⑪ 发现火灾险情要积极扑救，并立即报警。

快递企业在建立安全消防体系的同时，要建立消防安全责任制，配备专、兼职消防队伍，将安全责任落实到位，确保企业的场地安全。

10.3.3 消防安全知识

1. 几种常见的灭火器

① 干粉灭火器:充装的灭火剂主要有碳酸氢钠和磷酸铵盐。使用于扑灭可燃固体(如木材、棉麻等)、可燃液体(如石油、油脂等)、可燃气体(如液化气、天然气等)以及带电设备的初起火灾。在一般场所作为机动灵活的消防设备。

② 二氧化碳灭火器:适用于扑灭油类、易燃液体、可燃气体、电器和机械设备等的初起火灾,具有结构简单、容量大、移动灵活、操作方便等特点。使用时,它喷出的二氧化碳灭火剂能使燃烧物的温度迅速降低,并隔绝空气,使燃烧停止,灭火后不留污渍。值得注意的是在扑救电火灾时,不得选用装有喇叭喷筒的二氧化碳灭火器。

③ 泡沫灭火器:适用于扑灭A类物质(如木材、棉麻等)和B类物质(如石油、油脂等自然液体)的初起火灾,是目前国内外油类火灾基本的扑救方式。泡沫与着火的油面接触,在油的表面形成一层抑制油类蒸发与氧气隔绝的保护膜,泡沫与保护膜起到双重灭火作用,具有操作方便、灭火效率高、有效期长,抗复燃等优点,适用于油田、炼油厂、原油化工企业、车库、飞机库、港口和油库等场所。

④ 水系灭火器:适用于固体燃烧的火灾。

对D类火灾,就我国目前情况来说,还没有定型的灭火器产品。目前国外灭D类的灭火器主要有粉状石墨灭火器和灭金属火灾专用干粉灭火器。在国内尚未定型生产灭火器和灭火剂的情况下可采用干砂或铸铁沫灭火。

【知识链接】

火灾分类

A类火灾:即固体燃烧的火灾。

B类火灾:即液体燃烧的火灾和可熔化的固体物质燃烧的火灾。

C类火灾:即气体燃烧的火灾。

D类火灾:即金属燃烧的火灾

2. 快件处理场地灭火器放置环境与条件的规定

① 灭火器不得放置在超出其使用温度范围的地点。

灭火器不得受烈日暴晒,不得接近热源,不能受剧烈的震动。因为温度过高或者剧烈震动会增加灭火器内的压力从而影响安全。对于化学反应式灭火器,温度过高可使药粉分解而失效,而气温过低则影响喷射性能。水型灭火器,温度过低还可能导致药剂冻结,失去灭火能力,并可能损坏灭火器筒体。

② 灭火器应放置在通风、干燥、清洁的地方。灭火器会因受潮或受化学腐蚀的影响而锈蚀,造成开关失灵,喷嘴堵塞,降低灭火器的使用寿命。所以,灭火器不应设置在潮湿或强腐蚀性的地点,如必须设置时,应有相应的保护措施。设置在室外的灭火器,应有保护措施。

③ 灭火器应放置在明显和便于取用的地点,且不得影响安全疏散。推车式灭火器与保护对象之间的通道应保持畅通无阻。

✍ 实训任务

远成集团物流仓储基地设施的使用与维护

远成物流为保证所有仓储基地的各种设施处于良好的状态,确保运作质量,明确了各种仓储设施设备维护的责任人和方法。仓库主管负责制定仓库设备设施预防性维护计划，并跟进计划的执行，做好各种相关记录。

（一）维护对象

(1) 仓库建筑：仓库地面、墙壁、库门、窗户、排水天沟、排水管、装卸平台等。

(2) 装卸工具：电动叉车、液压叉车、手推车等。

(3) 控制设备：空调机、暖气管、松风机。

(4) 消防设备：灭火器、消防栓、自动喷淋系统、报警器等。

(5) 照明设备：防爆灯、应急打、照明线路灯。

(6) 其他可能对成品储存造成影响的设施、设备。

（二）维护步骤（略）

（三）日常检查

(1) 仓管员必须按照《仓库日常检查》程序的要求，每天对仓库的建筑、设施、设备进行例行检查，确保仓库的建筑、设施、设备保持良好的工作状态。

(2) 如发现异常，需立即进行维修，避免对作业和产品质量造成影响。

(3) 坚持记录检查的结果。

（四）预防性维护

(1) 仓库所有的建筑、设备、设施，在发生老化或因超过产品寿命而失效前，必须得到预防性的维护，以保证这些建筑、设备、设施始终保持良好的工作状态。

(2) 仓库主管需在仓库启用一周内，确定仓库需要进行预防性维护的建筑、设施、设备。

(3) 预防性维护的周期。

① 仓库建筑、设施、设备的预防性维护的最短周期不得超过建筑、设施、设备的使用寿命，或是其组件的使用寿命。建筑、设施、设备或其组件的使用寿命可以参考相关产品的说明书，或是由供应商提供。

② 对于使用寿命超过一年的建筑、设施、设备，每年至少进行一次全面的检查，对已经老化的部件进行预防性维护。

(4) 维护方法。

① 更换已经老化的部件，或进行必要的翻新、修复工作。适用于以下项目的维护：仓库地面、墙壁、库门、窗户、排水天沟、排水管、排水板、装卸平台、电动叉车、液压叉车、空调机、暖气管、抽风机、手推车、防爆灯、应急灯、照明线路等。

② 在建筑、设施、设备整体失效前，周期性地对其进行全面的检查测定，确定产品仍然能够保持良好的工作状态。适用于以下项目的维护：灭火器、消防栓、自动喷淋系统、报警器、温度计等。

来源：远程集团公司

问题：到快递企业调研，了解该企业的场地、设备安全管理措施并与远成集团物流仓储基地的设施安全措施作比较，写出调查分析报告。

任务10.4　信息安全管理

【知识链接】

快件信息安全(Express Information Security)：是指通过制定规章制度和技术措施，防止在未经许可的情况下，修改、盗窃客户快件的信息或对快件进行物流破坏。

10.4.1 快递企业信息系统概述

1. 快递企业信息系统的概念

信息是对客观事物特征和变化的反映,是经过加工的有用的资料。

快递信息是快递活动进行中必要和必需的信息,是反映快递各种活动内容的资料的总称。

信息系统是由人、计算机、硬件、软件及其他外围设备等组成的,能进行信息的收集、传递、存贮、处理、维护和使用的系统。

快递企业信息系统是快递企业根据快递业务管理运作的需要,在管理信息系统的基础上形成的快递信息资源管理系统。它通过多种方式收集、输入快递相关业务资料,采用特定的计算机技术对原始数据进行转换处理,最终能输出对快递管理工作有用的信息。该系统具有实时化、系统化、规模化、专业化、网络化、智能化等特点。

从本质上讲,快递企业信息系统是利用信息技术,通过信息流将快递业务环节或者快递业务活动连接在一起的系统平台。快递业务系统中,信息流引导各项活动,如操作流程、派送车辆的调度等。因此,组织快递业务活动离不开快递信息系统。为了有效地对快递企业系统进行管理和控制,使快递业务活动正常而有规律地进行,必须建立完善的信息系统,保证快递信息畅通。通过信息系统集成、整合每个快递作业环节,使快递企业信息系统成为快递作业的指挥调度的平台。快递企业信息系统水平是快递现代化的标志,是快递企业生产经营的重要组成部分。

2. 快速企业信息系统的特点

① 复杂性和动态性:快递企业的服务对象是比较复杂的,自身服务网点也比较多,这造就了数据资源管理的复杂性。客户的需求本身是变化的,快件包裹等大部分时间也是在运动的过程中,所以快递信息本身也是不断更新动态变化的。

② 功能集成化:它几乎了覆盖了整个快递业务范围,对信息进行收集、传递、存储和处理,是多用户共享的系统,直接为客户和各管理部分服务。

③ 功能多样性:快递企业信息系统一般要具备数据处理功能、管理功能、辅助决策功能等。

3. 快递企业信息系统的功能

① 信息收集功能:快递企业信息系统的收集功能决定于系统所要达到的目的及系统的能力和信息环境的许可。

② 存储功能:存储功能指的是系统存储各种信息资料和数据的能力。

③ 处理功能:基于数据仓库技术对数据进行分析处理和数据挖掘。

④ 检索输出功能:信息系统的各项功能都是为了保证最终能体现最佳的输出功能。

⑤ 控制功能:对构成系统的各种信息处理设备进行控制和管理,对整个信息加工、处理、传输、输出等环节通过各种程序进行控制。

4. 快递企业信息系统的组成

快递企业信息系统主要包括营运管理、客户服务管理、客户关系管理、财务结算管理、人力资源管理等,如图 10.2 所示。

总之,快递企业信息系统通过现代信息网络技术既能对各个网点实施分布式控制,又能进行总部集中管理。在业务操作层面,可以实施从揽件、处理、运输、派件、签收、财务回款的各个业务环节的操作及管理,提高了业务操作效率;在管理层面,通过统计指标信息反馈控制,实现全部业务的全程控制、全程跟踪、即时核查等各个环节的监控与查询;在企业决策层面,通过经

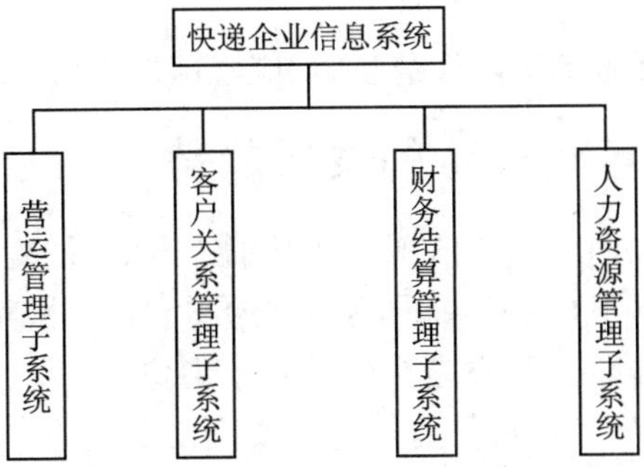

图 10.2 某快递企业快递信息系统结构图

营指标、财务指标的信息为企业决策层提供决策依据，支持企业决策营运管理。

10.4.2 快递企业信息网络安全管理

通讯、计算机和网络等信息技术的发展大大提升了信息的获取、处理、传输、储存和应用能力，信息数字化已经成为普遍现象。信息技术的应用涉及范围十分广泛，也是当今快递企业生产经营的主要组成部分。今天信息技安全的重要性甚至被提高到国家安全的高度。无论是在计算机上存储、处理和应用，还是在通信网络上传输，信息都有可能被非授权访问而导致泄密，被篡改破坏而导致不完整，被冒充替换而导致否认，也可能被阻塞拦截而导致无法存取。这些破坏可能是有意的，如黑客攻击、病毒感染；也可能是无意的，如误操作、程序错误等。

网络安全技术主要包括网络安全层次模型及各层的网络安全技术，主要有防火墙技术、IP层安全技术、传输层安全技术、应用层安全技术及3W安全技术等。

10.4.3 快递企业数据信息安全管理

数据是信息的直接表现形式，数据安全重要性是不言而喻的。数据信息安全性也是老生常谈的话题，尤其在快递这个行业更为重要。以往信息泄密或者数据丢失等不安全的案例，使我们深刻认识到数据安全的重要性。数据通常以数据库或者文件形式来存储，因此，数据安全主要是数据库或数据文件的安全问题。数据库系统或数据文件系统在管理数据时采取什么样的认证、授权、访问控制及审计等安全机制，达到什么安全级别，机密数据能否被加密存储等，都是数据安全问题。数据安全研究的主要内容有安全数据库系统、数据存取安全策略和实现方式以及故障恢复等模块组成。

10.4.4 保障快件信息安全的基本要求

随着信息化建设的深入，信息安全已经成为国家安全、城市安全、公共安全的关键环节。快递企业能否保证快件中信息安全将直接影响到快件是否安全、及时地送达客户，关系到快递企业的服务质量和信誉。为了保障快件安全，除了上文中提到的信息网络安全问题、信息数据安全问题外，对从业人员也提出了以下要求：

① 快件在处理过程中，除制定的有关工作人员外，不准任何人查阅信息。

② 处理快件的工作场所，除有关工作人员外，其他人员不得擅自进入。

③ 快递从业人员不得私自抄录或向他人泄露收、寄件人的姓名、地址、电话等信息。

④ 严禁将快件私自带到与工作无关的场所。

⑤ 严禁隐匿、毁弃或非法拆开快件，发现此类现象时应立即制止，并及时向主管部门

报告。

⑥ 发现包装破损并有可能暴露内件信息时，应立即向主管人员报告。

10.4.5 快递企业信息化安全的发展趋势

当今社会，快递已成为人们工作生活不可或缺的一部分，随着信息技术、电子商务的发展，快递需求量日益增加，快递已不再是简单的物品传递与交易。采用多元化的信息技术，在互联网和移动互联网领域打造“贯通云网快速平台”和“指尖快递”移动应用，为“快递”这个经典的词汇赋予了新的生命力。以下为快递企业信息化安全发展趋势的几个方面。

① 云数据存储。很多系统和平台都使用云数据存储相关的技术，为每个用户在云存储中创建了独立的空间。贯通云网能够提供稳定的数据保存媒介，也可以存储收发的所有快速企业的所有快件信息、常用联系人信息、通讯录信息以及一切想保留的信息。

② 智能数据处理。数据处型已成为技术行业中司空见惯的词语，每个平台和应用都有其相应的数据处型方式，云网也不例外，不同的是贯通云网为数据处理赋予了智能的灵魂。在该平台中，数据不再是简单的上传和存储，而是对数据进行多维度的分析和智能的判断后再进行相应的存储和流转。例如，在指尖快递应用中，贯通云网智能数据处型中心能根据客户信息推荐距离最近的快递企业，同时提供不同快递企业的价格信息和评价信息，供客户选择。

③ 数据信息安全。信息安全在快递这个行业十分重要，“贯通云网快递平台”和“指尖快递”移动应均采用了稳定的数据安全处理技术和加密技术，确保用户提交到平台的每一天数据都能得到安全的保障和稳固的存储，使用户数据能够真正做到不丢失和不泄密。

④ 物流信息推送。在“指尖快递”中贯通云网运用了创新的信息推送技术，结合移动互联网平台，使用户的手机或移动设备能够实时地获取到最新的消息。当然，该平台和应用还有很多其他的新颖技术，如扫描快递单、语音录入和一些手势操作等等。

课后练习

一、选择题

1. 下列不属于工伤事故的预防措施的是(　　)。

A. 工程技术措施　　B. 临时补救措施　　C. 管理措施　　D. 教育措施

2. 泡沫灭火器不能扑救(　　)火灾。

A. 塑料　　B. 汽油　　C. 金属钠　　D. 柴油

3. 快递企业人员安全中劳动防护用品按用途分类不包括(　　)。

A. 预防机械伤害用品　　B. 预防职业病危害用品

C. 防止事故伤害用品　　D. 身体防护用品

二、简答题

1. 按照快递服务的过程分类，快件安全管理包括哪些内容？
2. 什么是职业安全？
3. 快递企业场地消防管理的措施有哪些？
4. 常见的灭火器有哪些种类？
5. 如何保障快件信息的安全？

三、案例分析题

【材料】

信息安全泄露快递行业之痛

无论是去年底申通被爆出 13 个信息安全漏洞，客户信息被大量窃取，还是今年年初闹得沸沸扬扬的“刷单工厂”，还是网传的顺丰被爆个别员工通过泄密获取非法利益，都在向我们传递一个信号：快递这个未来有着巨大蓝海的行业，已经被有心人“盯上”了。

个人信息安全的问题从来都不是快递行业所面临的，早在互联网出现的那一天开始就存在，是信息时代整个社会所要面对的难题。作为未来有着巨大发展潜力的快递行业，因交易流程的特殊性，更加容易出现此类问题。

以顺丰为例，自 2013 年至今，顺丰协助警方捣毁和抓获非法获取公民个人信息的有组织团伙 200 人，仅 2015 年累计破案 13 起，协调深圳、武汉等地执法机关抓获 12 名。所有案件均是在顺丰挖掘线索后，协助配合公安机关立案抓捕。不仅如此，据了解，顺丰也已经通过公安部“等保三级”测评以及信息安全管理要求 ISO 27001 国际体系认证，可以说对于信息安全顺丰历来以最高标准、最严要求、最强措施对待。

如果说，我们实现了技术上的万无一失，那么接下来最重要的因素就是人。而似乎对于快递行业来说，因其多以体力劳动为主，从业门槛较低，从业人员文化水平整体不高，法律意识相对薄弱，且行业人员流动性特点明显，也加重了消费者的不安全感。

尽管快递行业早已对从业人员进行了职业道德和职业规范的培训与考核，仿佛还是难以避免信息泄露事件的发生。因为似乎无论我们站在多阳光的地方也难以阻挡那些不断加速的“黑色产业链”。

近年来，伴随着快递产业蓬勃发展而产生的黑色产业链逐年获利，使整个黑产也向着产业化、精细分工的方向发展。“黑产”组织团伙化、地域化、跨境化特征明显，在某些黑色产业链中，位于顶端的几个团伙，把控了黑色产业链上下游绝大部分的非法利益。团伙组织通常由“老板”“技术”“下线”构成，“老板”负责传授和培养非法获利渠道，而“技术”和“下线”则负责通过黑客手段非法入侵和获取用户信息。

大数据时代，只要不切断与外界的联系，你的生活就主动或被动地被编织进一张细密而无限广大的网络，你的财产乃至生命安全，已经很难由自己负责和掌握，而是被迫托付给了他人。

来源：华声在线

问题 1：快递信息安全问题会带来哪些危害？

问题 2：快递企业如何保证客户的个人信息安全？

项目 11　快递企业成本管理

☞ 学习目标

了解快递企业物流成本的分类，掌握快递公司物流成本构成的具体内容，理解并掌握快递公司物流成本核算的方法，理解并掌握快递公司物流成本优化的途径，能熟练地对快递公司的物流成本进行测算与分析。

☞ 重点和难点

快递公司物流成本的核算、优化、测算与分析。

☞ 导入案例

【案例 11.1】

快递物流企业狂喊油价上涨吃不消

2013 年 2 月 25 日，成品油价格再度上调，广州汽油价格重回“8 时代”，快递、物流行业首当其冲受到影响。有快递公司人士表示，今年人力、运营成本上涨，加上油价再度上涨，公司已经“吃不消”。记者了解到，成品油价格上涨将通过运输价格上涨传递至各行各业，服装、化工、农资产品成本都出现不同程度的上涨。

快递：成本自行消化，不敢贸然提价

2013 年 2 月 25 日，包括顺丰在内的多家快递公司均表示，目前没有调价的计划。有快递公司人士对记者表示，油价上涨最主要影响中转运输费用，客户终端的价格并不会很快调整。“除非公司总部上调中转价格，油价上涨的成本可以内部消化掉。”

广州一家加盟制快递公司网点经理表示，不仅油价上涨，今年人工、租金等费用也上涨，如该网点快递员节前底薪在 1800 元，节后调整到 2000 元以上，“现在快递行业仍在价格战，稍微一提价，一些对价格敏感的客户就流失了。”

但有消费者指出在网上购物时快递费在不断上涨。对此，上述网点经理告诉记者，虽然快递公司有一套对外公布的指导价格，但对很多客户都会有折扣优惠，尤其是淘宝大卖家，一些卖家则是赚取了快递和消费者间的差价。

货运：订单较少，网点推迟开张

油价上调进一步加大了货运物流企业的成本。卓创数据显示，目前运输成本占物流企业成本的 70%左右，而油价成本占运输成本的一半左右，此次柴油价格上调 3.6%，将直接增加 1.77%的运输成本，进而增加 1.24%的物流成本。

油价上涨消息公布后，记者采访的多家货运网点均表示暂未有调价的计划。广州天龙货运的工作人员表示，刚开年订单本来就不是特别多，不敢涨价，“生意不好，旁边的一些货运公司到现在还没开张。”一位个体货运网点人士则表示，会看订单路程、利润的具体情况决定是否接单。

摘自《广州日报》

【案例11.2】

加强快递企业物流成本管理已经迫在眉睫

改革开放以来,中国快递市场迅速发展。加之我国电子商务的兴起,民营快递企业更加蓬勃发展,出现井喷之势。

民营快递企业由于其规模小、管理灵活、价格低廉、速度快、便利程度高等优势不断发展壮大。但目前,其发展也面临着诸多的发展瓶颈。(申风平等,2010)快递作为一个新兴产业,近年成长迅速。在成长过程中最常使用的竞争方式是价格竞争,甚至现在已经演化成了几千家快递企业相互间恶拼价格,但是随着竞争的加剧,企业不断压低成本,降低了服务质量,这使竞争的初衷走向了反面。(花永剑,2011)在我国2010年10月份实施《邮政法》之后,有更多的民营快递企业遇到了不小的挑战。(徐勇)

通过总结不难发现,各文献对我国民营快递企业的劣势总结不外乎以下五点:第一,民营企业的模式落后。由于我国民营企业往往采取加盟方式来进行低成本扩张,造成了网络过于庞大,管理水平落后,尾大不掉的局面,对于加盟商的管理易失控。第二,行业内部出现恶性竞争。此种现象的产生,源于快递行业准入门槛不高,企业缺乏有效政策指引所致。第三,相关法规的制约。按照《邮政法》的司法解释,目前民营快递企业30%~60%的业务是不合法的,也就是说民营快递在"闯红灯"。第四,管理层水平跟不上。民营快递企业的经理层大多实务经验较丰富,受过高等教育或专业教育的较少,当企业发展到一定规模时,管理水平和管理理念就成了制约企业发展的瓶颈。第五,快递人员素质低下。由于快递行业门槛较低,从业人员良莠不齐,众多中小型快递企业网点不全,管理混乱,经常出现卖单、快件多次转手丢失;随意拆开快件调换货品的事件。

宅急送创始人陈平认为,"现在的困境对许多民营快递来说也是个转机,让他们清楚地认识到传统的管理模式已经走到了末路,因此可能会通过提高服务质量、加强企业内部管理等方式来提高附加值,转出价格战。"

似乎所有的民营快递企业都在渐渐地意识到这样不健康的发展无法长久,都欲从企业内部管理方面来规范本企业。但通过已有文献的总结,却发现虽然对民营快递企业发展的建议不少,但是这些建议大多数都是从比较宏观的角度,如规范立法(范进,2011);加强行业管理(袁华,2010);规范物流系统建设(*Truck and Logistics*,2011)等。一些从微观角度为民营快递企业提出的建议,如注重企业差异化、个性化竞争,树立品牌意识(苑春荟等,2010;张玉等,2010);提高服务水平,满足客户需求(郑秀恋等,2011;解敬等,2010;许丹等,2010);改进营销策略及公司内部组织人员管理(王晓东,2010);发展电子商务(申风平等,2010)等。

而在民营企业内部,就会计角度来说,欲求谋得企业的长远发展,必须要注意成本管理和内部控制。成本管理和内部控制不仅会为一个行业带来宏观层面的经济效益,更会为企业带来微观层面的经济效益。但是已有的关于民营快递企业降低成本的方法却提得非常笼统,没有一个一个操作性强的关于内部控制制度建立的切实可行的方案。(张永强,2006;王之泰,2001)通过对物流的文献研究,我们发现用改良的质量成本控制模型对民营快递企业实施成本控制的可行性。对于内部控制,更是提高一个企业管理水平的保证。

【案例思考】

1. 快递公司的运输成本包括哪些内容?为什么说油价上涨会导致快递公司提价?
2. 为什么要加强对快递公司的物流成本管理?

任务 11.1　快递业成本组成

11.1.1　物流成本概述

【知识链接】

成本(Cost)是企业为生产商品和提供劳务等所耗费物化劳动、活劳动中必要劳动的价值的货币表现，是商品价值的重要组成部分。

《中华人民共和国国家标准·物流术语》(GB/T 18354—2006)对物流成本的定义是：物流成本是指物流活动中所消耗的物化劳动和活劳动的货币表现，即物品在运输、存储、装卸、搬运、配送、包装、流通加工、信息处理过程中所耗费的人力、物力、财力的总和。

1. 物流成本的分类

物流成本可分别按物流成本项目、物流活动范围、物流成本支付形态、物流成本性态等进行分类，下面简要介绍一下这几种分类形式。

(1) 按物流成本项目分类

如果按成本项目划分，物流成本可分为物流功能成本和存货相关成本，如表 11.1 所列。

表 11.1　按物流成本项目划分的物流成本构成

		成本项目	内容说明
物流功能成本	物流运作成本	运输成本	一定时期内，企业为完成货物运输业务而发生的全部费用，包括从事货物运输业务的人员费用、车辆(包括其他运输工具)的燃料费、折旧费、维修保养费、租赁费、养路费、过路费、年检费、事故损失费、相关税金等
		仓储成本	一定时期内，企业为完成货物储存业务而发生的全部费用，包括仓储业务人员费用，仓储设施的折旧费、维修保养费、水电费、燃料与动力消耗等
		包装成本	一定时期内，企业为完成货物包装业务而发生的全部费用，包括包装业务人员费用，包装材料消耗，包装设施折旧费、维修保养费，包装技术设计、实施费用以及包装标记的设计、印刷等辅助费用
		装卸搬运成本	一定时期内，企业为完成装卸搬运业务而发生的全部费用，包括装卸搬运业务人员费用，装卸搬运设施折旧费、维修保养费，燃料与动力消耗费等
		流通加工成本	一定时期内，企业为完成货物流通加工业务而发生的全部费用，包括流通加工业务人员费用，流通加工材料消耗，加工设施折旧费、维修保养费，燃料与动力消耗费等
	物流信息成本		一定时期内，企业为采集、传输、处理物流信息而发生的全部费用，指与订货处理、储存管理、客户服务有关的费用，具体包括物流信息人员费用，软硬件折旧费、维护保养费、通讯费等
	物流管理成本		一定时期内，企业物流管理部门及物流作业现场所发生的管理费用，具体包括管理人员费用，差旅费、办公费、会议费等
存货相关成本	资金占用成本		一定时期内，企业在物流活动过程中负债融资所发生的利息支出(显性成本)和占用内部资金所发生的机会成本(隐性成本)
	物品损耗成本		一定时期内，企业在物流活动过程中所发生的物品跌价、损耗、毁损、盘亏等损失
	保险和税收成本		一定时期内，企业支付的与存货相关的财产保险费以及因购进和销售物品应交纳的税金支出

(2) 按物流活动范围分类

如果按物流活动范围划分，物流成本主要供应物流成本、企业内物流成本、销售物流成本、回收物流成本以及废弃物流成本构成，具体内容如表11.2所列。

表11.2　按物流活动范围划分的物流成本构成

成本范围	内容说明
供应物流成本	指经过采购活动，将企业所需原材料（生产资料）从供给者的仓库运回企业仓库为止的物流过程中所发生的物流费用
企业内物流成本	指从原材料进入企业仓库开始，经过出库，制造成形产品以及产品进入成品库，直到产品从成品库出库为止的物流过程中所发生的物流费用
销售物流成本	指为了进行销售，产品从成品仓库运动开始，经过流通环节的加工制造，直到运输至中间商的仓库或消费者手中的物流活动过程中所发生的物流费用
回收物流成本	指退货、返修物品和周转使用的包装容器等从需方返回供方的物流活动过程中所发生的物流费用
废弃物流成本	指将经济活动中失去原有使用价值的物品，根据实际需要进行收集、分类、加工、包装、搬运、储存等，并分送到专门处理场所的物流活动过程中所发生的物流费用

(3) 按物流成本支付形态分类

按物流成本支付形态划分，企业物流总成本由委托物流成本和内部物流成本构成。其中，内部物流成本按支付形态又可细分为材料费、人工费、维护费、一般经费和特别经费等，如表11.3所列。

表11.3　按物流成本支付形态划分的物流成本

<table>
<tr><th colspan="2">成本支付形态</th><th>内容说明</th></tr>
<tr><td rowspan="5">企业内部物流成本</td><td>材料费</td><td>资材费、工具费、器具费等</td></tr>
<tr><td>人工费</td><td>工资、福利、奖金、津贴、补贴、住房公积金等</td></tr>
<tr><td>维护费</td><td>土地、建筑物及各类物流设施设备的折旧费、维护维修费、租赁费、保险费、税金、燃料与动力消耗费等</td></tr>
<tr><td>一般经费</td><td>办公费、差旅费、会议费、通讯费、水电费、煤气费等</td></tr>
<tr><td>特别经费</td><td>存货资金占用费、物品损耗费、存货保险费和税费</td></tr>
<tr><td colspan="2">委托物流成本</td><td>企业向外部物流机构所支付的各项费用</td></tr>
</table>

(4) 按物流成本性态分类

成本性态也称成本习性，指的是成本与业务量之间的依存关系。如果按物流成本的性态划分，物流成本主要由固定成本和变动成本构成。

固定成本，又称固定费用，是指成本总额在一定时期和一定业务量范围内，不受业务量增减变动影响而能保持不变的成本。如房屋设备的租赁费、管理人员薪金，以及按直线法计提的固定资产折旧、土地使用税等。

变动成本与固定成本相反，是指总成本在相关范围内随着业务量的变动而呈线性变动的成本。直接人工、直接材料都是典型的变动成本，在一定期间内它们的发生总额随着业务量的增减而成正比例变动，但单位产品的耗费则保持不变。

2. 物流成本的特征

物流成本的特征主要包括：隐蔽性、界定与核算的复杂性、成本削减具有乘数效应、效益背反等。

(1) 隐蔽性

“黑大陆”学说将物流比作“一块未开垦的处女地”,“冰山”理论认为对外支付的物流费用仅仅是企业物流成本的“冰山一角”,都说明了物流成本具有隐蔽性,它主要表现在以下两个方面:

① 在企业现行会计制度中,物流成本还没有单列会计科目,一般都分散在其他成本科目中。因此,难以对企业发生的各种物流费用做出全面、明确的计算与分析。

② 大量物流成本被疏漏,企业只是将一些有凭证、易于计算和掌握的小部分物流费用(如运输费、库房租金等)计入物流成本,而其他一些隐性成本(如库存商品占用资金利息、物流设备闲置成本等)并没有准确、真实地计入物流成本。

(2) 界定与核算的复杂性

首先,由于物流活动与企业的生产、经营活动关系紧密,因此,经常难以明确区分哪些活动属于物流活动;其次,由于目前会计制度的缺陷和很多企业对物流成本认识不足,很多物流成本无法明确其科目归属。所有这些因素都导致了物流成本界定与核算的复杂性。

(3) 成本削减乘数效应

之所以会有物流是“第三利润源”的说法,主要是因为物流成本存在削减乘数效应,即企业物流成本对销售额的作用类似于物流学中的杠杆原理,物流成本的下降对利润的影响相当于数倍的销售额增加所带来的利润。

(4) 效益背反

“效益背反”现象又称“交替损益”现象,即要使系统中某一个要素增益,必将对系统中其他要素产生减损的作用,反之也是如此。

11.1.2 快递公司物流成本的构成分析

快递公司属于第三方物流企业,其物流成本就是公司的所有成本,其中直接成本占全部成本的大部分。一般认为,其物流成本由运输成本、仓储成本、包装成本、装卸搬运成本、流通加工成本、物流信息成本、物流管理成本、资金占用成本、物品损耗成本、保险和税收成本等几部分构成。

快递公司是服务型企业,没有实际意义上的“产品”或“制造费用”,所以传统的成本核算方法是核算其物流成本的有效方法。

11.1.3 快递公司物流成本的具体内容

与其他企业相比,快递公司的物流成本所含的具体内容会有所不同。

(1) 运输成本

运输成本是指一定时期内,企业为完成货物运输业务而发生的全部费用,包括从事货物运输业务的人员费用,车辆(包括其他运输工具)的燃料费、折旧费、维修保养费、租赁费、养路费、过路费、年检费、事故损失费、相关税金等。

在国内的快递公司中,有少部分的企业货运车辆是归企业所有的,它们聘用司机、维修员工等相关人员,相关的费用需要一项一项计算。大多数的快递公司是将货运车辆外包出去,快递公司与它们签订相应的合同,按其某条专线跑的次数来付费,这样其相关费用计算的就比较简单。

(2) 仓储成本

仓储成本是从一定时期内，企业为完成货物储存业务而发生的全部费用，包括仓储业务人员费用，仓储设施的折旧费、维修保养费、水电费、燃料与动力消耗等。快递公司的快件流通很快，其在库时间很短，仓储成本并不高，主要有总公司仓储成本、分拨中心仓储成本和网点仓储成本及部分。

(3) 包装成本

包装成本是指一定时期内，企业为完成货物包装业务而发生的全部费用，包括包装业务人员费用，包装材料消耗，包装设施折旧费、维修保养费，包装技术设计、实施费用以及包装标记的设计、印刷等辅助费用。在快递公司，对用户寄递的文件需要包装加以保护，有些快件是用户包好的，有些需要快递公司网点提供相应的包装服务。这样，涉及的包装纸袋、胶带、纸箱等都是快递公司的包装成本。

(4) 装卸搬运成本

装卸搬运成本是指一定时期内，企业为完成装卸搬运业务而发生的全部费用，包括装卸搬运业务人员费用，装卸搬运设施折旧费、维修保养费、燃料与动力消耗等。因为快递公司流通速度快、环节多，快件的装卸搬运次数也因此比较频繁。在快递公司，装卸搬运成本包括叉车的作业成本及折旧、搬运用的塑料筐等。

(5) 流通加工成本

流通加工成本是指一定时期内，企业为完成货物流通加工业务而发生的全部费用，包括流通加工业务人员费用，流通加工材料消耗，加工设施折旧费、维修保养费，燃料与动力消耗费等。在快递公司，主要的流通加工作业就是快件的分拣，相关的成本也主要是产生在分拣人员身上的费用。

(6) 物流信息成本

物流信息成本是指一定时期内，企业为采集、传输、处理物流信息而发生的全部费用，指与订货处理、储存管理、客户服务有关的费用，具体包括物流信息人员费用，软硬件折旧费、维护保养费、通信费等。快递公司在物流信息方面的投入越来越大，为了给用户提供更好的服务，便于及时查阅快件所处的状态，一般快递公司都建有相关的网络，配备有相应的计算机、车载GPS、RF手持，还有大量的技术维护人员，由此产生的费用属于快递公司的物流信息成本。

(7) 物流管理成本

物流管理成本是指一定时期内，企业物流管理部门及物流作业现场所发生的管理费用，具体包括管理人员费用，差旅费、办公费、会议费等。在快递公司，几乎每个部门都与物流业务相关，例如运输部、仓储部、分拨中心、网点等。即使是客户中心，也必须熟悉快递业务的具体流程，提供良好的物流查询、投诉反馈等服务。这些部门所发生的管理费用，就是快递公司的物流管理成本。

(8) 资金占用成本

资金占用成本是指一定时期内，企业在物流活动过程中负债融资所发生的利息支出(显性成本)和占用内部资金所发生的机会成本(隐性成本)。在快递公司，一般情况下现金业务是当天结算的，业务往来方面的资金占用很少，其资金占用成本主要是在业务扩张过程中快递公司在融资过程中所发生的利息支出。

(9) 存货风险成本

存货风险成本是指一定时期内，企业在物流活动过程中所发生的物品损耗、毁损、盘亏以及跌价损失等。

(10) 保险和税收成本

保险和税收成本是指一定时期内,企业支付的与存货相关的财产保险费以及因购进和销售物品应缴纳的税金支出。

任务 11.2　快递业成本核算

【知识链接】

成本计算对象:是指在计算成本的过程中,确定归集与分配生产费用的承担客体。为了正确计算成本,首先就是要确定成本计算对象,以便按照每一个成本计算对象,分别设置成本明细账(或成本计算单),来归集各个对象所应承担的生产费用,计算出各对象的总成本和单位成本。因此,正确确定成本计算对象,是保证成本核算质量的关键问题。

成本计算期:是指成本计算所确定的特定期限,是汇集物流活动费用、计算物流成本的时间范围。

成本计算空间:是指物流成本费用发生并能组织企业成本计算的地点或区域。如快递公司可以按部门、分支机构或班组等单位来确定各个成本计算空间。

11.2.1　快递公司物流成本计算的基本思路

1. 对现行成本核算体系中已经反映但分散于各会计科目之中的物流成本,应按以下步骤计算

第一步,设置物流成本辅助账户,按物流成本项目设置运输成本、仓储成本、包装成本、装卸搬运成本、流通加工成本、物流信息成本、物流管理成本、资金占用成本、存货风险成本、存货保险成本二级账户,并按物流范围设置供应物流、企业内物流、销售物流、回收物流和废弃物流三级账户,对于企业自营物流成本,还应按费用支付形态设置材料费、人工费、维护费、一般经费、特别经费费用专栏。上述物流成本二级账户、三级账户及费用专栏设置次序,企业可根据实际情况选择。

第二步,对企业会计核算的全部成本费用科目包括管理费用、营业费用、财务费用、生产成本、制造费用、其他业务支出、营业外支出、材料采购、应交税金等科目及明细项目逐一进行分析,确认物流成本的内容。

第三步,对于应计入物流成本的内容,企业可根据本企业实际情况,选择在期中与会计核算同步登记物流成本辅助账户及相应的二级、三级账户和费用专栏,或在期末(月末、季末、年末)集中归集物流成本,分别反映出按物流成本项目、物流范围和物流成本支付形态作为归集动因的物流成本数额。

第四步,期末(月末、季末、年末),汇总计算物流成本辅助账户及相应的二级、三级账户和费用专栏成本数额,按照报表的内容要求逐一填列。

2. 无法从现行成本核算体系中予以分离的物流成本

对于现行成本核算体系中没有反映但应计入物流成本的费用即存货占用自有资金所产生的机会成本,其计算步骤如下:

第一步,期末(月末、季末、年末)对存货按在途和在库两种形态分别统计出账面余额。

第二步,按照下列公式计算出存货占用自有资金所产生的机会成本,并按供应物流、企业内物流和销售物流分别予以反映。

存货资金占用成本=存货账面价值×企业内部收益率

第三步,根据计算结果填列报表。

3. 物流间接成本分配原则

在计算物流成本时，对于单独为物流作业及相应的物流功能作业所消耗的费用，直接记入物流成本及其对应的物流功能成本，对于间接为物流作业消耗的费用，为物流作业和非物流作业同时消耗的费用、为不同物流功能作业共同消耗的费用以及为不同物流范围阶段消耗的费用，应按照从事物流作业或物流功能或物流范围阶段作业人员比例、物流工作量比例、物流设施面积或设备比例以及物流作业所占资金比例等确定。

11.2.2　各类物流成本的计算方法

按支付形态不同分类将物流成本从各相关科目中抽出，并进行计算。

(1) 材料费

材料费是由物流耗用而产生的费用。直接材料费可以通过用各种材料的实际耗用量乘以实际的购进价格来计算。材料的实际耗用量可以按物流成本计算期末统计的材料支出数量计算，在难以通过材料支出单据进行统计时，也可以采用盘存计算法，计算公式为：

本期耗用量＝期初结存＋本期购进－期末结存

材料的购进价格应包括材料的购买费、进货运杂费、保险费、关税等。

(2) 人工费

人工费是指对物流活动中耗用的劳务所支付的费用。物流人工费的范围包括职工所有报酬(工资、奖金、其他补贴)的总额、职工劳动保护费、保险费、按规定提取的福利基金、职工教育培训费及其他。

在计算人工费的本期实际支付额时，报酬总额按计算期内支付该从事物流活动的人员的报酬总额或按整个企业职工的平均报酬额计算。职工劳动保护费、保险费、按规定提取的福利基金及职工培训教育费等都需要从企业这些费用项目的总额中把用于物流人员的费用部分抽出来。但当实际费用难以抽出来计算时，也可以将这些费用的总额按从事物流活动的职工人数比例分摊到物流成本中。

(3) 维护费

维护费根据本期实际发生额计算，对于经过多个期间统一支付的费用(如租赁费、保险费等)，可按期间分摊计入本期相应的费用中。对于物流业务中可以按业务量或物流设施来掌握和直接计算的物流费，在可能的限度内直接算出维护费，对于不能直接算出来的，可以根据建筑物面积和设备金额等分摊到物流成本中。

折旧费应根据固定资产原值和经济使用年限，以残值为零，采用年限法计算，计算公式为：

固定资产折旧额＝固定资产原值/固定资产预计经济使用年限

对于使用年限长且有价格变动的物流固定资产折旧，可采用重置价格计算。

(4) 一般经费

一般经费箱单与财务会计中的一般管理费。其中，对于差旅费、交通费、会议费、书报资料费等使用目的明确的费用，直接计入物流成本。对于一般经费中不能直接计入物流成本的，可按职工人数或设备比例分摊到物流成本中。

(5) 特别经费

特别经费是指采用不同于财务会计的计算方法所计算出来的物流费用，包括存货占用资金所产生的机会成本，又称企业内利息。

企业内部物流利息实际上是物流活动所占用的全部资金的资金成本，是以企业内部利率来计算的。

企业内部利息的计算，对物流作业中使用的固定资产（土地、建筑物、机械设备、车辆等）以征收固定资产占用税时的评估价格乘以企业内利息率，对存货（商品、包装材料等）以账面价值乘以企业内利息率来计算。

（6）委托物流费

委托物流费用根据本期实际发生额计算。包括托运费、市内运输费、包装费、装卸费、保管费和出入库费、委托物流加工费等。除此之外，间接委托物流费按一定标准分摊到各功能的费用中。

（7）其他企业支付的物流费

其他企业支付的物流费，以本期发生购进对其他企业支付和发生销售对其他企业支付的物流费用的商品重量或件数为基础，乘以费用估价来计算。

其他企业支付的物流费用实际上是为了弥补应由本企业承担的物流费用而计入物流成本的。其他企业支付的物流费的计算，必须依靠估价的费用单价，但当本企业也承担与此相当的物流费时，也可以用本企业相当的物流费来代替。

11.2.3　编制各物流功能成本计算表

根据计算物流成本的需要，将以上通过计算得出的数据资料编制个五六功能的成本计算表。对企业物流的运输费、保管费等每一种功能分别编制一张物流成本计算表。如果把每一种功能都作为成本计算对象，分别编制一张物流成本计算表，则要编制七张计算表。如果只计算其中某几项功能的费用，可根据实际需要填制。

以下以某快递公司 2016 年 3 月的物流业务数据为例介绍快递公司物流成本的核算方法。

【案例一】　假设该公司从月度损益表中“管理费用、财务费用、营业费用”等各个项目中，经分析计算取出一定数值乘以一定比率（物流部门比率，分别按人数比率、面积比率、时间物流费用比率等计算出来）算出的物流部门费用，如表 11.4 所列。

表 11.4　物流部门费用

项　目	管理等费用（元）	物流成本（元）	计算基准（%）	备　注
车辆租赁费	100080	100080	100	金额
包装材料费	30184	30184	100	金额
工资津贴费	631335	178668	28.3	人数比率
水电气暖费	12645	6664	52.7	面积比率
保险费	10247	5400	52.7	面积比率
修缮维护费	19596	10327	52.7	面积比率
折旧费	39804	20977	52.7	面积比率
办公费	19276	8115	42.1	物流费用比率
易耗品费	21316	8974	42.1	物流费用比率
资金占用利息	23861	10045	42.1	物流费用比率
税金	33106	13937	42.1	物流费用比率
通信费	10366	4364	42.1	物流费用比率
CP 软件租赁费	17748	7472	42.1	物流费用比率
物流成本合计	869484	405207	46.6	物流费占费用总额比率

上表中计算基准的计算公式如下：

① 人数比率＝物流部门人员数/全公司人数＝36/127＝0.283

② 面积比率＝物流部门设施面积/全公司面积＝309/5869＝0.527

③ 物流费用比率＝1～7项的物流费/1～7项的管理财务销售费用

根据会计账簿记录和其他相关资料，上述各项物流成本资料分析如下：

① 公司供应和销售物流共同费用的分配比为1∶2。

② 车辆租赁费为公司运输部门所发生的费用。本月运输部门提供物流运输劳务3200吨公里，其中采购材料耗用1200吨公里，产品销售耗用2000吨公里。那么：

供应物流负担额＝100080×1200/3200＝37530(元)

销售物流负担额＝100080×2000/3200＝62550(元)

③ 包装材料费为仓库实施包装作业所耗用。

④ 工资津贴费按各物流作业职工人数进行分配。其中，包装作业6人，运输作业12人，保管作业4人，装卸作业10人，物流管理人员4人。

包装作业的工资津贴费＝178668×6/36＝29778(元)

运输作业的工资津贴费＝178668×12/36＝59556(元)

供应物流负担额＝59556×1/3＝19852(元)

销售物流负担额＝59556×2/3＝39704(元)

保管作业的工资津贴费＝178668×4/36＝19852(元)

装卸作业的工资津贴费＝178668×10/36＝49630(元)

供应物流负担额＝49630×1/3＝16543(元)

销售物流负担额＝49630×2/3＝33087(元)

物流管理作业的工资津贴费＝178668×4/36＝19582(元)

供应物流负担额＝19582×1/3＝6617(元)

销售物流负担额＝19582×2/3＝13235(元)

⑤ 水、电、气、采暖费为物流作业管理所耗用，其分配计算为：供应物流负担2221元，销售物流负担4443元。

⑥ 保险费按各物流作业设施的账面价值分配。其中包装设备价值为480000元，运输设备价值为1740000元，保管设备价值为987000元，装卸设备价值为216000元，物流管理部门设备价值为147000元。

包装作业的保险费＝5400×480000/3570000＝726(元)

运输作业的保险费＝5400×170000/3570000＝2632(元)

供应物流负担额＝2632×1/3＝877(元)

销售物流负担额＝2632×2/3＝1755(元)

保管作业的保险费＝5400×987000/3570000＝1493(元)

装卸作业的保险费＝5400×216000/3570000＝327(元)

供应物流负担额＝327×1/3＝109(元)

销售物流负担额＝327×2/3＝218(元)

物流管理作业的保险费＝5400×147000/3570000＝222(元)

供应物流负担额＝222×1/3＝74(元)

销售物流负担额＝222×2/3＝148(元)

⑦ 修缮维护费、折旧费的发生和分配同保险费。

包装作业的保险费=(10327+20977)×480000/3570000=4209(元)

运输作业的保险费=(10327+20977)×170000/3570000=15257(元)

供应物流负担额=15257×1/3=5086(元)

销售物流负担额=15257×2/3=10171(元)

保管作业的保险费=(10327+20977)×987000/3570000=8655(元)

装卸作业的保险费=(10327+20977)×216000/3570000=1894(元)

供应物流负担额=1894×1/3=631(元)

销售物流负担额=1894×2/3=1263(元)

物流管理作业的保险费=(10327+20977)×147000/3570000=1289(元)

供应物流负担额=1289×1/3=430(元)

销售物流负担额=1289×2/3=859(元)

⑧ 易耗品费可根据材料领料单分配确定。其中,包装作业耗用 2896 元,保管作业耗用 3756 元,物流管理部门耗用 2322 元(供应物流负担 774 元,销售物流负担 1548 元)。

⑨ 办公费为物流作业管理发生,其分配计算为:供应物流负担 2705 元,销售物流负担 5410 元。

⑩ 资金占用利息为公司存货资金所占用的利息。

⑪ 税金为固定资产占用税,分配方法同保险费。

包装作业的保险费=13937×480000/3570000=1874(元)

运输作业的保险费=13937×170000/3570000=6739(元)

供应物流负担额=6739×1/3=2264(元)

销售物流负担额=6739×2/3=4529(元)

保管作业的保险费=13937×987000/3570000=3853(元)

装卸作业的保险费=13937×216000/3570000=843(元)

供应物流负担额=843×1/3=281(元)

销售物流负担额=843×2/3=562(元)

物流管理作业的保险费=13937×147000/3570000=574(元)

供应物流负担额=574×1/3=191(元)

销售物流负担额=574×2/3=383(元)

⑫ 通信费和 CP 软件租赁费为信息流通费,其分配计算为:供应物流负担 3945 元,销售物流负担 7891 元。

⑬ 本月公司支付的委托物流费为 120840 元。其中,购买材料的市内运输费 48040 元,仓库保管费 72800 元。

⑭ 本月外企业支付物流费为 56340 元。其中,本月发生购进对其他企业支付的物流费(运费)为 34260 元,本月发生销售对其他企业支付的物流费(运费)为 22080 元。

假设上述公司的物流功能包括包装、运输、保管、装卸、信息流通和物流管理六个方面,则根据上述分析计算资料编制的包装费、运输费、保管费、装卸费、信息流通费和物流管理费成本计算分别如表 11.5、表 11.6、表 11.7、表 11.8、表 11.9 所列。

表 11.5 包装费计算表

单位:元

范围 / 支付形态				供应物流费	企业内物流费	销售物流费	退货物流费	废弃物流费	合计
企业物流费	本企业支付的物流费	企业本身物流费	材料费		33080				33080
			人工费		29778				29778
			维护费		6809				6809
			一般经费						
			特别经费						
			企业本身物流费		69667				69667
		委托物流费							
		本企业支付的物流费			69667				69667
	外企业支付的物流费								
	企业物流费总计				69667				69667

表 11.6 运输费计算表

单位:元

范围 / 支付形态				供应物流费	企业内物流费	销售物流费	退货物流费	废弃物流费	合计
企业物流费	本企业支付的物流费	企业本身物流费	材料费						
			人工费	19852		39704			59556
			维护费	45757		79005			124762
			一般经费						
			特别经费						
			企业本身物流费	65609		118709			184318
		委托物流费		48040					48040
		本企业支付的物流费		113649		118709			232358
	外企业支付的物流费			34260		22080			56340
	企业物流费总计			147909		140789			288698

表 11.7　保管费计算表

单位:元

支付形态 \ 范围				供应物流费	企业内物流费	销售物流费	退货物流费	废弃物流费	合　计
企业物流费	本企业支付的物流费	企业本身物流费	材料费		3756				3756
			人工费		19852				19852
			维护费		14001				14001
			一般经费						
			特别经费		10045				10045
			企业本身物流费		47654				47654
		委托物流费			72800				72800
		本企业支付的物流费			120454				120454
	外企业支付的物流费								
	企业物流费总计				120454				120454

表 11.8　装卸费计算表

单位:元

支付形态 \ 范围				供应物流费	企业内物流费	销售物流费	退货物流费	废弃物流费	合　计
企业物流费	本企业支付的物流费	企业本身物流费	材料费						
			人工费	16543		33087			49630
			维护费	1021		2043			3064
			一般经费						
			特别经费						
			企业本身物流费	17564		35130			52694
		委托物流费							
		本企业支付的物流费		17564		35130			52694
	外企业支付的物流费								
	企业物流费总计			17564		35130			52694

表 11.9　信息流通费计算表

单位:元

支付形态＼范围				供应物流费	企业内物流费	销售物流费	退货物流费	废弃物流费	合　计
企业物流费	本企业支付的物流费	企业本身物流费	材料费	774		1548			2322
			人工费	6617		13235			19852
			维护费	695		1390			2085
			一般经费	4926		9853			14779
			特别经费						
			企业本身物流费	13012		26026			39038
		委托物流费							
		本企业支付的物流费		13012		26026			39038
	外企业支付的物流费								
	企业物流费总计			13012		26026			39038

11.2.4　汇总编制整个企业的物流成本计算表

根据各物流功能成本计算表,汇总编制整个企业的物流成本计算表,如表 11.10 所列。

表 11.10　物流成本计算表(形态别、范围别)

单位:元

支付形态＼范围				供应物流费	企业内物流费	销售物流费	退货物流费	废弃物流费	合　计
企业物流费	本企业支付的物流费	企业本身物流费	材料费	774	36836	1548			39158
			人工费	6617	49630	13235			178668
			维护费	695	20810	1390			150721
			一般经费	4926		9853			26615
			特别经费		10045				10045
			企业本身物流费	13012	117321	26026			405207
		委托物流费			72800				120840
		本企业支付的物流费		13012	190121	26026			526047
	外企业支付的物流费								56340
	企业物流费总计			13012	190121	26026			582387

11.2.5　编制按物流功能、支付形态分类物流成本计算表

如果要想了解按物流功能、支付形态分类的物流成本的支出情况时,可以按照物流形态

别、范围别编制的物流成本计算表支付形态项目的合计数进行汇总，编制按物流功能别、形态别的物流成本计算表，明确看出哪种物流功能的成本最大，都发生在哪些物流活动中，如表 11.11 所列。

表 11.11　物流成本计算表(形态别、功能别)

单位：元

范围 支付形态				物品流通费				信息流通费	物流管理费	合计
				包装费	运输费	保管费	装卸费			
企业物流费	本企业支付的物流费	企业本身物流费	材料费	33080		3756			2322	39158
			人工费	29778	59556	19852	49630		19852	178668
			维护费	6809	124762	14001	3064		2085	150721
			一般经费					11836	14779	26615
			特别经费			10045				10045
			企业本身物流费	69667	184318	47654	52694	11836	39038	405207
		委托物流费			48040	72800				120840
		本企业支付的物流费		69667	232358	120454	52694	11836	39038	526047
	外企业支付的物流费				56340					56340
	企业物流费总计			69667	288698	120454	52694	11836	39038	582387

11.2.6　编制按物流范围、功能分类的物流成本计算表

如果想要求出按物流范围、功能分类的物流成本，同样可以按照物流形态别、范围别编制的物流成本计算表物流范围项目的合计数进行汇总，编制按物流功能别、范围别的物流成本计算表，这样可以了解哪个范围、哪种功能的物流成本高，并且还能算出销售额与物流成本的比例，以及根据销售数量算出单位物流成本，如表 11.12 所列。

表 11.12　物流成本计算表(范围别、功能别)

单位：元

功能 范围	物品流通费				信息流通费	物流管理费	合计
	包装费	运输费	保管费	装卸费			
供应物流费		147909		17564	3945	13012	182430
企业内物流费	69667		120454				190121
销售物流费		140789		35130	7891	26026	209836
退货物流费							
废弃物流费							
合计	69667	288698	120454	52694	11836	39038	582387

11.2.7　成本核算对象不同的快递公司的物流成本核算

1. 快递公司物流成本分业务核算

快递公司的物流业务可分为运输、配送、仓储、包装、装卸搬运、信息管理等方面，那么其物

流成本的核算也可以从这些方面进行统计，然后加总求和。此时，在企业里，其物流成本分别按运费、保管费、包装材料费、配送费、人事费、物流管理费、物流信息费等支付形态记账。这样可以了解到物流成本的总额，也可以了解到什么经费项目花费最多。

2. 快递公司物流成本分部门核算

图11.1为某快递公司组织架构图。

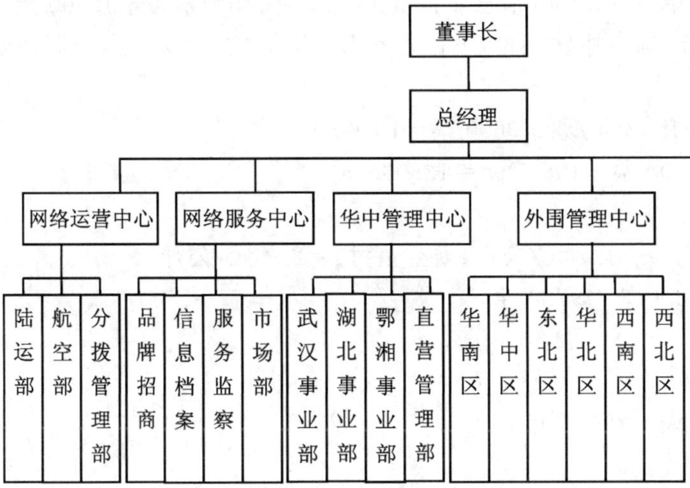

图11.1 某快递公司组织架构图

该公司按相关法律、法规和公司章程设立了上图中的相关部门。这些部门又与快递公司的分拨中心、网点等相关联。其中，与物流成本关联度比较高的有各种区域管理中心以及下属的事业部和网点。这些部门的物流成本很高，需要重点关注，而像综合中心、财务结算中心等与快递公司的物流业务没有直接的关联，在企业物流成本核算中所占比重偏小，可以放在后面考虑。

【案例二】 快递公司站点业务分析

(1) 人员、设备配置情况

① 人员配备：COD业务操作6～7人，司机4人，受理查询1人，普货业务操作4～5人，合计15人。

② 车辆配备：小型面包车1辆，金杯车1辆，全顺车1辆，3吨厢式货车1辆，大众轿车1辆(自用)合计5辆。

③ 其他设备：电脑5台、电子秤2台、传真机1台、打印机2台。

④ 库房面积：100平方米。

(2) 业务、收入情况

① 出港：月均出港票数12000票

收入核算：12元(市场指导报价)×0.8(折扣)＋300元(代收款金额)×0.02(手续费)＝16.2元/票

出港收入：16.2元×12000票＝194400元

② 返货：月均返货率为30%，合计3600票

收入核算：12元(市场指导报价)×0.7(折扣)＝8.4元

返货收入：8.4元×3600票＝30240元

③ 进港：月均进港票数370票

派送收入:814 元

④ 收入合计:194400 元+30240 元+814 元=225454 元

业务出港区域:东北三省、山西、河南、河北

(3) 综合成本情况

① 发货:以单票重量小于 1 公斤,代收货款金额小于 300 元代收货款,到达沈阳为例。

成本核算:0.7 元/张(工作单)+0.1 元(信息流量费)+1.5 元(坏账准备金)【300 元(代收款金额)×0.005】+4.1 元/公斤(航空中转垫付)+1 元/公斤(省内中转费)+2 元(派送费)+3 元(妥投费)=12.4 元/票

月均返货 4800 票无妥投费用,3 元/票×3600 票=10800 元

发货成本:12.4 元/票×12000 票-10800 元=138000 元

② 返货:

成本核算:1 元/公斤(中转费)+1.7 元/公斤(航空垫付)=2.7 元/公斤

返货成本:2.7 元/公斤×3600 票=9720 元

③ 经营成本:(月平均值)

成本核算:

人员工资 1900 元/人×15 人=28500 元

房租　　1550 元/月

油费　　5000 元/月

电话费　　2000 元/月

电费　　300 元/月

经营成本:28500 元+1550 元+5000 元+2000 元+300 元=37350 元

④ 先行赔付:顺义站点于 4 月份加盟,现已先行赔付 4 万余元,月均 5000 元

⑤ 成本合计:138000 元+9720 元+37350 元=185070 元

(4) 分析

① 利润分析

收入合计-成本合计=利润

225454 元-185070 元=40384 元,利润率为 17.91%

② 经营分析

a. 项目客户支持,综合成本较低

大型项目客户支持,月出港 COD 货物在万票以上,单位成本降低,综合成本较小。

b. 地理条件优越,经营成本较低

该站点与北京中转站距离较近,单线不超过 5 公里,车辆油耗成本不高,并且位于郊区,房租便宜。

c. 出港业务量大,盈利能力强

该站点月出港票数一万余票,单票盈利 3.8 元,利润累计增长。

d. 客户返货费用支付高,创造新盈利点

项目客户返货费用按照正常报价 7 折支付站点返货费用,返货利润占整体利润的 50.81%,成为新的赢利点。

e. 人员、车辆资源利用率高,创造利润

该站点人员月均创收 15030 元,人员月均成本 1900 元,车辆月均创收 45090 元,月均成本(油费)1000 元。

3. 快递公司物流成本分公司内外核算

为了提高服务质量，快递公司需要有覆盖面广的网点，国内有不少快递公司采取了加盟的模式尽快开拓市场，比较知名的有“四通一达”（申通、圆通、汇通、中通、韵达），加盟网点与快递公司是分开独立核算的，它们的物流成本，例如派件员的工资、机动车的费用、网点的仓储租金等都由网点自己承担，算是快递公司外部的物流成本。

另外，大型快递公司还有大量的长途货运业务是外包给第三方的，其自有的货运车辆只是其中的一小部分，这些第三方与快递公司根据运送快件的数量进行结算，结算的所有费用虽然是第三方产生的，但都是快递公司的物流成本。

✍ 实训任务

参考本节的物流成本核算实例，制订企业成本资料调研计划。就近访问当地一家快递公司，确定企业的物流成本核算对象，演练选择合适的方法进行物流成本核算。

任务11.3　快递成本优化分析

【知识链接】

物流成本管理：是对物流相关费用进行的计划、协调与控制。物流成本管理是通过成本去管理物流，即管理的对象是物流而不是成本。物流成本管理可以说是以成本为手段的物流管理方法。

11.3.1　快递公司物流成本管理上存在的问题

我国快递公司的业务按照其快递物品可以大致分为三类：文件、包裹和重货。从快递的物品性质来看，大多数具有多品种、小批量、高附加值、高时效性的特征。开展这三种物品的快递业务的最终目的都是通过一定的手段，将所委托的物品准确及时地送达到最终用户的手中。其中，在整个快递物品中，包裹在三类产品中所占的比重是最大的，几乎达到50%。

由于包裹快递运价一般是按照包裹的重量以及运输距离来确定，因此包裹运输的价格要比文件快递的价格要高。而一般文件快递的货物交付期很短，运输安全性很有保证，因此，快递企业开展文件快递服务的成本比较低，风险性也较小。重货由于运送周期长、价值较高，致使快递企业在重货运输过程中所产生的成本是三者中最高的，也是最难得到用户认可的。

11.3.2　国内快递公司物流成本偏高的原因分析

近几年，快递业在我国的发展非常迅速。在我国快递业不断多元化迅速发展的大环境下，对快递企业的物流成本进行合理化、最优化的管理和控制，是企业在激烈的市场竞争中获取独特优势的制胜法宝。快递公司的物流系统是由多个单元组成，因此各种快递方式和各个快递环节都会产生相应的物流成本，主要体现在企业内外部的信息处理、运输、配送和库存方面。

1. 信息处理成本

快递公司开展一次快递业务首先要接受来自社会、用户的信息资源。所产生的成本即是信息处理费用。开展快递服务，最基础的工作是信息系统的建立和信息的收集，只有通过各种渠道广泛收集来自用户的各种有用信息，才能继续下一步业务的开展。信息收集是整个快递物流信息工作中工作量最大，最费时费力的环节，所耗费的成本也是比较大的。其次，控制和作业信息是指在快递物流活动中所产生的信息，是掌握快递物流活动实际情况必不可少的信息。由于控制和作业信息具有很强的动态性，信息更新的速度非常快，信息的时效性也很强，因此在处理信息时对企业内部的信息系统要求非常高。

目前，我国国内大型快递公司在信息系统的改造升级方面投入很大，导致短期内的成本高升。

2. 运输和配送成本

对于快递物流来说，运输费用最能体现快递物流成本。在一次快递服务中，运输费用在整个成本中占最大比重。根据货物、时间以及客户的不同要求，运输可以采用多种方式，一般文件快递和包裹快递较多的会采用航空运输。航空运输的速度快，安全性高，但因此产生的成本也是最大的。其次是在运输过程中货物丢失和损坏的成本。如果货物丢失和损坏，企业所存在的最严重的损失是失去潜在的客户，从而影响企业的业务发展。

此外，快递公司的配送和传统的配送中心一样，在一定区域内将客户所需要的各种货物按要求进行集中，然后制定科学的运输路线将物品送至客户手中。在备货、理货和送货的过程中，如果资源筹措、库存决策、价格、配送与直达决策以及送货中的不合理，会导致企业产生巨大的成本压力。

3. 仓储和库存成本

在快递中，仓储承担了改变"物"的时间状态的重任。由于快递公司的服务注重的就是速度和及时性，所以仓储和库存成本所占快递服务整个物流成本的比重相对较小。但是为了实现仓储和合理的配送，快递公司也建立了一个配送中心，将货物分拣组合后送出。这个过程虽然很短，但是在这期间所产生的仓库管理费用以及库存物品的保管费用等，仍然是快递公司物流成本中不可分割的部分。

11.3.3 快递公司物流成本的优化对策

基于以上对快递公司物流成本结构的分析，企业物流成本管理应从信息、运输、仓储、配送等方面找出最优的成本管理方法，主要表现在以下三个方面。

1. 完善信息资源管理

快递过程是一个多环节的复杂系统，各个子系统必须要由一定的介质将其联系起来，这个介质就是信息。快递公司通过建立信息中心实现计算机网络化管理，节约了传统人工管理所产生的成本。

由于快递服务用户的信息源点多、分布广和信息量大，因此在处理用户信息时快递公司可以建立一个庞大而完善的信息中心，其技术支撑主要有：数据库技术、条形码技术、EDI技术和EOS自动订货技术。

通过一系列的现代化信息管理手段，快递公司可以准确地提高企业信息资源系统的效率，使信息在企业内部、用户之间的传递变得更加便利和迅速，减少了传统过程中由于信息的失真和缓慢导致的成本增加。

2. 优化运输和配送路线

快递公司在接受用户要求后，必须尽快地完成客户的要求，将快递服务与多种运输方式融合发展，利用各种运输方式的特点，进一步降低运输成本。同时，快递公司对配送路线必须进行一个合理的规划。合理的配送路线缩短了货物的运输时间，提高了服务的保证程度，减少了库存成本。

快递公司设计配送最优化路线可以通过GIS线路优化辅助系统，对区域送货线路进行跨区域优化整合，以及GPS卫星定位系统对送货车辆进行实时监控，对配送线路进行动态管理，以保证每条送货线路的合理性和科学性。

快递公司的运输和配送路线应该在大范围内进行制定，从而实现了快递业务的广泛开展，争取更大的市场份额，逐步打造全方位、综合性、跨区域的快递服务网络，拓展服务区域和服务范围。

3. 仓储和库存成本最优化

对于快递公司来说，快递过程的规模经济，应该拥有一个适当的库存。整个仓储作业，基本上包括货物的入库、储存保管和出库发送三个阶段。快递人员在接受客户的工作要求以后，要将货物送回仓储中心加以分类和筛选，这就形成了仓储作业的开始。在此过程中，通过入库前的检验、核对资料、落实商品的数量等作业，及时发现货物在运输前的问题，可以避免货物在快递服务开始前的成本风险。

其次是货物在配送前所发生的保管费用。由于快递公司所接受的物品种类繁多，所以进行仓储品种结构管理十分必要。此外，通过"先进先出原则"使得快递公司的时间安排合理化。

最后，商品出库阶段也是优化的重点。快递公司应深入了解业务流程和充分利用库存管理软件的功能。因为在此环节中出错就可能直接导致快递服务最终的错误，造成经济和信誉方面的损失。

快递公司只有经过有效的成本管理和控制，才能使企业处理好内部物流成本的问题，才会在外部适应不断发展和变化的市场环境，赢得和保持强有力的市场竞争力。

✍ 实训任务

小A原是甲快递公司中国华东片区的运营总监，最近跳槽到乙快递公司担任运营总监。上任之后，他发现乙快递公司的物流成本与业内竞争对手相比高出很多，影响到公司最后的净利润。

请问：小A应从哪些方面着手，在不降低客户服务水平的前提下，降低物流成本呢？

课后练习

一、不定项选择题

1. 如果按物流成本性态分类，物流成本包括(　　)。

A. 固定成本与变动成本　　B. 供应成本和销售成本

C. 企业内物流成本和委托物流成本　　D. 物流功能成本和存货相关成本

2. 物流成本的(　　)说明了物流成本的隐蔽性。

A. "黑大陆"学说　　B. "冰山"理论

C. "第三利润源"学说　　D. "效益背反"理论

3. 快递公司物流成本优化途径有(　　)。

A. 降低客户服务水平　　B. 完善信息资源管理

C. 优化运输和配送路线　　D. 仓储和库存成本最优化

4. 物流成本的分类方法主要有(　　)。

A. 物流成本项目　　B. 物流活动范围

C. 物流成本支付形态　　D. 物流成本性态

5. 某快递公司的营业额为100万元，物流成本为20万元，利润率为10%。如果增加2万元的直接利润，最好的做法是(　　)。

A. 增加 10 万元营业额　　B. 减少 2 万元物流成本
C. 增加 20 万元营业额　　D. 减少 4 万元物流成本

二、判断题

1. 有效地进行物流成本核算,加强物流成本管理,已成为现代物流管理的一个重要内容。(　　)

2. 在企业现行会计制度中,物流成本还没有单列会计科目,一般都分散在其他成本科目中。因此,难以对企业发生的各种物流费用做出全面、明确的计算与分析。(　　)

3. 我国快递公司的业务按照其快递物品可以大致分为三类:文件、包裹和重货。其中,在整个快递物品中,文件在三类产品中所占的比重是最大的。(　　)

4. 进行快递公司的物流成本管理的首要任务就是物流成本的核算。(　　).

5. 从功能角度核算快递公司物流成本,可以从中了解具体成本项目的花费,以便进一步找出实现物流合理化的症结。(　　)

三、简答题

1. 快递公司的物流成本的构成是怎样的?
2. 快递公司常见的成本核算对象有哪些?
3. 如何优化快递公司的成本?
4. 物流成本大致可以分为哪几类?
5. 简述快递公司物流成本核算的步骤和方法。

四、案例分析题

顺丰快递借收件点涉足便利店:或为补贴运营成本

一直走在国内民营快递前列的顺丰速运在深圳开了 20 余家便利店,昨日该公司负责人表示,这些便利店仍然基于快递服务,目前仅在试运行。业内人士认为,这在一定程度上贴补了运营成本。联华快客方面表示,顺丰涉足便利店业务,不会对传统便利店造成冲击。

跨界试水便利店

在与 7-11 便利店合作之后,顺丰速运自己开起了便利店。昨日,顺丰速运品牌管理总监霍晓宁表示,该公司仅在终端收件点增加了销售功能,目前只在深圳有部分试验店,是否会推广到其他地区,并没有进一步的消息。"收件点只是为了方便来取件、寄件的客户,所有业务还是以快递为中心。"霍晓宁表示,这些便利店并不局限于商业区或居住区。

某便利店运营者表示,在什么地方开便利店要考虑区域内的客流量、人流量和经济收入水平。而快递公司掌握了各区域的配送数据,所以很容易统计出该区域的消费人群和客流,也便于其选择便利店的地址。

推新模式降成本

北京昭邑零商管理咨询公司首席咨询师刘晖指出,在日本,7-11 便利店已经成了快递的存取站点,消费者到便利店取件、寄件,节约了不少物流成本。顺丰速运的做法属于"主体互换",快递公司开设便利店,可以贴补取件点的店面租金。如果销售牛奶、面包等需要日常配送的产品,快递公司还可以在运输快件的同时运输商品。如此一来,快递公司的物流和销售成本都能减少。

中国快递咨询网首席顾问徐勇则认为,顺丰在取件点销售商品的另一原因是为了抓住核心客户。现在很多白领在家办公,顺丰速运盯住了这些目标客户的需求。

洞悉零售本质是关键

“正如现在便利店开卖现煮食品、代理缴费、开展寄卖一样,快递网点销售商品也给消费者带来更多便利。”刘晖说。

而对于快递公司涉足便利店,联华快客方面认为,对于传统的便利店来说没有太多威胁。

在零售业人士看来,从事商品零售,不仅仅是简单的配送便利以及对周边客户群的统计,便利店更大程度上还要依靠商家精通商品经营、商品的采购规模等更多零售行业的专业问题,而这正是快递企业的短板。目前不少快递公司已开通了网上商城业务,但是市场反映并不佳,快递行业对零售运营仍然是“门外汉”。

来源:《北京商报》

问题1:从成本角度考虑,你认为顺丰速运的做法是否可取?为什么?

问题2:快递企业涉足零售业,需要解决的问题有哪些?

项目 12　快递企业客户管理

☞ 学习目标

了解快递客户服务的内容，掌握快递客户服务的礼仪和素质；能根据客户资料将客户进行细分，能了解和识别潜在客户；掌握流失客户的管理方法，熟练应对和处理客户的投诉。

☞ 重点和难点

客户开发的方法，进行客户细分方法，客户流失的预防。

☞ 导入案例

【案例 12.1】

联邦快递的客户关系管理体系的案例分析

联邦快递的创始者佛莱德·史密斯有一句名言："想称霸市场，首先要让客户的心跟着你走，然后让客户的腰包跟着你走。"由于竞争者很容易采用降价策略参与竞争，联邦快递认为提高服务水平才是长久维持客户关系的关键。

一、联邦快递的全球运送服务

电子商务的兴起，为快递业者提供了良好的机遇。电子商务体系中，很多企业间可通过网络的连接，快速传递必要信息，但对一些企业来讲，运送实体的东西是一个难解决的问题。举例来讲，对于产品周期短、跌价风险高的计算机硬件产品来讲，在接到顾客的订单后，取得物料、组装、配送，以降低库存风险及掌握市场先机，是非常重要的课题，因此对那些通过大量网络直销的戴尔电脑来讲，如果借助联邦快递的及时配送服务来提升整体的运筹效率，可为规避经营风险做出贡献。有一些小企业，由于经费、人力的不足，往往不能建立自己的配送体系，这时就可以借助联邦快递。

要成为企业运送货物的管道，联邦快递需要与客户建立良好的互动与信息流通模式，使得企业能掌握自己的货物配送流程与状态。在联邦快递，所有顾客可借助其网站 edexom 同步追踪货物状况，还可以免费下载实用软件，进入联邦快递协助建立的亚太经济合作组织关税资料库。它的线上交易软件 BusinessLink 可协助客户整合线上交易的所有环节，从订货到收款、开发票、库存管理一直到将货物交到收货人手中。这个软件能使无店铺零售企业以较低成本比较迅速地在网络上进行销售。另外，联邦快递特别强调，要与顾客相配合，针对顾客的特定需求，如公司大小、生产线地点、业务办公室地点、客户群科技化程度、公司的未来目标等，一起制定配送方案。

联邦快递还有一些高附加值的服务，主要包括三个方面：

① 提供整合式维修运送服务：联邦快递提供货物的维修运送服务，如将已坏的电脑或电子产品，送修或送还所有者。② 扮演客户的零件或备料银行：扮演业者的零售商的角色，提供诸如接受订单与客户服务处理、仓储服务等功能。③ 协助顾客简化并合并行销业务：帮助顾客协调数个地点之间的产品组件运送流程。在过去，是由顾客自己设法将零件由制造商送到终端顾客手中，现在的快递业者可完全代劳。

综上所述,联邦快递的服务特点在于,协助顾客节省仓储费用,而且在交由联邦快递运送后,顾客仍然能准确掌握货物的行踪,可利用联邦快递的系统来管理货物订单。

二、联邦快递的客户服务信息系统

联邦快递的客户服务信息系统主要有两个,一是一系列的自动运送软件,如 PoerSi、FedExSi 和 FedExinerNeSi,其次是客户服务线上作业系统(Customerer Serviceline System, CSS)。

自动运送软件

为了协助顾客上网,联邦快递向顾客提供了自动运送软件,共有三个版本:DS 版的 PoerSi、视窗版的 FedExSi 和网络版的 FedExinerNeSi。利用这套系统,客户可以方便地安排取货日程、追踪和确认运送路线、列印条码、建立并维护寄送清单、追踪寄送记录。而联邦快递则通过这套系统了解顾客打算寄送的货物,预先得到的信息有助于运送流程的整合、货舱机位、航班的调派等。

CSS,这个系统可追溯到 60 年代,当时航空业所用的电脑定位系统备受瞩目,联邦快递受到启发,从 B、Avis 租车公司和美国航空等处组织了专家,成立了自动化研发小组,建起了 CSS,在 1980 年系统增加了主动跟踪、状态信息显示等重要功能。1997 年又推出了网络业务系统 Virulrder。

联邦快递通过这些信息系统的运作,建立起全球的电子化服务网络,目前有三分之二的货物是通过 PoerSi、FedExSi 和 FedExinerNeSi 进行,主要利用它们的订单处理、包裹追踪、信息储存和账单寄送等功能。

三、员工理念在客户关系中扮演的角色

我们都知道,良好的客户关系绝对不是单靠技术就能实现的,员工的主观能动性的重要性怎么强调也不过分。在对员工进行管理以提供顾客满意度方面,具体方案有三个方面:

建立呼叫中心,倾听顾客的声音

联邦快递台湾分公司有 700 名员工,其中 80 人在呼叫中心工作,主要任务除了接听成千上万的电话外,还要主动打出电话与客户联系,收集客户信息。

呼叫中心中的员工是绝大多数顾客接触联邦快递的第一个媒介,因此他们的服务质量很重要。呼叫中心中的员工要先经过一个月的课堂培训,然后接受两个月的操作训练,学习与顾客打交道的技巧,考核合格后,才能正式接听顾客来电。

另外,联邦快递台湾分公司为了了解顾客需求,有效控制呼叫中心服务质量,每月都会从每个接听电话员工负责的顾客中抽取 5 人,打电话询问他们对服务品质的评价,了解其潜在需求和建议。

提高第一线员工的素质

为了使与顾客密切接触的运务员符合企业形象和服务要求,在招收新员工时,联邦快递是台湾少数作心理和性格测验的公司。对新进员工的入门培训强调企业化的灌输,先接受两周的课堂训练,接下来是服务站的训练,然后让正式的运务员带半个月,最后才独立作业。

运用奖励制度

联邦快递最主要的管理理念是,只有善待员工,才能让员工热爱工作,不仅做好自己的工作,而且主动提供服务。例如联邦快递台湾分公司每年会向员工提供平均 2,500 美元的经费,让员工学习自己感兴趣的新事物,如语言、信息技术、演讲等,只要对工作有益即可。

另外,在联邦快递,当公司利润达到预定指标后,会加发红利,这笔钱甚至可达到年薪的 10%。值得注意的是,为避免各区域主管的本位主义,各区域主管不参加这种分红。各层主管的分红以整个集团是否达到预定计划为依据，以增强他们的全局观念。

来源：百度文库

【案例思考】

1. 联邦快递具体采取了哪些措施来实现客户价值，使客户满意并保持客户忠诚？
2. 联邦快递是怎样通过对人力资源管理的变革来提升它的客户关系管理能力的？

任务 12.1 快递客户服务含义及内容

12.1.1 快递客户服务概述

1. 快递客户服务的含义

所谓快递客户服务，是指快递企业通过一定的方式向其客户及客户的客户（如收件人）等提供服务的过程。通过客户服务，快递企业将自身的良好信誉和形象展现给客户，取得客户乃至行业和社会的良好评价，如图 12.1 所示。

图 12.1 快递客户服务

2. 快递客户服务的作用

(1) 提高公司销售收入

客户服务通常是快递公司的重要要素，直接关系到快递公司的市场营销。快递公司功能的产出或最终产品是通过快递活动提供时间与空间效用来满足客户需求。快递客户服务无论是面向生产的快递，还是面向市场的快递，其最终产品是提供某种满足快递客户需求的服务。

(2) 提高客户满意程度

客户服务是由企业向购买其产品或服务的人提供的一系列活动。从现代市场营销观念来看，对满足消费者需求来说，产品及其服务具有三个层次的含义，即核心产品、形式产品、延伸产品。作为客户他所关心的是购买的全部产品,即产品的实物和产品的附加价值,而快递的客户服务就是提供这些附加价值的重要活动,它对客户满意程度产生重要影响。良好的客户服务会提高产品的价值,提高客户的满意程度。因此,许多快递公司都将客户服务作为企业快递的一项重要功能。

(3) 降低流通成本

低成本战略历来是企业竞争中常用的战略,而低成本的实现往往涉及商品生产、流通的全过程,除了生产原材料、零部件、人力成本等各种有形的影响因素外,客户服务方式等软性要素的选择对成本也具有相当大的影响力。

(4) 留住客户

客户是企业利润的源泉。在现代市场经济下,客户及其需要是企业建立和发展的基础。如何更好地满足客户的需求,是企业成功的关键。过去,许多企业都将工作重点放在新客户开发上,而对如何留住现有客户研究较少。实际上留住客户的战略更为重要。因为老客户与公司利润之间有着非常高的相关性,保留住老客户可以保留住业务,同时摊销在客户销售以及广告的成本都较低,特别是满意的老客户会提供业务中介。因此不能让老客户投向竞争对手如今已经成为企业的战略问题。

(5) 创造超越单个企业的供应链价值

快递服务作为一种特有的服务方式,以商品为媒介,将供应商、厂商、批发商及零售商有机地组成一个从生产到消费的全过程流动体系,推动了商品的顺利流动。另一方面,快递服务通过自身特有的系统设施不断地将商品销售、库存等重要信息反馈给流通渠道中的所有企业,并通过不断调整经营资源,使整个流通过程不断协调地应对市场变化,进而创造出一种超越流通渠道内单个企业的供应链价值。

12.1.2 快递客户服务的内容

快递客户服务的内容可以分为交易前、交易中和交易后三个阶段,每个阶段都包含不同的服务内容。

(1) 交易前的客户服务内容

交易前的内容包括快递企业向客户受理业务前的各种服务要素。这些服务趋向于非常规和与政策相关的活动,有时需要管理部门的介入,如解答客户的服务咨询、公开快递企业的服务质量承诺、进行快递产品介绍等服务。

(2) 交易中的客户服务内容

交易中的内容包括快递企业人员从客户处将快件收取后到交送收件人签收全过程的各项服务要素。这些服务与客户有着直接的关系,并且是制定客户服务目标的基础,对客户满意度具有重要影响,如服务交易的便利性、客户查询的及时响应、客户快件的加急处理、客户收派件指令的更改等服务。

(3) 交易后的客户服务管理

交易后的内容包括快递企业将客户的快件交付收件人签收后,根据客户要求所提供的后续服务的各项服务要素,如收集客户的反馈意见、处理客户的投诉、处理损坏件及延迟件等的赔偿、进行签收单据的统计与返回等服务。

12.1.3 快递客户服务管理

客户服务管理是指企业为了建立、维护并发展客户关系而进行的各项服务工作的总称,其目标是建立并提高客户的满意度和忠诚度、最大限度地开发客户。客户服务管理是了解与创造客户需求,以实现客户满意为目的,企业全员、全过程参与的一种经营行为和管理方式。它包括营销服务、部门服务和产品服务等几乎所有的服务内容。

客户服务管理水平的高低,不仅决定了现有客户能否继续维持下去,而且决定了潜在客户是否能够成为现实的客户。客户服务管理的目的,是使客户服务的行为过程形成规范化、制度化、常规化的客户服务管理体系,提高客户服务的满意度,提升企业客户服务的品牌地位。

快递企业的客户服务管理,同生产企业的产品质量管理一样重要。在整个业务过程中,客户服务无处不在,贯穿于整个服务交易的过程。

1. 快递客户服务人员礼仪要求

快递客服人员服务水平的高低会给客户留下深刻的印象,进而影响客户的购买行为。因此是否能够给客户提供满意服务、专业的解答都代表了公司的综合水平,体现出公司的整体实力。

(1) 仪容仪表

仪容仪表通常是指人的外观、外貌,其中的重点则是指人的容貌。在人际交往中,每个人的仪容都会引起交往对象的特别关注,并将影响到对方对自己的整体评价。

快递客户服务人员制服要求如下:

① 上班时间必须穿着工作服,佩戴工牌。

② 工作服必须整洁、平整,纽扣要扣齐,无松脱和掉扣现象。

③ 在公司的工作范围内应穿黑色皮鞋,鞋袜穿戴整齐清洁,鞋带系好,不允许穿鞋不穿袜,女员工应穿肉色丝袜。

④ 不得穿背心、短裤、凉鞋、拖鞋或赤脚上班。

快递客户服务人员须发要求如下:

① 头发必须常洗并保持整洁光鲜,不允许染除黑色以外的其他颜色。

② 发式应朴素大方,不得梳理怪异发型。

③ 女员工留长发的,超过衣领的应梳成发髻,并用公司统一的发卡束发;留短发的,肩膀以上的头发应梳理整齐,不得遮住脸;必要时,可用深色发箍束发。

④ 男员工头发的发梢不得超过衣领,鬓角不允许盖过耳朵,不得留大鬓角,不得留胡须。

快递客户服务人员化妆要求如下:

① 女员工上班应淡妆打扮,不允许浓妆艳抹,避免使用味浓的化妆品。

② 在指甲上只允许使用无色的指甲油。

快递客户服务人员首饰要求如下:

① 可以戴手表,但颜色必须朴素大方,不可过于鲜艳。

② 可以戴钉扣型耳环,式样颜色不可夸张,不准佩戴吊式耳环。

③ 工作用笔应放在外衣口袋里。

快递客户服务人员个人卫生要求如下:

① 保持手部干净,指甲不允许超过指头两毫米,指甲内部不允许残留污物。

② 应经常洗澡防汗臭,保持整洁、干净、典雅及职业化的外表。

③ 上班前不允许吃有异味的食品,保持口腔清洁,口气清新。

④ 每天上班前应注意检查自己的仪表,上班时不能在客人面前或公共场所整理仪容仪表,必要时应到卫生间或工作间整理。

(2) 来访礼仪

接待来访客户是很多企业的一项经常性工作,而在接待客户中的礼仪表现,不仅关系到自己的形象,还关系到企业的形象。

① 对来访者,应主动上前打招呼并咨询帮助或起身握手相迎。

② 不能让来访者坐冷板凳。如果自己有事暂不能接待来访者,要安排助理或相关人员接待客人,不能冷落了来访者。

③ 认真倾听来访者的叙述。来访者都是有事而来,因此尽量让来访者把话说完,认真倾听,切忌打断来访者。

④ 对来访者的意见和观点不要轻率表态,应思考后再作答;对一时不能作答的,要约定一个时间后再主动联系。

⑤ 对能够马上答复的或立即可办理的事,应当场答复,迅速办理,不要让来访者等待,或再次来访。

⑥ 正在接待来访者,有电话打来或有新的来访者,应尽量让助理或他人接待,以避免中断正在进行的接待。

⑦ 对来访者的无理要求或错误意见,应有礼貌地拒绝,而不要刺激来访者,使其尴尬。

(3) 客户服务用语与服务禁语

① 使用客户易懂的话语。接待客户时,最好不要或者尽量减少使用所谓的专业术语。要通俗易懂,要让客户切身感受到你的亲切和友善。

② 简单明了的礼貌用语。简单明了的礼貌用语应用广泛,当接待客户时,它们更是你必不可少的好帮手。要多说"您好""大家好""对不起""请"等礼貌用语,向客户展现你的专业形象。

③ 生动得体的问候语。所谓的服务用语就是重点表现出服务意识的语言,比如"有没有需要我服务的?有没有需要我效劳的"这样的问候语既生动又得体,需要每个服务人员牢记于心、表现于口。

④ 顺应顾客,与其进行适度的交谈。顺应客户强调的是顺着客户的心理与其进行适度的交谈。比如,当客户说:"对不起,请问你们总经理在不在?"接待人员应该马上回答:"您找我们总经理吗?请问贵公司的名称?麻烦您稍等一下,请这边走。"与此同时,要自然展现出合宜的肢体语言。

⑤ 充满温馨关怀的说话方式。要学会根据环境变换不同的关怀话语,拉近你与客户之间的距离,让其产生宾至如归的感觉。

⑥ 避免使用服务禁语与不当言辞。在接待客户时,要时刻牢记避免使用服务禁语和不当言辞,以免对客户产生不好的影响。如避免使用"不行""不知道""不可以"等话语;接电话时避免使用类似"你找谁?你有什么事"等话语;与客户沟通过程中避免责问、训斥或反问客户,如"刚才已经跟你说过了,怎么还问""我怎么知道""你要我怎么样""你听不懂我的意思吗""我就是这个态度"等。

2. 快递客户服务部门

客户服务部门是联系公司与客户的纽带,是公司的对外窗口。其主要职责为维护客户资源,防止客户流失,提供优质的后续服务。既要在客户中积极推广企业的宗旨、服务、理念、产品,又汲取协调顾客的建议、需求、投诉等,使双方在合作中互利互惠、协调发展、和谐共赢。

快递客户服务部门的岗位设置和组织构架是指根据组织需要,并兼顾个人感受的需要,规定每个岗位的任务、责任、权力以及组织中与其他岗位关系的过程。客服部门岗位设置是客服部门开展日常工作的基础，岗位设置的主要内容包括工作内容、工作职责和工作关系的设计三个方面。常见的快递公司客户服务部门的岗位设置如图 12.2 所示。

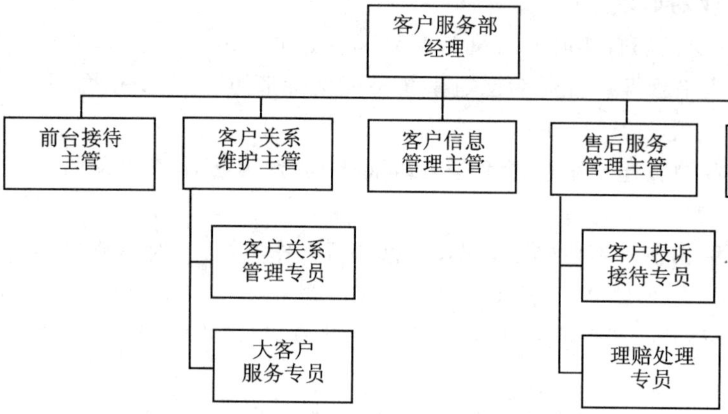

图 12.2　快递企业客户服务部门的组织构架

客户服务部门主要负责快递公司的客户服务业务，客户服务、发货信息的收集，客户的投诉、查询和紧急订单处理，处理日常发货信息输出，确保快递公司及时处理发货任务，组织和策划客户服务策略，制定客户服务规范，树立公司品牌，提高客户满意度。

3. 客户服务部门岗位及职责

(1) 客户服务部经理岗位职责

① 负责制定客户服务原则与客户服务标准，协助拟定标准的客户服务工作流程规范。

② 负责管理客户服务部各服务项目的运作。

③ 负责对客户服务部进行培训、激励、评价和考核。

④ 负责对客户有关服务质量投诉与意见处理过程的督办和处理结果的反馈。

⑤ 负责协调和维护客户服务部门与企业其他各部门的关系。

⑥ 及时对本部门各项规章制度和工作规范进行检讨、完善。

(2) 前台接待主管岗位职责

① 协助客户服务部经理制定前台服务原则与服务标准，协助拟定标准的服务工作流程与规范。

② 负责组织前台人员进行来客接待、来客信息核实和服务享受资格验证、协调各种款项缴纳、来客分流和引导。

③ 负责信息确认、条码打印等。

④ 负责对前台服务人员进行培训、激励、评价和考核。

(3) 客户关系维护主管岗位职责

① 制定客户维系原则与客户维系标准，协助拟定标准的客户维系工作流程规范。

② 负责对客户维护管理进行培训、激励、评价和考核。

③ 负责对企业的客户资源进行统计分析与管理。

④ 负责按照分级管理规定定期对所服务的客户进行访问。

⑤ 负责按照客户服务部的有关要求对所服务的客户进行客户关系维护。

(4) 客户信息管理主管岗位职责

① 负责制定客户信息调查计划，明确调查目的、对象以及调查的数量，统一调查方法，做到事前充分模拟，有效完成收集资料的工作。

② 负责客户信息分析工作，对各种客户调查资料的内容、可信度、使用价值等做出分析判断，得出结果后提交上级有关部门，作为决策依据。

③ 负责客户档案管理，对客户资料进行立档，并对客户档案保管使用及档案保密工作提出合理意见。

④ 负责客户信用调查、客户信用度评估，并对客户信用进行分级管理。

(5) 售后服务管理主管岗位职责

① 负责协助制定、修改和实施相关售后服务标准、计划和政策。

② 负责协助制定售后服务人员的规范用语、岗位职责、服务流程的制定与培训等工作，不断提高客户服务人员售后服务水平和工作效率。

③ 负责售后服务资源的统一规划和配置，对售后服务工作进行指导和监督。

④ 负责收集客户意见和建议，整理、分析和收集反馈数据和信息，分别转送相关部门。

⑤ 负责对企业服务政策的最终解释，加强与客户的沟通，协助制定和调解售后服务中的纠纷事宜。

(6) 法务处理主管岗位职责

① 监督实施公司各项合同管理制度，如合同管理制度、合同管理考核办法、合同纠纷解决办法、合同审查办法、合同洽谈人员守则等。

② 合同签订、履行情况的监督检查。

③ 对法务人员进行相关法律培训。

④ 参与重大合同的谈判，维护公司的合法权益。

⑤ 协助有关部门催讨账款。

⑥ 合同纠纷的处理，参与诉讼。

⑦ 负责对案件处理，提供法律咨询，处理其他法律事务。

⑧ 负责起草、修订公司各类合同、律师函，协助其他部门处理法律事务。

(7) 客户关系管理专员岗位职责

① 负责维护客户关系，包括拜访客户、客户关系评价和提案管理等。

② 负责与客户日常交往管理，包括客户拜访工作、客户接待工作等，协助巩固企业与客户的关系。

(8) 大客户服务专员岗位职责

① 负责安排对大客户的定期回访工作。

② 负责保证企业与大客户之间信息传递的及时、准确、把握市场脉搏。

③ 负责经常性地征求大客户对客户服务人员的意见，及时调整客户服务人员，保证沟通渠道畅通。

④ 负责根据大客户的不同情况，和每个大客户一起设计服务方案以满足客户需求。

⑤ 负责提议对大客户制定适当的服务优惠政策和激励政策。

(9) 客户投诉接待专员岗位职责

① 负责协助制定统一的投诉案件处理程序和方法。

② 负责对客户投诉案件进行登记、移交和督办并协助检查和审核投诉处理通知。

③ 负责协助各部门对客户投诉的原因进行调查，协助开展对客户投诉案件的分析和处理工作，负责填报投诉统计报表。

④ 负责提交客户投诉调查报告，分发给企业有关部门。

⑤ 负责提交投诉处理中客户反映的意见和跟踪处理结论提交相关部门。

⑥ 定期向主管领导汇报客户投诉管理工作情况。

⑦ 负责受理客户投诉，跟踪投诉处理过程，及时回馈客户，并协助做好客户回访工作。

(10) 理赔处理专员岗位职责

① 对各分支机构的保险理赔工作进行全面的监控和管理。

② 制定公司保险理赔工作的管理文件。

③ 针对理赔案件中暴露的问题，及时反馈给有关部门，监督其采取纠正和预防措施。

④ 建立公司保险业务资料库，并根据各分支机构提出的保险需求，不断完善。

⑤ 选择和评价投保的保险公司，负责承运人责任险、财产险等保险的投保、续保及业务保险的投保工作，并根据保险公司的合作情况，决定与其续保或更换。

⑥ 对各分支机构的保险理赔工作进行指导和咨询，制定公司的投保标准，并具体办理总公司统一投保的险种的理赔工作。

⑦ 协助审核/修订销售合同中有关保险索赔条款，协助法务对第三方的追索工作，组织保险知识的培训等。

✍ 实训任务

根据上述对快递企业客户服务部门的组织构架和介绍，结合自己的性格特点简述自己是否适合客服工作？为什么？

任务 12.2　快递客户分析

快递客户是快递企业提供产品和服务的对象，是快递企业赖以生存和发展的基础。进行快递客户分析可以更好地把握客户的特点，从而为快递公司带来更高的效益。快递客户分析评价可分为客户细分、客户行为分析和市场分析三个方面。

12.2.1　客户细分

根据快递公司客户的不同特点，从客户管理的角度，通常快递客户分类应该包括以下几种类型。

(1) 有潜力的客户

快递企业的营销工作应该从掌握潜在客户开始，企业销售人员的主要工作之一即是关注和掌握潜在客户。销售人员应根据本企业快递产品或服务的性质，考虑客户的不同性别、年龄、职业、受教育程度、地区和民族的人们的需求和购买能力，排除那些不可能购买本企业产品或服务的人群。然后花大精力分类编制潜在客户名单，如企业名单、行业名单、有需求客户名单、流失客户名单、竞争对手的客户名单等等。

(2) 预期的客户

快递企业在掌握潜在客户的资料后，从中筛选出预期客户。确定预期客户的工作应由营销部门负责，销售经理要采纳销售人员的意见，共同研究企业的预期客户。在选择预期客户时，应避免单凭主观去做判断，应该积极地与客户进行交流。通过信函、电话、拜访等方式向这些客户宣传本企业的快递产品和服务，并进一步了解他们的需求。管理预期客户的目的就是尽力使他们变成现实客户。销售人员要对预期客户给予高度的关心，准确掌握他们的需求，了解决策人的心理，制定出合适的营销方案。有了预期客户的资料，顾问式销售人员就可以有目标地进行访问，针对不同类型的客户需求选择提供不同的服务和产品。试服务是一个关键性的阶段，所以对于客人的初次发货要及时跟踪，从下指令取件到最终货物送达都要及时给客户更新，让客户感受到超值的服务，客户通过第一次发货的愉快经历，很容易成为进一步的长期客户。快递公司应该要求销售人员每个月定期上报自己区域内的预期客户，根据区域不同对客户的规模有一定的限制，然后销售经理协助销售人员定期拜访这些预期客户，并要求每月有一定的比例把这些预期客户发展成现有客户，相关的成功率应有一定的比例要求。

(3) 现实客户的管理

对现实客户的管理是客户管理工作的重点，其目标就是要将重复购买者转型为忠诚客户。当预期客户初次发货之后，销售人员要及时跟进，与客户进行个性化的交流，提供满足个性化需求的产品和服务，并让他们了解相关信息，努力与他们建立起一种互相信任的关系。如有必要，应将现有的客户按照规模分为全球性大客户、国家级大客户、区域客户以及中小客户；或按地区划分，全球可分为美国、加拿大、欧洲、亚太区，中国市场分为华东区、华南区和华北区，按产品和服务又分为进口、出口和国内业务客户。针对不同的客户，有相应的人员负责其业务。

(4) 流失的客户

对快递企业来说，流失一位长期客户，要比失去一位新客户所带来损失多很多。流失客户不仅使企业失去了这些客户，损失了利润，同时还损失了与新客户交易的机会。因为，一个不满意的客户会把他的不满告诉别的8～10人，而企业就失去了与这些客户合作的机会。流失客户也应该列入预期客户名册。研究报告显示，向流失客户销售，每4个中会有1个可能成功。因此一定要重视对这部分流失客户的管理，积极与他们联系不仅可以让他们感受到企业对他们的关心，更应该提供给他们与企业沟通的渠道，让他们反映遇到的问题，缓解他们的不满情绪，从而阻止他们散布有关企业负面的评价；同时企业还可以了解有问题的环节出现在哪里，以便采取措施，及时改进，防止其他客户继续流失。

12.2.2 客户行为分析

快递客户根据客户性质分为企业客户和个人客户。根据客户给企业带来的收益和价值分为高端客户、中端客户和大众客户。按客户所在市场类型又可以分为专业市场和中央商务区(CBD)客户群。下面分别分析这几类快递客户的购买行为，从而更有效地指导快递企业开展客户开发工作。

1. 企业及个人客户购买行为分析

企业或个人购买快递服务，是在一定消费心理支配下的快递客户的消费行为。

(1) 企业购买行为分析

企业客户在选择快递服务时，考虑的因素相对比较多，如快递品牌、快递企业的网络覆盖范围、增值服务、批量交寄快递的价格、快递运输的安全程度、报关程度等。

① 快递品牌。企业客户在选择快递服务时，往往会考虑所选快递企业与客户自身的形象是否相称。如果客户是国际大公司，往往会选择一家大型且具有一定品牌影响力的快递企业作为合作伙伴。其对快递服务的安全性、快递传递速度的要求会相对较高，而对快递服务价格的考虑会相对较少。

② 快递企业的网络覆盖范围。产品经销范围覆盖全球的企业客户，往往会选择具有全球服务能力的快递企业作为合作伙伴；产品经销范围覆盖全国的企业客户，往往会选择具有全国服务能力的快递企业作为合作伙伴；产品经销范围覆盖局部地域的企业客户，一般会选择具有局部地域服务能力的快递企业作为合作伙伴。

③ 增值服务。随着购买力的增加，企业客户对快递服务的需求也会“水涨船高”，可供企

业客户选择的快递服务品种也越来越多。企业客户不仅仅关注快递传递的安全和速度，还关注快递企业的售后增值服务，如打印运单、保价运输、代收货款、短信服务、网络随时查询等。为企业客户提供增值服务，已成为快递企业吸引企业客户的重要举措。

④ 决策者的影响。决策者个人的喜好会影响该企业客户的购买行为。当企业客户决定选择一家快递服务企业作为合作伙伴时，决策者往往优先考虑的是自己熟知或认同的快递企业，然后再从这些快递企业中挑选出最合适的。

(2) 个人购买行为分析

影响个人购买快递服务行为的主要因素有：

① 个人客户对快递服务的整体印象。个人客户对快递服务的整体印象非常重要，这决定着个人客户是否愿意接受快递消费。

② 快递服务的价格与寄递速度。个人客户在选择快递服务时，主要考虑的是价格要经济实惠，寄递速度要能达到客户的要求，而对快递品牌的选择相对不敏感。个人客户交寄的物品一般价值不会太高，虽然个人客户也会考虑运输安全因素，但与寄递高价值物品相比，要求会相对弱一些。

③ 快递服务的便利性。快递服务是一种门对门、桌对桌的服务。只要客户给快递企业打一个电话，就会有快递业务员上门服务；或者在快递企业网站点击一下鼠标，就可以下单寄物品。个体客户使用快递服务时，往往看重快递服务的便利性。

④ 客户的兴趣爱好。随着网上购物、电视购物的兴起，人们已经开始享受这些新的购物方式，对使用快递寄递所购物品的需求明显增加。

(3) 企业与个人购买行为的差异化分析

企业与个人购买行为的不同主要表现在：

① 企业客户主要看重交寄物品的安全与否，而个人客户主要看重快递价格的高低。

② 企业客户在选择快递服务时会综合考虑许多因素，而个人客户选择快递服务时考虑因素较少，对快递企业的资质了解也比较少。

③ 企业客户交寄快件在时间和间隔上相对固定，而个人客户交寄快件在时间和间隔上往往不是固定的。

✍ 实训任务

快递员刘力负责的区域是一个商住两用集中地，既有写字楼企业客户，也有淘宝商家个人客户。他发现企业客户和个人客户在选择快递时侧重点不一样。如果你是刘力，你将怎样区别对待企业客户和个人客户？

2. 中高端客户和大众客户购买行为分析

(1) 中高端客户购买行为分析

中高端客户在选择快递服务时，考虑的因素相对比较多，影响中高端客户购买快递服务行为的主要因素有：

① 中高端客户所选的快递企业往往有较高的品牌影响力、资质和服务水平，又能满足客户需要的网络覆盖范围，要求服务人员有较高的素质和良好的形象，能体现客户自身价值。

② 中高端客户所寄快件一般属于商务来往，其考虑的是用最少投入获取最大的回报，所选择的快递企业要能满足在运递时限和运输安全方面的要求，一旦发生意外有理赔保障。

③ 中高端客户购买快递服务比较理性，所选的快递企业相对较固定，与快递企业合作周期较长。

④ 中高端客户注重从快递企业管理能力来看其可持续发展潜力，而不仅仅看其静态的实力和体制的安全性，更看重快递服务的使用价值。

⑤ 中高端客户更容易接受、尝试新的快递服务产品与新的增值服务。

⑥ 中高端客户有较强的对快递服务信息的搜寻掌控能力。

(2) 大众客户购买行为分析

大众客户也称为普通客户、低端客户，这类客户的数量较多。影响大众客户购买快递服务行为的主要因素有：

① 大众客户一般不考虑快递企业的品牌的影响力和资质，对快递企业的服务方式、服务态度和服务水平的要求一般。

② 大众客户购买快递服务比较感性，往往选择价格低廉和传递速度能满足要求的快递企业，一般没有相对固定的寄件时间，与快递企业合作时间较短。

③ 大众客户一般不注重从快递企业的管理能力来看可持续发展潜力，而关注快递企业的静态实力和体制的安全性。

④ 大众客户不容易接受和尝试新的快递服务产品和新的增值服务。

⑤ 大众客户一般不会特意收集快递企业的信息，而是凭直觉来选择快递企业。

3. 专业市场客户和中央商务区(CBD)客户群购买行为分析

(1) 专业市场客户购买行为分析

快递客户按照所寄递的物品不同，可分为皮革市场客户、易碎品市场客户、电子产品市场客户、工业产品市场客户等不同类型的专业市场客户。不同类型的专业市场客户，其主要考虑的因素也不同。如皮革市场客户群体比较看重皮革制品的安全与否，所选择的快递企业要能满足在运递时限和运输安全方面的要求，对于部分价值较高的皮革制品作保价处理，一旦发生意外有理赔保障。易碎品市场客户在寄递玻璃制品、陶瓷制品、电器等易碎品时，则首先要求的是快递企业在寄递过程中必须确保寄递物品的完整。电子产品市场客户在寄递电子产品时，除了对包装盒运输安全的要求外，由于电子产品更新换代快且价格波动比较大，其对寄递时限的要求也很高。工业产品市场客户通常具有生产集中度高、经济规模大的特征，具有发货量持续稳定的特点。

(2) 中央商务区(CBD)客户购买行为分析

对中央商务区客服群的购买行为分析，可以从以下几种“疑虑心态”入手。

① 服务质量疑虑：快递企业的服务质量是否符合其要求，快递服务人员的综合素质是否与客户所在高档写字楼的环境要求相符等。

② 服务价格疑虑：快递企业所设定的快递服务价格体系是否合理，收取服务费用的方式是否与客户所在高档写字楼的环境要求相符等。

③ 服务产品细节疑虑：快递服务细节对客户的影响较大，客户往往需要了解快递时限、运递环节、报价、理赔等细节后，才会购买快递服务。

④ 服务承诺疑虑：在选择快递企业时，客户看中快递企业的服务承诺，如按时取件和投递环节、保险和理赔、快件跟踪查询等，对快递服务的时效性尤为严格。

⑤ 服务费用疑虑：客户购买快递服务看重的是“物有所值”，如果费用高于客户心理预期而又没有得到合理的解释，客户就会转向购买其他企业的快递服务。

⑥ 增值服务疑虑：快递企业在促销或者争取客户的阶段，推出相应的增值服务是否有实际意义、能否如实兑现，都是客户购买快递服务时所考虑的因素。

12.2.3 市场分析

尽管每个客户的重要性不容低估，但是由于不同的客户实际为企业创造的市场价值不同，而企业的资源又有限，因此把企业资源平均分配到每个客户上的做法既不经济也不切合实际，即企业没有必要为所有的客户提供同样卓越的产品或服务，否则会造成企业资源的浪费。让为企业带来价值少或不带来价值的“一般客户”享受与为企业带来高价值的“重点客户”同样的待遇，会在一定程度上造成企业资源的浪费，导致企业成本增加、利润降低。不同价值的客户应该“分开抓”，而不是“一把抓”，企业不能将资源和努力平均分摊给每个客户，而必须根据客户带来的不同价值对客户进行资源的分配。

1. 按照客户价值对快递客户进行分类

按照业务关系成熟度来分，可分为五类，如图 12.3 所示。

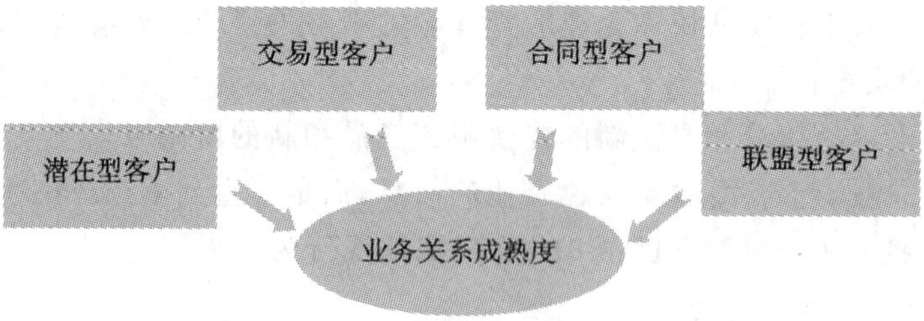

图 12.3 按照业务关系成熟度进行快递客户分类

① 潜在型客户：又称为准客户或隐性客户，由于各种原因暂时还没接受公司的快递服务，但能为企业创造潜在收益的个体或组织。

② 交易型客户：快递企业与客户建立了一次或一系列独立交易的基础上，但这种关系的客户数量较多且需求具有随机性，需求的数量和水平难以准确预测。

③ 合同型客户：快递企业与客户根据一种具体的业务确立的合同关系，并在合同的指导下满足客户的需求。

④ 联盟型客户：快递企业与客户是一种为实现共同利益、目标和战略，有计划的持久性合作关系。

按照客户重要程度分，可分为三类，如图 12.4 所示。

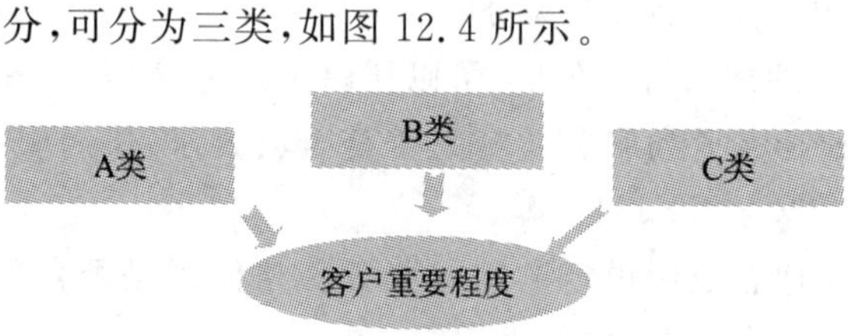

图 12.4 按照客户重要程度进行快递客户分类

① A 类客户：又称重点客户或关键客户。这类客户的数量一般占企业的 5%～10%，但为企业带来的业绩（业务金额、利润）等却占 50%～70%。

② B 类客户：又称合适客户，这类客户的数量一般占企业的 15%～20%，但为企业带来的业绩（业务金额、利润）等却占 20%～30%。

③ C 类客户：又称一般客户，这类客户的数量一般占企业的 60%～80%，但为企业带来的业绩（业务金额、利润）等却占 5%～20%。

12.2.4 快递客户服务标准

按照客户信息对客户的类型进行识别以后，再根据销售信息进行统计分析后发现共同特点，开展交叉服务，做到在客户下订单前就能了解客户需要，有针对性地进行产品和服务的推荐，提高客户满意度。具有最大价值的客户在最核心的位置，对他们需求的了解和满足也是最重要的，具有次要价值的客户则处于次核心的位置，对他们需求的了解和满足也处于次重要的位置上，依次类推。针对不同级别的客户，向他们推出以下一种或几种不同标准的服务。

(1) 基础服务

基础服务是指满足客户日常需求的服务，主要包括下单、快件追踪、投诉、理赔、需求与建议、积分计划、便捷服务工具等服务，如表12.1所列。

表12.1 快递客户基础服务内容

	基础服务
下 单	为客户提供多渠道的下单方式(如人工下单、网上下单、速运通电脑下单等)，保障线路畅通，及时为客户提供专业、热情、周到的优质服务
快件跟踪	为客户提供多渠道的查单方式(如人工查单、网上查单、速运通查单、手机查单、短信查单、邮件订阅等)，记录客户提供的快件信息，通过查单系统查询，核实客户身份并将快件状态及时反馈给客户
投 诉	为客户提供多渠道的投诉途径(如人工客服、在线客服、全国投诉热线等)，受理客户投诉问题、安抚客户情绪，详细、准确、完整记录客户投诉事件及进行调查核实，并将处理结果及时回复客户
理 赔	受理客户合理的理赔诉求，按公司赔付标准与客户协商赔偿金额，确定赔偿金额后，提供相关资料办理赔金支付手续、支付赔金
需求与建议	为客户提供多渠道的建议与需求通道(如人工客服、在线客服、收派员、官网、手机等)，确保客户需求与建议及时得到满足与解决
积分计划	寄快件、选服务均可获赠积分，积分分为基础积分和奖励积分两部分
便捷服务工具	通过电脑、手机的下单、查件及签收短信、寄件短信、短信查件、邮件订阅等查件工具

(2) 增值服务

增值服务是指在基础服务内容的基础上，利用公司资源额外提供给特定客户群体享受的配套服务内容，主要包括预约收派服务、个性化包装物料服务、积分差异化专享、电子专刊、免签回单、业务优先推荐、日常关注等服务，如表12.2所列。

表12.2 快递客户增值服务内容

	增值服务
预约收派服务	客户与公司(或收派员)双方协商约定，在指定的地点、时间进行上门收件，一般情况下无需下单操作
个性化包装物料服务	根据客户所及快件外包装情况，对外包装不符合运输要求的快件提供免费加固包装服务，并可根据客户的特殊要求，开发新型个性化包装物料，以更好地保护快件安全
积分差异化专享	在一般通用积分兑换渠道外，支持各区域按一定程度分客户层级设置礼品专享兑换区，为限定级别的客户专享，体现差异化分级服务策略
电子专刊	通过建立电子专刊，加强与客户之间的交流，并通过电子邮件的方式主动发送给客户
免签回单	在成功派送快件后，免费将寄件方客户提供的需收件方客户签名的收条或收货单之类的单据返回寄件方客户的服务

续表 12.2

	增值服务
业务优先推荐	优先为客户宣传新产品、新服务信息，例如通过电话、邮件及派发宣传彩页等，适当情况下公司管理人员（主要指分点部负责人）、大客户销售人员等应主动上门拜访
日常关注	建立公司与客户之间双向沟通渠道，对客户进行定期服务回访，在传统节假日，主动发送祝福短信、邮件及赠送相关礼品（如中秋月饼、新年台历等），加强情感交流，同时遵循职位对等原则，如拜访客户高层时，邀请市场销售部/客服部高级经理或地区总经理参与

（3）专享服务

专享服务是指公司根据某一家客户的企业、行业特点或性质，按该客户产品类型、服务流程或其他需求而提供的特殊的服务方式，包括绿色服务通道、国内转第三方支付、一对一财务服务、快速理赔、物料主动配发、赠送快递辅助工具、免收委托件服务费等，如表 12.3 所列。

表 12.3　快递客户专享服务内容

	专享服务
绿色服务通道	呼叫中心大客户专线：为大客户设置服务专线，实现大客户来电免排队/免选择语音并直接转大客户专线坐席接听，优先接入以保障线路畅通。 大客户固话专线：在地区设置大客户固话专线，客户可直接拨打大客户专线由专人受理业务需求。 大客户工单受理：大客户工单实现系统自动识别流转至大客户代表专人受理，保障大客户问题处理效率
国内转第三方支付	客户使用公司提供的寄递服务，所产生的运费及增值服务费用（如保价费等），可根据客户的需要，由寄件、收件双方客户所在地区之外的国内其他地区的第三方客户支付
一对一财务服务	为大客户提供优先对账及开发票服务，同时，可提供 Excel 或 PDF 格式电子账单供客户选择
快速理赔	保价赔付标准：快件发生丢失或完全损毁的（快件价值完全丧失）足额投保的，按照声明价值进行赔偿；不足额投保，按照投保比例赔偿；快件发生部分损毁的（快件价值部分丧失），按照丧失部分的价值占比进行赔偿。 非保价赔付标准：由地区根据赔偿标准，经核实确认属实后进行赔偿
物料主动配发	每月定期根据客户业务特点主动配送相应物料，提高客户的满意度
赠送快递辅助工具	为方便客户收寄快件时进行预包装、称重、填单等准备工作，公司可考虑赠送客户快递辅助工具套装，如：手提秤、剪刀、签字笔等；对于使用电子运单较高的客户，由公司赠送打印机使用，方便客户操作及节省收派员的填写时间
免收委托件服务费	大客户委托件享受免收服务费的优惠，系统将会自动减免该项费用

（4）定制服务

定制服务指公司为核心客户提供咨询服务及为客户提供整体的物流快递解决方案，此类服务方式不存在通用性，一般包括为客户提供专业咨询服务、提供物流解决方案、根据客户要求提供项目型新服务模式等专门服务，如表 12.4 所列。

表 12.4　快递客户定制服务内容

	定制服务
专业咨询	为客户提供快递、报关、报检、快递托寄物等相关的专业咨询服务，必要情况下可安排双方人员进行面对面交流或提供相关的培训支持

续表 12.4

	定制服务
物流解决方案	根据客户的个性化需求、供应链流转、与上下游合作关系及紧急情况下的特殊服务模式等,为客户提供整体的物流(快递)解决方案
服务立项	根据客户的整体情况(如操作要求、快递规模等),设立服务项目小组和项目负责人,推进客户服务的整体工作,为客户提供项目型的新服务模式

任务 12.3　快递客户开发

在快递企业开发客户的过程中,首先应识别潜在的快递客户,然后再针对客户的特点和潜在需求进行具体开发。

12.3.1　识别潜在快递客户

企业或个人购买快递服务,是在一定消费心理支配下的快递客户的消费行为。

(1) 判断潜在客户

判断潜在客户有三个条件:一是暂时还未使用过本企业的快递服务;二是有使用快递服务的需求;三是有良好的快递使用信誉。有的快递客户,确有使用快递服务的需求,但它在使用别的企业的快递服务时,有拖欠服务款项等不良记录,那么就应慎重选择这类客户。同时符合这三个条件,就可以认为是本企业的潜在客户。

(2) 寻找潜在客户的方法

寻找潜在客户的方法非常多。最常见的有逐户寻访法、客户引荐法、光辉效应法、直接邮寄法、电话营销法、滚雪球法、资料查阅法、市场咨询法等。不过,没有任何一种方法是普遍适用的,没有任何一种方法可以确保一定成功。作为销售人员,需要不断地进行总结,只有不断地总结,才能找到一套适合自己的方法。

(3) 引导潜在客户的购买行为

无论是哪种类型的客户,其在选择快递服务之前都有一个决策过程,作为快递服务销售人员应掌握潜在快递客户在购买决策过程中的影响因素,以便激发潜在客户的兴趣和购买欲望。首先,应把握影响决策者的内、外部影响力。内部影响力一般包括需要、欲望、个性、理解力、自我观念、态度和动机等,而外部影响力比较分散,随时间、地点的变化而不同。其构成要素主要有参照群体、竞争关系、供需状况、宏观经济、政策导向等。其次,应在与潜在客户接触的有限时间内,迅速地识别出那些对推进销售进程有影响力的关键人物,并努力与之建立良好的业务与个人关系。最后,在销售快递服务的过程中,除了与采购中心不同角色的人员打交道外,还需要与更广范围的不同人员打交道,以寻找更多的支持者,并最终促成销售。

12.3.2　开发潜在快递客户

(1) 挖掘潜在客户的需求

销售人员了解客户的需求至少要区分两个层面,第一是直接层面的需求,如年轻客户需要寄递老年用品;第二是深层次的需求,也就是客户需求背后的需求,如年轻客户寄递老年用品真正目的是为了孝敬在外地的父母。

(2) 促成快递服务的成交

① 直接成交法。这一方法是指由销售人员直接邀请成交。例如,“我能否为您提供快递

服务”,这一方式简单明了,在某些场合十分有效。当销售人员对客户的疑问做出了令客户满意的解说时,直接邀请就是很恰当的方法。使用直接成交法的时机要把握好,若客户对你的产品有好感,也流露出购买意向,发出购买信号,可又一时拿不定主意或不愿主动提出成交的要求时,销售人员可用直接成交法促成客户购买。

② 假定促成交易法。这一方法是指快递服务销售人员在假定快递客户已经接受了快递服务,同意使用快递服务的基础上,通过提出一些具体的成交问题,直接要求客户购买的一种方法。例如,“您看,假设用了我们公司的快递服务以后,成本有所下降,效率也提高了,更重要的是能帮助您在最短的时间内达成您赋予我们的使命,不是很好吗?”

12.3.3 快递客户开发技巧

(1) 充足的客户拜访准备

在给客户打第一个电话前或登门拜访前,尽可能多地了解客户的各种信息,尤其是他们的需求信息,还要想好对方可能提出的问题,可能发生争议的焦点、让步的底线等,想好如何应对。准备得越充分,成功的概率越高。

(2) 成为快递服务产品销售的专家

业务人员对所销售的快递服务是否有足够的了解,直接影响客户对快递服务的信心。所以,做一个快递服务产品销售的专家,熟悉快递服务业务,对促进业务非常有帮助。

(3) 为客户创造价值

想与客户建立长久的业务关系唯一的方式就是为客户不断地创造价值。如果企业所提供的快递服务对于客户来说是有价值的,甚至是不可取代的,那么即使不去维护关键的负责人,也可以长期拥有该客户。为客户提供大的价值需要靠整个快递企业的有效运作来完成。

(4) 关注竞争对手

有的客户不选择本企业的快递服务,不是他们没有快递服务需求,而是企业的竞争对手能更好地满足他们的需求。因此,在了解客户需求的同时,快递销售人员也要全面了解竞争对手的情况,包括:他们的实力、增值服务、优势、劣势等,了解得越清楚,越有利于针对竞争对手指定有效的营销策略,争取客户的把握就越大。

(5) 组织系统支持

只有组织有计划地介入支持,业务员才能借力使力,完成销售任务。为此,快递企业应设立一个客户开发支持中心,由企业领导牵头,由客户开发人员、策划人员等专职人员组成。支持中心应设数据库,包括成功案例、成功技巧、经验教训总结、客户数据信息、企业可提供的支援情况等,既可为销售人员提供一些具有针对性的思考与行动依据,也为快递企业的客户开发积累宝贵的经验和数据。

(6) 流程分解

为了提高开发客户的效率,可以把开发流程按照寻找大客户、意向性接触、进一步沟通、跟进、交易、维护等主要环节拆解开,对照相应环节设置专门岗位、配置专门人员,专门负责一至两个环节,使整个工作专业化。

(7) 交互式大客户开发

买东西的趾高气扬,卖东西的低三下四,这样的情况在大客户交易中非常多见,原因就是主动权与利益关系不对称造成的。那么我们改变了一下思路:如果我们此时成了大客户的大客户,结果会怎样呢?关系对等了,客户自然就好谈得多了。

(8) 客户推荐

在很多行业中,同行业之间的关系都很密切,如果能让现有大客户替你去向其他客户推荐一下你们的产品或服务,效果将远胜过我们业务人员的穷追猛打。而且介绍一位“下家”将对此客户产生一定的好处,这种好处根据行业的不同,内容也不同。鼓励客户推荐新客户的方法有两种:

① 让利益作为杠杆,比如,推荐客户可以共享被推荐客户的一些资源、购买产品或服务有更大优惠等。

② 最直接有效的方法是与负责人搞好客情关系,这样请其动动嘴就容易得多了。

如果同时具备以上两个条件,让客户做你的推销员应该不是难事。但是,客户的推荐只是帮助我们打开了下一个客户的大门,进去之后还要我们自己努力。

(9) 重视决策者身边的人

大客户企业内的助理、秘书等一些决策者身边亲近的人虽然没有决策权,但却有很强的决策影响力,甚至业务成败的关键都是由这些人决定的。这些人是决策者的亲信,决策者会参考这些人的意见,得罪、轻视或因为觉得已经与决策者建立了联系而忽视这些人,那么结果可能是这些人成了你业务失败的主要原因。如果善加利用这些人,他们将成为你此笔业务的开门人、引路者,我们可以从他们身上了解到各种信息,得到各种小的帮助,反之则可能带来很多小的麻烦。这些或正面或负面的影响虽小,但却关乎成败,这些人就像钟表里的齿轮——一个齿轮不能推动钟表的行走,但是一个齿轮却可以让钟表停止行走。

(10) 公关手段创新

市场营销每天都在进行着创新,而大客户开发则一直停留在相对低级老旧的方式上,大客户的公关和维护手段基本都是请吃饭,花钱不少、搭时间也不少,可客户却不领情,因为大家都是这么做的,俗话说“天天吃饺子也就不觉得香了”,此时如果我们变换思路,进行大客户开发方式的创新,就可以在大家挤破大客户家的大门时,找到没人走的侧门,达到目的。当然,必要的沟通媒介,吃饭、娱乐还是要有的,但这不是重要的开发环节,重点是我们通过吃饭时融洽的气氛来了解客户的偏好和需求。客户个人或其组织眼下最急切的需求是突破的最后途径,这种需求可能是各方面的,有时客户本身也没觉得你能帮上他,这也需要我们来引导,重要的信息就在其中。

✍ 实训任务

快递员刘力在接到一个客户的上门收件请求后,来到客户家里为客户进行收件服务。上门后刘力观察到此客户家里堆积了很多全新带商标的服装,经判断应该是一个淘宝卖家。如果你是刘力,你将怎样把这个潜在客户开发成为自己的长期客户?开发成功以后,又将对客户的哪些信息进行了解以对客户进行进一步的分类以便提供针对性的服务?

任务 12.4 快递客户推介

业务推介是指业务人员在收派快件过程中主动向客户介绍快递产品的行为。随着社会经济的不断发展,客户对快递企业的需求日益呈现出多样化、差异化和个性化的特点,并且随着客户与企业间合作关系的深层次化发展,更多的增值服务要求使得他们希望企业能够区别对待不同的客户,以体现不同价值客户的“待遇”。对于快递行业来说,如何把企业多样化的产品体系推介给客户,满足客户的需求,实现企业与客户的双赢,具有非常重要的意义。

12.4.1 业务推介活动的特点

(1) 主动性

推介的主动性主要体现在推介业务员的推介行为之中，贯穿推介过程的每个阶段和每个环节。首先推介业务员在业务推销初期应主动寻求各方客户，千方百计地与潜在客户建立联系。同时主动了解潜在客户的需求，制定推介策略和方法，使客户产生购买欲望。最后推介业务员主动把握成交时机，使潜在客户变成现实买主，并不断完善服务内容，提高服务质量和市场占有率。

(2) 灵活性

推介的灵活性体现在业务员要根据各类客户的需要、欲望和动机，有针对性地采取灵活多样的推销方法和推销技巧。因此，快递业务员在业务推销过程中，要有针对性地向潜在客户传递推销业务的信息并进行说服。

(3) 互动性

互动性体现在业务推介是一个信息双向交流沟通的过程，它是推介活动最显著的特征。一方面是业务推介员以行为、语言等手段向潜在购买者传递有关快递企业业务产品信息；另一方面，也是推介对象向业务推介人员反馈信息的过程。通过持续不断的信息传递与反馈，达到相互影响，互相适应的效果。业务员推介过程的互动性为业务推介员灵活运用和及时调整推介策略提供了可能，还为密切与客户的联系，建立良好的客户关系创造了条件。

12.4.2 业务推介的基本原则

(1) 满足客户需求原则

业务推介人员在运用推介策略时，首先要在满足客户的需求和解决客户问题的基础上达到推介的目的。客户每次购买行为的目的都是为了满足某些需求，对于杰出的推介人员来说，首先要懂得不遗余力地去了解客户的需要、欲望和需求。主动开展市场调查，分析客户提出的问题，最大限度地满足客户。

(2) 互惠互利原则

业务推介人员要保证交易能为双方带来利益或好处。双方共同的利益或好处是进行交易活动的支撑点和结合点。只有在双方都感受到这种利益的存在时，才有可能自觉地去推动和实现交易，并将双方的关系保持下去。互利互惠是双方达成交易的成果，它能增强业务推介人员的工作信心，有利于形成良好的交易气氛，促进快递推销业务的发展。

(3) 尊重客户原则

尊重客户原则是指推介业务活动中要尊重客户的人格，重视客户的利益。当今社会，人们越来越重视自我价值的实现和赢得他人的认可。业务推介人员必须在人格、身份、地位等各方面对客户予以尊重，以消除双方心理上存在的隔阂，建立融洽的交易气氛和良好的人际关系，得到客户礼尚往来的回报。

12.4.3 业务推介的方法

(1) 自我推介

“自我推介”就是在客户面前树立良好的形象，以赢得客户的承认、好感和信赖。业务推介的成功与否，是由业务员的努力程度来决定的。业务员只有通过自身良好的道德修养、幽默的语言艺术、得体大方的服饰和饱满的精神风貌，才能拨动客户心灵上的琴弦。

(2) 发放宣传资料

发放宣传资料,包括名片、宣传单、价格表等,这是最广泛的业务推介方式,但成功率不高。主要原因是客户在选择快递服务时,会综合考虑到时效性、安全性、便利性、价格、品牌、快递企业的服务范围、双方合作方式及熟悉程度、业务员的服务态度、服务的灵活性等诸多因素,一张名片或是宣传资料根本不可能为客户提供以上必要的决策参考信息。因此,快递企业要根据情况进行选择。

(3) 发现潜在客户

发现潜在客户是整个推介过程的前奏。业务人员必须培养起主动发现潜在客户的意识,学会综合运用各种发现潜在客户的方法和途径。在此过程中,业务人员可以采用观察、电话、信件乃至见面接触等方式。在这个阶段,业务人员应搜集尽可能多的与客户有关的信息,并建立客户档案,在所有潜在客户中寻找最有可能的客户。

(4) 推介洽谈

推介洽谈是推介过程的一个重要环节。洽谈也称面谈,是业务人员运用各种方式、方法、手段与策略去说服客户购买的过程,也是业务人员向客户传递信息并进行双向沟通的过程。在此阶段,业务人员要通过熟练的提问技巧帮助客户确认他们的要求和问题的所在,并运用充满魅力的演讲技巧,将快递产品体系(包括增值服务、特色服务)或服务的利益呈现给客户。

✍ 实训任务

如果你是快递员刘力,你能够根据以下不同客户的需求来推介本企业的快递业务吗?请分组进行角色模拟。

1. 小李在淘宝网上买了件50元左右的衣服,淘宝卖家和小李所在地不在同一个省,卖家选择了一家小李不太熟悉的快递,小李不太愿意用这家。

2. 小王要将特效药寄给正在生病的姑姑,要求越快越好。

3. 小张有台高价值的数码单反相机,要寄给外省的同学。

4. 淘宝上某智能手机经销商,由于手机单价较高,买家付款都很谨慎犹豫,因此一直销量不好。哪种方式能让买家消除顾虑,又能提升经销商的手机销量?

5. 每年七月,陈老师要给外地学生寄毕业证,不仅运单填写繁琐,还要搭上不少快递费。请推荐一种快递服务,让陈老师省心、省钱。

12.4.4 业务推介要领

(1) 要准备客户的资料

众所周知,业务员接触的顾客层面非常广泛,那么前去访问时,一定要准备好顾客的一些相关资料,这是生意成功的第一步。不论是哪种类型的客户,业务员对于接触到的主要洽谈人员的相关资料,如出生地、学历、背景、性格、兴趣,甚至家庭的状况,都应有所了解。

一个公司随时都有人事调动、职务变迁的情形,这一点业务员必须加以注意才行。若没有可资调查的情报,应先打电话给顾客公司的职员询问一番,了解一下相关状况,可以减少初次见面时的紧张感。

由于业务员面对的是不同的顾客,所以,业务员应该了解更多的知识,足以应付不同的顾客,也就是要求业务员能解决各个顾客的提问。

(2) 要从客户角度考虑问题

一般来说,业务员在洽谈业务时,多习惯从自身考虑,这是导致失败的原因。其实只要从客户角度出发,有时反而更有效果。只有让客户感受到业务员确实在为他着想,全心全意致力于为他解决问题,那么他一定会愿意接纳业务员,从而选择业务员所提供的服务。

(3) 获得客户的好感

客户对业务员有好感,才会对业务员产生信任,进而才有可能选择业务员推荐的产品。业务员首先要做的是通过良好的自我形象先把自己推介出去。业务员应该具备良好的道德修养,穿着大方得体的服饰,运用简洁清晰的语言表达,才能打动客户。要做到这一点并不容易,需要经过长期磨炼,从一点一滴做起。

① 良好的个人形象要注重个人仪表。业务人员的个人形象直接反映着快递服务企业与快递服务产品的质量。试想一个头发凌乱、面容污脏、张嘴有口臭、指甲不干净的业务员,怎能让客户产生好感与信任,又怎能让客户愿意购买快递服务的产品?

② 简洁清晰的语言会使业务宣传更加令人信服。语言是人类情感交流的纽带,业务员在较短的时间里吸引客户的最大魅力是语言。业务员在推销过程中,不可不说,也不可多说。从询问需求开始,只要了解客户有无需求,谁是决策者,就尽量闭住嘴巴,多听客户说。要善于把握客户的"弦外之音"。切忌眉飞色舞的喋喋不休,那样除了降低自己的形象外,只会引起客户的反感。

③ 描述要形象,比喻要贴切,言辞要幽默。谈话中要避免语言的公式化、定型化、俗套化,要用形象的描述、贴切的比喻,幽默的言辞给客户焕然一新的感觉。气氛较为紧张时,不妨开个玩笑,创造较为轻松的交谈环境。交谈内容不要涉及政治、宗教上的分歧;不要说竞争对手、领导、同事的坏话,不要说一些不景气的话,更不能泄露本单位和其他客户的秘密。

(4) 满足客户的最大需求

业务推介并不是简单地向客户灌输产品功能。业务员需要牢记的是:快递产品本身的特征是业务员所关心的,但却不是客户关注的焦点,客户真正关心的是通过使用某项快递产品时能够从中得到什么样的利益,也就是产品能够满足客户的需求。实践证明,业务员在回答客户关于产品咨询的时候,准确地把握住客户需求点,能更有效地打动客户。在不断拓展市场的同时,工作的专业度也会逐步获得客户的认可、赢得信任。

一旦答应客户的条件,就一定要履行,无论遇到多大的困难也不能以任何理由将其推给客户,做到"言而有信"。此外,"小事情"往往决定合作的成败。如:不给客户回电话、约会迟到、在得到客户帮助没有致谢、与客户交谈漫不经心等,这些看似很小的事情,却足以失去一个客户。

(5) 业务推介的5S理念

"5S"是指"微笑(Smile)、迅速(Speed)、诚实(Sincerity)、灵巧(Smart)、研究(Study)"五个词语。"5S"理念是最具代表性的服务文化创新,不仅具有人性化十足的时代特点,还具备相当的可操作性。

① 微笑。指适度的微笑。业务员要对顾客有体贴的心,才可能发出真正的微笑。微笑可以体现感谢的心与心灵上的宽容,笑容可以表现开朗、健康和体贴。

② 迅速。指动作迅速。它有两种意义:一种是物理上的速度,即工作时尽量快些,不要让顾客久等;二是演示上的速度,业务人员诚意十足的动作与体贴的心会引起顾客满足感,使他们不觉得等待时间过长,以迅速的动作表现活力,不让顾客等待是服务好坏的重要衡量标准。

③ 诚实。业务员如果心存尽心尽力为顾客服务的诚意,顾客一定能体会到。以真诚不虚伪的态度工作,是业务人员的重要心态与为人处世的基本原则。

④ 灵巧。指精明、整洁、利落。以干净利落的方式来接待顾客,以灵巧、敏捷、优雅的动作来包装商品,以灵活巧妙的工作态度来赢得顾客信赖。

⑤ 研究。要时刻学习和熟练掌握商品知识，研究顾客心理以及接待与应对的技巧。平日多努力研究顾客的消费心理、销售服务技巧，多学习商品专业知识，这样不仅会在接待顾客的层面上有所提高，也必定会有更好的成绩。

12.4.5 业务推介失败的主要原因

在业务推介过程中，推介失败的原因主要有以下几点。

① 业务不熟。快递业务员在推介过程中，对企业的产品不熟悉，向客户介绍不清楚，导致客户的流失。

② 对客户的需求了解不够。有些经验不足的业务员，认为客户最关心的仅仅是产品的价格与相关的优惠条件，一旦与客户面谈，他们往往单刀直入，试图用低价去说服客户购买本企业产品，忽略了客户的真实需求。

③ 对企业产品优势认识不足。每个企业都有自己的产品优势，如何把优势的产品介绍给客户，关系到业务推介的成败。如果业务推介人员对企业产品优势认识不足，使客户无法全面了解企业的优势产品，将会导致推介的失败。

④ 忽略售后工作。业务员一旦拿到订单，把前面对客户的承诺与保证都抛到九霄云外，没有与客户建立持久的关系。

针对上述情况，快递业务员在推介业务过程中，要保持积极的心态善待客户、珍惜客户、处处为客户着想。保持工作中的良好行为，注意礼节，赢得客户好感。展现专业的服务水平，自信、专业，不夸大业务功能，不诋毁竞争对手，诚实守信、公平竞争，避免不正当竞争。

✍ 实训任务

快递员刘力负责的区域刚刚有一栋写字楼交付使用，刘力被主管派去进行写字楼企业的快递业务推介工作。如果你是刘力，你认为在和写字楼里的客户进行第一次接触前要做哪些准备？

任务12.5 客户维护

客户维护是指通过企业不断满足客户的需求，及时妥善地解决双方合作过程中出现的各类问题，从而与客户建立稳定的伙伴关系。客户维护是客户管理中非常重要的一项内容。

12.5.1 快递客户维护的途径和方法

1. 客户维护的途径

进行客户维护、提高客户满意度、赢得客户忠诚是一项复杂的系统工程，维护的途径很多，要做好以下几个方面的工作。

(1) 从思想上认识到客户的重要性

快递业务员要真正做到“尊重客户，以客户为中心”，必须从思想上认识到满足客户需求的重要性。要认识到客户是企业的利润源泉，满足客户的需求是企业的荣誉，真正将“以客户为中心”落实到行动中去，而不应流于形式，只注重口号的宣传。

(2) 培养忠诚的客户

培养忠诚的客户首先要有忠诚的员工，员工忠诚是客户忠诚的基础。要想赢得客户，企业必须首先赢得员工。一方面要赢得员工在工作中的忠诚；另一方面又要避免员工的频繁跳槽现象，如果一个企业的员工总是频繁跳槽，这个企业就很难保证向客户提供一贯的服务，几乎不可能与客户建立长久而稳定的合作关系。客户在购买产品和服务的同时，无形中也购买了一种关系，这正是客户更愿意向了解他们喜好和偏向的企业购买产品和服务的原因。所以企业首先要培养忠诚的员工，然后忠诚的员工才能提高客户满意度，创造忠诚的客户。

(3) 预先考虑客户需求

提供差异化产品和服务。首先要考虑客户的需求，其次要根据不同需求提供差异化的产品和服务。在快递业务高速发展的今天，快递行业内的运营成本和产品成本已经接近社会平均成本，期望通过价格战来赢得客户已经变得越来越不可能，在这种情况下，为客户提供差异化产品和个性化服务就显得尤为重要。

(4) 赢得老客户的满意和信赖

一般而言，企业的市场份额主要依靠两个来源：一是发掘新客户，二是维持老客户。在快递市场迅速发展的情况下，企业往往采用进攻型的市场策略，用迅速发掘新客户来抢占市场份额。随着市场的不断成熟和竞争的加剧，获得新客户的难度越来越大，成本也越来越高，快递企业的客户服务目标也逐渐发生了变化。以前企业的主要目标是增加新的客户，而今天企业更关注提高客户的满意度和赢得客户忠诚度。企业存在的目的不仅仅是为了得到客户，更重要的是维持客户，并在不断提高客户满意度的基础上建立起客户忠诚，这才是企业营销的根本性战略任务。

(5) 妥善处理客户异议

面对客户抱怨、客户投诉时不能逃避。客户对服务不满意，并不一定投诉，他们可能默默承受、悄悄离去。投诉的客户恰恰是对企业有一定期望和忠诚度的，他们的抱怨和投诉为企业提供了很有价值的信息；并帮助企业暴露不足，找到企业的症结。做好此项工作，首先要加强企业管理：一是要有一个平台，这个平台就是要建立客户服务中心，它是企业与客户对话的基础；二是保证渠道的畅通，如柜台面诉、反馈信息卡、投诉电话、电子邮件、客户回访等都可以用来收集客户投诉的信息；三是要有规范的处理流程，从受理、分析、处理、反馈都流程化；四是及时解决问题、挽回客户、恢复客户关系；五是惩处责任人、总结教训、内部整改。因此，客户投诉管理，核心工作就是如何处理好客户投诉，提高客户满意度，降低客户流失率。

(6) 建立有效的反馈机制

一次交易的结束正是下一次合作的开始。事实上，客户非常喜欢把自己的感受告诉企业，客户服务人员友善而耐心的倾听能够极大地拉近企业与客户之间的距离。反馈机制就像建立在企业和客户之间的一个桥梁。通过它，双方能够更好地沟通感情，建立起相互信任的关系。而成功的企业往往善于倾听客户的意见，善于发现这些意见中游泳的市场信息和客户需求，并将其转化成新的商机。反馈机制还包括对客户满意度的调查。通过调查会发现企业中存在的问题有哪些，客户的评价怎样，如何进行改进，企业下一步应该如何发展进步等。

2. 客户维护的方法

(1) 客户拜访法

拜访的主要目的是让客户感觉到企业的关心和对产品的负责，企业应当制订详细计划，并主动多和客户接触，加强交流，了解客户的需求并为客户提供持续更有针对性的解决方案，以此来满足客户的特定需求。通过相互的交流建立起一种合作伙伴的“双赢”关系。客户在不经意间提出的一些建议和需求，就会给企业带来新的商机。客户拜访常用的方式有：

① 主动给客户发函，询问客户的意见和需求；

② 定期派人访问客户；

③ 定期召开客户见面会和联谊会等；

④ 将企业开发的新产品和发展目标及时告知客户；

⑤ 把握每一次与客户接触的机会，在一点一滴上赢得客户信任。

(2) 电话、贺卡联络法

电话、贺卡是在现实生活中和工作中常用的联络感情的工具。如重要节日邮寄各种贺卡，客户感到意外和高兴。常打个电话，几句简单的问候会使客户感到高兴，但是要注意语言得体、适当。

(3) 在适当的时候展开客户回访活动

一些企业会针对某些产品或服务的市场开发进行必要的客户回访活动，而经常主动开展客户回访的业务人员却不多。其实，适机展开客户回访是获得客户积极认可的一种很重要的方式。在对客户进行回访之前，销售人员最好制定一个针对性较强的回访记录表，这样一来可以显示出对这次回访的重视，二来也方便客户填写。此外还有助于业务员更准确地了解客户的意见和需求。在回访记录表中，业务员可以设置如下一些栏目：

客户基本信息——主要包括客户的姓名、联系方式等。

客户意见——这是整个回访记录表的核心内容，业务员可以通过此项内容更准确地掌握客户遇到的问题以及可能产生的不满等。

客户期望——如客户希望产品有哪些新功能，或者质量上有哪些改进等。这也是回访记录表的重要内容，业务员可以参照这些内容更充分地了解客户的新需求等。

(4) 随时告诉客户最新产品动态

业务员还可以随时告诉客户有关本企业一些产品的最新动态，以满足客户的信息需求，如新开发了某种类别快递产品的优惠方式等。这样可以方便客户随时掌握自己需要的相关产品信息，从而更加关注最新产品。业务员可以通过打电话、发快件、送产品资料等方式来告诉客户本企业产品的最新动态。

12.5.2 预防客户流失的措施

客户维护主要是做好与客户的感情联络。加强沟通，培养与现有客户的关系，与他们建立起长期可盈利的关系。

(1) 建立好良好的客户关系

建立良好的客户关系，企业首先要致力提高客户忠诚度，建立完善的客户管理体系，增强企业与客户的沟通和联系。感情联络是维护客户关系的重要方式。快递企业通过日常拜访、节日问候、有针对性的专访等方式加强与客户的沟通，多了解客户的意见和需求，及时发现问题并立即采取措施处理，及时调整企业的经营策略，保持渠道的有序运作，有效降低经营风险，减少客户的流失，留住客户。

(2) 加强服务质量管理

树立“客户至上”的服务意识，为客户提供优质服务。提高服务质量是维护快递客户忠诚的最佳保证，是保持增长和盈利的有效途径，也是市场竞争的有效手段。在快递服务质量上下大功夫，保证快递产品的安全性、便捷性、准确性，才能真正吸引客户、留住客户。在处理客户的投诉问题上，要正面应对，不要推诿，要积极解决问题，并勇于承担自身责任。在服务过程中，要摆正态度，正确处理与客户的冲突，耐心、诚信、专业的化解矛盾，这样才能最大限度地留住客户，保持客户满意度。

(3) 塑造良好的企业形象

良好的企业形象可以增加客户对快递企业提供的产品和服务的信赖度，有助于增强客户对快递企业的忠诚度和信心，能让快递企业在行业中处于领先地位。快递企业形象的塑造主要包括内部形象和外部形象。这是根据接受者的范围划分的。

外部形象是员工以外的社会公众形成的对企业的认知,我们一般所说的企业形象主要就是指这种外部形象。企业要在社会公众中树立良好的形象,首先,要靠自己的内功——为社会提供优良的产品和服务;其次,还要依靠企业的真实传播——通过各种宣传手段向公众介绍、宣传自己,让公众了解熟知、加深印象。

内部形象则指该企业的全体员工对企业的整体感觉和认识。由于员工置身企业之中,他们不但能感受到企业的外在属性,而且能够充分感受到企业精神、风气等内在属性,有利于形成更丰满深入的企业形象;但是如果缺乏内部沟通,员工往往只见到局部而看不到企业的全部形象,颇有"不识庐山真面目"的感觉。我们认为,内部形象的接受者范围更小,但作用却很大,与外部形象有着同等重要的地位。

12.5.3 客户投诉的处理

1. 快递公司客户投诉原因分析

(1) 快递公司的服务不到位

近年快递公司被投诉的主要问题包括:快递公司工作人员服务态度差、快递上门服务存在缺陷、快递延误、快件丢失或损坏、投递人员要求客户先签字后验货、投诉电话长期占线形同虚设、客服回避客户的投诉、无法满足客户进一步的服务需求等。快递公司不能为客户提供优质服务,工作人员服务不专业,工作人员的态度冷漠甚至粗鲁,客服人员的沟通技巧不佳,客户的期望没有得到满足,自然引起客户不满,遭到客户投诉。

(2) 有关快递的法律法规相对滞后

快递业务存在一些不可控因素,而由此所造成的后果在法律范围内都无法明确界定。比如,一些客户在邮寄贵重物品时想节省快递费或者考虑不周而没有购买保险。一旦物品丢失,客户又向快递公司索要全额赔偿,而快递公司只同意赔偿几倍的运费,快递公司的赔偿标准同客户的赔偿要求差距过大,因而引起客户投诉。又如自然天气原因等所引起的快件延误晚点等问题,这是目前快递行业普遍存在的问题之一,这些不可控制因素对快递企业的服务提出了更高的要求,一般在运输环节中哪怕一个微小的问题可能都会引发快件的延误问题,从而引起客户的投诉。

(3) 客户与快递公司之间存在误解

有时候客户和快递公司之间沟通不到位,没有进行有效交流,彼此之间就会产生误解。如果误解不能及时消除,就会使矛盾升级,引发客户投诉。

(4) 个别客户的不合理要求没有得到满足

千人千面,不同客户的性格以及文化素养存在很大差异。个别客户自身的修养不是很高,某种情况下可能会提出一些不合理的要求。一旦遭拒,就有可能引起投诉。

(5) 收费标准不统一

寄运同样一件快件,却收到各种不同的报价,收件员在收件环节给出的报价与公司基准定价有较大差异。中国快递物流咨询网首席咨询师徐勇认为:"价格管理混乱是整个快递行业普遍存在的问题,快递属于竞争性业务,其价格遵循市场定价原则,国家在这方面没有定价权,尤其是在大量民营企业采用加盟费制之后,快递员的自主定价权就变得更为明显,并逐渐变成行业内的潜规则。"

2. 快递公司正确应对客户投诉的意义

(1) 正确应对客户投诉可以提高客户的忠诚度

客户提出投诉,说明客户对快递公司的服务和品质仍然有所期待。市场营销的基本原理告诉我们:维持一个老客户和吸引一个新客户相比,前者的成本只有后者的1/5。一个投诉不满的顾客背后有25个不满的顾客。口碑的力量是巨大的。正确处理客户投诉并使客户满意,客户就会长时间地对该公司保持忠诚,也会免费为该公司进行正面宣传。如果不能正确处理客户投诉,客户就会对该公司失望,公司就会彻底失去这个客户。同时,客户会把负面信息进行传播,公司会失去更多的客户。我们都知道著名的蝴蝶效应理论:南美洲亚马孙热带雨林中的一只蝴蝶扇动几下翅膀几周后会在美国德克萨斯州引起一场龙卷风。不要轻视客户投诉,它引发的蝴蝶效应会给公司带来更大的损失。

(2) 正确应对客户投诉可以维护企业良好的形象

愿意向企业提出中肯意见的顾客,仍然对企业抱有较高的期望。这样的顾客是企业的诤友。企业能够耐心倾听、弄清事实真相并站在客户立场上将心比心地作出恰当的处理,就会赢回顾客的好感,同时企业的服务水平会进一步提升。这样企业势必能够赢得更多顾客的青睐,继续保持良好的形象。

(3) 正确应对客户投诉可以促进公司的发展

面对客户尖锐的投诉,受理人员会觉得委屈和难堪。但是如果受理人员能够心平气和地接受顾客投诉,就会发现客户在投诉时无偿地提供了很多信息。如果企业能对反映的信息进行有效整合,企业就会发现自己的差距和缺点,使自己的服务得到改进;企业就会得到更多有用的市场信息,使公司的业务得以更好地开展。

3. 快递公司客户投诉处理流程

快递公司客户投诉处理流程如图12.5所示。

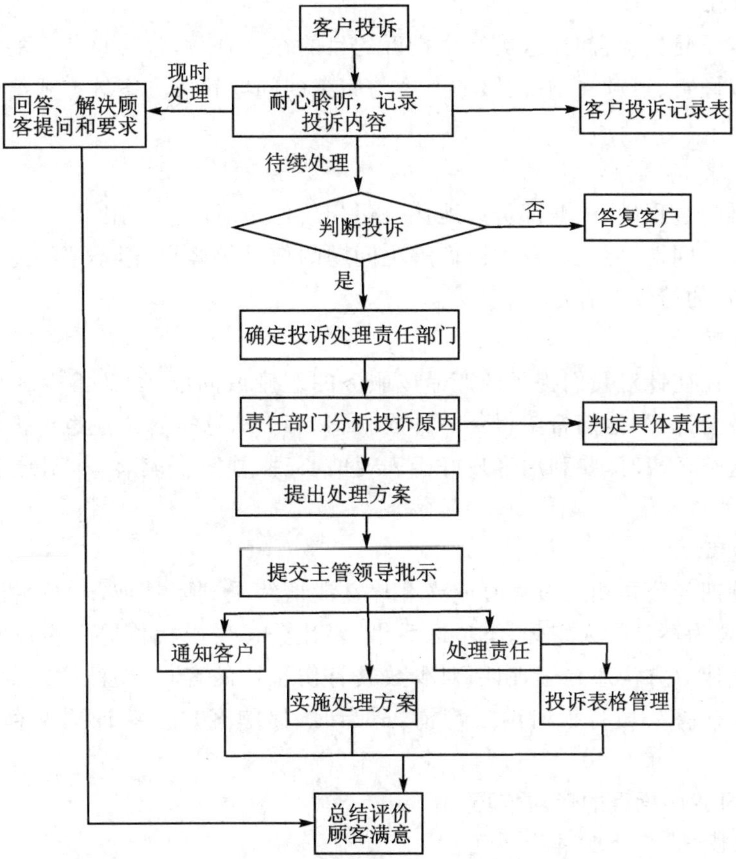

图12.5　快递客户投诉处理流程

要成功地做好客户投诉管理,应注意以下几点:

① 整个企业及客户服务部门要树立为客户解决问题的指导思想来面对客户的投诉;

② 制定"一点投诉、全员互动、流程跟踪、快速响应"的服务模式;

③ 要建立专门的客户投诉部门,全面负责客户投诉,并要求有企业的重要领导牵头,保证面对投诉时能迅速有效地调动资源和协调各部门之间的关系。

客户投诉管理最大的价值在于提高服务质量,加强与客户的沟通及面向客户的请求响应机制,提升客户服务人员的专业技能和综合素质。

4. 客户投诉过程中的心理分析

客户投诉时的主要心理包括以下六种。

(1) 发泄心理

这类客户在接受服务时,由于受到挫折,通常会带着怒气投诉和抱怨,把自己的怨气发泄出来,这样客户的忧郁或不愉快的心情由此也会得到释放和缓解,以维持心理上的平衡。因此,接到此类客户的投诉时,客户服务人员应当耐心倾听客户投诉情况,切忌打断客户,让客户充分发泄,恢复心理状态,尽可能制造愉悦的氛围,但不能轻佻,要给客户以被重视的感觉。

(2) 尊重心理

这类客户在接受服务过程中产生了挫折和不快,进行投诉时,总希望他的投诉是有道理的,希望获得快递公司的尊重和重视。针对这种客户,客户服务人员应给予礼貌、认真对待,及时表示歉意,及时采取有效措施,及时答复客户。此外,在客户确有不当时,用聪明的方法让客户下台阶。

(3) 补救心理

当客户的权益受到损害时,这类客户投诉的目的在于补救,包括财产上的补救和精神上的补救。客服应以倾听、道歉、良好的服务态度与完美的问题解决方案等方式给予客户财产和精神上的安慰。

(4) 认同心理

客户在投诉的过程中,一般都努力地让公司相信他是对的。客服可以对顾客的感受、情绪表示充分的理解和同情,要发出双方协商解决问题的信号给客户,但不要轻易认同客户的处理方案,以免被客户的情绪牵着走。

(5) 表现心理

客户的投诉往往针对我们提供的产品或服务的瑕疵或问题,因此不少客户表现出既是投诉,又是评价,甚至批评,他们希望得到一种成就感。此外,这类客户注意维护自己的尊严和形象。客服面对这类客户时,要利用客户好于表现的心理,注意夸奖客户,引导客户心理趋向理智的方向。

(6) 报复心理

当客户的预期与公司相距过大时或当客户宣泄情绪受到阻挡或新的伤害时,客户会演变为报复心理,表现为不计个人得失,不考虑后果,要让公司付出代价等。客户服务人员需采取有效途径或方式让双方沟通趋于理性;对少数具有伤害性的客户,要注意或保留相关证据,以便客户真正做出伤害公司行为时给予澄清,适当时,提醒客户这些证据的存在,让客户保持冷静。

5. 快递公司客户投诉的应对技巧

(1) 先处理情感,后处理事件

客户得到不公平的对待,或者没有得到热情而专业的服务,客户在投诉时一般会情绪激动。聪明的做法就是先处理情感，后处理事件。要先让客户充分地倾诉。不管客户多么火冒三丈，受理人员都要以平静的心情倾听客户的投诉。不要把注意力集中在客户的情绪上，要明白你仅仅是客户倾诉的对象，客户并不是冲着你来的。要用同理心站在客户的角度为客户考虑。不要急于解释和辩解，以免引起客户心理上更大的反感。在未弄清事实真相前，不要轻易作出判断，不要轻易作出承诺。要适时地对前来投诉的客户说“对不起”，告诉客户你为他的不愉快经历感到遗憾。道歉可以缓解客户愤怒的情绪。即使道歉不能化解纠纷，但至少可以控制事态，以免事态朝不利的方向发展。要让客户在离开时，激动的心绪已然平静。

(2) 认真询问，弄清事实真相并及时了解客户需求

圆满处理客户投诉的关键是寻找企业与顾客之间双赢的平衡点。获得双赢的前提就是仔细询问，弄清事实真相，同时了解客户内心真实的想法。要了解被投诉事件的责任者是企业还是客户本人；要了解客户投诉的是哪一个部门、哪一个工作人员；要了解客户反映的问题是企业规章制度、管理机制、业务水平、服务态度、承诺未兑现的问题，抑或是客户本人情绪的问题。

在客户倾诉的过程中，受理人员不要打断客户、怀疑客户，不要故意给客户设置投诉障碍，不要一味地强调己方的正确性。跟客户交流时，受理人员要态度诚恳、和蔼可亲；要面带笑容、语速适中；要认真倾听、使用礼貌用语，让客户感受到诚意。这样才能减少客户的心理障碍，增加客户的信任感，让客户放松下来、畅所欲言。同时受理人员要及时记录客户反映的信息，不要遗漏。通过与客户交流，要明确客户投诉的本意是希望解决问题、获得补偿、兑现承诺、得到尊重，抑或只是情绪的发泄。投诉处理最好是由第一个受理人员为客户提供信息收集、协调解决及投诉跟进的全过程跟踪服务。

(3) 在抱怨扩大之前解决问题，不要让投诉升级

投诉如果不能及时处理，很有可能会升级。处理投诉一定要注意时效性。处理投诉的关键在于沟通，要重视和客户的交流。处理客户投诉的重点不是分清责任，而是解决问题。处理客户投诉的积极态度是尽最大努力让客户满意。

事实真相明确之后，受理人员要迅速采取行动。如果客户对企业的投诉是客观事实，确实是企业的责任，企业就要接受客户的批评、向客户致歉并积极处理；如果客户投诉的事情不该由企业负责，企业也要向消费者明确表示感谢。受理人员在对客户进行解释时，要掌握说话的分寸，要严守公司机密。如果受理人员的服务态度或解决方案不能让客户满意，就要及时的更换职位更高的客服人员继续处理。

(4) 对客户投诉要及时跟进并适时回访

客户投诉的事情如果不能马上解决，受理人员就要对事件的处理及时跟进，并适时的把事件的进展反馈给客户。如果不能及时跟进及适时反馈，客户自然就会认为企业是在敷衍了事，企业并没有解决问题的诚意。那么客户在焦急等待的过程中，负面情绪就会不断积累，不利于问题的妥善解决。

客户投诉处理完成以后，受理人员要适时地对客户进行回访。受理人员要对给客户带来的不愉快再次致歉，同时要对客户提出的意见或建议真诚地表示感谢。受理人员在回放时要营造和谐友好的谈话氛围，争取重新修补已经断裂的客户关系，争取再次赢得客户的信赖。

6. 快递公司客户投诉应对技巧的提升

(1) 树立以顾客为中心的客户服务理念

快递公司的产品是快递服务。没有全心全意的服务，就没有顾客的支持，那么企业就成了无源之水、无本之木，企业的生存就会岌岌可危。快递公司只有真正树立“客户第一”的服务理念，全方位地关注客户的每一个服务需求，为客户提供快捷、专业的服务体验，才能拥有旺盛的

生命力。快递公司在其业务运转的每一个环节都要完全贯彻以顾客为中心的现代客户服务理念,培养和增进与顾客的感情,提高顾客满意度从而增强顾客忠诚度。

(2) 完善投诉处理机制

投诉的客户和不投诉的客户相比,更有意愿与公司继续保持业务关系。快递企业要建立畅通的客户投诉渠道,完善投诉处理机制,制定合理的赔偿标准并加强受理人员的执行力,才能够挽救投诉客户对企业的信心,才能够重新赢得客户的信任。

(3) 建立受理人员的培训机制

为了提升应对客户投诉的能力,快递公司要建立客户投诉受理人员的培训机制以提升受理人员的职业素养和服务意识。通过培训使受理人员面对客户投诉时可以做到冷静而不失热情、公平而不失宽容。通过培训使受理人员能够跟客户进行耐心交流和有效沟通。

(4) 完善受理人员的奖惩机制

快递公司要树立"以人为本"的现代企业理念。有了忠诚的员工,才能有忠诚的顾客。投诉受理人员时常面对怒火冲天的客户会承受较大的心理压力,适当的激励措施是必要的。合理的奖惩机制可以使优秀员工的付出得到企业的肯定,可以让他们快乐的工作进而把快乐传递给客户,为企业增加正能量;同时可以使不努力工作的员工得到警示,促使他们向优秀员工学习,端正自己的工作态度。

(5) 快递公司客户投诉处理的"七个一点"

快递公司在应对客户投诉时,如果能做到"七个一点"——耐心多一点、态度好一点、动作快一点、语言得体一点、补偿多一点、层次高一点、办法多一点(如图 12.6 所示),那么客户的怨愤情绪会得到适当的缓解,从而提高投诉处理的效率,也会让公司的服务质量大大提升。

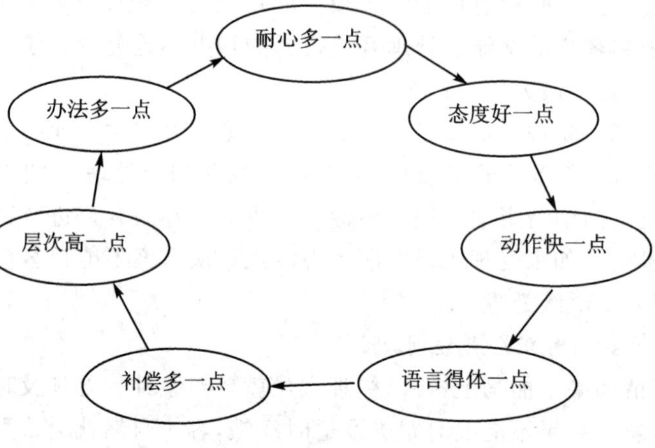

图 12.6 客户投诉处理技巧"七个一点"

优质客户服务是快递公司赢得客户忠诚度的关键。让我们借鉴沃尔玛的经营理念:第一条,顾客永远是对的;第二条,如有疑问,请参照第一条。

✍ 实训任务

针对以下常见的客户投诉的情景,完成任务。

情景一:客户对航班延误的快件提出质疑时,当恢复客户航班因天气原因影响或清关异常/查货导致快件延误时,客户提问:为什么其他公司没有受影响?

情景二:海关扣件,客户强烈要求第二天必须到件,并已极力与客户解释,客户不肯挂线,如何处理?

情景三：服务承诺口径方面的问题，比如客户问为什么客服小姐回答到件时间口吻不一？前一分钟咨询与后一分钟咨询到件时间都不一样？为什么你们客服人员与收派员的说法不一？

情景四：客户不停地使用侮辱性语言时，多次提醒无效，客服人员应如何应答？客户提出无理要求时，客服人员应如何拒绝？譬如客户问你们说寄给我的地址超出范围，要我自取或退回给寄方处理，你们公司这么大，难道就不会安排专人把件派过来吗？客户不接受更改派件方式加收20元，多次尝试说服未果，客户坚称不会增加费用并要求派件。

情景五：由于客服代表错误承诺，导致客户改寄其他公司产生问题后，致电我公司要求索赔，该如何回复？

情景六：已寄出超范围快件，收方不愿意自取或改派，向客户解释，客户指责是公司的原因造成的，就应由公司自行承担，不同意代转邮局等处理建议，坚持要求立即寄快递，且不能耽误派送时间，否则将要求赔偿其损失。客服该如何处理？

情景七：分拨错误导致派件（同城件）向客户致歉，客户不接受，并扬言向上投诉得越激烈，是否公司赔付越多……并表示，不在乎赔多少，就是要在网上投诉，此类客户用意不在理赔，而在刻意制造负面影响，如何处理？

课后练习

一、单项选择题

1. 下列属于快递客户服务交易前的工作内容的是（　　）。

A. 公开快递企业的服务质量承诺　　B. 客户查询时的及时响应

C. 客户快件的加急处理　　D. 处理客户的投诉

2. 下列属于快递客户服务交易中的工作内容的是（　　）。

A. 公开快递企业的服务质量承诺　　B. 服务交易的便利性

C. 客户快件的加急处理　　D. 处理客户的投诉

3. 下列属于快递客户服务交易后的工作内容的是（　　）。

A. 公开快递企业的服务质量承诺　　B. 处理损坏件及延时件

C. 客户快件的加急处理　　D. 服务交易的便利性

4. 客户在接受服务时，由于受到挫折，通常会带着怒气投诉和抱怨，把自己的怨气发泄出来，这样客户的忧郁或不快的心情由此也会得到释放和缓解，以维持心理上的平衡。这种投诉心理属于（　　）。

A. 发泄心理　　B. 尊重心理　　C. 补救心理　　D. 报复心理

5. 当客户的预期与公司相距过大时或当客户宣泄情绪受到阻挡或受到新的伤害时，客户会表现出不计个人得失，不考虑后果，要让公司为此付出代价等，这种投诉心理属于（　　）。

A. 发泄心理　　B. 尊重心理　　C. 补救心理　　D. 报复心理

6. 客服投诉处理时，对于不在自己权限范围内的处理方案，应当（　　）。

A. 告知客户问题不在自己权限范围内

B. 自己分析判断后给客户确定的答复

C. 要求客户向上一级客服反映问题

D. 应将解决方案交由主管领导及时进行批示

二、简答题

1. 客户服务意识的内涵是什么?

2. 快递企业客户投诉处理技巧是什么?

三、综合实训

1. 请罗列出在快递服务过程中可能会遇到的与客户产生纠纷的问题。

2. 针对第1题中的问题,分组选问题进行情景模拟。

项目 13　快递企业人力资源管理

☞ 学习目标

了解快递企业人力资源的独特性；熟悉快递企业对人员的招聘要求和渠道，熟悉并掌握快递企业招聘的流程；掌握快递企业的培训流程和方式，掌握快递企业绩效评估评价方式，掌握快递企业绩效评估的流程和模式。

☞ 重点和难点

快递企业有效招聘，快递员工的流失预防，快递企业员工的绩效考核方案设计。

☞ 导入案例

【案例 13.1】

顺丰快递的“新生代”员工管理

在商业形式丰富、人们购买力日渐提升的当下，快递行业是社会生活不可缺少的组成部分，承担着商务贸易活动中至关重要的环节，对人才的需求量很大。同时，这一行业劳动强度高、工作环境艰苦，员工稳定性较低，一线员工流失率高。这一矛盾是身处快递行业中的每家企业都面临的人力资源难题。

作为快递业中的一员，顺丰自 1993 年成立以来，一直保持着优良口碑，以优质服务、重视客户体验而著称，并且在行业总体人员流动率居高不下的现状中，多年来企业人员流失率保持在同行业最低。对外提升服务质量，塑造顺丰形象，对内将企业打造为最适宜员工工作、生活和发展的平台，这二者互为推动力，是顺丰人力资源本部工作的重点和持续前进的方向。

顺丰处于劳动密集型行业，员工平均年龄为三十岁，新生代员工占员工总人数的 70%，这些正值“当打之年”的年轻人是顺丰口碑的缔造者和坚守者。他们中的大多数人为一线员工，虽然他们从事的是基础性工作，但必须每天面对不同的环境，与不同的人员打交道，无论是收派员、仓管员还是客服人员，都在自己的工作中承担着责任和压力。另外，快递行业的一线岗位工作内容相似度极高，他们普遍对自身岗位的荣誉感不强、定位较低。这些都是导致他们“流动”的原因。

如何让“新生代”一线员工在看似重复的工作中感受到乐趣？如何让他们对企业产生归属感？如何让他们感受到被认可、被重视，从而增强自信呢？解决这些问题是企业保留人才的关键。顺丰人力资源本部肩负着这样的使命，将员工的需求同企业的战略统一起来，让员工的未来融入企业发展之中，而达到这一切的前提是“尊重”二字。

“尊重、团结、认真、奉献”是顺丰集团的核心价值观。其中，“尊重”是被重点强调的一项内容。尊重客户、尊重每一件物品是顺丰发展所坚持的原则之一。企业高层深刻明白，员工是企业文化和企业形象的传递者，只有当自身体会到被尊重的感觉时，他们才会认同这种文化，将“尊重客户”根植于内心。因此，顺丰的人力资源策略正是基于“尊重”的理念而制定的，形成组织架构扁平化、福利平台特色化、员工上升通道多元化等具有特色的管理制度，并且尽最大可能地满足每一员工群体的诉求，使这种制度能不断得到完善。本文通过以下几个方面来展示顺丰如何结合员工特点进行人力资源项目、政策的设计，充分体现“尊重”文化。

1. “医食住教”的关爱

顺丰集团“新生代”员工人数庞大，从总体上来说，“80后”、“90后”自身生活技能普遍不高，而许多人即将面临或正处于“成家立业”这一人生阶段，并且每一片区有为数不少的非本地人口，因此，解决自身和家庭的生活问题是许多年轻人面对的困境。

在充分了解员工现实诉求之后，企业便加大在福利政策方面的力度，凭借企业的力量全面解决员工，尤其是新生一代员工在“医食住教”（医疗、食品、住房、教育）方面的后顾之忧。“医疗、食品、住房、教育”是全社会所关注的民生热点，企业是社会的缩影，也是员工进行社会活动的主要场所，那么企业就应该成为保障员工生活的重要后盾。

通过与政府、学校、医院等机构的合作，顺丰的“医食住教”全面展开：

住：新入职员工薪水相对不高，无力应对城市高房价、高房租，顺丰集团积极与政府沟通，为员工谋得更多住房支持（比如廉租房），让员工在城市中能有较好的安身之地。

医：在与顺丰合作的医院中，员工能通过绿色通道获取更多的医疗资源，更快进入看病程序。

教：顺丰总部与深圳市福田区政府、教育局合作的教育基金项目，一方面为社会教育贡献顺丰的资源和力量；另一方面，希望通过支持深圳教育改革也为顺丰招募更多优秀的外聘人才。

食：顺丰设立了“员工之家”弹性福利平台，这一平台针对新生代员工喜欢自主选择、自主安排的特点，改变了以往福利统一发放的形式，让员工自行选择福利内容，有机会实现“我的福利我做主”。

“员工之家”与中国各大电商联合，这一平台上目前拥有上千种商品，只针对顺丰内部员工，并且保证质优价低。“员工之家”并非传统意义上的电商平台，它倡导的是一种“赢取”商品，而非单纯购买的理念，员工通过积分来换取自己喜爱的商品。

积分（1积分等于1元）由以下几种形式获得：

①节日补贴；②工作表现良好时的奖励；③相应金额的工资抵充（按照国家法律规定有金额上限）。

“员工之家”的设立一方面为新生代员工提供了自主权；另外积分换物的方式，对他们亦具有激励作用。因为积分本身就是奖励和成就的象征，是互联网时代的产物，许多网络游戏正是通过给予年轻人不断闯关、获取分数和勋章的机会来激发他们的成就感和自豪感。“员工之家”以积分换物的形式无形中促使年轻员工积极投入工作，以获得更多的积分，从而为自身谋得获取更多福利。“医食住教”几乎涵盖了员工生活的方方面面，切实保障员工基本的生活水平，能使他们更有尊严、更有自信地立足于社会。顺丰会加大在“医食住教”方面的投入，让他们在工作的同时收获幸福生活。

2. 活动多样让员工参与管理

新生代员工生长于信息爆炸时代，他们获取信息渠道多，发表个人观点、抒发个人见解是他们的习惯。因此，在企业管理中，提高他们的参与度，让他们充分“发声”是体现尊重员工的一种良好方式。

顺丰集团内部设立三个投诉渠道：顺丰BBS、总裁邮件、致电审计监察部。这些投诉渠道不仅起到规范员工、管理者行为的作用，更能让企业高层获知基层员工对企业管理者的期待，从而能帮助管理者更好地实践“尊重”文化，完善企业的管理。

对于顺丰来说，“一线新生代员工”已在数量上成为企业的员工主体，他们对管理的期许，是企业未来管理趋势的主要参考指标。除了投诉渠道，顺丰集团还可以通过推动各种项目，吸引员工积极参与，让企业管理中出现更多“员工之声”。

另外，针对一线管理者的行为规范监督开展了一个“一线管理者的三六九”项目。“三六九”指的是对一线管理者的行为要求，是企业人力资源部与员工共同制定的。“三六九”行为准则贴在每个分点部的工作区域内，让一线员工实时监督、及时监督，让一线管理者能更好、更规范地实施自己的管理。

“微·创新”项目也开始推行，依托顺丰BBS平台开展。此项目以“改变周围一点点”为主题，希望员工们都能在“改变企业”上大胆提出自己的创意。每位顺丰员工都能根据自身对企业运行、企业环境、企业管理等方面的观察，提出改善的方案，甚至是提出全新的项目。企业定期对员工提出的方案进行评选，给予优秀的、确实能帮助企业的方案奖励，并由人力资源本部推动此方案实施。比如，某员工提出项目“与高管午餐”，希望通过定期组织员工与高管进行午餐，让高管能认识更多的基层员工，倾听员工的心声，员工也能有一个更透明、更直接的平台述说自己的想法。“与高管午餐”项目通过评选，已获评当年优秀提案，被企业采纳、实施。

不同形式的活动有很多，其宗旨是推动新生代员工主动参与企业管理。其实这不仅表达了企业对员工的尊重，企业更希望能通过这些活动强化他们参与管理的意识。因为顺丰相信，不久的将来，这些“新生一代”一定会成为企业真正的管理者，提前建立管理意识，实践管理活动，也是企业对他们的信心和期待。

3. 成长通道助力员工实现梦想

在顺丰集团，大部分高管都是由内部竞聘而上任的。一线员工成长为点部主管的占了90%以上，成为分部经理的达到90%，成为高级经理的有70%左右，成为总监的占了60%～70%，甚至还有达到更高层级的。

顺丰强调内部人才培养，并为此设置了配套的机制，为人才发展保驾护航。在每一个管理(从点部主管到总监)层级，企业都设立了储备干部培训课程，每一位员工都可以报名参与。相应的，每一个管理者在被任用之前，都要接受培训，通过了培训之后，再进入内部竞聘阶段，符合要求的都可以被任用、提拔。

顺丰鼓励有能力的员工积极挑战自我，迈向更高职级，尤其是年轻员工，企业为他们提供了自我发展的舞台——“快速成长计划”。只要绩效和个人能力达到企业要求，员工便能进入“快速通道”，企业给予他们更好的管理实践机会，比如担任副总裁、总经理秘书职位，通过与高管共同工作，能加快他们的能力提升，比其他员工更早地掌握团队领导的角色、更早地成为团队管理者。

对于一些非常优秀、但目前无相关层级管理经验的员工，顺丰采取“代理”的方式对他们进行培养。比如，某员工符合主管的级别要求，但目前并无管理经验，企业将给与他“代理主管”的职级，所得到的待遇与主管级别人上相同。在此期间，他可以先进行主管角色的实践，半年之后企业将对此员工进行评估，评估合格即转正为主管。

以上人才发展措施都是顺丰针对内部员工专门设立的。同时，企业还创建了顺丰大学来保障员工全面的能力发展。对于每一位加入顺丰的员工，企业都重视他们的梦想，即使无法短期内立即实现，顺丰也希望借助自己的平台，让他们找到努力的方向，帮助他们永远不丢失梦想，拥有为梦想奋斗的信心。特别是新生代一线人员，尽管职位起点低，但是只要勤奋、努力、正直，相信他们一定会在顺丰拥有比别人更大的上升空间。

作为拥有众多新生代一线员工的企业，顺丰的“新生代员工管理”可以说是员工管理的实质，而不仅仅是其组成部分。在新生代员工进入企业后的整个职业生涯中，为他们提供更专业、更完善、更适宜他们发展的人力资源平台，是顺丰人力资源本部的职责，更是整个企业都愿意竭尽全力达成的目标。只有如此，企业对员工的"尊重"才真正落到实处。正是"尊重"将人力资源政策与项目联合起来，形成新生代员工发展的强大推动力，也是顺丰得以在员工保留方面取得较好成果的原因。在当今多元化的时代里，也许企业并不一定是员工最终的归属，但顺丰希望每一个员工都能在顺丰收获自身职业生涯中最特别的体验。

来源：百度文库

【案例 13.2】

顺丰的人力资源管理模式解读

自 1993 年，顺丰速运在广东顺德成立了第一家门店，经过 21 年的发展，顺丰已经成了国内物流行业的代表性企业，拥有自己的航空公司和自有的全货机，并且是国内员工第二多的企业。一直以来不管是老板王卫还是顺丰的内部发展，都极具神秘色彩，顺丰也成了行业其他企业模仿的对象。顺丰向来重视人力资源的建设，而顺丰的发展，也和它完善的人力资源管理密不可分，以下作一些关于顺丰人力资源的分享，仅作茶余饭后的闲谈。

作为国内最有影响力的雇主品牌之一，顺丰在人才市场上颇受欢迎，而顺丰在人才选拔时格外谨慎。顺丰所有岗位的面试通常都在 2～4 轮之间，从初试、笔试、复试到岗前体验，需要经过层层筛选，除了一线快递员和分拣员，其他岗位面试合格率往往低于 10%。员工入职之后，招聘人员会时时对其进行跟踪，入职三天进行新工访谈，入职满一个月后又进行 2 次访谈，新员工入职一个月内会组织新员工座谈会，离职后会在一个月内进行电话回访。对于高流失的分点部，人力资源招聘组会协同员工关系组、分点部负责人进行走访，及时的分析问题并作出相应的报告及改善措施。在校招方面，顺丰也是不惜血本，每年校招遍及全国各大高校集中的城市，学生的需求量至少在 2000 人以上。

1. 顺丰内部的岗位职责划分非常清晰，工作是一环套一环，招聘组完成招聘需求之后，所有的新人就集中进入下一个环节，由培训组负责跟进。顺丰对于人才的培训和人才管理极为重视，总部常年固定承包一些酒店以提供培训使用，它的培训在线上线下同时进行；地区除了全公司常规的新员工培训、业务技能加强培训外，还不定期举行回炉培训，对于一些业务能力不达标或者专业技能不够的员工进行针对性的培训。顺丰还建立了自己的内部大学，独立开发课程、印制课本、独立开发在线学习系统以及专业的讲师团队。

2. 在人才管理方面，顺丰很早就提出了赛马机制，已经建立了很完善的人才梯队体系，所以顺丰的运转是围绕体系制度来运行的，而非体系跟着人走。在一些其他公司当中，一旦重要岗位有变动，立马会给公司带来不可估量的损失，但是顺丰能将这种风险降到最低。一个年产值上亿的地区，总经理说换就换，而且换掉之后人才储备池里的后备总经理一抓一大把，顺丰人才储备量就最基层的仓管岗位也是 1∶2，而且岗位越高比例越大，以保证公司随时有人用，顺丰的人才管理，不仅强大了自己的人才团队，又让员工自身不断地升值，员工忠诚度越来越高，顺丰大学门口有两句宣传语："谋士如云，将士如雨"，这也印证了顺丰对于人才的重视以及顺丰人才团队的强大。

3. 做好培训和人才管理，是为了让员工不断地增值，这对员工来说是至关重要的，但是做到仅此还远远不够。马云说过，员工流失无非两个原因，第一是钱给不到位，第二是干得不开心。所以不仅要留住员工的心，还要留住员工的身，给予他们科学、公平、有竞争性的酬劳，才能更好地留住优秀人才。顺丰员工收入高于同行水平，这是大家众所周知的事情，特别是在北上广深这些一线城市，快递员月薪过万是很普通的事情，特别是每年的 11 月和 12 月，大家内部经常开玩笑说，这两个月薪资不过万，出门都不好意思开口。顺丰的企业文化是非常务实和低调的，所以老板或其他管理者既不会给员工画饼，也不会让员工活在宣传口号中，她会让所有员工脚踏实地地努力工作，给每个人自己应得的一部分。

4. 顺丰员工的忠诚度很高，而且执行力很强，企业文化就跟老板的性格一样，非常低调又很务实。王卫不会像马云那样激情高昂地演讲，也不会像柳传志一样家喻户晓，甚至在百度上很少能找到关于他的照片，但是在顺丰人眼里，王卫就跟神一样的存在。除了每年的新年寄语之外，内部刊物上很少报道关于老板的报道，入职十几年的员工，手里拿着"10 年服务奖"杯，却没有见过一次老板的面，有些内部员工借出差的机会，在深圳总部大楼底下偷偷地等待半天，就为了能见老板一面，而且还是远距离偷偷地看一下。就是这么神秘低调的一个公司，员工数已达到 33 万，而且每年还在以 50%的人员净增长率疯狂扩张，外界对顺丰的认识依旧很模糊，只知道是一家快递公司，正如王卫给所有人的神秘感一样。

外界对顺丰企业文化的褒贬不一，顺丰就像一座围城，外边人想进去，进去之后却发现很难适应企业文化；内部员工离开顺丰，又觉得难和社会接轨。有人将顺丰形容为"职业经理人的绞肉机"，有人怀疑这样的顺丰还能走多远；而国内某物流专家却说："给你 10 年时间和 30 亿，你也打造不出第二个顺丰"。

这就是顺丰的企业文化和顺丰的人力资源，严格的招聘流程、完善公平的薪酬体系、强大的人才管理机制和疯狂的培训，最终造就了庞大的企业文化。而正是这样的企业文化，使得顺丰成了国内发展最迅速、净利润最高、口碑最好、客户满意度最高、实效最快和安全性最高的国内快递公司。顺丰还未止步，它还在地产物流、冷链运输、门店、电商产业园和国际电商、金融保险等领域大步跨进，未来的顺丰，究竟走向哪里，更值得期待。

来源：宇博软件

【案例思考】

1. 顺丰快递是怎样通过对人力资源管理的变革来管理新生代的一线员工的？

2. 快递企业人力资源管理有何特点？如何做好快递企业人力资源管理？

任务 13.1　快递企业人员招聘

人才招聘是指企业为了发展的需求，根据人力资源规划和工作岗位的要求，寻找、吸引那些有能力又有兴趣到本企业任职的人员，并从中选出适宜人员予以录用的过程。招聘工作是人力资源管理工作的第一个环节，也是整个企业人力资源管理工作的基础。一方面，招聘工作直接关系到企业人力资源管理的形成；另一方面，招聘和录用是人力资源管理中培训、绩效评估、薪酬、激励、劳动关系、人员流动等工作环节的基础，由于人力资源已经从战术管理的层次上升到了战略管理的层次，招聘和录用也向着战略化方向发展，对企业的战略发展日标起到了支持作用。

13.1.1　有效招聘的意义

招聘工作能否有效实施，不仅对人力资源管理本身，而且对整个企业能否快速发展，具有非常重要的意义，这主要表现在以下几个方面。

(1) 招聘工作决定了企业能否吸纳到优秀的人才

招聘工作是一个企业人力资源输入的前段，如果企业不能吸引应聘人员中优秀的人才资源，那么任何一个企业就不能完成对人才的接纳。所以，企业招聘工作的效率和质量，左右着人力资源整个后期管理过程中的质量,我们从这个方面上看,就能明确招聘工作对企业发展和成长具有长远的、重要的意义。

(2) 招聘工作的好坏会影响企业人员的流动

企业的人力资源部门在招聘过程中得到信息传递的真实性,能够影响应聘人员进入企业试岗后的流动性。如果企业在招聘过程中向应聘人员传递的企业信息不客观全面,或是只展示企业强的部分,却隐瞒企业弱的方面,那么应聘员工实际开始工作后就会产生比较大的失落感和受欺骗感,这些情绪波动都会降低新进员工的工作满意度,就会使新进人员产生较高的离岗率;与此不同的是,如果企业在招聘过程中,使应聘人员获得的信息能够与企业实际客观相符,就会有助于降低新进人员的离岗率。

(3) 招聘工作的好坏影响着人力资源管理的费用

招聘工作为企业人力资源管理的基本职能,其实施过程中产生的成本是组成人力资源管理成本中的一个重要组成部分,招聘实施过程中可能产生的成本可能包括招聘广告设计、印制的费用、宣传资料制作及印制费用、人员招聘后产生的工资、福利及保险等等,这些费用的总数一般是比较高的。因此提高企业招聘活动结果的有效性,能够大大降低企业的成本,从而可以实现降低人力资源管理的成本。

招聘除了可以获得组织所需人才的同时,还可以作为企业对外宣传的有效途径:企业开展招聘的过程,特别是组织对社会各级人员进行的招聘,活动本身就是企业向社会宣传企业自身的一个过程。企业为了能够实现招聘的目的,会通过媒体向外发布企业的各方面情况、发展目标、经营政策、企业文化等丰富的企业信息,这些工作的开展,会有助于企业营造良好的社会环境,多方面展现企业的实力和风貌,使社会和应聘人员更加了解企业,进而促进企业更好的发展。

13.1.2 快递员工招聘要求

快递企业与其他企业相比,有其自身的特点,因此,对于人员的需求也必须具有自身的独特性。总结几家快递公司对员工的招聘要求,主要有以下几点:

① 融入快递企业文化:打上领带能见"老外"(懂英语,能与外商谈判),穿上工作服能"扛麻袋"(能到操作现场指挥,与员工融为一体,成为伙伴)。

② 不能把经验当成财富,而是把学习能力作为"绩优股"。

③ 敬业,职业发展追求"高、新、久",管理上追求"精、细、优"。

④ 勇于挑战自己,执行能力强,工作高效。

⑤ 应具备的能力:应用文写作能力、基本的英文听书能力、信息技术应用能力、沟通能力、领导能力、压力承受能力、思辨能力、应变能力。

⑥ 勇于承担责任,要为成功找方法,不为差错找理由。

13.1.3 快递企业招聘程序

招聘程序是指从公司内部出现职位空缺到候选人正式进入公司工作的整个过程所规定的途径。这是一个系统而连续的程序化操作过程,同时涉及人力资源部门及企业内部各个用人部门以及相关环节,具体流程如图 13.1 所示。

(1) 制订招聘计划和策略

招聘计划是组织根据发展目标和岗位需求对某一阶段招聘工作所做的安排,包括招聘目的、信息发布的时间与渠道、招聘员工的类型及数量、甄选方案及时间安排等方面。

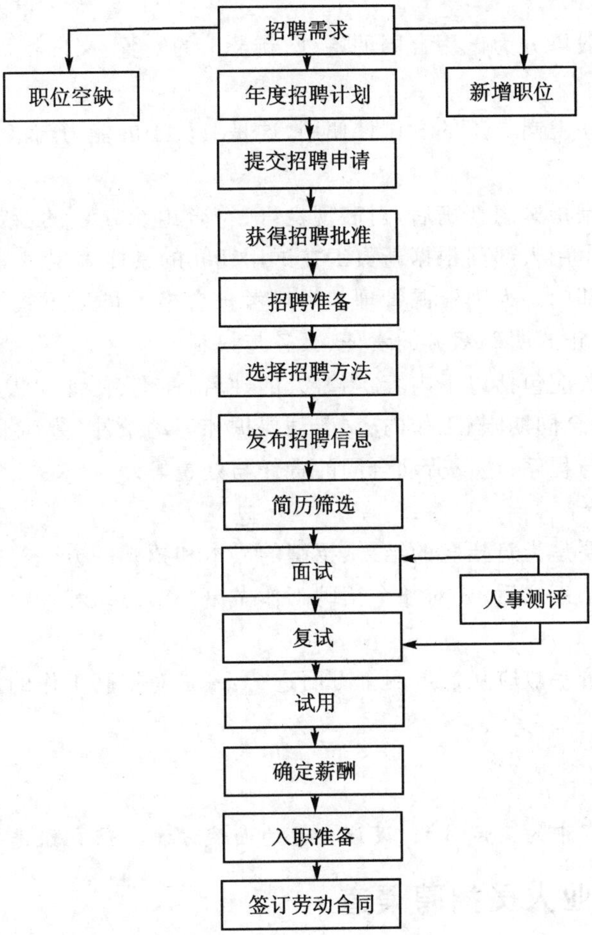

图 13.1　招聘流程图

具体来讲，员工招聘计划包括以下内容：

① 招聘的岗位、要求及其所需人员的数量；

② 招聘信息的发布；

③ 招聘对象；

④ 招聘方法；

⑤ 招聘预算；

⑥ 招聘时间安排。

(2) 发布招聘信息及搜寻候选人信息

企业要将招聘信息通过以下方式搜寻候选人信息：

① 应聘者通过自己所填的求职表，内容包括性别、年龄、学历、专业、工作经历及业绩等；

② 推荐材料，即有关组织或个人就某人向本单位写的推荐材料；

③ 调查材料，指对某些岗位人员的招聘，还需要亲自到应聘人员工作或学习过的单位或向与其接触过的有关人员进行调查，以掌握第一手资料。

(3) 甄选

甄选过程一般包括对所有应聘者的情况进行初步的审查、知识与心理素质测试、面试，以确定最终的录用者。

(4) 录用

人员录用过程一般可分为试用合同的签订、新员工的安置、岗前培训、试用、正式录用等几个阶段。

试用就是企业对新上岗员工的尝试性使用,这是对员工的能力与潜力、个人品质与心理素质的进一步考核。

员工的正式录用是指试用期满后,对表现良好、符合组织要求的新员工,使其成为组织正式成员的过程。一般由用人部门根据新员工在试用期间的具体表现对其进行考核,作出鉴定,并提交人力资源管理部门。人力资源管理部门对考核合格的员工正式录用,并代表组织与员工签订正式录用合同,正式明确双方的责任、义务与权利。

正式录用合同一般应包括以下内容:当事人的姓名、性别、住址和法定社会身份;签订劳动合同的法律依据、劳动合同期限;工作内容、劳动保护和劳动条件、劳动报酬、劳动纪律、变更和解除劳动合同的条件与程序;违反劳动合同的责任与处置等。

(5) 招聘工作评价

招聘工作评价主要是指对招聘的结果、招聘的成本和招聘的方法等方面的内容进行评估。一般在一次招聘工作结束之后,要对整个招聘工作做出一个总结和评价,目的是为提高下次招聘工作的效率。

对招聘工作的评价一般应从以下两个方面进行:一是对招聘工作的效率评价;二是对录用人员的评估。

✍ 实训任务

针对以上招聘流程中的面试过程,设计合适的面试方案。试分组进行角色模拟。

13.1.4 快递企业人员招聘渠道

1. 外部渠道

外部招聘的渠道大致有:人才交流中心和人才招聘会、网上招聘、内部员工推荐、校园招聘和猎头推荐等。

(1) 人才交流中心和人才招聘会

我国很多城市都设有专门的人才交流服务机构,这些机构常年为企事业用人单位提供服务。它们一般都建有人才资料库,用人单位可以很方便地在资料库中查询到条件基本相符的人才资料。通过人才交流中心选择人员,具有针对性强、费用低廉等优点。

人才交流中心或其他人才交流服务机构每年都要举办多场人才招聘会,用人单位的招聘者和应聘者可以直接进行接洽和交流。招聘会的最大特点是应聘者集中,用人单位的选择余地较大,费用也比较合理,而且还可以起到很好的企业宣传作用。

(2) 网上招聘

网上招聘是近年来出现的一种新兴的招聘方式,它逐渐开始成为主流的一种方式,因为它具有费用低、覆盖面广、时间周期长等优点,已超过招聘会和报纸广告的作用成为人才交流的主要方式。越来越多的人选择上网求职,越来越多的公司利用互联网求才,在网上形成了一个日益庞大的人才资源库。

对于公司来说,网上招聘一般可以通过以下几种渠道:注册成为知名人才网的会员,如中华英才网、智联招聘网等,在此类网站上发布信息,搜集求职者信息资料,查询合适人才的信息;在自己公司的主页或网站上发布招聘信息,收集求职者信息资料;在一些浏览量很大的网站上或在本行业一些较有影响力的网站上发布招聘广告；利用搜索引擎搜索相关专业网站及网页，发现可用人才，自己做猎头等。

(3) 内部员工推荐

通过企业内部员工推荐人选，也是招聘的重要形式之一。因为内部员工对其推荐的应聘者及空缺职位都比较了解，加之推荐会涉及推荐者的声望，所以员工会推荐高质量的或合适度高的求职者。因此，当公司出现空缺职位时，不仅要鼓励内部员工积极应聘，而且要制订雇员推荐计划以鼓励员工利用自己的人际关系网络为本单位推荐优秀的人才，以该种渠道找到合适雇员的，公司应给与推荐者一定的奖励。

(4) 校园招聘

学校是人才高度集中的地方，每年都向社会输送成千上万名毕业生，是公司获取人力资源的重要源泉。一般的校园招聘包括在校举办毕业生招聘会、招聘讲座等，但越来越多的公司已经不满足于此类招聘方式，而采取更主动的预定方式。例如，与有关大专院校挂钩，预定企业所需人员；在相关院校专业设立奖学金和合作办学，为自己培养、储备专业人才；到校园开展各种形式的公共关系活动，甚至有的企业还邀请学生到本公司进行社会实践，充分展示公司形象以吸引学生。

(5) 猎头推荐

公司的人力资源部门由于受到工作范围、信息资源及人力、物力等的限制，对于招聘工作会心有余而力不足，而猎头公司则可以很好地弥补这个缺陷，同时有远见的猎头公司也有意识地将自己放在这个位置上，全方位地为公司人力资源开发服务，甚至提出作为公司的人事部门代理，以谋求自身更好的发展。可见，猎头公司的作用并不是人才的交流，而是一种综合性的人才开发。因为涉及招聘费用及猎头公司的性质，一般来说，用人单位会在招聘高级管理人才时聘请猎头公司进行操作。

2. 内部渠道

内部招聘就是将招聘信息公布给快递企业内部员工，使员工自己来参加应聘，用人部门从中选择可以胜任某项空缺岗位的优秀员工的一种招聘方式。

这种招聘方式可以给员工以提升职位的机会，会使员工感到有发展的机会，有利于调动员工积极性、增强组织凝聚力。从另一方面来说，内部选拔的人员对本公司的业务工作相对熟悉，能够较快地适应新的工作。

这几种招聘渠道的优缺点比较如表13.1所列。

表13.1　不同招聘渠道的优缺点比较

渠道类别		优　势	劣　势	效果分析
现场招聘会	人才市场招聘会	效率较高，可快速淘汰不合适的人选，控制应聘者的数量和质量	1.花费较高，要投入一定的人力和场地； 2.受展会主办方宣传推广力度影响，求职者的数量和质量难以有效保证	需要经常举行，招聘效果一般，流失率较高
学校招聘	校企联合专场	人数能得到极大满足，也能提高企业知名度	花费相对较大，对知名企业、大企业批量招聘更适用	每年只有一次，流失率也较高

续表 13.1

渠道类别		优　势	劣　势	效果分析
网络招聘	招聘网站	1. 随时发布招聘信息； 2. 发布后管理方便； 3. 受众面广； 4. 周期长，简历数量大； 5. 花费较低	1. 简历筛选量大； 2. 应试率较低，岗位针对性不强	和选择的网站的热度和访问率有关系，比较受限
	相关论坛主页	人群针对性强	1. 需要一定的人力和时间 2. 诚信度不太高	可以不定时发布，效果较好，但不利于企业形象宣传
媒体广告招聘	杂志周刊	保存性好	时效性差	效果较好，但成本高
	报纸	传播范围广	1. 花费较高； 2. 时效性短	
员工推荐	员工推荐	1. 招聘成本较低； 2. 成功率高； 3. 内部推荐人员会比较适合公司的特点，针对性较强	1. 受众性窄； 2. 容易出现内部小帮派	偶有员工推荐，可能会跟不上员工流失率，但稳定性较好
猎头推荐	猎头推荐	是一种综合性的人才开发，能针对公司需求推荐	1. 成本较高； 2. 只适合高级管理人才招聘	能节约公司自己的精力，但成本较高，而且不适合基层员工

3. 快递企业招聘模式存在的问题分析

从以上的分析可以看到，通过各种方式招聘过后，最大的问题就是员工不稳定，流失率大，而这其中主要有以下一些原因。

① 部分员工根本不适应快递工作，不喜欢与各类用户打交道，特别是在遇特殊情形时，与用户解释或沟通不到位引发用户投诉时，易引发离职的想法。

② 部分员工无法适应快递工作的艰苦性，很多人单纯以为从事快递揽投工作，可以开着公配车辆进行揽投，工作条件相对较好。但是对日趋饱满甚至旺季时超负荷的工作量和相对较长的工时不适应。

③ 部分员工由于对企业待遇不满而离职。但是随着近年来企业对一线揽投人员的政策倾斜，该比例正趋于减小。目前部分业绩较好的一线揽投人员月收入甚至可达 10000 元以上，但由于公司在分配机制上存在不合理处，导致部分偏远区域与发达区域揽投人员分配不均。

④ 部分员工对长期重复单一的揽投工作表示厌倦，他们期待更有挑战性的或技术含量更高的职业。

⑤ 部分员工在选择该工作的时候，即没有做长期从事揽投工作的打算，只是将快递公司作为临时落脚地，待对其他机会后，另觅其他岗位和单位。此部分员工离职原因也可归结为因待遇问题而离职。

员工的流失率大，会影响了招聘效果，招聘时如果未能准确地选拔适合本岗位的人员，那么人员流失率高也就成了必然，显然这是企业不想发生的，因为这样非常浪费企业的成本，也会大大影响企业的正常运营，从而造成了公司不断招聘，人员不断流失，企业不断再招聘的恶性循环。

13.1.5 快递企业人员招聘模式

现代社会职业划分越来越细,社会活动的要求和规范越来越复杂,各种职业间的差异也越来越明显,所以对个体的吸引力和要求也就迥然不同;另一方面,应聘人员个体自身的生理、心理、教育、社会经济地位环境背景不同,所乐于选择的职业类型、所倾向于从事的活动类型和方式也就十分不同。不同职业的社会责任、满意度、工作特点、工作风格、考评机制也各不相同。因此,快递公司在招募新员工时,就应该考虑到这些因素,设置合理的招聘方式。既考虑为企业招聘到合适的人才,又考虑到应聘的员工的长远发展,从而减少入职员工的流失率。

(1) 人职匹配

人职匹配,即将合适的人放在合适的岗位上,这是人力资源管理的基本原则。

人职匹配具体包括以下两方面的内容:一是人的能力、知识、技能与岗位需求相匹配;更值得关注的是人的兴趣、性格与岗位需求相适应。因此,快递公司在招募新员工时,就很有必要对应聘人员进行职业兴趣的测评,从而了解应聘者的职业兴趣和人格类型。通过相关测试,企业可以得知所提供的岗位和职业环境与申请者的职业兴趣类型是否相匹配,也就是说,企业可以检测出应聘者是否适合在公司的职业环境中工作。所以,企业在招聘人才的过程中,如果能真正以应聘人员的职业兴趣为切入点,就能够大大提高招聘成功率,顺利招募到适合所需岗位的应聘者,而且能够减少在人员招聘过程中筛选的盲目性。通过职业兴趣的测试,快递企业可以给予新员工最适合的工作环境,以期最大限度地在工作中发挥他们的聪明才干。

(2) 人与岗位匹配

人与岗位匹配是指职业选择时,应满足以下三大要素或条件:

① 应清楚地了解自己的态度、能力、兴趣、智谋、局限和其他特征;

② 应清楚地了解职业选择成功的条件、所需知识、在不同工作岗位上所占有的优势、不利和补偿、机会和前途;

③ 上述两个条件的平衡。

人职匹配分为两种类型:

① 因素匹配,例如所需专门技术和专业知识的职业与掌握该种特殊技能和专业知识的择业者相匹配,如脏、累、苦劳动条件很差的职业,需要吃苦耐劳、体格健壮的劳动者与之匹配;

② 特性匹配,例如,具有敏感、易动感情、不守常规、个性强、理想主义等人格特性的人,宜于从事审美性、自我情感表达的艺术创作类型的职业。

(3) 人与组织匹配

人与组织匹配理论是人与岗位匹配理论的延伸。从实际工作中不难发现,不同环境中的人和人所作用的环境互相产生潜在的影响。如果匹配得好,则个人的特征与职业环境协调一致,工作效率和职业成功的可能性就大为提高。反之则工作效率和职业成功的可能性就很低。快递企业和很多其他行业不同,其工作的环境和其他行业有着很大的差异,因此在招聘时应该注重人与组织匹配,提高招聘的有效性。

任务 13.2 快递企业人员培训

快递企业人员培训是指企业为了开展业务及培育人才的需要,采用各种方式对员工进行有目的、有计划的培养和训练的管理活动,其目标是使员工不断地更新知识、开拓技能,改进员工的动机、态度和行为，使其适应新的要求，更好地胜任现职工作或担负更高级别的职务，从而促进组织效率的提高和组织目标的实现。

13.2.1 快递企业培训内容

企业培训对象包括全体员工，由于员工担任的职位不同，因此培训方向具有多样化的特征，一般来说可分为以下几类。

① 岗前培训。针对新到岗员工进行的培训，由公司人力资源部负责，培训内容为快递企业简介、员工手册、人事管理规章的讲解；企业文化知识的培训；工作要求、工作程序、工作职责的说明等。

② 在岗培训。针对已经在工作岗位上工作过一段时间的员工所进行的培训，其目的在于提高员工的工作效率，以更好地协调快递企业的运作及发展。例如客服部对客服人员进行电话接线、投诉处理等方面的培训，帮助客服人员更好地处理顾客的投诉。

③ 专题培训。针对员工某一方面的技能、知识或理念进行的培训，一般是根据岗位需要对部分或全体员工进行某一主题的培训工作。例如，针对分拨中心内盗现象对全体操作人员进行的反内盗培训。

13.2.2 培训流程

培训流程包括以下各项。

① 各部门填写年度培训计划交由管理部审核，审核通过后可向部门负责人提交《年度培训计划表》，部门负责人审批后即可组织执行培训工作。

② 临时安排的培训计划，相应部门应填写《培训申请单》交由培训部，培训部将在初审后上报至部门负责人进行审批，部门负责人审批通过后方可由培训部组织实施培训工作。

③ 按照各部门所提交的培训计划进行培训，由培训部辅助各业务部门进行。

④ 培训结束后，由培训部门进行培训考核，一般包括培训老师评核、经理评核及员工自评等。

⑤ 考核结束后，由培训教师填写《培训记录》，连同考核表、培训资料、签到表和培训评语一起交与培训部存档。

⑥ 培训中如果涉及有关企业机密的内容，受训员工应严格遵守保密原则。如有泄露，则由快递公司根据具体情况给予罚款等处罚。

13.2.3 培训方式及优缺点比较

企业在对员工进行培训前，需要考虑培训的目的、培训的内容、培训对象的自身特点及企业具备的培训资源等因素，选择合适有效的培训方法，从而达到事半功倍的效果。

1. 培训方式

常见的培训方式包括讲授法、工作轮换法、工作指导法、研讨法和案例研究法。

① 讲授法。讲授法属于传统模式的培训方法，是指培训师通过语言表达，系统地向受训者传授知识，期望这些受训者能记住其中的重要观念与特定知识，这也是企业培训中使用最多的培训方式。

② 工作轮换法。工作轮换法又称轮岗法，是指让受训者在预定的时期内变换工作岗位，使其获得不同岗位的工作经验，一般用于新进员工。现在很多企业采用工作轮换法来培养新进入企业的年轻管理人员或有管理潜力的未来管理人员。

③ 工作指导法。工作指导法是指由一位有经验的技术能手或直接主管人员在工作岗位上对受训者进行培训，如果是单个的一对一的现场个别培训，则称为企业常用的师带徒培训。负责指导的教练的任务是教给受训者如何做，提出如何做好的建议，并对受训者进行鼓励。这种方法不一定要有详细、完整的教学计划，但应注意培训的要点：第一，关键工作换届的要求；第二，做好工作的原则和技巧；第三，需避免、防止的问题和错误。这种方法应用广泛，可用于基层生产工人。

④ 研讨法。按照费用与操作的复杂程序，研讨法又可分为一般研讨会与小组讨论方法两种方式。一般研讨会多以专题演讲为主，中途或会后允许学员与演讲者进行交流沟通，一般费用较高；而小组讨论方法则费用较低。研讨法培训是为了提高能力，培训意识，交流信息，产生新知。研讨法比较适合于管理人员的培训或用于解决某些有一定难度的管理问题。

⑤ 案例研究法。案例研究法是指为参加培训的学员提供员工或组织如何处理棘手问题的书面描述，让学员分析和评价案例，提出解决问题的建议和方法的培训方法。案例研究法为美国哈佛管理学院所推出，被广泛应用于对企业管理人员（特别是中层管理人员）的培训。目的是训练他们的决策能力，帮助他们学习如何在紧急状况下处理各类事件。

2. 培训方式的优缺点比较

企业培训的效果在很大程度上取决于培训方法的选择，不同的培训方法具有不同的特点，其自身也各有优劣。其缺点如表13.2所列。

表13.2　培训方式优缺点比较

培训方式	优　点	缺　点
讲授法	运用方便，可以同时对许多人进行培训，经济高效；有利于系统地接受新知识；容易掌握和控制学习的进度；有利于加深理解难度大的内容	学习效果易受培训讲师水平的影响；由于主要是单向性的信息传递，缺乏教师和学员之间必要的交流和反馈，学过的知识不易被巩固
工作轮换法	能丰富培训对象的工作经历；能认识培训对象的长处和短处，从而更好地开发员工的所长；能增进培训对象对各部门管理工作的了解，扩展知识面	如果员工在每个轮换的工作岗位上停留时间太短，所学的知识不精；由于此方法鼓励"通才化"，适合于一般直线管理人员的培训，而不适合于职能管理人员的培训
工作指导法	通常能在培训者与培训对象之间形成良好的关系，有助于工作的开展；一旦师傅调动、提升，或退休、辞职时，企业能有训练有素的员工顶上	不容易挑选到合格的教练或师傅，有些师傅担心"教会徒弟、饿死师傅"而不愿意倾尽全力，所以应挑选具有较强沟通能力、监督和指导能力以及有宽广胸怀的教练
研讨法	强调学员的积极参与，鼓励学员积极思考，主动提出问题，有助于激发学习兴趣；通过教师与学员间的信息传递，有利于学员发现自己的不足，加深对知识的理解，促进能力的提高	运用时对培训指导教师的要求较高，讨论课题选择得好坏将直接影响培训的效果，受训人员自身的水平也会影响培训的效果，不利于受训人员系统地掌握知识和技能
案例研究法	教学方式生动具体，直观易学；容易使学员养成积极参与和他人学习的习惯；将学员解决问题的能力的提高融入知识传授中，有利于学员参与企业实际问题的解决	案例的准备需时较长，且对培训师和学员的要求都比较高；案例的来源往往不能满足培训的要求

✍ 实训任务

针对以上几种培训方式，选择一种合适的方法对一线快递员工进行培训，并写出培训方案。

任务 13.3　快递企业人员绩效评估

绩效评估是一种正式的员工评估制度，通过系统的方法、原理来评定员工在职务上的工作行为和工作成果，其结果可以直接影响到薪酬调整、职务升降等诸多员工的切身利益。

13.3.1　绩效评估流程

① 制定考核计划。制定考核计划即明确考核的目的和对象、考核内容和方法以及考核时间，具体到某个岗位、方法和时间。

② 进行技术准备。绩效考核是一项技术性很强的工作，其技术准备主要包括确定考核标准、选择或设计考核方法以及培训考核人员。

③ 收集资料信息。收集资料信息首先要为建立一套与考核指标体系有关的制度服务，其次要为考评过程中所需信息做准备，最后要为以后的评价打基础。

④ 做出分析评价。被培训后的考核人员，利用考核标准、指标体系等工具，遵循考核计划，结合收集到的公正、客观的资料，对被考评对象进行分析和评价。

13.3.2　绩效考核模式

绩效考核发展到现在一直被人力资源管理所沿用，说明绩效考核对于人力资源管理来说仍存在一定的合理性和有效性，其发展模式如下。

① “德能勤绩”式。“德能勤绩”的考核模式具有非常悠久的历史，曾一度被国有企业和事业单位在年终考核中普遍采用，其本质在于“德”“能”“勤”三方面占考核指标的大多数，而业绩考核指标相对较少，且评价标准不统一，无评价依据。

② “检查评比”式。国内有不少企业采用这种模式，其特点在于按岗位职责和工作流程详细列出工作要求及标准，确定考核项目，单项指标所占权重很小；评价标准多为扣分项，很少有加分项；在大多数情况下，由企业组成考察组对下属部门逐一进行监督检查。

③ “共同参与”式。在国有企业和事业单位中比较常见的考核方式是“共同参与”式，其特征在于绩效考核指标较宽泛，缺少定量硬件指标；崇尚 360 度考核，上级、下级和自我都要进行评价，且自我评价占较大比重；绩效考核结果和薪酬发放联系不紧密，不会得到大家的极力抑制。

④ “自我管理”式。该模式得到了世界一流企业的推崇，但在国内快递企业中极少使用，需要员工通过自我管理来实现个人目标，且很少进行过程控制考核，大都注重最终结果，与中国社会的发展水平不太相符。

13.3.3　快递公司绩效考核模式存在的问题

快递行业是电子商务兴起所带来的新兴的具有强大发展潜力的行业，在众多快递公司激烈竞争的环境下，快递公司需具有功能专业化、管理系统化、以及信息网络化等特点，因此也决定了快递公司在进行绩效考核时与其他行业公司存在很大的差别，在绩效考核指标提取上，会遇到很多难以避免的问题，影响到绩效考核的实施效果，随着快递公司业务如雨后春笋般兴起，如今的快递公司要想在激烈的竞争中拥有一席之地，就必须随着外界环境的变动而实行变革，特别在快递从业人员越来越多的情况下，如何通过绩效管理对员工进行激励，是人力资源部门的一个难点问题。相关调查资料显示，快递公司在绩效管理上有一些普遍问题，主要有以下几种：

(1) 绩效考核没有得到高层领导的重视

部分主管甚至高层领导不重视绩效考核，不把绩效考核作为一项重要的工作来完成，只是简单地应付了事。原因就是他们没有真正理解考核的重要作用，认为绩效考核就是简单的工作评价，不会为企业带来效益和利润，而且又浪费时间。没有认识到绩效考核是一项综合的系统管理工程及它的巨大作用。另外，一部分领导为了稳定上下级关系，照顾私人感情，或者出于其他的原因，不愿意严格地去执行绩效考核政策。

(2) 宣传动员不到位，员工对绩效考核工作普遍不理解，增添了绩效考核的阻碍

像大多数企业一样，快递公司在正式开展绩效考核前，一般会开展一些员工动员大会，把一些考核的要点、作用以及对员工的益处进行讲解，但是一般是一些程序性的大会，宣传人员在上面讲，员工在下面听的效果并不好。对于宣传人员来说，一方面绩效专员在进行绩效管理的筹备时，存在一些赶时间、赶进度、照抄照搬方法、制度和实施，对于考核方案的动员也只停留在将方案的内容照本宣科给职工，没有一一地详细讲解，会导致员工对于这些方案的理解只停留在表面文字，没有深入了解其精髓，容易忘记考核的要点和详细内容。另一方面，绩效专员在宣传方案时忽视了考核方案的落地，针对一些具体性的操作问题，没有详细地讲解，从而导致听完宣讲的职工对于理论上比较了解，但在一些具体操作上存在误解甚至抵触心理，不利于以后的方案落地。

(3) 考核体系不完整，考核指标设置不准确

快递公司不同于一般企业的特点会带来在绩效管理上存在其他企业没有的困难，具体表现在：

① 快递公司的分公司多，分布在各地，比较分散，通过项目组成的临时性组织比较多，各自都有一套自己生产经营过程中的考核体系，有些不专业或是为了图方便，直接照抄照搬其他企业的考核模式，没有和自身的实际情况相结合，使用起来也没有系统性。

② 由于快递行业是比较新兴的行业，在指标提取上没有什么先例可循，因此对一些职位的考核指标的提取缺乏统一的标准，没有尺度就会使得关键指标存在很大的随意性，整个考核体系很难整合为一个整体。

③ 绩效考核指标避重就轻，往往注重量的考核，但是在工作态度、工作能力方面则简略带过，KPI 考核指标提取过于粗泛，没有与工作者所从事的具体工作密切关联起来，难以起到后续的反馈和改进效果。

④ 一些项目部盲日地追求量化指标，对于一些表面上看起来不能量化但很关键的指标被其删掉，从而导致关键考核指标的提取上存在漏洞，或是盲目地追求多和全，使得关键指标非关键化，没有针对性。

(4) 考核指标评价没有具体的可套用的量化标准

尽管这个问题在其他企业的绩效考核中也很常见，但是作为一个新兴的行业，快递公司在对工作能力等指标的评价时，会存在评分程度之间的界定不清，比如考核指标的判断一般分为几个等级，如“优秀”“良好”“一般”“较差”“差”等，但究竟如何清晰而又准确地套用这些等级，比如说如何界定“良好”和“一般”才能让员工心服口服，考核者往往是根据自己的印象、主观判断进行评分，使得绩效考核失真，没有达到该有的效果。

13.3.4 提高绩效考核效果的对策

(1) 争取公司决策层的大力支持

绩效考核涉及公司上下的利益,如果得不到公司决策层的支持,无法开展绩效考核工作,特别是使用 KPI 绩效考核工具,对于以往没有使用过的公司来说,在充分征求了领导决策层的同意后再开展,会达到事半功倍的效果,因此是推行绩效考核的强大动力。

(2)加强培训、沟通等,提高员工对绩效考核的认识

快递公司在进行绩效考核宣讲时要确保员工明白绩效考核是将企业的战略目标、年度业绩指标和重点工作分解到各业务单位,分解到每个岗位,层层落实领导干部、管理人员、专业人员的责任,确保绩效管理工作层层负责,不出空挡。是将绩效评价结果与员工工资收入和岗位调整挂钩。彻底解决在岗、不在岗的平均主义和大锅饭的不合理分配,解决干多干少一个样,干好干坏一个样的现象,让工作绩效优秀的员工从企业获得更多的回报和激励,将考核结果与绩效工资分配向关键岗位、承担责任大、做出贡献多的人员倾斜,与员工职业生涯发展通道等多个方面挂钩。在 KPI 绩效考核具体实施过程中,要结合某项具体的操作进行一对一的辅导和讲解,将系统知识和理论操作结合起来,对一些难理解的地方,举例子说明;对于一些消极对待考核,对绩效工作造成严重阻碍的员工,要将其往积极的方面疏导,让其认识到绩效考核可能对他有利的地方。

(3) 完善 KPI 绩效考核指标的设置

考核体系是客观地、实事求是地发现、评价每位员工工作的长处和短处,以达到扬长避短、持续改进和提高绩效的目的,最终实现员工和企业的共同发展。因此必须理清公司部门设置、工程项目部各种考核制度的共同点和不同点,建立统一的 KPI 考核指标评价标准和完善的指标体系。结合公司结构系统,定编、定员、定岗的工作要求,从机构编制、定员、规范岗位、编制岗位职责和工作目标开始,重新梳理绩效考核的每一个环节,已达到夯实工作基础的目的。其次,公司要明确绩效考核工作的管理部门,将各部门、各工程项目部分别制定的绩效考核办法统一到人力资源部门,利用过去职工代表大会的形式充分听取广大职工的意见和建议,消除不同单位之间不同尺度、不同标准的差异,对原有的指标体系进行进一步强化和完善。同时考核体系的完善和建立要紧密结合生产经营的实际情况。生产经营是绩效管理的有效载体,脱离单位的中心工作,绩效管理就成为无源之水、无本之木,要抓住该单位的重点工作指标和关键环节,量化、细化到每一位员工的绩效考核中,明确区分考核指标间的权重对比,同时应简洁明了、易于操作,减轻考核组织者的工作量。在 KPI 指标提取上坚持"二八法则",任何工作都有它的重点所在,一个企业 80%的利润往往是由 20%的核心业务提供的,而一个员工 80%的业绩也往往是由 20%的关键工作提供的。所以,我们在设置 KPI 指标时,必须坚持该原则,找出关键指标,不至于眉毛胡子一把抓。

(4) 加强沟通和反馈,保证灵活多样的考核方式

有效的绩效考核是建立在考核与沟通、评价与反馈相结合的前提下的。所以不同的国有企业,根据自身公司的具体情况,在充分沟通的基础上制定出适合公司的考核方式。因此,绩效考核前后的有向沟通和反馈就显得尤为重要。实际管理过程中,可由公司考核委员会与人力资源部门牵头,不定期的进行检查,同时要建立跟踪考核机制,监督考核是否符合公开、公正、公平的原则。在鉴别员工行为差异方面是否存在主观习惯性因素,以确保对员工的评价有客观性、真实性。完善的绩效考核体系,应建立与其相适应的评价成果沟通机制。企业要高度重视绩效沟通,定期将绩效评价结果反馈给员工本人,使员工及时了解自己工作的成效和不

足，考核者应帮助员工分析原因，研究改进措施，不断提升员工的工作业绩，使员工在总结经验教训的同时得到成长，这样使得考核体系得到完善。

(5)正确使用考核结果，将考核结果与薪酬管理、人员晋升、员工培训等相挂钩

一些快递公司的管理人员对绩效考核存在一定的误解，错将绩效考核当成控制和惩罚员工的工具。其实，绩效考核不仅是薪酬管理的基础，还可以将绩效考核得到的信息用于设计员工开发计划，企业可以根据员工的绩效信息对其进行职业生涯设计等帮助员工能力的提高。因此考核结果在与人才使用相结合时，通过信息化手段建立员工考核档案，充分发挥绩效考核结果在绩效工资分配、专业技术职称评定、优秀人才选拔、岗位变动、评选评模、职务变动方面的重要参考作用，形成能力与业绩并重的用人向导。

考核结果的应用是绩效管理中的重要一环。首先，用绩效考核的结果指导员工工作业绩和工作技能的提高，通过发现员工在完成工作过程中的困难和工作技能上的差距，制定有针对性的、合理的员工培训计划。其次，在重点关注员工"业绩、能力、态度"三方面的综合考评结果，客观、公正地反映出员工对公司做出贡献的大小，以此为据，将员工的业绩成果与绩效薪酬挂钩，合理分配。同时要注重绩效考核的薪酬量向岗位艰苦的生产一线倾斜，引导员工合理流动，解决员工队伍的结构性矛盾，为防止快递公司人才流失的问题打下一个良好的基础。快递公司的绩效考核是一项涉及面广、内容复杂、环节繁琐的系统工程，对快递公司绩效考核的改革要通过对公司的具体情况的调查，达到对公司深入的了解后，制定具体的绩效考核的方案，而其具体操作的详细步骤是一项长期而细致的工作，只有结合自身企业生产经营的实际情况，有针对性地完善其考核体系和操作流程，充分发挥绩效考核在快递公司提高核心竞争的巨大作用，实现员工与企业和谐发展。

【知识链接】

ST快递公司通过绩效评估的实施，针对VIP客户员项目组长的绩效考核制定了一套评价指标，如表13.3所列。

表13.3 VIP客户部员工绩效评价表

岗位名称：项目组长　　姓名：________　　考评日期：________

序号	绩效评价主要内容	考核分数	考核评价具体指标	自评	组长考评	经理考评
1	业务操作质量	40分	1.项目维护各环节监督与检查是否到位，VIP快件服务质量控制情况(6分)			
			2.组员工作分工、工作协调是否合理(4分)			
			3.工作信息反馈是否主动、及时(4分)			
			4.工作指导(尤其是对新员工)是否到位(4分)			
			5.报表质控情况，差错发生率是否过高(5分)			
			6.疑难问题解决是否及时(3分)			
			7.邮件信息接收是否及时(5分)			
			8.项目工作协调、组员工作调配是否合理(4分)			
			9.组员管理质量有无提升，组员考评分是否达到合格(5分)			

续表 13.3

序　号	绩效评价主要内容	考核分数	考核评价具体指标	自　评	组长考评	经理考评
2	工作态度	20 分	1. 各工作环节，是否主动工作(4 分)			
			2. 有无出现消极怠慢工作情况，包括刻意逃避问题(6 分)			
			3. 有无散布消极言论(4 分)			
			4. 是否按上级安排工作(6 分)			
3	员工关系	20 分	1. 团队合作情况，工作互助协调方面(10 分)			
			2. 同事间是否传播流言，有无言论抨击(10 分)			
4	制度遵守	15 分	1. 是否违反公司行政规章制度(不管有无被查处)(10 分)			
			2. 是否违反部门规章制度(5 分)			
5	会议参与	5 分	1. 部门会议是否准时参加(2 分)			
			2. 是否积极参与会议讨论，充分发言(3 分)			
总得分						

✍ 实训任务

模拟表 13.3 的 VIP 客户部员工绩效评价表，自己选择一个部门进行绩效评价表的设计，其中的评价指标要注意具有实际可参考性。

课后练习

一、选择题

1. 下列(　　)招聘方式具有费用低、覆盖面广的特点。

A. 人才招聘会　　B. 网上招聘　　C. 内部推荐　　D. 校园招聘

2. 下列(　　)招聘方式具有成功率高、员工流失率小的特点。

A. 人才招聘会　　B. 网上招聘　　C. 内部推荐　　D. 校园招聘

3. 适用于新进员工的培训方法是(　　)。

A. 讲授法　　B. 工作轮换法　　C. 工作指导法　　D. 研讨法

4. 适用于中层管理人员的培训方法是(　　)。

A. 讲授法　　B. 工作轮换法　　C. 工作指导法　　D. 案例研究法

5. 崇尚 360 度考核的员工绩效考核模式是(　　)。

A. “德能勤绩”式　　B. “检查评比”式

C. “共同参与”式　　D. “自我管理”式

6. 许多世界一流企业推崇的员工绩效考核模式是(　　)。

A. “德能勤绩”式　　B. “检查评比”式

C. “共同参与”式　　D. “自我管理”式

二、简答题

1. 简述快递企业建立人力资源管理系统的意义。

2. 对于快递的一线操作管理人员，你认为应该采取何种招聘方式？

3. 针对快递的一线操作人员，可以设置哪些绩效考核指标？

三、案例分析题

大学生做"快递小哥"，该喜还是该忧？

这段时间是求职高峰期，甘肃兰州各大人力资源市场人潮涌动。连续数周周末，用人单位和应聘者云集招聘会，各类招聘会场场火爆。

火爆求职季，"快递小哥"需求大增，引来众多大学生竞相应聘。其中，有不乏本科毕业生求职"快递小哥"。随着电商的发展，大学生兼职做"快递小哥"在校园有蔓延之势。

大学生当"快递小哥"，是为眼前的利益还是有长远打算？《中国青年报》中青在线记者在兰州各高校展开了相关调查。

"快递小哥"需求旺，大学生应聘忙

在最近召开的 2017"一带一路"沿线城市甘肃春季大型人才招聘会上，兰州市多家快递企业参会，纷纷招揽快递员。

一家知名快递企业招聘简章显示，快递员按计件工资发薪酬，工资范围 3000～10000 元，上不封顶，工作地点依据住址就近安排。甘肃远成集团共招聘快递员 20 人，明确工资待遇为每月 6000～7000 元，并为快递员缴纳五险一金。"公司快递员紧缺，想尽快招到合适的人。"该公司人力资源主管范经理说。

同样急需快递员的还有中国邮政，该公司一位王姓工作人员介绍，邮政从事派件工作每月保底工资有 3000～4000 元，派送量大还有提成，但兰州市安宁区派件员仍有缺口。

中专毕业、20 岁出头的小李是京东的派件员，每月能有 3000 多元的收入，且公司包吃包住，"虽然辛苦，但是维持自己生活所需没有问题"。可兰州市安宁区京东负责人仍在想办法招快递员，"一开学，快递单就会猛增，得尽快补齐缺口，以前网购量没这么多，现在一月比一月多，一天比一天多。"这位负责人表示。

在招聘会现场，快递公司纷纷开出了各种条件吸引求职者。快递公司开出的工资大都在 3000～5000 元左右，有些企业有底薪，加上绩效工资收入更高，一些企业还承诺缴纳各种保险。

良好的待遇吸引了众多大中专毕业生前去咨询，有相当一部分求职者留下了简历。《中国青年报》中青在线记者注意到，有一家快递企业一上午就有 15 人填写了应聘登记表，其中 10 人应聘收派员一职，当中有 3 个人的学历为本科，7 个人的学历为大专，其余是中专毕业生。

选择加入快递公司，很多大学生都有自己的想法。"快递员虽然辛苦，但多劳多得，工资还挺高，而且可以选择在居住地附近上班。"一名三本院校毕业的大学生告诉《中国青年报》中青在线记者。

"快递行业正处于上升期，我想先从基层做起，多积累一些经验，说不定以后自己创业也干这行呢！"一位大专毕业生如是说。

"我是学物流专业的，与快递业对口、工资还不错，更重要的是这家企业名声响亮，发展空间大。"物流专业毕业的一位大专生选择做快递员，在他看来，大学毕业没工作经验，从基层干起，积累经验，深入了解行业，"即使辛苦一点，但对自己的职业发展有好处"。

大学生兼职"快递小哥"，出发点各不同

除了招聘全职"快递小哥"，一些快递企业也选择面向大学生招聘兼职快递员，《中国青年报》中青在线记者进一步调查发现，在高校云集的兰州市安宁区，大学生兼职投递员甚至成了

"快递小哥"主力军。

在兰州交通大学大学生快递服务中心，顺丰、申通、百世汇通等快递公司并排而立，几乎每家快递公司都有几名兼职大学生。

来自兰州交通大学市场营销专业的学生李明吉说自己兼职做快递，主要是为了积累社会经验。在该学校的韵达快递站点，李明吉负责将快件编号然后派发给学生。"1小时5块钱，虽然并不算多，但是不会占用学习时间"。

"快递小哥"并不是李明吉的第一份兼职。大一时，因专业课程多，李明吉没有多少空余时间，无法去勤工俭学，大二课余时间增多，他在学校餐厅做过后勤清洁工。

"在餐厅做清洁工真的太辛苦，且中午要一直耗在那里，觉都睡不了。"由于工作量大，严重耽误休息，影响上课效果，李明吉感觉得不偿失，在餐厅没干多长时间便选择了离开。后来，他还体验了促销等其他兼职工作。

在李明吉看来，选择做兼职"快递小哥"是多次尝试后的理性选择。"学习始终是排在第一位的。"他说，起初想找一份跟专业相关的兼职，但就近并不好找，有些单位太远，来回奔波太费时间，也会影响学业。

到了大三，李明吉选择了在学校内部的快递站点工作。"兼职不在于能挣多少，而在于积累社会经验，更早地认识社会。"李明吉认为自己学市场营销专业，和快递业正好相关，还能观察销售市场动态。

也有一些大学生因为经济原因，需要通过兼职来补贴日常。"虽然干快递挺辛苦，但能够通过自己的双手创造财富，养活自己，为家里减轻压力，也是很不错的。"来自农村，今年大二的刘晓刚是兰州交通大学会计专业的学生，开学后开始在该校申通站点工作，记者见到他时，他正在不停地用扫描机扫描已被签收的快递单。

"现在基本上每半天就有将近400份快递。"同在申通站点兼职，已经上大学四年级的学生宋鹏说，大四课程很少，毕业季花钱又多，出来找份兼职干，顺便可以给自己挣一些零花钱，快递站点在学校也方便。

"快递小哥"兼职起家，小规模创业

记者调查发现，也有大学生做"快递小哥"兼职起家，已做起了小规模创业。如今，就读甘肃政法学院行政管理专业的大三学生朱明君，不仅是韵达快递该校站点的工作人员，也是该站点的承包商。

"上大学不能只注重理论学习，还有更多的东西需要自己去尝试。"抱着这样的心态，朱明君大一就开始尝试兼职做促销员。尽管父母希望他好好学习，不同意他干与学习无关的"副业"，以便将来找一份稳定工作，但朱明君还是"不安分"，在大学的前两年，他课余时间经常跑市场，尝试了各种兼职。

一晃已到大三，较之身边的其他同学，朱明君拥有了丰富的社会经验，也有一小笔存款。去年10月，该学院韵达站点寻找新的承包商，朱明君得到消息后，经认真考察研究，最后瞒过家里人将快递站点承包下来。

"先前做快递小哥对这一行有些了解，大三课不多，合计了一下觉得能挣钱，就花了3万多元承包下来了。"朱明君说，现在站点每天能派件40件左右，收件400多件，每月除去承包费及其他开支，自己一个月保底收入5000多元。

据《中国青年报》中青在线记者发现，在西北师大、兰州交大、甘肃政法学院等兰州高校校园，快递站点都有大学生忙碌的身影，即便如此，一些站点依然存在人员紧缺。学校开学已经有了一段时间，京东、圆通等快递站点纷纷打出招牌，继续面向大学生招聘兼职岗位。

然而，在记者采访调查的过程中，经常听到这样的议论："大学生做快递，大材小用，太亏了！"

（应被采访者要求，文中李明吉、刘晓刚、宋鹏、朱明君均为化名）

记者观察

又到求职高峰期，据《中国青年报》报道，甘肃兰州各大人力资源市场里，"快递小哥"需求大增，引来众多大学生竞相应聘，其中不乏本科毕业生。收入高、待遇好，是吸引大学生投身快递业的主要原因。

从产业发展的角度看，快递业也需要大量高素质的人才输入补血。缺乏技术含量、门槛低是社会对快递业的固有印象，但在"互联网＋"的大浪潮下，快递业已被提升到国家战略的新高度，行业转型升级势在必行。日前发布的《快递业发展"十三五"规划》提出了科技创新、国际化发展、标准化精细化建设等一系列要求，这些规划愿景，依靠年龄偏大、教育程度不高的"快递大叔"显然无法达成。让更多大学生投身快递行业，从一线干起，积累经验、锻炼能力，逐步走上管理岗位，无疑能助推中国快递业的发展步伐。同时，受过高等教育的新一代快递员的成长，也能倒逼快递业用工、薪资和保险保障的完善。快递业新老更替的过程，是市场在进行资源配置的过程，也是时代发展的必然趋势。

来源：百度文库（有修改）

问题1：为什么越来越多的大学生愿意从"快递小哥"做起？

问题2："如果没有两至三年在快递一线的工作经验，你就不可能成为一名优秀的快递管理人员。"谈谈你对这句话的理解。

项目 14　快递企业商务管理

☞ 学习目标

掌握快递服务合同的法律特征、分类，快递赔偿的对象、范围、程序，赔偿纠纷的解决方式；理解快递保价服务的注意事项、快递服务违约责任，快递企业的免责事由；了解快递服务合同的主要形式和主要条款、快递服务合同的订立和履行。

☞ 重点和难点

快递服务合同的主要条款，快递赔偿的程序，赔偿纠纷的解决方式。

☞ 导入案例

【案例 14.1】

未保价贵重物品丢失导致不能足额赔偿

重庆市渝北区人民法院于 2013 年 12 月 25 日受理原告重庆小迪通信器材有限公司(以下简称小迪公司)与被告重庆圆通快递有限公司(以下简称圆通公司)、第三人重庆一通快递服务有限公司(以下简称一通公司)邮寄服务合同纠纷一案。圆通公司、一通公司均是合法设立的从事快递业务的企业，圆通公司授权一通公司使用“圆通”商标。原告小迪公司邮寄三台苹果手机总价为 18264 元，负责运输的是一通公司。但在运输过程中，运输方将邮寄的物品丢失。原告向重庆市渝北区人民法院提起诉讼，要求圆通公司及一通公司共同赔偿损失 18264 元。重庆市渝北区人民法院审理认为：本案当中原告将物品交于邮寄企业，在寄送过程中物品丢失，原告有权要求邮寄企业进行赔偿，但赔偿主体应是快递服务合同的相对人，而本案当中的合同相对人是一通公司，因此赔偿主体应当是一通公司。一通公司提出应按照快递详情单载明“未保价或未支付保价费快件丢失、毁损、短少的，赔偿限额为所付资费的六倍”的条款进行赔偿。关于涉诉快递业务在我国民事法律中是按照据实赔偿标准的原则。对于《圆通速递详情单》中载明“未保价或未支付保价费快件丢失、损毁、短少的，赔偿限额为所付资费的六倍”的条款，因其属于格式条款且限制了消费者的主要权利，因此该条款属于无效条款。本案中一通公司应按原告的实际损失予以赔偿。但是，由于原告未进行保价，《圆通速递详情单》中载明“寄件人确认交寄的快件价值不超过 10000 元”，且在邮寄时一通公司已明确告知在不保价的情况下最高赔付额为 10000 元。因原告未保价，一通公司无法对其价值进行判断，故对超过 10000 元的部分属于订立合同时无法预见的损失，根据我国《合同法》的规定，重庆市渝北区人民法院判决一通公司赔偿原告 10000 元，圆通公司不承担责任。

来源：重庆法院网

【案例思考】

1. 快递商务纠纷应该依据什么来处理？

2. 本案中谁应该承担责任？为什么？

任务14.1 快递服务合同

【知识链接】

世界贸易组织在《服务贸易总协定》中对快递服务定义为："除国家邮政当局提供的服务外，由非邮政公司利用一种或多种运输方式提供的服务，包括提取、运输和递送信函和大小包裹的服务，无论目的地在国外或国内，这些服务都可以利用自己或公共运输工具来提供。"快递服务标准中的定义：快递服务是指快速收寄、运输、投递单独封装的、有地址的快件。即快递服务企业依法收寄并封装完好的信件和包裹的统称。

来源：百度文库

14.1.1 快递服务合同的概述

1. 快递服务合同的概念

在我国，《邮政法》《合同法》《民法通则》《交通运输法》《快递市场管理办法》《快递业务经营许可管理办法》《邮政行业安全监督管理办法》等与快递服务相关的法律、法规和规章有不少，但目前仍没有一部专门、系统地调整快递法律关系的法律。所以，对于快递服务合同没有专门的规定，但对照《合同法》中关于合同的规定，快递服务合同在性质上属于货运合同的一种，两者在性质上有相同之处。货运合同是指托运人与承运人之间缔结的，以承运人将约定货物从起运地点运输到约定地点并交付给收货人的合同。所以我们对快递服务合同的界定是寄件人(投递人)与快递企业之间订立的关于快递服务活动中双方权利义务关系的协议。

2. 快递服务合同的法律特征

从对快递服务合同的界定中，可以了解其具有以下法律特征。

(1) 快递企业必须是已获得快递服务经营许可的企业法人

《合同法》第9条规定："当事人订立合同，应当具有相应的民事权利能力和民事行为能力。当事人依法可以委托代理人订立合同。"《中华人民共和国邮政法》第52条规定，申请快递业务经营许可，应当具备的条件之一就是符合企业法人条件。《快递市场管理办法》第九条规定："国家对快递业务实行经营许可制度。经营快递业务，应当依照《中华人民共和国邮政法》的规定，向邮政管理部门提出申请，取得快递业务经营许可；未经许可，任何单位和个人不得经营快递业务。"可以看出，在我国，对快递企业的要求是必须具备从事快递服务的资格，在工商行政管理机关登记，取得从事快递服务的营业许可。也就是说，取得快递服务经营许可的只能是企业法人，而不是独立的个人。

(2) 快递服务合同的标的是快递企业的快递服务

快递服务提供的是一种门到门的便捷式服务，寄件人或收件人不必亲自到快递服务企业经营场所寄送或领取物品，只需要电话与快递企业联系，其工作人员就能够及时提供上门服务。而且，根据用户的不同需求，快递服务还可以通过特别约定来灵活地满足。与货物运输合同相比，快递服务注重的是个性化、便利化，快递服务合同因而具有更大的便捷性和时效性。

(3) 快递服务合同是双务合同、有偿合同、无名合同

在快递服务合同中，约定由快递服务企业提供快递服务、收取服务费用，而用户享有权利、支付费用，因此是双务、有偿合同。快递服务合同并不属于合同法分则明确规定的合同种类，

属于无名合同。

(4) 合同内容格式化

快递企业从效率和利益角度考虑，快递服务合同一般采取格式条款(快递单)形式订立。格式条款是当事人一方事先拟定，并在工商管理部门备案的单方确定合同，在订立合同时不与对方进行条款协商。

3. 快递服务合同的分类

快递服务合同按照不同的划分方式，分为以下不同的种类。

(1) 按地域范围不同，分为国际快递服务合同和国内快递服务合同

在我国，取得邮政管理部门颁发的国际快递业务经营许可证、具有国际货物运输代理资格的企业作为承运人与寄件人签订的快递服务协议称为国际快递服务合同；取得邮政管理部门颁发的快递业务经营许可证、具有国内快递业务经营资格的企业与寄件人签订的快递服务协议称为国内快递服务合同。两类合同的区别如下：从承运人的经营资格来看，国际快递服务合同的承运人在注册资金与企业规模等方面受到更加严格的限制；从所用文字来看，国际快递服务合同相关单据主要以英文或法文来填写，国内快递服务合同一般使用本国语言文字；从法律依据来看，国际快递服务合同主要依据国际公约以及寄件人、快递企业或收件人的国内法来设定合同条款，同时还有可能涉及快件中转国的法律，而国内快递服务合同主要适用国内法，并不涉及国外法律。

(2) 按是否为快递服务对象提供额外增值服务，分为普通快递服务合同和增值快递服务合同

增值快递服务合同是指在普通快递服务合同的基础上，快递企业将寄件人针对快递服务提出的额外需求作为合同的补充条款记录在案，并作为向寄件人提供增值服务凭据的一类快递服务合同。因额外增值快递服务实际增加了快递企业的运营成本，快递企业往往会额外收取相应费用。

(3) 按快递服务费用的支付主体不同，分为寄付快递服务合同和到付快递服务合同

由寄件人支付费用的合同为寄付快递服务合同，由收件人支付费用的合同为到付快递服务合同。两类合同的区别在于，寄付快递是由寄件人在交寄快件时或者约定的时间内支付快递服务费用，而到付快递是由收件人在签收快件时或者约定的时间内支付快递服务费用。

(4) 按快递服务涉及的主体不同，分为有第三人的快递服务合同和无第三人的快递服务合同

一般来说，快递寄件人与收件人为同一人的情况较少。寄件人与快递企业签订合同，约定快递企业按时将货物递送给收件人并获得签收，此时收件人为快递服务合同的第三人，有其自身的权利和义务。

14.1.2 快递服务合同的主要形式和主要条款

1. 快递服务合同的主要形式

快递运单是快递服务合同的主要形式。快递运单又称为快件详情单，是快递企业为寄件人准备的，由寄件人或其代理人签发，用于记录快件原始收寄信息及服务约定的运输单据。从性质上看，快递运单是快递企业与寄件人之间的寄递合同，其内容对双方均有约束力。当寄件人以物品所有人或代理人的名义填写并签署快递运单后，即表示接受和遵守该运单的背书条款，并受到法律保护。

快递运单由快递企业在收取快件时向寄件人签发，正面反映的是快递服务的基本信息(主

要为寄件人、收件人的联系地址和方式），背面列明的是快递服务条款（通常为快递企业事先拟定的格式条款），这些内容构成了快递服务合同的核心。

2．快递服务合同的主要条款

快递运单作为快递服务的格式合同，其内容由正面寄递信息和背书条款两部分组成。快递运单的格式条款应符合法律规定，体现公平、公正的原则，文字表述应真实、简洁、易懂。

快递运单的正面寄递信息主要包括：①寄件人信息（寄件人的名称、地址、单位、联系电话）；②收件人信息（收件人的名称、地址、单位、联系电话）；③物品信息（货物的品名、数量和重量、价值、封装形式）；④费用信息（快递服务的计费项目及金额、付费方式、是否保价（保险）及保价（保险）金额）；⑤时限信息（寄件日期、收件日期）；⑥快递企业信息（快递企业的名称、标识、联系电话）；⑦条码信息（通过条码将运单内容进行捆绑，用于快件运输途中的查询和操作）。

快递运单的背书条款主要约定快递服务各方权利、义务及争议内容，经快递企业和寄件人共同承担、遵守，具有法律效力，自签字之日起确认生效。主要包括：①快递查询方式与期限；②寄件人和快递企业双方的权利与义务；③寄件人和快递企业产生争议后的解决途径；④关于赔偿的有关规定；⑤其他条款。

【知识链接】

快递服务协议

一、快递服务法律关系和服务范围：本协议经寄件人签名、揽件人收取快件后成立生效，由揽件人所在的收寄快递企业与寄件人建立快递服务合同关系并提供快递服务（代收货款须另签协议），承诺及时安全地交付快件。

二、运单填写：寄件人须用力工整地手写或打印运单，清楚、准确、完整、如实地填写寄件人和收件人的姓名、地址、联系电话以及内件品名、数量、付费方式和赔款约定（保价时还须填写申报内件价值即保价价值）等内容并签名。寄件人不得隐瞒或虚报内件的性质、品名、数量、内件价值等真实情况，否则须承担相应责任。

三、包装：寄件人应根据内件性质，在满足装卸、运送、派送投递等快递环节要求的情况下对快件进行必要和足够的包装，并保证快件不会污染和损害其他快件。

四、禁寄：寄件人承诺不得交寄以下禁寄物品和危险品（详细可查阅国家邮政局《禁寄物品指导目录及处理办法》）违者须承担相应责任：

①武器，弹药及仿真武器、管制刀具；②易燃、易爆、易腐蚀性物品；③放射性物；④烈性毒药、生化制品、传染性物品；⑤毒品、麻醉药物；⑥危害国家安全和社会政治稳定以及淫秽的出版物、宣传品、印刷品、光盘制品等；⑦妨害公共卫生的物品；⑧包装不妥、能危害人身和其他快件的物品；⑨流通货币和有价证券；⑩国家法律法规规章明令禁止寄递的其他物品。

五、验视及安全检查：快递企业揽件员对信件可开拆验视但不得检查内容，对信件以外快件按国家规定当场验视，确认不属禁寄物品且内件性质，品名与所填报内容相符后由揽件员签名。国家禁寄物品、寄件人拒绝验视的，揽件员不得收寄。国家有关司法机关和执法机关出于安全或办理案件需要依法对快件进行相应检查。

六、快递服务收费：快递费是指快递企业向寄件人或收件人收取的用于提供快件收取、中转、运输和派送投递等快递服务的费用,收费金额由双方按市场价协商后填写在运单上,月结时可另签收费协议。快件经二次派送投递因收件人原因仍无法投交时由收件人自取或收件人支付每次人民币30元的逾期派送投递费后由快递企业再进行派送投递。

七、保价及保险:寄件人可自愿对快件向商业保险机构办理保险,对贵重物品和单票内件价值超过人民币壹仟元的快件应选择保价。保价快件除支付快递费外还须支付保价费,保价费为申报内件价值的3%(双方另有约定的按约定收取保价费)。保价费须当场支付。未申报保价、未填写内件价值以及未当场支付保价费的视为未保价。

八、投递及签收:快件按收件人姓名和地址当面投递交付和验收。快件外包装破损且收件人查验内件发现存在丢失、损毁或不符等异常情况而拒收时须与派送投递员共同签字注明该情况,收件人拒绝签字的,派送投递员注明情况后退件给寄件人。收件人如不在现场而无法签收时,派送投递员可电话联系收件人(寄件人)并征得其同意后可由其指定的人代为签收,代收时派送投递员须核实代收人的身份并记载其身份证件号码或联系电话等必要信息。代收人应及时向收件人转交快件。

九、投递时限:汽车公路运输(简称汽运)的按《快递服务》国家标准执行,航空运输的由双方另行约定,同城当天快递按运单正面承诺执行。

十、查询方式:寄件人可自快件交寄之日起一年内通过快递运单上印制的查询电话或网站来查询快件信息,逾期后不再受理查询服务。运单上印制的查询电话及网站仅用于寄件人查询其所寄快件的信息、协调寄件人与收寄快件的快递企业就快递服务所发生的争议或纠纷。

十一、赔偿标准:在寄递过程中发生快件延误、丢失、损毁、内件不符时,寄件人有权追究快递企业的违约责任或侵权损毁赔偿责任(双方另有约定的按约定执行);

1. 快件延误的赔偿标准:免除本次快递费(不含保价费)。由于延误导致内件直接价值丧失的,由快递企业按照快件损毁赔偿标准进行赔偿。

由于收件人姓名、地址、电话等信息错误或变更以及因收件人外出、无法联系等原因致使快件无法按时交付的,不属于快件延误,快递企业不承担延误责任。

2. 快件丢失、损毁、内件不符的赔偿标准:(1)免除本次快递费(不含保价费);(2)保价快件按寄件人在运单填写的保价价值即申报内件价值范围内进行赔偿;(3)未保价快件按寄件人在运单上选填的本次实际支付快递费的合理倍数赔偿,寄件人未选填赔偿标准的,视为同意按本次实际支付快递费的五倍赔偿。

十二、免责声明:快递企业依据《中华人民共和国邮政法》和《快递服务》国家标准等对因下列原因之一造成的快件损失不承担赔偿责任:

1. 不可抗力(保价快件除外);

2. 所寄物品本身的自然性质或者合理损耗;

3. 寄件人或收件人的过错。

十三、争议解决方式:寄件人与快递企业就快递服务协议发生争议的,先协商解决;协商不成或不愿意协商的,依法选择投诉、仲裁或诉讼等方式解决。

14.1.3　快递服务合同的订立和履行

（1）快递服务合同的订立

按《合同法》的相关规定，合同的订立需要经过要约和承诺两个阶段，一方向另一方提出要约，另一方予以承诺，合同成立。快递服务合同也不例外。作为一项有效的要约，必须具有明确的订立合同的愿望和完整的交易条件。要约的形式可以表现为电话、传真、邮件、口头等。发出要约的一方为要约人、接收要约的一方为受要约人。承诺是受要约人对要约无条件地接受，必须是明确的、有确切表现的承诺。快递服务合同自寄件人与快递服务公司工作人员双方在合同上签字时生效。如申通快递在其面单契约中规定快递服务合同自寄件人签署名址或快件交付时生效。

（2）快递服务合同的履行

合同的履行是指当事人按照合同的规定行使权利和履行义务，从而实现当事人的目的行为。对于快递企业，快递服务合同的履行包括三个环节：收寄快件、运输快件和投递快件。

（3）订立快递服务合同的注意事项

为维护公平、保护弱者，法律法规对格式条款进行了限制，快递企业采用格式条款来订立合同时应注意以下事项：

① 快递企业应当遵循公平原则确定当事人之间的权利和义务，合理设置合同内容。

② 快递企业应采取合理的方式提请寄件人注意免除或者限制其责任的条款，按照寄件人的要求对该条款予以说明。如在合同订立时采用引起寄件人注意的文字、符号、字体等特别标识，并按照寄件人的要求对该格式条款予以说明。

③ 格式条款中免除快递企业责任、加重用户责任、排除用户主要权利的条款无效。

④ 对格式条款的理解发生争议的，应当按照通常理解予以解释。对格式条款有两种以上解释的，应当作出不利于格式条款提供方即快递企业的解释。格式条款和非格式条款不一致的，应当采用非格式条款。

⑤ 采用格式条款就以下事项进行免责的，该条款无效：a. 造成对方人身伤害的；b. 因故意或者重大过失造成对方财产损失的。

【知识链接】

某快递企业服务合同范本

甲方（委托方）：

（以下简称甲方）

乙方（承运方）：

（以下简称乙方）

根据《中华人民共和国合同法》及货物运输的有关规定，甲乙双方经过充分协商，现就乙方向甲方提供运输服务事宜达成一致，特签订本合同，以便双方共同遵守。

第一条：服务内容·区域

1.1 甲方委托乙方办理＿＿＿＿＿＿＿＿＿＿（速递）服务业务。

1.2 服务区域：快递在全国各地所开通的全部区域，超过乙方派送范围的乙方不予派送。

第二条：甲方的权利和义务

2.1 甲方自行负责所配送货物的运单打印及分拣包装工作,并保证运输面单上的信息无误。

2.2 甲方未按约定时间和要求备好货物,货物晚点责任由甲方承担。

2.3 非乙方原因导致的货物退换货,将按实际产生的费用进行结算。

2.4 因甲方指定的收货人延迟或拒绝收货所造成的损失由甲方承担。

2.5 按照约定价格及时支付运费。

第三条:乙方的权利和义务

3.1 乙方在货物交接时,乙方应确认货物原始包装完好,若发现包装有破损情况,乙方有权拒绝接受包裹,乙方取件人员在快递单上签字后,则视为甲方已将商品完好地移交给乙方,此后商品的完整性和安全性由乙方负责。

3.2 乙方应将甲方交付的货物完好无损地送达到甲方指定的地址和收件人或收件单位,如将货物错运到货地点或接货人,乙方应无偿运至规定的到货地点或接货人。

3.3 如果客户或甲方要求在同一派送区域内改变送货目的地,乙方有义务无偿提供服务,如客户要求跨区域改变送货目的地,乙方需及时通知甲方,由甲方核实后告知乙方如何处理,所发生的费用由甲方承担。

3.4 超过乙方派送范围的货物,乙方不予派送。

3.5 乙方应及时向甲方通报货物的运输情况,乙方将专门设立1名客服对异常件进行处理,并第一时间通过QQ来通知甲方,甲方应在1个工作日内回复乙方最终处理方式(重新投递或退回甲方指定仓库)。在紧急情况下,乙方可自行采取有利于甲方的处理办法,并将结果通知甲方。

第四条:送达及退回

4.1 收件人收到乙方的货物时:

a.经确认货物外包装完好的,在回单上签收。

b.经检查发现外包装破损且货物有一定损坏的,有权拒绝签收,乙方须及时与甲方联系,在得到甲方的许可后方可将货物退回。

4.2 无法送达:货物到达目的地,因当天联系不到收货人而不能及时派送的,乙方应在2个工作日内告知甲方,3个工作日内仍无法联系派送的,在得到甲方允许后将货物退回甲方指定仓库。

第五条:费用与结算

5.1 本合同所称运输费用的计算以重量为准,计量单位为1 kg,不足1 kg按照1 kg计算;计费重量的计算将以运送货物包装后的实际重量与体积重量的较大者为依据;体积重量的计算公式(计泡)为:重量(kg)=长(cm)×宽(cm)×高(cm)/8000

运输单价参见附件:中通价格表。

5.2 在费用核算无误后,由乙方依据费用总额开具正规行业发票给甲方,甲方在收到运费发票后的15个工作日内向乙方支付运费。

5.3 费用的支付形式为:支票、银行转账、现金。

第六条:保险及理赔

6.1 甲方自愿为价值1000元以上配送包裹买保价服务,双方约定的保价费率为3‰,最高报价金额为10000元人民币,甲方自愿选择是否保价。

6.2 如因乙方原因造成包裹或商品遗失或损毁，或延误配送时效而引发顾客退件，经乙方确认无误后应承担赔偿责任：

a. 包裹或商品损毁，遗失的，如果甲方已购买保价服务，按照保价金额赔偿。如未购买保价，甲方提供交易凭证，乙方按照本单实际交易金额及快递费赔偿。如发生乙方应赔偿金额的，在甲方应付乙方该期款项中扣除；如应付款不足扣除的，由乙方现金补足。

b. 因乙方原因造成包裹或商品破损而引发顾客拒收的，乙方应及时通知甲方补发一票快件给甲方顾客，如发生该顾客仍然拒收的情况，乙方应免除此单运费。

在符合法律和合同规定条件下的运输，由于下列原因造成的货物丢失、短少、变质、污染、损坏等物理或化学变化的，乙方不承担赔偿责任：

a）不可抗力，包括但不限于：火灾、爆炸、洪水、地震、台风、腐蚀、污染、风暴、害虫、自然因素、叛乱、暴动、国内混乱或类似的双方都无法合理控制的原因。

b）货物本身的自然属性，质量或缺陷造成的损失。

c）货物的合理损耗。

第七条：适用法律及争议处理

本合同所有条款适用中华人民共和国法律。

有关本合同出现的任何争议应由甲乙双方友好协商，协商不成的，交由上海仲裁委员会根据仲裁准则进行裁决。仲裁地为上海。仲裁的裁决是最终裁决，对双方都具有约束力，双方都应遵守执行。仲裁费用，执行仲裁裁决的费用由仲裁裁决书决定。

第八条：保密

履行本合同过程中，甲乙双方被提供的信息将被视为机密，所有权只属于提供信息方。除了国家执法机关要求或已征得另一方书面许可外，任何一方不应向其它第三方公开机密信息。

第九条：本合同一式二份，甲乙双方各执一份，自签订之日起生效。

甲　　方：	乙　　方：
代 表 人：	代 表 人：
签字日期：	签字日期：

来源：百度文库

✍ 实训任务

快递运单填写

（1）提示

填写快递运单前，快递企业应提醒寄件人阅读快递运单的服务合同条款，并建议寄件人对贵重物品购买保价或保险服务。

（2）填写要求

寄件人应按照相关要求填写快递运单，以确保：

a. 字迹清晰、工整；

b. 内件品名、种类、数量等信息填写准确；

c. 寄件人姓名、地址、联系方式，收件人姓名、地址、联系方式等内容填写完整。

国内快递详情单
EXPRESS WAYBILL

快递企业名称、标识
Express Service Provider Name & Logo

条形码或编号位置
Barcode or Waybill No.

寄件人姓名 FROM	联系电话(非常重要) PHONE (VERY IMPORTANT)	收件人姓名 TO	联系电话(非常重要) PHONE (VERY IMPORTANT)
单位名称 COMPANY NAME		单位名称 COMPANY NAME	
寄件地址 ADDRESS		收件地址 ADDRESS	
用户代码 CUSTOMER CODE	邮政编码 POSTAL CODE □□□□□□	城市 CITY	邮政编码 POSTAL CODE □□□□□□

文件□ DOCUMENT	物品 □ PARCEL	如系物品，请据实填写内件名称及数量。如需保价，请据实申报保价金额并交纳保价费。PLEASE SPECIFY THE CONTENTS AND AMOUNT OF THE PARCEL, DECLARE VALUE FOR CARRIAGE AND PAY THE APPROPRIATE CHARGE.	重量 WEIGHT 千克 KG
		保价 □ DECLARING A VALUE FOR CARRIAGE | 保价金额： 万 仟 佰 拾 元(大写) DECLARED VALUE FOR CARRIAGE	体积 VOLUME 长 L ×宽 ×W ×高 ×H = 厘米³ CM³
内件品名 NAME OF CONTENTS	数量 AMOUNT	付款方式 MEANS OF PAYMENT	现金 □ CASH 协议结算 □ AGREEMENT

资费 CHARGE	¥	加急费 URGENCY SURCHARGE	¥	包装费 PACKAGING FEE	¥	保价费 CHARGE FOR DECLARED VALUE	¥
费用总计 TOTAL	¥					1%□ 2%□ 3%□ 商定 AGREEMENT □	

特别声明 SPECIAL STATEMENT	非禁寄品 □ NON-PROHIBITED ART	加急 □ URGENT	其他 □ OTHERS	
非保价快件赔偿限额 COMPENSATION LIMITS FOR ARTICLES WITHOUT DECLARED VALUE	资费2倍 □ CHARGE×2	资费5倍 □ CHARGE×5	商定 □ ______ AGREEMENT	

收寄单位业务专用章 Business Seal of the express service provider

寄件人签名：SENDER'S SIGNATURE Y年 M月 D日 H时	收寄人员签章：ACCEPTED BY (SIGNATURE)	收件人签名 RECEIVER'S SIGNATURE Y年 M月 D日 H时 证件：ID: 证件号：ID NO.:	代签人签名：AUTHORIZED SIGNATORY: Y年 M月 D日 H时 证件：ID: 证件号：ID NO.:
		备注 REMARKS	

单号位置

填写本单前，务请阅读背面快递服务协议！您的签名意味着您理解并接受协议内容。
YOUR SIGNATURE INDICATES YOU HAVE READ, FULLY UNDERSTAND AND ACCEPT THE "DOMESTIC EXPRESS SERVICE AGREEMENT" ON THE BACK OF THIS FORM.

请正楷用力填写！ PRESS HARD　服务电话：HOTLINE　查询电话：INQUIRY LINE　网址 WEBSITE

任务 14.2　快递保价

【知识链接】

保价运输的产生

18 世纪 80 年代,利用"契约自由"原则,当时的英国航运资本家在海运提单条款中几乎任意规定免责条款。到了 19 世纪末 20 世纪初,这种免责条款一度多达六七十种,其结果导致货主几乎承担了货物在海上运输过程中的一切风险。鉴于承运人不负过失责任制度引发的贸易界与航运界矛盾的加深以及与主流经典理论的背道而驰,承运人不负过失责任制便不再适应实践发展的需要。1921 年《海牙规则》规定了承运人最低限度的责任,在一定程度上制止了承运人在提单中滥用免责条款的做法。但是,海上运输毕竟是一种高风险作业的行业,为保护船舶所有人的利益,《海牙规则》同时又规定承运人赔偿责任的限额制度,第 4 条规定:"承运人或是船舶,在任何情况下对货物或与货物有关的灭失或损害,每件或每计费单位超过一百英镑或与其等值的其他货币的部分,都不负责"。但该条同时增加了"但托运人于装货前已就该项货物的性质和价值提出声明,并已在提单中注明的,不在此限"的例外性规定。这种排除适用承运人责任赔偿限额的规定便是保价运输。后来,航运业承运人责任赔偿限额制度又被铁路运输、航空运输、公路运输等借鉴,由此形成了普遍意义上的承运人赔偿责任限额制度。

来源:淘豆网

14.2.1　快递保价的概念

在整个运输过程中,各种自然灾害的发生是难以预料的。快递企业收取低廉的服务费,却要承担巨大的风险,这对于快递企业来说是不公平的。因此,在快递行业实践中,众多快递企业为降低风险,借鉴了保价运输的限额赔偿制度,在快递服务合同中加入保价条款来平衡责任风险。

邮政业早有保价条款的行业惯例:保价是一种加收费用的邮递业务,用于寄递较贵重物品、有价证券、包裹等,如有遗失,邮政部门按保价金额负责赔偿。新《邮政法》用专门的一章明确了快递企业的法律地位,虽然不属于邮政企业,但是可以适用《邮政法》的相关规定。关于邮件的损失赔偿的规定,适用于快递的损失赔偿。因此,快递企业拟定保价条款有法可依。

因此,所谓快递保价,是指用户向快递企业申明快件价值,快递企业与用户之间协商约定由寄件人承担基础资费以外的保价费用,快递企业以快件声明价值为限承担快递在收派、处理和运输过程中发生的遗失、损坏、短少等赔偿责任。

14.2.2　快递保价的作用

保价服务的需求在快递市场中普遍存在,这是快递企业直接向用户做出承诺,如果发生问题,由快递企业承担理赔责任。更有部分快递企业为了转移赔偿风险,通过向保险公司购买快递保险,由保险公司承担快递遗失、损坏、短少等赔偿责任。

作为快递服务的一项附加服务,保价服务除了预防损失和赔偿外,还是快递企业争取用户资源,应对竞争和开发中高端市场的一项重要举措,更是快递企业开展增值业务的有力渠道。

14.2.3 快递保价条款的性质和效力

实践中，寄件人在交寄快件时，要填写快递详情单中的有关内容，并在现场签字。快递服务企业的快递详情单背书了双方的权利和义务，载明的保价条款属于一项典型的格式条款。根据《合同法》第39条的规定："格式条款是当事人为了重复使用而预先拟定，并在订立合同时未与对方协商的条款"。单方拟订的格式条款限制了当事人的意思自治，拟定方在制定有利于自己而不利于消费者的合同条款时，可以利用其优越的经济地位、信息资源、法律知识等资讯方面的优势。所以法律也对格式条款的效力认定、解释及适用性作了限制性的规定。比如《合同法》第40条规定："对于提供格式条款一方免除其责任、加重对方责任、排除对方主要权利的，该条款无效。"因此，只要快递企业对保价条款尽到了合理告知义务，且寄件人自愿签字确认，该保价条款就合法有效，除非出现如《合同法》第53条规定的情形，合同中的下列免责条款无效：造成对方人身伤害的；因故意或者重大过失造成对方财产损失的。

14.2.4 快递保价服务的注意事项

（1）保价服务应贯彻自愿原则

寄件人自主决定、自由选择是否接受保价服务。在实际操作中，快递单中会提前拟订保价运输条款，寄件人只需在是与否之间做出选择即可，并在"声明价值"栏内注明寄递物品的实际价格。

（2）快递企业对保价条款要尽到合理告知义务

快递企业应对寄件人尽到合理告知、说明的义务，须提醒寄件人仔细阅读详情单上有关快递保价的相关内容。

通常情况下，快递公司会在正面以引人注目的字体注明诸如"请仔细阅读背面合同条款"等，以背面条款形式告知保价条款。

（3）保价费率的计算

目前，各快递企业在保价费率的计算方面尚无统一标准。不同快递企业的物品保价费率和赔偿标准差距大，如EMS最高赔偿额不得超过保价金额，保价费按申报的保价金额的5‰收取；顺丰快递文件最高赔付不得超过2000元，非文件快件是不得超过2万元，保价费按申报的保价金额的5‰收取；申通快递最高赔付不超过1万元，保价费按申报的保价金额的3‰收取。

（4）保价赔偿例外

如寄件人或者收件人在要求赔偿过程中，有确切证据证明快件的损坏、灭失是因为快递企业故意或者重大过失（包括明知可能造成损失而轻率地作为或者不作为）造成的，赔偿范围不受保价条款的约束，而按照货物损失的实际价值受偿。

任务14.3 快递违约与赔偿

14.3.1 快递服务合同违约行为概述

1. 违约行为

违约行为是指合同当事人违反合同义务的行为。在《合同法》中，违约行为从形态上分为预期违约和实际违约。

预期违约是指履行期限到来之前，一方无正当理由而明确表示其在履行期到来后将不履行合同，或者以其行为表明其在合同履行期到来以后将不可能履行合同。根据意思表示的不同，预期违约分为明示毁约和默示毁约。

实际违约是指在履行期限到来后，当事人不履行或者不完全履行合同义务的行为，具体分为拒绝履行、迟延履行、不适当履行和部分履行。

2. 快递违约行为

在《快递服务》国家标准中关于快件损失赔偿的相关性规定中，只重点解释了快递服务中最常见的几种快递违约行为：快件延误、丢失、快件损毁和内件不符。但在快递服务实践过程中，快递企业发生的违约行为实际涵盖了民事违约行为的各种形态，具体包括：

(1) 快递企业的预期违约

指快递企业与用户签订快递服务合同，约定为用户提供快递服务，但在用户实际交寄快件前，快递企业无正当理由却明确表示在履期到来后将不履行快递服务合同，或者快递企业以其行为表明在合同履行期到来后将不提供快递服务的行为。

(2) 快递企业拒绝履行快递服务合同

指快递企业在快递服务合同履行期后，或者已经收寄用户交寄的快件后，无正当理由拒绝履行快递服务合同规定的全部义务的情形。

(3) 快递企业的迟延履行

指合同当事人的履行违反了履行期限的规定，企业的迟延履行主要是指快件延误。根据《快递服务》国家标准，延误快件首次投递时间超出快递企业承诺的快递服务时限，但尚未超出彻底延误时限。

(4) 快递企业的不适当履行

指快递企业在提供快递服务时，交付的快件不符合快递服务合同规定的质量要求，如快件丢失、快件损毁、内件不符等情况：

① 快件丢失，是指快递企业在寄递快件过程中发生的单一快件全部丢失或快件内件部分丢失。

② 快件损毁，是指快递企业在寄递快件过程中，快件破损或损坏致使快件失去部分价值或全部价值。

③ 内件不符，是指内件的品名、数量或重量与快递运单信息不符。

(5) 快递企业的部分履行

指快递企业虽然履行了快递服务合同，但履行不符合数量上的规定，或者说履行在数量上存在不足。在部分履行情况下，用户首先可以要求快递企业依据快递服务合同的规定继续提供快递服务，如果因部分履行造成了损失，用户有权要求快递企业赔偿损失。

14.3.2　快递服务违约责任

违约责任是指合同当事人不履行合同义务或者履行合同义务不符合约定时，依法产生的法律责任。《民法通则》第111条规定："当事人一方不履行合同义务或者履行合同义务不符合约定条件的，另一方有权要求履行或者采取补救措施，并有权要求赔偿损失。"《合同法》第107条规定："当事人一方不履行合同义务或者履行合同义务不符合约定的，应当承担继续履行、采取补救措施或者赔偿损失等违约责任。"快递企业因违约所承担的赔偿责任适用归责原则。而归责原则主要包括过错责任原则和严格责任原则。过错责任原则主要适用于侵权性快递损害赔偿，而严格责任原则主要适用于违约性快递损害赔偿。根据合同法的规定，严格责任原则包括三层含义：一是快递企业违约责任的承担，不应当考虑快递企业的主观过错，也不应当以快递企业主观过错的轻微而免除责任；二是快递用户只需要证明快递企业的行为已经构成违约，即可主张快递企业承担违约责任；三是严格责任是法定的责任而不是合同当事人所约定的责任。

14.3.3 快递赔偿

1. 赔偿对象

快件赔偿的对象是寄件人或寄件人指定的收件人、受益人。

2. 赔偿范围的确定

根据《合同法》以及《邮政法》第45条和第59条的规定，快递企业承担违约性快递损害赔偿责任时，快递企业与用户之间有约定的从约定，没有约定的从法定。

(1) 按照约定标准赔偿

快递企业与用户就快递损害赔偿责任有合同或其他方式约定的，应当依照约定的标准：

① 用户已对快件进行保价，意味着快件如果发生损害，快递企业应按双方事先约定的保价金额对用户进行赔偿。

② 用户已对快件进行保险，则保险公司根据保险条款对用户进行赔偿。但快递企业应当履行协助用户申报、提供证据等义务。

③ 双方约定最高损害赔偿额的，快递企业应当按照用户的损失进行赔偿，但不超过约定的最高损害赔偿标准。

④ 双方有其他约定的，按照其约定进行赔偿。

(2) 按照法律规定赔偿

根据《合同法》第113条规定："当事人一方不履行义务或者履行合同义务不符合约定，给对方造成损失的，损失赔偿额应相当于因违约所造成的损失，包括合同履行后可以获得的利益，但不得超过违反合同一方订立合同时预见到或者应当预见到的因违反合同可能造成的损失。"

(3)《快递服务》标准中关于快件损害赔偿责任的规定

在《快递服务》国家标准中，对快件延误、丢失、损毁及内件不符等损害事实设定了具体的赔偿标准。包括：

① 快件延误的赔偿。延误的赔偿应为免除本次服务费用(不含保价等附加费)。由于延误导致内件直接价值丧失，应按照快件丢失或损毁进行赔偿。

② 快件丢失的赔偿。具体如下：

a. 快件发生丢失时，免除本次服务费用(不含保价等附加费)；

b. 购买保价(保险)的快件，快递企业按照被保价(保险)金额进行赔偿；

c. 对于没有购买保价(保险)的快件，按照《邮政法》实施细则及相关规定办理。

③ 快件损毁的赔偿。具体如下：

a. 完全损毁，指快件价值完全丧失，参照快件丢失赔偿的规定执行；

b. 部分损毁，指快件价值部分丧失，依据快件丧失价值占总价值的比例，按照快件丢失赔偿额度的相同比例进行赔偿。

④ 内件不符的赔偿

a. 内件品名与寄件人填写品名不符，按照完全损毁赔偿；

b. 内件品名相同，数量和重量不符，按照部分损毁赔偿。

3. 受理赔偿期限

《快递服务》国家标准中快递企业受理赔偿期限为收寄快件之日起1年内。

4. 快递企业的免责事由

(1) 不可抗力

不可抗力是法定免责条款。指的是不能预见、不能避免并不能克服的情况，主要包括自然灾害、政府行为与社会异常现象。

(2) 发件人或收件人的责任

由于发件人或收件人的过错造成的损失，快递企业不用承担赔偿责任。

(3) 快件本身的自然性质或合理损耗

(4) 超过赔偿时限

《快递服务》国家标准中规定，自寄件人交递快件之日起满一年未查询又未提出赔偿要求的，快递企业可不负赔偿责任。

5. 赔偿程序

(1)申告

如果快递企业承诺的服务违约且又在快件受理赔偿期限内，寄件人可以向快递企业提出赔偿申告。寄件人填写快递企业提供的赔偿申告单并递交给快递企业。

(2)受理

快递企业在收到寄件人的赔偿申告单24小时内答复寄件人，并告知寄件人赔偿处理时限。

(3)赔偿处理时限

除了与寄件人有特殊约定外，快递企业的赔偿处理时限应不超过：同城、国内异地和港澳台地区的快件为30个日历天；国际快件为60个日历天。

(4)赔偿金支付

快递企业就赔偿数额与寄件人达成一致后，应在7个日历天内向寄件人或寄件人指定的受益人支付赔偿金。

6. 赔偿纠纷的解决方式

当快递企业与寄件人无法就赔偿达成一致时，寄件人或相关权利人维护自身权益的方式有以下几种：

(1) 投诉

① 投诉受理。快递企业为用户提供网络、电话、信函等投诉渠道，但投诉不能超过受理赔偿期限(期限为收寄快件之日起1年内)。受理投诉时，快递企业对以下信息应详细记录：a. 投诉人的姓名、地址和联系方式；b. 投诉的理由、目的、要求；c. 其他投诉细节。

快递企业在记录的过程中，应与投诉人核对信息，以保证信息的准确性。

② 投诉处理时限。快递企业除了与投诉人有特殊约定外，国内快递服务投诉处理时限应不超过30个日历天。

③ 投诉处理。快递企业针对投诉信息提出处理方案，制定补救措施，按服务承诺及时处理。并在处理时限内及时将处理结果告知投诉人。如投诉人不满意处理结果，告知其可向相关行政部门寻求行政调解。

(2) 申诉

① 申诉处理。在快递服务过程中，用户与快递企业就快递服务发生争议时，如果用户对快递企业的投诉结果不满意，可向邮政管理部门或当地的快递行业协会提出申诉。

② 申诉受理的时限。国内快递申诉期限为1年,国际快递申诉时限为6个月,自申诉人交寄快件之日起或与快递企业发生服务争议之日起算。

③ 申诉处理机构。根据《邮政业消费者申诉处理办法》的规定,邮政业消费者的申诉处理机构是国家邮政局和省级邮政管理局邮政业消费者申诉受理中心。

④ 申诉受理渠道。根据《邮政业消费者申诉处理办法》的规定,邮政业消费者申诉专用电话为"省会区号+12305"。消费者可以采用电话申诉或登录国家邮政局和各省级邮政管理局网站申诉,也可以采用书信或传真形式申诉。邮政管理部门申诉中心在工作时间设有专人值守"12305"申诉电话,保证消费者申诉渠道畅通。

【知识链接】

邮政管理部门是快递业的法定行政管理机构,2014年8月27日,国家邮政局印发修订后的《邮政业消费者申诉处理办法》(简称《办法》)。该《办法》分总则、受理、处理、调查、调解、监督管理、附则7章38条,自2014年9月1日起施行。《办法》对消费者申诉处理机构、申诉受理、申诉处理程序、申诉调查、申诉调解等方面都作出了比较明确具体的规定,是各级邮政管理部门处理快递服务中申诉处理工作的主要依据。向邮政管理部门投诉是一个非常有效的解决途径,邮政管理部门可以责令相关的快递企业者尽快合理地处理赔偿纠纷,并进行相应的组织协调工作,从而合理地解决赔偿纠纷。

来源:360百科

快递行业协会是快递企业者自发成立的组织,并通过该组织进行行业自律和监督,规范行业操作和管理。2010年中国快递协会制定了《中国快递协会企业自律公约》,并号召各成员单位自觉遵守。向快递行业协会投诉,虽然无法定强制力要求快递企业者尽快做出赔偿,但是,可以通过快递协会的协调和舆论监督,给快递企业者一定的压力,促使纠纷尽快得到解决。

来源:广东省快递行业协会

(3) 仲裁

仲裁是一个快速解决赔偿纠纷的法定途径。但依据我国《仲裁法》第4条的规定:"当事人采用仲裁方法解决纠纷,应当双方自愿,达成仲裁协议。没有仲裁协议,一方申请仲裁的,仲裁委员会不予受理"。因此,能否进行仲裁取决于双方在签订快递服务合同时,是否约定了仲裁机构和仲裁地点。另外,《仲裁法》第9条还规定:"仲裁实行一裁终局的制度",裁决作出后,当事人就同一纠纷再申请仲裁或者向人民法院起诉的,仲裁委员会或者人民法院不予受理。

(4) 诉讼

如果没有仲裁协议或仲裁协议无效,当事人可以向具有管辖权的法院起诉,请求法院判决。根据我国《民事诉讼法》第24条规定:"因合同纠纷提起的诉讼,由被告住所地或者合同履行地人民法院管辖"。诉讼时效为两年,从发生赔偿纠纷时起计算,但是权利人向快递企业者主张权利时或向有关部门投诉时,诉讼时效中断,重新计算。

✍ 实训任务

走访调查身边的快递企业,搜集快递违约与赔偿的案例,并在班上进行案例分析讨论。

课后练习

一、不定项选择题

1. 按快递服务费用的支付主体不同,快递合同分为(　　)。

A. 国际快递服务合同和国内快递服务合同
B. 普通快递服务合同和增值快递服务合同
C. 寄付快递服务合同和服务合同
D. 有第三人的快递服务合同和无第三人的快递服务合同

2. 顺丰快递的保价费按申报的保价金额的(　　)收取。

A. 3%　　B. 3‰　　C. 5%　　D. 5‰

3. 快递服务中最常见的几种快递违约行为有(　　)。

A. 快件延误　　B. 快件丢失　　C. 快件损毁　　D. 内件不符

4. 快递企业的免责事由包括(　　)。

A. 不可抗力　　B. 发件人或收件人的责任
C. 快件本身的自然性质或合理损耗　　D. 超过赔偿时限

5. 快递赔偿纠纷的解决方式有(　　)。

A. 投诉　　B. 申诉　　C. 仲裁　　D. 诉讼

6. 国内快递申诉期限为(　　)。

A. 三个月　　B. 六个月　　C. 一年　　D. 两年

二、简答题

1. 快递服务合同的法律特征是什么?
2. 分析快递保价条款的性质和效力。
3. 快递赔偿范围如何确定?

三、案例分析题

【材料1】

2016年1月份,青岛消费者吴女士于2015年10月通过某快递公司寄递一块价值6200欧元的欧米茄手表发往成都。寄递过程中,消费者几次查询快递进程,10月23日网上信息显示该快递依然在南京航空集散中心,12月1日,快递公司告知消费者快递已经丢失,因未保价只能赔付邮费的3倍,共计60元,吴女士对此答复不能接受,要求按照欧米茄表实际价值赔付,但快递公司不同意赔偿。

来源:澎湃新闻(上海)

【材料2】

2017年4月12日,消费者吴女士在自贡市某快递公司处邮寄10斤燕窝到北京。由于燕窝价值高,易损坏,于是吴女士对燕窝进行了20万元的保价,在支付了运费和包装费391元的同时,还支付了保价费1000元。交货前,快递公司员工确认燕窝完好无损,吴女士也申明燕窝属于贵重易碎物品,须按要求装箱运输。2017年4月13日,货物到达目的以后,经快递公司员工与收货人沈先生共同拍照和录像确认,燕窝已经毁损。不仅如此,快递公司还在未告知消费者吴女士的情况下又将毁损的燕窝擅自运到成都,经过二次运输等毁损造成燕窝灭失。事发后,吴女士与快递公司就燕窝赔偿事宜多次协商未果,于2017年5月10日向自贡市消委会投诉,请求依法保护其合法权益。

来源:中国消费网

问题1:材料1中吴女士能否要求快递公司按照欧米茄手表的实际价值赔付?材料2中吴女士能否要求赔偿,为什么?

问题2:快递公司对于快件丢失和快件损毁应承担什么样的责任?为什么?

问题3:请用快递保价、快递赔偿等相关知识来分析讨论并提出解决方案。

参考文献

[1] 刘万军.快递实务[M].北京:中国财政经济出版社,2015.

[2] 杨国荣,徐兰. 快递实务[M]. 北京:北京理工大学出版社,2013.

[3] 花永剑,王娜.快递公司物流运营实务[M].北京:清华大学出版社,2013.

[4] 杨清,覃伟赋.快递管理实务[M].北京:冶金工业出版社,2017.

[5] 谢逢洁.快递网络:复杂性及规划运营管理[M].北京:科学出版社,2016.

[6] 毕丽丽.快递实务[M]. 北京:中国财富出版社,2016.

[7] 邓金蕾.快递实务[M]. 武汉:武汉大学出版社,2016.

[8] 林秋意.快递作业实务[M]. 北京:机械工业出版社,2017.

[9] 王阳军,吴艳.快递业务操作与管理[M].北京:化学工业出版社,2014.

[10] 沈斐敏.物流安全[M].北京:机械工业出版社,2015.

[11] 王海勇.交通运输与物流仓储安全知识读本[M].北京:气象出版社,2013.

[12] 国家邮政局.快递业务操作与管理[M].北京:人民交通出版社,2015.

[13] 樊相宇. 快递业务与管理[M].西安:西北大学出版社,2015.

[14] 徐瑜青,王瑞娟,杨露静. 第三方物流企业物流成本计算及案例[J]. 工业工程与管理,2010,4(2):56-61.

[15] 郑秀恋,温卫娟. 我国快递市场的竞争分析[J]. 中国商贸,2011,2:136-137.

[16] 傅桂林. 物流成本管理[M].北京:中国物资出版社,2007.

[17] 张世军. 物流成本管理[M].北京:北京交通大学出版社,2013.

[18] 王晓东,赵忠秀.国际物流与商务[M].北京:清华大学出版社,2016.

[19] 贺强.快递服务与市场监管[M].北京:中国法制出版社,2014.

[20] 国家邮政局.快递业务概论[M].北京:人民交通出版社,2011.

[21] 张喆.M 快递公司揽投人员招聘选拔模式优化设计[D].山东:山东大学,2012.

[22] 张弦.物流设施与设备[M].上海:复旦大学出版社,2006.

[23] 国家质量监督检验检疫总局,国家标准化管理委员会.《快递服务》国家标准　非书资料:GB/T 27917—2011[S].

[24] 全国人民代表大会常务委员会.中华人民共和国邮政法,2015.

[25] 国家邮政局.邮件快递收寄验视规定,2015.

[26] 中国汽车网.载货汽车有哪几种分类?[EB/OL].[2016-09-10]. http://www.chinacar.com.cn/newsview122848.html.

[27] 360 百科.GPS.[EB/OL]. https://baike.so.com/doc/5348881-5584335.html.

[28] 360 百科.手机导航.[EB/OL]. https://baike.so.com/doc/99859-105351.html.

[29] 360 百科.条码扫描器.[EB/OL]. https://baike.so.com/doc/2619592-2766056.html.

[30] 360 百科.GPS 车载终端.[EB/OL]. https://baike.so.com/doc/5454182-5692569.html.

[31] 搜狐网.2018 年中国快递行业发展现状分析 快递公司纷纷加码新业务[EB/OL].[2018-01-30]. https://www.sohu.com/a/219831902_114835.

[32] 中国产业信息网. 2018 年中国快递业发展现状及发展趋势分析[EB/OL].[2018-03-27]. http://www.chyxx.com/industry/201803/623326.html.